I. F. Stone

Der Prozeß gegen Sokrates

Aus dem Englischen
von Andreas Wittenburg

Paul Zsolnay Verlag

Titel der Originalausgabe:
The Trial of Socrates
© I. F. Stone 1988

ISBN 3-552-04240-7
Alle Rechte der deutschen Ausgabe
© Paul Zsolnay Verlag Wien 1990
Einband: Peter-Andreas Hassiepen, München,
unter Verwendung eines Ausschnittes aus dem Gemälde
Martirio di San Matteo von Caravaggio (1599–1600) / Rom,
Chiesa di San Luigi dei Francesi
Druck und Bindung:
Graphischer Großbetrieb Pößneck GmbH
Printed in Germany

Der Prozeß gegen Sokrates

Für meine Frau, Esther,
ohne die dieses Buch
und so vieles andere von mir
nicht möglich geworden wäre.

Inhaltsverzeichnis

Wie dieses Buch entstanden ist

In Wahrheit ist dieses Buch nur das Fragment eines Werks, das ursprünglich umfangreicher, und zwar sehr viel umfangreicher hätte werden sollen.

Kein Buch kann ganz und gar verständlich werden, sofern der Autor nicht die Beweggründe offenlegt, die ihn dazu veranlaßt haben, seinen schweren Weg anzutreten. Was hat mich nach lebenslangem „muckraking" – dem Zusammenharken von Schmutz, wie man kritischen und unabhängigen Journalismus mit jenem so beneidenswert treffenden Wort nennt – was hat mich dazu getrieben, mich mit klassischen Studien und dem Prozeß des Sokrates zu beschäftigen? Als meine Herzkrankheit mich Ende 1971 dazu zwang, *I. F. Stone's Weekly* nach neunzehn Jahren seines Erscheinens einzustellen, nahm ich mir für die Zeit nach meinem Rückzug aus dem aktiven Berufsleben vor, die Frage der Gedankenfreiheit im Verlauf der menschlichen Geschichte zu studieren. Dabei dachte ich nicht an die Freiheit im allgemeinen, denn das wäre ein zu unsicheres Unterfangen gewesen, sondern an die Gedanken- und Redefreiheit. Dieses Vorhaben hatte seine Wurzeln in dem Glauben, daß keine Gesellschaft unbeschadet ihrer Absichten und ihrer utopischen und freiheitlichen Ziele wirklich annehmbar ist, sofern die Männer und Frauen, die in ihr leben, nicht frei sind, ihre Meinung zu sagen. Ich hoffte, daß eine solche Studie nicht allein einer neuen Generation helfen würde, die Freiheit der Rede dort zu erhalten, wo sie bereits besteht und aus guten oder schlechten Gründen stets bedroht ist, sondern auch den im

Kampf stehenden Dissidenten der kommunistischen Hemisphäre eine Hilfestellung geben würde, den Weg zu einer Freiheit bringenden Synthese von Marx und Jefferson zu finden.

In meiner Jugend zog es mich sowohl zur Philosophie wie zum Journalismus. Im Sommer nach meinem Abschluß der High School las ich die Fragmente des Heraklit. Im College studierte ich Philosophie im Hauptfach, aber ich arbeitete auch schon vollgültig als Journalist, als ich im dritten und letzten Jahr die Universität verließ, um die Arbeit bei der Zeitung als lebenslange Tätigkeit aufzunehmen.

Mein Interesse an Philosophie und Geschichte habe ich indes niemals verloren, und nach meinem Rückzug aus dem Berufsleben wandte ich mich diesen Bereichen zu. Die ersten zwei Jahre meiner Untersuchungen zur Rede- und Gedankenfreiheit verwandte ich auf das Studium der beiden englischen Revolutionen des 17. Jahrhunderts, die für die Entwicklung des amerikanischen Verfassungssystems eine so große Rolle gespielt haben.

Bald gewann ich den Eindruck, daß ich die englischen Revolutionen des 17. Jahrhunderts nicht in ihrer ganzen Bedeutung erfassen konnte, sofern ich nicht bessere Kenntnis von der protestantischen Reformation und von dem engen Zusammenhang zwischen dem Kampf um Glaubensfreiheit und um Meinungsfreiheit erlangte.

Um die Reformation zu verstehen, war es notwendig, von neuem weiter zurückzugehen und ein tieferes Verständnis jenes vorausweisenden Aufbegehrens und jener kühnen Denker des Mittelalters zu gewinnen, die die Saat zur Gedankenfreiheit gelegt haben. Das wiederum stand natürlich in engem Zusammenhang mit dem Eindruck, den die Wiederentdeckung des Aristoteles auf dem Wege über arabische und hebräische Übersetzungen und Kommentare im 12. Jahrhundert in Westeuropa hinterlassen hatte.

Letzteres führte zurück zu den Wurzeln dieser freiheitlichen Tendenzen im alten Athen als der ersten Gesellschaft, in der die Freiheit des Denkens und der Meinungsäußerung zu einer vorher nie gekannten und später selten erreichten Blüte gelangte. Und da bin ich, wie so viele vor mir, der Faszination der alten Griechen erlegen.

Als ich mich in meiner Retrospektive mit dem alten Athen zu beschäftigen begann, dachte ich, unwissend wie ich war, daß ich auf der Grundlage allseits bekannter und unumstrittener Quellen einen allgemeinen Überblick über die Gedankenfreiheit im klassischen Altertum gewinnen könne. Aber ich fand schnell heraus, daß es solche unumstrittenen Quellen nicht gab. Fast jedes Detail im Bereich der klassischen Studien war Gegenstand heftiger Auseinandersetzungen. Unsere Kenntnis ähnelt einem riesigen Puzzle, bei dem viele Teile auf ewig verloren sind. Gleichermaßen hervorragende Gelehrte kommen aufgrund der vorhandenen Fragmente zu gegensätzlichen Rekonstruktionen einer versunkenen Welt. Diese Rekonstruktionen sind häufig eine Widerspiegelung der Voraussetzungen, von denen man ausgegangen ist.

Deshalb wandte ich mich selbst den Quellen zu. Ich fand heraus, daß man aufgrund einer Übersetzung keine gültigen politischen oder philosophischen Schlüsse ziehen konnte. Das lag nicht an der Unfähigkeit der Übersetzer, sondern daran, daß die griechischen Termini nicht, wie man in der Geometrie sagen würde, völlig deckungsgleich mit den jeweiligen modernen Begriffen waren. Der Übersetzer war gezwungen, eine von mehreren annähernd entsprechenden modernen Möglichkeiten auszuwählen. Um einen abstrakten griechischen Begriff zu verstehen, mußte man zumindest soviel Griechisch lernen, um mit dem Originaltext umgehen zu können, denn nur dann konnte man alle möglichen Bedeutungsinhalte und die Nuancen eines Begriffes erfassen.

Wie kann man z. B. aufgrund einer modernen Übersetzung die Bedeutung des Wortes *logos* verstehen, wo doch die Bestimmung dieses berühmten Begriffs in all seinem Bedeutungsreichtum und seiner schöpferischen Entwicklung in dem ausführlichen griechisch-englischen Lexikon von Liddell-Scott-Jones mehr als fünf engbedruckte Kolumnen einnimmt? Tausend Jahre Geschichte des philosophischen Denkens sind verkörpert in einem Begriff, der am Anfang bei Homer „Rede" bedeutet, bei den Stoikern die Bedeutung von „Vernunft" als der göttlichen Kraft annimmt, die die Welt regiert, und schließlich im Johannesevangelium durch eine kunstvolle Anleihe an biblische Quellen zum schöpferischen Wort Gottes wird – sein Mittel zur Schöpfung.

Zu meiner Zeit hatte man sogar in einer abgelegenen High School vier Jahre Lateinunterricht zur Vorbereitung auf die Universität, und Catull und Lukrez gehören zu dem, was mich in jungen Jahren begeisterte. Aber ich hatte nur ein Semester Griechischunterricht an der Universität, bevor ich in meinem dritten Jahr abging.

Nach meinem Rückzug aus dem Berufsleben beschloß ich, soviel Griechisch zu lernen, um selber mit abstrakten Begriffen umgehen zu können. Ich begann mein Selbststudium mit einer zweisprachigen Ausgabe des Johannesevangeliums, dann nahm ich mir das Erste Buch der *Ilias* vor. Bald jedoch führte mich das Studium des Griechischen viel weiter bis zu den griechischen Dichtern und der griechischen Literatur ganz allgemein. Sie weiter zu entdecken bleibt eine Quelle der Freude für mich.

Je mehr ich mich indes für die Griechen begeisterte, desto qualvoller wurde mir der Gedanke an das Schauspiel des Sokrates vor seinen Richtern. Als Verteidiger bürgerlicher Freiheit versetzte es mich in Schrecken. Es erschütterte meinen von Jefferson ererbten Glauben an die Menschheit. Es war ein Schandmal für Athen und für die durch Athen symbolisierte Freiheit. Wie hatte sich der Prozeß des Sokrates in einer so freien Gesellschaft ereignen können? Wie konnte Athen sich selbst so untreu werden?

Dieses Buch ist die Frucht jener Qual. Ich wollte herausfinden, wie all das hatte geschehen können. Ich sah mich am Anfang nicht in der Lage, das Urteil zu rechtfertigen, und kann das jetzt ebensowenig. Dennoch wollte ich herausfinden, was Platon uns verschweigt, wollte die athenische Sicht der Dinge darstellen, das Verbrechen der Stadt mildern und dadurch einen Teil des Schandmals tilgen, den der Prozeß auf der Demokratie und auf Athen gelassen hat.

Vorspiel

Kein anderer Prozeß, es sei denn der Jesu Christi, hat in der Vorstellung des abendländischen Menschen einen so lebhaften Eindruck hinterlassen als der des Sokrates. Den beiden Gerichtsverhandlungen ist vieles gemeinsam. Von keiner der beiden gibt es einen unbeeinflußten zeitgenössischen Bericht, ja wir besitzen nicht einmal einen fragmentarischen Hinweis. Wir haben keine Abschriften der Gerichtsprotokolle. Wir hören keine Zeugnisse von seiten der Anklage. Wir kennen die Geschichte jeweils nur aus der späteren Erzählung ergebener Schüler. Im Falle des Sokrates kennen wir die vorgebrachten Beschuldigungen. Doch wir haben nicht das, was die Juristen eine Anklageschrift nennen würden, d. h. die Beschuldigungen im einzelnen und keine allgemeinen Vorwürfe. Wir wissen nicht, aufgrund welchen Gesetzes oder welcher Gesetze die Anklage erhoben wurde.

Jesus wie Sokrates haben durch ihr Martyrium die Unsterblichkeit erlangt. Für die christliche Theologie war die Kreuzigung die Erfüllung der göttlichen Mission. Für Sokrates indes wäre sogar sein Martyrium als solches kein hinreichender Grund gewesen. Sokrates hat keine eigenen Schriften hinterlassen. Von seiten seiner zahlreichen und unterschiedlich veranlagten Schüler sind nur die Schriften Platons und Xenophons überliefert. Wären lediglich Xenophons Erinnerungen an Sokrates erhalten geblieben, hätte selbst der todbringende Schierlingsbecher nicht ausgereicht, ihn unsterblich zu machen. (Der Sokrates des Xenophon ist eher nichtssagend und banal, manchmal geradezu spießbürgerlich, und an einer Stelle in Xenophons *Memorabilia,* seinen *Erinnerungen an Sokrates,* ist er gar imstande, sich im Scherz bereitzuerklären, als Zuhälter für eine bekannte athenische Kurtisane zu dienen.) Wäre Sokrates freigesprochen worden, wäre er in seinem Alter eines natürlichen Todes gestorben, würde er möglicherweise heute nur als ein unbedeutender athenischer Exzentriker erinnert werden und als ein beliebtes Ziel des Spotts der Komödiendichter.

Platon war es, der den Sokrates unserer Vorstellung geschaffen hat, und bis heute kann niemand mit Sicherheit sagen, wieviel an seiner Darstellung der eigentliche Sokrates ist und wieviel das verschönernde Genie Platons.

Die Suche nach dem historischen Sokrates bringt wie die nach dem historischen Jesus eine immer noch weiter wachsende Literatur hervor, ein Meer von Spekulationen und gelehrter Auseinandersetzung. Sokrates schuldet Platon indes nicht mehr als Platon dem Sokrates. Dem literarischen Genie Platons verdankt Sokrates seine herausragende Stellung als säkularisierter Heiliger der westlichen Zivilisation. Und Sokrates ist es, der Platon auf den Bestsellerlisten hält. Platon ist der einzige Philosoph, der Metaphysik zum Drama werden läßt. Ohne den in Rätseln sprechenden und fesselnden Sokrates als Hauptperson seiner Dialoge wäre Platon nicht der einzige Philosoph, der in jeder Generation wieder von neuem eine breite Leserschaft fasziniert. Niemand liest Aristoteles oder Thomas von Aquin oder Kant als literarisches Werk.

Einer von Platons antiken Biographen, Olympiodoros, erzählt uns, Platon habe ursprünglich Theater schreiben, habe tragischer oder Komödiendichter werden wollen. Das Theater bedeutete zu seiner Zeit die höchste Vollendung athenischer literarischer Begabung. Als Platon Sokrates begegnet und unter den Bann des Älteren geraten sei, berichtet Olympiodoros, habe er seine Bemühungen als Tragödiendichter aufgegeben und sich der Philosophie zugewandt.[1]

Dies war, wie sich herausstellte, nur ein Umweg zu Platons ursprünglichem Ziel. Die vier Dialoge, die den Prozeß und den Tod des Sokrates beschreiben – der *Euthypphron, die Apologie, Kriton und Phaidon* – sind lebendig wie ein tragisches Drama. Es ist kaum möglich, die Szene des gelassenen Abschieds des Sokrates von seinen Schülern im *Phaidon* zu lesen, ohne zu Tränen gerührt zu sein, noch kann man sich dem bewegenden Eindruck der letzten Worte des Sokrates an seine Richter in der *Apologie* entziehen, wie oft man den Text auch schon gelesen hat. Die platonische Schilderung ist Theater in seiner höchsten Vollendung. Sokrates ist ebenso ein tragischer Held wie Oedipus oder Hamlet.

Der Prozeß fand im Jahre 399 v. Chr. statt. Wie soll ein Reporter über einen Prozeß berichten, der vor fast zweitausendvierhundert Jahren geführt wurde? Das erste Hindernis ist das erschreckend hohe Ausmaß von Meinungsverschiedenheiten über die Fakten. Die Literatur zu Sokrates ist unübersehbar; die Quellen sind sehr wenige; und vieles von der Literatur sind Auseinandersetzungen, die sich von den ursprünglichen Quellen weit entfernt haben: Der Gelehrte X wendet sich gegen die Kritik, die der Gelehrte Y gegen die Interpretation eines antiken Textes durch den Gelehrten Z vorbringt. Der erste Schritt ist es, sich von diesen abstrakten und oft erbittert geführten Debatten zu lösen und von neuem die grundlegenden Belege selbst zu betrachten.[2]

Drei zeitgenössische Schilderungen des Sokrates sind erhalten. Zusätzlich zu den Darstellungen des Platon und des Xenophon haben wir noch jenes Bild, das sich aus den Komödien des Aristophanes ergibt; die Freundschaft zwischen Sokrates und Aristophanes ist durch Platons *Symposion* belegt. Aristophanes widmete ein ganzes Stück, die *Wolken*, der Person des Sokrates und spielt auch in drei weiteren seiner erhaltenen Komödien auf den Philosophen an: in den *Vögeln*, den *Fröschen* und den *Wespen*. Diese Zeugnisse können durch die fragmentarischen Brocken ergänzt werden, die von anderen zu Lebzeiten des Sokrates über ihn verfaßten Komödien geblieben sind.

Darüber hinaus gewinnen wir nur zwei Generationen später einige nützliche Ausblicke auf die Person des Sokrates im Werk des Aristoteles, dem wichtigsten Schüler Platons, der nur fünfzehn Jahre nach dem Tod des Sokrates geboren ist. Aristoteles war in vielen Fragen unterschiedlicher Meinung als Platon. In der Tat kann man Platon und Aristoteles parallel und als eine fortlaufende philosophische und politische Debatte lesen; selbst in unserer heutigen Zeit sind sich Platoniker und Aristoteliker nicht immer gewogen. Die Hinweise auf Sokrates bei Aristoteles sind kurz und verstreut, aber sie gewähren doch einige neue Einblicke. Diese sind deshalb wertvoll, weil Aristoteles sich von dem Kult um Sokrates distanziert und dessen Beitrag zur Philosophie mit nüchterner Strenge und in auffallendem Kontrast zu der verehrenden Darstellung Platons behandelt.

Auf diese Weise haben wir einen xenophontischen, einen platonischen, einen aristophanischen und einen aristotelischen Sokrates. Wie kann man angesichts der unterschiedlichen Darstellungen in diesen Primärquellen entscheiden, welcher der wirkliche Sokrates war? Es gibt keinen Weg, der zu einer unumstrittenen Antwort führt. Doch dort, wo wir in den verschiedenen Darstellungen Übereinstimmungen finden, mögen wir mit einiger Sicherheit zum historischen Sokrates vorgedrungen sein.

Nützliche Hinweise für die Suche nach dem „wirklichen" Sokrates – und zusätzliche Widersprüche – findet man auch in dem wenigen, was uns von seinen übrigen Schülern überliefert ist, sowie in den verstreuten Nachrichten über ihn in der griechischen und römischen Literatur bis hin und unter Einschluß der Kirchenväter.[3]

Den historischen Sokrates zu fassen ist nur ein Teil des gesteckten Ziels. Ebenso wichtig ist es, die nicht überlieferte Anklage zu rekonstruieren und zu sehen, wie sich Sokrates seinen Mitbürgern darstellte. Wir müssen aus der antiken Überlieferung herausschälen, was uns unsere Hauptquelle, Platon, nicht enthüllt und worüber die Verteidiger des Sokrates hinwegzugehen suchen. Bei der Verfolgung dieses Zieles werden wir feststellen, daß wir uns innerhalb der gesamten Antike, der römischen wie der griechischen, bewegen werden.

Alle Erkenntnis ist auf Vergleich und Kontrast zurückzuführen; wenn nur eine einzige Sache innerhalb eines sonst leeren Universums existierte, so könnten wir sie weder beschreiben noch „kennen". Wenn man sich mit einem griechischen Problem beschäftigt, kann man vieles lernen, wenn man sich dem entsprechenden Aspekt der römischen Zivilisation zuwendet. Der Vergleich und mehr noch der Kontrast zwischen diesen beiden verwandten und doch so weitgehend unterschiedlichen Gesellschaften ist erhellend. Ein Beispiel: Wenn man das Abstimmungsverfahren und die Regeln der Beratung in den Volksversammlungen der römischen Republik Seite an Seite mit der athenischen Volksversammlung betrachtet, so erkennt man deutlich den Unterschied zwischen den beiden politischen Systemen; ersteres ist eine nur mühsam verhüllte Oligarchie, letzteres eine voll ausgebildete direkte Demokratie. Infolgedessen wird unser Versuch, den Prozeß des Sokrates besser zu verstehen auch einen neuen Ausblick auf das klassische Altertum eröffnen. Es ist unsere eigene Vergangenheit und wir können uns selbst nicht ohne sie verstehen.

Teil 1

Sokrates und Athen

Kapitel 1

Grundsätzliche Meinungsunterschiede

Wollte man allein nach Platon urteilen, so könnte man zu dem Schluß kommen, daß Sokrates mit seinen Mitbürgern in Konflikt geriet, weil er sie zur Tugend ermahnte, was niemals zu Beliebtheit geführrt hat. Doch wenn wir einmal von der *Apologie* absehen und uns um eine distanziertere Sicht bemühen, werden wir sehen, daß die Schwierigkeiten zwischen Sokrates und seiner Vaterstadt ihren Ursprung darin hatten, daß er in drei philosophischen Fragen so grundsätzlich anderer Meinung war als seine athenischen Mitbürger, ja als die Griechen überhaupt.

Diese unterschiedlichen Auffassungen waren nicht etwas Unbedeutendes und Abstraktes, sodaß sie für gewöhnliche Sterbliche ohne Interesse gewesen wären, sondern sie stellten die eigentlichen Grundlagen des Selbstbestimmungsrechts in Frage, dessen sich die Bürger erfreuten.

Die erste und grundlegendste Meinungsverschiedenheit bestand in der Frage nach der Natur der menschlichen Gemeinschaft. War sie, wie die Griechen gesagt hätten, eine *polis* – eine freie Stadt? Oder war sie, wie Sokrates so oft sagte, eine Herde?

Ein guter Ausgangspunkt für dieses Problem ist eine der berühmtesten Feststellungen der Antike, die Aristoteles ganz am Beginn seiner *Politik* gemacht hat, daß der Mensch ein politisches Lebewesen sei.

Die moderne Übersetzung ist nicht sehr glücklich. Zwar sind die Worte *politisches Lebewesen* eine exakte und wörtliche Wiedergabe des griechischen Begriffs *zoon politikon,* doch wird dadurch in uns das

Bild eines Wachhundes erweckt, der sein Leben in den Niederungen einer modernen politischen Maschinerie fristet.

Das griechische Wort *polis*, d. h. Stadt und die davon abgeleiteten Wörter hatten einen ganz anderen Bedeutungsinhalt. *Polites*, d. h. Bürger einer *polis* zu sein, war eine Ehrenstellung. Sie beinhaltete, daß der jeweilige Bürger das Recht hatte, die Entscheidungen, die sein Leben und das seiner Stadt betrafen, zu diskutieren und über sie abzustimmen.

Der Begriff *polis* hatte eine andere, größere Bedeutung für die Griechen der Antike als das Wort 'Stadt' für uns im Zeitalter des modernen Nationalstaats. Es bedeutete nicht einfach, daß man in einer städtischen statt einer ländlichen Umgebung lebte. Die *polis* war ein unabhängiger und souveräner 'Staat' im heutigen Sinn. Die *polis* schuf sich innerhalb ihrer Grenzen ihre eigenen Gesetze, und außerhalb ihrer Grenzen hielt sie nach Belieben Frieden oder führte Krieg.

Aber als Aristoteles seine *Politik* mit der Feststellung begann, daß der Mensch ein „politisches Lebewesen" sei, da ging es ihm nicht um die *polis* in Hinblick darauf, wie sie sich als souveräne Körperschaft nach außen hin darstellte, sondern um die inneren Verhältnisse, die ihre Existenz ermöglichten. Kernpunkt der Auffassung des Aristoteles war, daß allein der Mensch über die Eigenschaften verfügte, die gemeinschaftliches Leben möglich machten, und für ihn wie für die meisten Griechen war die höchste Form einer solchen *koinonia* – das bedeutet wörtlich 'Gemeinschaft' – die *polis*. Sie wurde möglich, sagt Aristoteles, weil von allen Lebewesen allein der Mensch über den *logos* verfüge.[1] Der *logos* war mehr als nur die Beherrschung der Sprache. Er umfaßte auch Vernunft und Moral.

Es gibt, wie Aristoteles einräumt, andere gesellschaftliche oder gesellige Formen des Lebens. Manche Insekten führen ein gemeinschaftliches Leben in ihrem Schwarm oder Stock und manche wilden Tiere leben in Herden zusammen. Dies aber sei „im Gegensatz zu den anderen Lebewesen dem Menschen eigentümlich, daß er allein die Wahrnehmung des Guten und Schlechten, des Gerechten und Ungerechten" besitze. Es ist dieser angeborene Sinn für Gerechtigkeit, der dem Menschen seinen sozialen Instinkt verleiht, seinen „Drang", wie Aristoteles es nennt, zum gemeinschaftlichen Leben. Er macht es, daß der Mensch „in höherem Grade ein politisches Lebewesen ist als jede Biene oder irgendein Herdentier."[2]

22

Wenn Aristoteles feststellt, daß die *polis* „von Natur aus" bestehe, dann meint er damit, daß sie von der Natur des Menschen herrühre, von einem angeborenen Sinn für Gerechtigkeit. Für die Griechen hatte die *polis* eine besondere Eigenschaft, die sie von anderen Formen menschlicher Gemeinschaft unterschied. Sie war, wie Aristoteles sagt, „eine Gemeinschaft von Freien" und unterschied sich darin von den früheren Formen der Gemeinschaft wie der Familie, die von einem Patriarchen regiert wurde, oder der Monarchie, oder von dem Verhältnis von Herren und Sklaven. Die Regierten waren die Regierenden. Wie Aristoteles es beschreibt, „Regieren sie abwechslungsweise und werden regiert."[3] Sowohl in Oligarchien, wo wenige das Bürgerrecht besaßen, als auch in Demokratien, wo alle freigeborenen Männer Bürger waren, wurden zwar die wichtigsten Ämter durch Wahl besetzt, doch andere wurden durch das Los vergeben, sodaß jeder Bürger die gleiche Möglichkeit hatte, an der eigenen Regierung teilzuhaben. Jeder Bürger hatte das Recht zu wählen, das Recht in der Volksversammlung, wo die Gesetze beschlossen wurden, zu sprechen und Mitglied der Geschworenengerichte zu werden, in denen jene Gesetze angewendet und interpretiert wurden. Dies waren die grundlegenden Merkmale griechischer Politik – der Verwaltung der Städte –, schon lange bevor Aristoteles sie im 4. Jahrhundert v. Chr. beschrieb. Sie beherrschten das Leben in Athen zur Lebenszeit des Sokrates, und es waren eben diese Voraussetzungen, in bezug auf die Sokrates und seine Schüler anderer Meinung waren.

Der Unterschied ging an die Substanz. Politik in Athen und in den griechischen Stadtstaaten allgemein war ebenso wie im republikanischen Rom eine Art von Klassenkampf zweier Parteien. Beide Seiten waren sich darin einig, daß die Stadt von ihren Bürgern regiert werden sollte. Unterschiedlicher Auffasung waren sie darüber, auf wen sich dieses Bürgerrecht erstrecken sollte. Sollte das volle Bürgerrecht auf wenige beschränkt werden, wie in den Oligarchien, oder für viele gelten, wie in den Demokratien? Aber für beide Seiten bedeutete Politik und damit das Leben der Stadt Selbstregierung, und wer die Selbstregierung in Frage stellte, war nicht nur antidemokratisch, sondern antipolitisch. Und das ist der Eindruck, den Sokrates bei den meisten seiner Zeitgenossen erweckte.

Sokrates war weder Oligarch noch Demokrat. Er stand außerhalb beider Parteien. Sein Ideal, wie es in verschiedener Weise bei Xenophon und bei Platon dargestellt wird und wie es sich in dem widerspiegelt, was wir von den anderen Sokratikern kennen, war die Regierung weder durch wenige noch durch viele, sondern, wie er es in den *Memorabilia* des Xenophon ausdrückt, durch „die, welche auch zu herrschen verstünden".[4] Das mußte den meisten seiner Zeitgenossen als eine Rückkehr zum Königtum in seiner unumschränktesten Form erscheinen. Und wer das Königtum propagierte, setzte sich in völligen Gegensatz zu der *polis*. Im Athen des 5. und 4. Jahrhunderts v. Chr. muß ein Eintreten für das Königtum einen ebenso kauzigen Eindruck gemacht haben, wie ihn eine monarchistische Partei im Amerika des 20. Jahrhunderts machen würde – zu wunderlich und exzentrisch, um auch nur beunruhigend zu sein.

Weder die Wenigen noch die Vielen wollten das Königtum wieder aufleben lassen, wollten die Kontrolle über die eigene Regierung und die Gestaltung ihres Lebens aufgeben. Sie hatten harte Auseinandersetzungen miteinander und führten Bürgerkriege im kleinen darüber, wer zur Bürgerschaft zählen sollte. Aber sie waren sich einig darin, daß die Bürger ihre Stadt regieren sollten.

Den Streit um dieses Problem können wir nicht so bequem auf die Antike beschränken, wie das auf den ersten Blick möglich zu sein scheint. Das 20. Jahrhundert hat in den totalitären Regierungsformen rechter und linker Prägung neue Varianten der Einzelherrschaft erlebt – und erlebt sie noch. Was der Keim des Totalitarismus ist, wird bereits aus den Worten klar, mit denen Sokrates in den *Memorabilia* seine Theorie von den Regierungen in ihrer frühesten und vollständigsten Version formuliert.

Sokrates würde eingewendet haben, daß er nicht das Königtum in seiner alten Form vorschlug, sondern eine neue Art von Herrschaft eines Einzelnen als Grundlage einer idealen Gesellschaft. In den *Memorabilia* gibt sich Sokrates als Gegner aller existierender Formen der Herrschaft zu erkennen. Er zählt sie alle nacheinander auf, um sie dann zu verwerfen.

„Könige und Herrscher seien, so sagte er, nicht die, welche das Szepter in der Hand hätten," das Zeichen ihrer hohen Würde, das sie, wie sie oft behaupteten, von Zeus selbst empfangen hätten. Damit war die Monarchie in ihrer üblichen Form abgetan. Noch seien es, fuhr er fort, „die, welche von den ersten Besten gewählt worden seien". Damit war die Demokratie verworfen. Noch die, welche „dies durchs Los erreicht hätten" – mit diesen Worten wies er die Möglichkeit zurück, die öffentlichen Beamten durch das Los zu bestimmen. Und Herrscher seien schließlich auch nicht die, welche „durch Betrug dahin gelangt seien" – damit waren die ‚Tyrannen' gemeint. Die wahren und idealen „Könige und Herrscher" seien „nur die, welche auch zu herrschen verstünden".

Ein Athener und Anhänger der Demokratie würde gesagt haben, daß es gerade solche Männer seien, auf die die Wahl des Volkes fiele, und daß diese zum Schutz gegen eine Fehlentscheidung und gegen den Mißbrauch der Macht in ihren Kompetenzen und in der Dauer ihrer Tätigkeit beschränkt seien. Doch Sokrates dachte nicht an derartige sicherheitshalber vorgesehenen Einschränkungen der Herrschenden. Seine grundlegende Überzeugung war nach dem Zeugnis des Xenophon, „es sei Sache des Herrschers zu bestimmen, was zu tun vonnöten sei, und Sache des Beherrschten zu gehorchen". Das muß wie eine Erneuerung und Verabsolutierung des Königtums früherer Zeiten ausgesehen haben. Aber Sokrates würde geantwortet haben, daß er für eine neue Form der Herrschaft eintrat – eine Herrschaft, wie wir sagen würden, der Fachleute. Bei Xenophon verteidigt Sokrates sein Eintreten für die absolute Herrschaft mit Vergleichen, die uns auch aus den Dialogen des Platon geläufig sind. Sokrates „legte dar", wie Xenophon sich erinnert, „daß auf einem Schiff der befehle, der sachkundig sei, daß der Schiffseigentümer dagegen und sonst alle auf dem Schiffe dem Sachkundigen gehorchten". Ähnlich, fährt Sokrates fort, "machten es beim Landbau die Besitzer des Landes und während einer Krankheit die Kranken", und „bei Leibesübungen" ließen die Athleten die Sachkundigen rufen, „um nach deren Weisung das Erforderliche zu tun". Er fügte gar, in jener Zeit männlicher Überlegenheit, einen kleinen Scherz hinzu, indem er sagte, „daß in der Wollspinnerei sogar die Frauen über die Männer herrschten, weil jene wüßten, wie man Wolle spinnen müsse, diese aber nicht".[5]

All diese Vergleiche hinken und die daraus gezogenen Schlüsse sind trügerisch. Ein griechischer Anhänger der Demokratie konnte einwenden, daß der Schiffseigentümer, der Kranke, der Landbesitzer und der Athlet frei waren, sich ihre 'Sachkundigen' auszusuchen, und sofern sich diese als nicht zufriedenstellend erwiesen, konnte man sie wieder entlassen und statt ihrer andere anstellen. Genau das war es, was eine freie Stadt tat, wenn sie ihre Beamten wählte – und durch andere ersetzte. Andernfalls versteckte sich hinter der Fassade des ‚Sachkundigen' das häßliche Gesicht der Tyrannis. Es ging nicht allein darum, den richtigen Sachkundigen zu finden, sondern auch über Mittel und Wege zu verfügen, sich seiner zu entledigen, wenn er sich als schlecht herausstellte.

Um die ersten Auseinandersetzungen mit diesem Problem in den griechischen Stadtstaaten zu verstehen – die ersten Ansätze dessen, was wir Politikwissenschaft nennen –, sind wir weitgehend auf die Schriften Platons und des Aristoteles angewiesen. Und um ihren jeweiligen Beitrag richtig zu bewerten, muß man sich zunächst über einen wesentlichen Unterschied zwischen ihnen klarwerden.

Platon war ein Theoretiker, Aristoteles ein wissenschaftlicher Beobachter. Aristoteles stellte bei seiner Auseinandersetzung mit menschlichen Dingen die praktische Erfahrung vor das theoretische Wissen. Er war positiv voreingenommen gegenüber Erfahrung und gesundem Menschenverstand. Platon machte hingegen in einer berühmten Passage seines *Staats* den Vorschlag, das Studium „der Dialektik" – und damit die zukünftige Herrschaft in seinem utopischen Staat – auf jene zu beschränken, die „Augen und die anderen Sinne fahrenlassend auf *to on* loszugehen" vermochten – auf das „wahre Seiende" oder „Seiende selbst".[6] Das wäre ohne Frage eine erquickliche Beschäftigung für den Mystiker, aber ist wohl kaum geeignet, dem Staatsmann Hilfestellung zu leisten, der gezwungen ist, sich mit verwickelten Angelegenheiten und der widerstrebenden menschlichen Natur auseinanderzusetzen.

Gleich zu Beginn seines Meisterwerks der Philosophie, der *Metaphysik*, greift Aristoteles Platon an. Er beginnt mit der Feststellung: „Alle Menschen streben von Natur nach Wissen. Dies zeigt ihre Liebe zu den Sinneswahrnehmungen." Ohne sie und insbesondere ohne die optische Wahrnehmung, fragt Aristoteles, wie können wir wissen und handeln? Zu Beginn seiner *Politik* setzt sich Aristoteles ebenso deutlich mit den politischen Ansichten Platons und des Sokrates auseinander. Namentlich erwähnt werden sie zwar ebensowenig wie in der *Metaphysik,* doch die Bezugnahme ist unzweifelhaft. „Alle diejenigen", schreibt Aristoteles, „die meinen, daß ein Staatsmann, ein Fürst, ein Hausverwalter und ein Herr dasselbe seien, irren sich".[7] Die *polis* verfügte über die Loyalität freier Männer, weil sie das Einverständnis der Beherrschten verkörperte. Dem Griechen wäre all das unbestreitbar erschienen.

Der *politikos*, der politische Führer oder Staatsmann innerhalb der *polis*, war ein gewählter Beamter, der nur für eine begrenzte Zeit – in der Regel ein Jahr – im Amt war, in einer Volksversammlung und gegenüber den Geschworenen der Volksgerichte über seine Amtsführung Rechenschaft abzulegen hatte und selbst in Kriegszeiten keineswegs mit absoluter Gewalt ausgestattet war. Die Bürger, an deren Spitze er stand, waren in ihrer rechtlichen Stellung und ihrem Rang nicht weniger als er, sondern (wie Aristoteles in seiner *Politik* feststellt) „ebenbürtig und gleich".[8] Die Art ihrer menschlichen Existenz war ihnen gemein.

Hierin lag die erste und grundlegendste Konflikt zwischen Sokrates und Athen begründet.

Die verschiedenen Anhänger des Sokrates waren häufig ebenso leidenschaftlich verschiedener Auffassung wie moderne Gelehrte in bezug auf das, was Sokrates sie eigentlich gelehrt hatte; das galt sogar und ganz besonders für die Frage nach der Natur der Tugend. Aber in einer Hinsicht waren sie sich einig, nämlich darin, daß sie alle die *polis* ablehnten. Sie alle sahen die menschliche Gemeinschaft nicht als eine sich selbst verwaltende Gemeinschaft von Bürgern gleichen Rechts, sondern als eine Herde, die eines Hirten oder Königs bedurfte. Sie alle sahen auf die Demokratie herab oder verachteten sie.

Xenophons Ideal, das er in der *Kyropaedie*, der *Erziehung des Kyros* entwickelt, war die gesetzestreue Monarchie. Dieses persische Vorbild war nach der Vorstellung des Xenophon von Kyros dem Großen, dem Gründer des persischen Reiches, so eingerichtet worden.

Antisthenes, der den Kynismus begründet hat, war in bezug auf die Demokratie besonders zynisch. Zwei spöttische Bemerkungen werden ihm in diesem Zusammenhang zugeschrieben, die eine bei Diogenes Laertios und die andere bei Aristoteles. In der ersten Geschichte soll Antisthenes die Athener gefragt haben, warum sie nicht beschlössen, daß Esel Pferde seien, da sie, wie er sagte, gelegentlich militärische Führer wählten, die ebensowenig Ähnlichkeit mit Generälen hätten wie ein Esel mit einem Pferd![11] Dieser spöttische Vergleich könnte auf Sokrates selbst zurückgehen, denn in Platons *Phaidros* spricht Sokrates von einem Redner, der in der Volksversammlung einer Stadt in ihrer Dummheit einen Esel für ein Pferd verkauft.[12] Aristoteles schreibt dem Antisthenes in seiner *Politik* folgende höhnische Geschichte über die Löwen und die Hasen zu. „Als die Hasen Volksversammlung hielten und für alle gleiches Recht verlangten", erzählt Antisthenes, „antworteten die Löwen: 'Und wo sind eure Klauen und Zähne?'".[13] Das war die Antwort der Kyniker auf die Forderung der Demokraten nach Gleichheit.

Platon hat verschiedene Utopien entworfen. Außer in den *Gesetzen* basieren sie alle auf der Monarchie in der einen oder anderen Form. Im *Politikos oder Staatsmann* war, wie wir gesehen haben, die ideale Herrschaft die absolute Monarchie. Im *Staat* war sie die absolute Herrschaft eines oder mehrerer „Philosophenkönige". Im *Timaios* und in seiner Fortsetzung, dem *Kritias,* zeichnete Platon das Bild eines goldenen Zeitalters der Menschheit, als die Götter ihre menschlichen Herden hüteten wie später die Menschen ihr Vieh.

Selbst in der „gemäßigten" Utopie der *Gesetze,* dem Alterswerk Platons, hätte die auf wenige beschränkte Bürgerschaft in ihrem Handeln unter der wachsamen Aufsicht eines Nächtlichen Rats gestanden. Dieser Rat war eine untersuchende Instanz, die die Aufgabe hatte, jede Art der Abweichung auszumerzen; er war damit das Urbild jenes Ausschusses für unamerikanische Umtriebe unseres Repräsentantenhauses, dessen Auflösung wohl niemand betrauert. Reisemöglichkeiten in andere Staaten waren stark eingeschränkt, um die Gemeinschaft vor „geistiger Verderbnis", wie es die chinesischen Kommunisten heute nennen, durch fremde Ideen zu bewahren. Diese Erfindungen Platons zur Kontrolle des Denkens gingen weit über das hinaus, was die Griechen unter einem König je erfahren hatten. Seine Vorschläge waren in der Tat die ersten Ansätze zu dem, was wir heute eine totalitäre Gesellschaft nennen.

In Platons *Gorgias* stellt Sokrates klar, daß keine Form der *polis* seine Zustimmung fand. Die beiden berühmtesten konservativen Staatsmänner Athens, Kimon und Miltiades, werden da mit derselben gleichgültigen Geringschätzung bedacht wie die beiden berühmtesten demokratischen Führer, Themistokles und Perikles. Von Perikles, der gerade kurz zuvor gestorben war, sagte Sokrates, daß man ihn als Staatsmann für einen Versager ansehen müsse, denn er habe die von ihm betreute Herde der Menschen „wilder gemacht, als er sie vorgefunden hatte". Und so kommt er zu dem Schluß, „daß wir keinen wissen, der ein tüchtiger Staatsmann gewesen wäre in dieser Stadt".[14] „Ich glaube", läßt Platon ihn sagen, „daß ich, mit einigen wenigen anderen Athenern, damit ich nicht sage ganz allein, mich der wahren Staatskunst befleißige".[15] Es war nicht gerade der Moment, zu dem er Bescheidenheit an den Tage legte.

In den *Memorabilia* legte Sokrates als seine Grundregel für die Herrschaft fest, „es sei Sache des Herrschers zu bestimmen, was zu tun vonnöten sei, und Sache des Beherrschten zu gehorchen". Nicht die Zustimmung der Beherrschten, sondern ihre Unterwerfung war gefragt. Dies war ein autoritäres Prinzip, das die meisten Griechen und besonders die Athener natürlich weit von sich wiesen.

Für alle griechischen Stadtstaaten war die Gleichheit der Bürger eine Grundregel, unbeschadet dessen, ob wenige oder viele das Bürgerrecht besaßen. Sokrates ging von einer grundsätzlichen Ungleichheit aus: Niemand war Bürger, alle waren Untertanen. Ein tiefer Graben trennte den Herrscher von den Beherrschten.

In einer Hinsicht unterscheidet sich der Sokrates des Xenophon von dem Platons. In den *Memorabilia* des Xenophon tritt Sokrates für ein Königtum im Rahmen der Gesetze ein, in Platons *Staat* hingegen erlegt Sokrates den Philosophenkönigen keinerlei derartige Beschränkung auf. Dies mag die Meinungsunterschiede zwischen den beiden Schülern widerspiegeln. Absolutismus ist das Merkmal der Utopien Platons, während Xenophon in seiner *Erziehung des Kyros* ein Königtum als sein Ideal vorschlägt, das seine Macht innerhalb des Rahmens der Gesetze entfaltet. Xenophon und Platon haben vielleicht in Hinblick auf dieses Thema in unterschiedlicher Weise und in Übereinstimmung mit ihren eigenen Vorstellungen in Sokrates 'hineingehört', wie Schüler das so oft tun.

An einer Stelle in den *Memorabilia* des Xenophon spricht Sokrates sogar nicht nur von den Gesetzen, sondern von der Zustimmung des Volkes als einem notwendigen Bestandteil einer wahren Monarchie. Xenophon schrieb, daß Sokrates zwischen „Königtum und Tyrannis" unterschieden habe mit der Feststellung, Königtum sei „die Staatsform, die dem Willen des Volkes und den Gesetzen des Staates entspricht, Tyrannis dagegen die Form, wenn die Regierung gegen den Willen des Volkes und nicht nach den Gesetzen erfolgt, sondern wie es dem Herrscher beliebt".[16] Aber was war, wenn ein gesetzestreuer König gesetzlos zu handeln begann? Besaßen seine Untertanen dann das Recht, ihn zu stürzen, wie ein Schiffseigentümer einen ständig betrunkenen Lotsen entlassen kann oder ein Kranker den Arzt wechseln, wenn dieser sein Vertrauen mißbraucht hat? Sokrates ist gezwungen, sich mit dem Problem auseinanderzusetzen, was zu tun sei, wenn ein Herrscher schlecht war oder schlecht wurde. Nachdem er gerade als Regel festgelegt hat, „es sei Sache des Herrschers zu bestimmen, was zu tun vonnöten sei, und Sache des Beherrschten zu gehorchen", werden ihm zwei Fragen vorgelegt. Was geschieht, wenn der Herrscher einen guten Rat nicht annimmt? Was, wenn er einen treuen Untertan tötet, der es gewagt hat, ihm solchen Rat zu erteilen?

Sokrates weicht aus und antwortet seinerseits mit einer Frage: „Wie sollte dies wohl möglich sein, einem guten Rat nicht nachzukommen, da doch ein Schaden damit verbunden ist, wenn jemand dem guten Ratgeber nicht Folge leistet? Denn in welcher Angelegenheit jemand dem guten Ratgeber nicht folgen mag, darin wird er sicherlich Fehler machen; sofern er aber Fehler begeht, wird er Schaden davon haben."

Auf die zweite Frage nach der Tötung eines getreuen Untertanen gibt Sokrates eine ähnliche Antwort: „Glaubst du", fragt er, „ob jemand, der die Besten unter seinen Helfern tötet, keinen Schaden davon hat oder nur geringen Schaden? Glaubst du, ob jemand, der so handelt, besser bewahrt bleibt oder vielmehr derart auf schnellstem Wege ins Verderben gerät?"[17]

Diese allzu einfachen Antworten hätten nur wenige seiner Zeitgenossen zufriedengestellt. Was Sokrates nicht sagte, ist sehr viel bemerkenswerter als das, was er sagte. An keiner Stelle räumt er den Bürgern das Recht ein, einen Herrscher zu stürzen, der guten Rat nicht annimmt und die, die ihn gewähren, tötet. Er verlangt von ihnen, in der Manier eines Theoretikers der freien Marktwirtschaft, sich auf die angeblich unausweichlichen Konsequenzen eines Fehlurteils und von Fehlverhalten zu verlassen. Das „Verderben", das Sokrates dem schlechten Herrscher prophezeit, ist kein Trost für die Beherrschten.

Die Stadt und ihre Bürger gehen möglicherweise mit dem eigensinnigen und willkürlichen Herrscher gemeinsam zugrunde. Oder vielleicht entzieht er sich durch die Flucht unter Mitnahme des Reichtums, den er sich von seinen Bürgern zusammengestohlen hat, wie ein Marcos oder ein Duvalier. Allzu oft können Tyrannen ihre Beute in Sicherheit bringen.

Sokrates denkt wie ein aufrichtiger Monarchist. Seine Grundansicht darüber kommt an einer anderen Stelle der *Memorabilia* zum Ausdruck, als er die Frage stellt, warum der König Agamemnon bei Homer „Hirte der Völker" genannt werde. Er beantwortet seine Frage selbst, indem er sagt: „Wohl deshalb: Der Hirt muß sich darum kümmern, daß die Schafe gesund bleiben und das Notwendige zum Leben erhalten."[18]

In der Tat kümmert sich ein guter Hirte darum, daß seine Herde gesund bleibt und Nahrung erhält, und insofern haben sie ein gemeinsames Interesse. Aber das, wonach der Hirte eigentlich strebt, ist, seine Schafe zu scheren, um Wolle zu erhalten, und sie eines Tages als Schlachtvieh zu verkaufen. Die Herde ist für den Schlachthof bestimmt, und die Schafe werden von dem Hirten nicht gefragt, wenn ihre Stunde schlägt. Die Lehre, die die Griechen aus dem Vergleich mit dem Hirten zogen, ist, daß die Schafe dem Hirten nicht trauen können, und ebensowenig kann eine Gemeinschaft ihr Schicksal dem absoluten Willen eines Einzelnen anvertrauen, gleich welchen wohltätigen Zielen er sich verschrieben hat. Sie wollten lieber eine *polis* werden, als wie eine Herde geführt werden.

Zu Zeiten des Sokrates war das Königtum aus den griechischen Stadtstaaten verschwunden und lebte nur noch unter den Barbaren und in halbbarbarischen Regionen wie Makedonien fort. Bei seinem Überblick über die griechischen Stadtstaaten konnte Aristoteles zwei Generationen nach dem Tode des Sokrates feststellen: „Gegenwärtig entstehen keine Königtümer mehr, sondern was entsteht, sind eher Alleinherrschaften und Tyrannenherrschaften."[19]

In Sparta, das die Sokratiker bewunderten und das der einzige griechische Stadtstaat war, in dem es noch ein erbliches Königtum gab, war die Macht der Könige auf die von militärischen Führern in Kriegszeiten herabgesunken. Selbst unter diesen Umständen mußten sie unter den wachsamen Augen der jährlich gewählten Ephoren oder

'Aufseher' handeln, den höchsten Beamten in Sparta. Und es gab zwei Könige aus zwei verschiedenen Königshäusern; die Aufteilung ihrer Macht und die gegenseitige Rivalität hielten sie in Bann.

Anderswo lebte der Titel des *basileus* oder Königs als anachronistisches Überbleibsel fort. Bestimmte religiöse Handlungen wurden noch von Priestern vollzogen, die aus dem Kreis der Angehörigen der ehemaligen königlichen Familien gewählt wurden. In Athen gab es neun jährlich gewählte Archonten oder Oberbeamten. Der *archon basileus,* der als Beamter den Titel 'König' trug, erfüllte unter anderem mehr oder minder religiöse Funktionen. Er wurde unter den Mitgliedern bestimmter Priesterfamilien ausgewählt, die königliche Abkunft für sich in Anspruch nahmen. Aber seine Stellung war in keiner Weise königlich. Nicht einmal in zeremonieller Hinsicht war er höchster Repräsentant des Staates. Die letzte Spur des Königtums im Athen zur Zeit des Sokrates spielt in seinem Prozeß eine Rolle. In Platons *Euthyphron* treffen wir Sokrates in der Stoa des *archon basileus.* Der greise Philosoph ist zur Voruntersuchung dort erschienen, denn eine der gegen ihn vorgebrachten Beschuldigungen war Gottlosigkeit, und der *basileus* war der *archon,* der Verhandlungen über solche Fälle vorsaß.

Selbst als die Demokratie zu Lebzeiten des Sokrates zweimal gestürzt wurde, versuchten die Gegner der Demokratie sie nicht durch ein Königtum zu ersetzen, sondern durch eine Oligarchie, die etwa der Herrschaft des patrizischen Senats in Rom ähnelte.

In Rom wurde das Königtum, wie in den griechischen Stadtstaaten viele Generationen vor Sokrates, ebenfalls durch die Aristokratie beseitigt. Das Wort *rex* oder König war in Rom derartig belastet, daß die neuen Monarchen, als die Republik am Ende fiel, sich nicht Könige nannten, sondern Caesaren nach dem Aristokraten, der die oligarchische Republik gestürzt hatte. Sokrates und seine Anhänger fielen völlig aus dem Rahmen ihrer Zeit, wenn sie für ein wie immer geartetes Königtum eintraten.

Kapitel 2

Sokrates und Homer

Während Xenophon Kyros den Großen zu seinem utopischen Herrscher machte, blickte Sokrates auf der Suche nach seinem idealen König viele Jahrhunderte zurück in die Zeit Homers und erinnerte an den legendären Agamemnon als vorbildlichen Herrscher.

Als die Bibel der Griechen konnte Homer bei den meisten Auseinandersetzungen von beiden Seiten vorgebracht werden, denn sein Werk ist so reich an Unklarheiten und Widersprüchen wie unsere eigene Heilige Schrift. Das gilt auch für den Streit darüber, ob die menschliche Gemeinschaft eine Herde sei, deren sichere Führung von einem Hirten abhänge, oder eine *polis,* die am besten von ihren Bürgern selbst verwaltet werde.

Homer nennt Agamemnon den „Hirten der Heerscharen" oder „Hirten der Völker". Aber das war nur eine ehrerbietige und formelle Anrede, die man nicht wörtlich nehmen darf, wie sein tatsächliches Verhalten und die wechselvollen Beziehungen zu seinen Soldaten zeigen. In einer Passage spricht Homer, wie wir sehen werden, bestätigend von dem göttlichen Recht der Könige. Aber man kann die *Ilias* auch als ein Lehrstück dafür lesen, welche Gefahren es mit sich bringt, wenn man sich auf einen Monarchen in seinem uneingeschränkten Willen verläßt. Die *polis* als solche ist natürlich eine Entwicklung späterer Zeiten. Doch das Wort kommt in der *Ilias* bereits vor, wenn auch nicht in seinem späteren Sinne einer sich selbst verwaltenden Gemeinschaft. Seine hauptsächliche Bedeutung bei Homer scheint lediglich die eines befestigten Siedlungsplatzes zu sein. Troja wird so bezeichnet, doch seine Bewohner werden in der *Ilias* merkwürdigerweise *politai* genannt,[1] obwohl es doch von dem König Priamos und seiner Gemahlin Hekuba regiert wurde. Vermutlich bedeutete *politai* hier dann eher Stadtbewohner als Bürger im späteren Sinne.

Im allgemeinen paßt die Erzählung bei Homer nicht zu dem sokratischen Ideal von der Herrschaft dessen, der „zu herrschen versteht", wobei der Herrscher befiehlt und die Beherrschten gehorchen. Agamemnon war oberster Feldherr der versammelten Truppen, aber er war keineswegs ihr absoluter Herrscher. Die Führung durch Agamemnon war kaum ein Erfolg zu nennen. Zu Beginn der *Ilias* steht der Krieg gegen Troja in seinem neunten Jahr, und doch ist es den Griechen noch nicht gelungen, in die Stadt einzudringen. Alles was sie als Ergebnis ihrer ausdauernden Anstrengungen und des langen Kampfes vorzeigen können, ist die Beute aus der Plünderung der umliegenden kleineren Städte. Am Ende der *Ilias* harrt Troja noch immer der Eroberung, wenn auch sein Held Hektor den Tod erlitten hat.

Agamemnon mag „ein tapferer Kämpfer" gewesen sein – eine andere homerische Formel, die Sokrates gern wiederholte –, aber als oberster Feldherr war er kein Genie. Er scheint der Prototyp des verbissenen Generals zu sein, der noch auf dem Frontalangriff besteht, wenn dieser sich schon lange als sinnloses Unterfangen herausgestellt hat, wie so viele Generäle in dem festgefahrenen, blutigen Grabenkrieg während des 1. Weltkriegs. Troja fiel erst später, in der *Odyssee,* und dann nur mit Hilfe der schlauen Strategie des hölzernen Pferdes: Durch List wurden die Mauern durchbrochen, die man mit Gewalt nicht hatte nehmen können. Das war der Triumph des listigen Odysseus und nicht der des eigensinnigen und einfallslosen Agamemnon.

Agamemnon war nicht der absolute König, der das Ideal der Sokratiker war. Vielmehr zeigte das griechische Aufgebot vor Troja bereits im Keim die Züge, die der griechischen *polis* und den neuzeitlichen parlamentarischen und Präsidialsystemen gemeinsam sind. Agamemnon war Feldherr und Vorsitzender. Ihm zur Seite stand ein Rat der Ältesten, der aus den Landbesitzern und Kriegern der Aristokratie bestand. Auf der Ebene darunter gab es eine allgemeine Heeresversammlung. So zeigt uns die *Ilias* nicht ein absolutes Königtum, sondern die dreigeteilte Herrschaft einer Exekutive, eines Senats und eines 'Unterhauses'. Die Kompetenz der homerischen Heeresversammlung war unklar und nicht genau umrissen. Selbst der Rat der Ältesten hatte sich in seinem Verkehr mit Agamemnon einer vorsichtigen Sprache zu bedienen. Doch konnte der 'Hirte der Völker' die Wünsche seiner Herde nicht mißachten. Er war nicht Ludwig XIV. Der Staat war nicht er. Er konnte nicht einfach Befehle geben und sicher sein, daß sie ausgeführt wurden. Die Bezeichnung 'Hirte der Völker' und das bei Homer, was man gewöhnlich mit 'König' übersetzt, führen in die Irre. Die Worte bei Homer, die mit 'König' übersetzt werden – *basileus* oder gelegentlich *anax* –, waren noch weit von dem Bedeutungsinhalt entfernt, den wir heute dem Begriff im Zusammenhang mit dem modernen Nationalstaat zuschreiben. Jeder größere Grundbesitzer scheint als *basileus* oder 'König' angesprochen worden zu sein.

Der mit diesem Sachverhalt nicht vertraute Leser der *Memorabilia* mag geneigt sein zu glauben, daß 'Hirte der Völker' eine Bezeichnung ist, die Homer dem Agamemnon als speziellen Ehrentitel vorbehielt. In Wahrheit indes wird sie von Homer für jedweden König oder Anführer verwendet.

Als uns die Bezeichnung das erste Mal bei Homer begegnet, findet sie auf eine unbedeutende Persönlichkeit namens Druas Anwendung, den das homerische Lexikon von Cunliffe unter den sogenannten „verschiedenen unbedeutenderen Helden" auflistet.[2] Agamemnon war nur der Erste der Könige, wie er nur der Erste der 'Hirten' des griechischen Aufgebots war. Achilleus, Odysseus und Hektor zählen zu den vielen anderen Vorkämpfern, die auch 'Hirte der Völker' genannt werden.

Die Metapher hat durchaus wohlmeinende Züge, doch die *Ilias* wirft ein negatives Licht darauf, wie Agamemnon seine Pflichten als Hirte des Aufgebots wahrnahm. Sie geht von einem Vertrauensbruch des Agamemnon aus und handelt von einem zweiten. Wenn sich der Vorhang hebt, zeigt uns die *Ilias* einen blind willkürlichen und in zweifacher Hinsicht unvorsichtigen Agamemnon, der erstens den Willen der Heeresversammlung mißachtet und zweitens einen Priester des Apollon beleidigt, der als Gott Heilung und Pest bringen konnte und brachte.

Dieser Priester kommt, um seine Tochter zu retten, die die Griechen gefangengenommen haben. Er ist kein gewöhnlicher Bittsteller. Er kommt mit einem reichen Lösegeld. Er trägt die Symbole seines hohen Amtes als Priester des Apollon, und er bietet sogar an, für den Erfolg der Griechen vor Troja zu beten, wenn man ihm nur seine Tochter zurückgibt.

Homer erzählt uns, wie die Krieger sich versammelten, um den bittenden Vater anzuhören, und seinem Vorschlag zustimmten. Allein Agamemnon, dem das gefangene Mädchen zugesprochen worden war, war dagegen, und es war seine Weigerung, mit der alle in der *Ilias* erzählten Leiden begannen. Agamemnon ist in seine Gefangene verliebt und und ist sogar so töricht, vor allen zu erklären, daß er sie seiner königlichen Gemahlin Klytaimnestra vorzieht; es ist nicht verwunderlich, daß diese ihn bei seiner Heimkehr ermorden wird. Nicht nur daß er das Lösegeld zurückweist, sondern er demütigt und bedroht den alten Mann auch. Apollon ist durch diese Kränkung seines Priesters erzürnt und sendet den Griechen die Pest in das Lager. Überall im Lager, berichtet Homer, „brannten die Scheiterhaufen mit den Toten".

Dann bekommen wir unseren ersten Eindruck von den Grenzen königlicher Macht in homerischer Zeit. Achilleus beruft ohne Erlaubnis des Königs eine Versammlung ein. Die Versammlung zwingt Agamemnon nach erbitterter Debatte dazu, die kriegsgefangene Sklavin herauszugeben und unter besänftigenden Opfern an Apollon zu ihrem Vater zurückzuschicken. Die Pest hat ein Ende und der König ist gedemütigt. Das Aufgebot hat seine Rettung vollbracht, indem es sich über den Willen seines Hirten hinweggesetzt hat. Es hat gezeigt, daß es nicht einfach eine Herde ist, sondern bereits den Keim einer *polis* in sich trägt.

Doch Agamemnon ist noch immer nicht klug geworden. Aus Rache und zu seiner Entschädigung entfesselt er ein neues Unheil, indem er dem Achilleus seine ihm besonders am Herzen liegende kriegsgefangene Sklavin nimmt. Achilleus macht dabei eine ebenso unglückliche Figur als König. Er weigert sich nicht nur zu kämpfen, sondern wird aus gekränktem Stolz auch noch zum Verräter. Der Held eilt zu seiner Mutter, der Nymphe Thetis, und bittet sie, Zeus zu überreden, ihn zu rächen und zugunsten Trojas und gegen Agamemnon und die Griechen in den Krieg einzugreifen. Zeus erweist sich als gefällig und sendet dem Agamemnon einen falschen Traum, der ihm baldigen Sieg verheißt und ihn dadurch zu voreiligen Angriffen auf Troja und einigen empfindlichen Niederlagen verleitet.

Wie man sieht, kann die *Ilias* leicht gegen das sokratische Ideal des Königtums ins Feld geführt werden. Man kann sich kaum vorstellen, daß unter den gewandten Athenern, die seit ihren Schultagen so sehr mit Homer vertraut waren, keiner dem Sokrates je diese enttäuschenden Blicke auf den 'Hirten der Völker' vorgehalten hat.

Wenn ein athenischer Anhänger der Demokratie sich von der *Ilias* der *Odyssee* zuwandte, konnte er ein weiteres Argument gegen das sokratische Ideal des Königtums bei Homer finden. Es taucht bei dem Zusammentreffen des Odysseus mit den Kyklopen auf. Homer trifft dort die Unterscheidung zwischen einem zivilisierten und einem unzivilisierten Menschen. Wir können dabei erkennen, daß die homerische Gemeinschaft zwar noch keine *polis* war, aber doch schon mehr als eine Herde.

Wir begegnen den Kyklopen im 9. Buch der *Odyssee*. Odysseus und seine Gefährten sind auf ihrem langen und verschlungenen Heimweg vom Krieg vor Troja. Auf ihren Fahrten gelangen sie zum Land der Kyklopen. Der vorsichtige Odysseus befiehlt seinen Männern, auf einer nahe gelegenen kleineren Insel zu warten, während er und einige zuverlässige Gefährten das Land erkunden. Indem er uns von dieser Erkundung erzählt, gibt uns Homer ein wenig Unterricht über sein soziales und politisches Verständnis. Er führt uns vor, was schon zu seiner eigenen Zeit für ein Kennzeichen der Zivilisation angesehen wurde.

Odysseus hegt die Befürchtung, daß er auf ein Lebewesen von großer Kraft treffen wird, „einen wilden Mann, der weder Recht noch Satzungen gehörig kannte".[3] Das waren die grundlegendsten Elemente, die den zivilisierten Menschen kennzeichneten. Ein Blick auf den griechischen Text vermittelt uns ein tieferes Verständnis des Satzes. Die mit *Recht* und *Satzungen* übersetzten Worte heißen im Griechischen *dikas* und *themistas*. Das sind Pluralformen von *dike* und *themis*. Im Singular sind das abstrakte Begriffe: Ersteres bedeutet soviel wie Brauch, Gesetz oder Gerechtigkeit, letzteres das, was anständig und richtig ist im Sinne von Brauch, Tradition oder Beispiel. Im Plural beschreiben die Worte die Art und Weise, in der in einer geordneten

Gesellschaft Streitigkeiten geschlichtet werden. Genauer könnte man vielleicht 'Gerichtsverhandlungen und Urteile' übersetzen. Der unzivilisierte Mensch ist mit solchen Verfahrensweisen nicht vertraut. Was Odysseus im Land der Kyklopen vorfindet, bestätigt seine ersten Wahrnehmungen. Das Land der Kyklopen kennt keine gemeinschaftliche Organisation. Ein jeder Bewohner lebt als Einzelner in seiner feuchten und muffigen Höhle gemeinsam mit seinen Frauen, Kindern und der Herde. Homer sagt, die Kyklopen kennten weder Landwirtschaft noch Seefahrt, die die beiden hauptsächlichen Beschäftigungen der frühen Griechen waren. Der Kyklop ist mehr Ungeheuer als Mensch. Er hat nur ein Auge mitten in seiner gewaltigen Stirn, und er ist Kannibale.

Odysseus und seine Gefährten werden von einem der Kyklopen, Polyphem, gefangengenommen und in seiner Höhle eingesperrt. Im weiteren Verlauf verschlingt er zwei Griechen zum Frühstück, dann zwei weitere zum Abendessen. Der listige Odysseus findet jedoch bald seinen schwachen Punkt. Wie spätere Eingeborene kennt Polyphem keinen Alkohol und wurde ein leichtes Opfer des Feuerwassers. Die Griechen machten ihn betrunken, brannten ihm sein einziges Auge aus und flohen.

Homer fügt seiner Beschreibung der Kyklopen noch eine besonders negative Einzelheit hinzu. Jeder von ihnen setzte „die Satzungen fest für seine Kinder und seine Weiber", aber er kümmerte sich nicht um andere, und sie kannten, wie Homer sagt, keine „ratspflegenden Versammlungen". Das also war ein weiterer Punkt, der die Kyklopen von den zivilisierten Menschen der Zeit Homers unterschied. In der *Ilias* ist davon nicht die Rede. Dort befragt der König seinen Rat der Ältesten, bevor er eine Entscheidung trifft, und dann verkündet er diese Entscheidung den Kriegern. Sie können durch Erheben der Stimme oder Murmeln ihre Zustimmung oder Ablehnung kundtun, aber die Versammlung hielt keine geordnete 'Beratung' ab.

Vielleicht ist das ein Zeichen dafür, daß die *Odyssee* etwas später ist als die *Ilias* und eine spätere Stufe politischer Entwicklung zeigt. Oder vielleicht schildert die *Ilias* auch nur die stärker eingeschränkten Versammlungen zu Kriegszeiten. Wir haben, jedenfalls hier in der *Odyssee*, Anzeichen dafür, daß bereits Jahrhunderte vor Sokrates „ratspflegende Versammlungen" ein augenfälliges Kennzeichen griechischer Gemeinwesen waren. Das ähnelte eher einer konstitutionellen Monarchie als der Vorstellung des Sokrates von einer staatlichen Ordnung, in der befiehlt, wer „zu herrschen versteht", und die anderen gehorchen.

Wir können die Betrachtung der Geschichte von Odysseus und den Kyklopen nicht abschließen, ohne vorher noch kurz einzuhalten, um sie vom Standpunkt des 'unzivilisierten' Menschen aus zu betrachten. Daraus ist noch eine bittere Lehre für spätere Zeiten zu ziehen. Odysseus verachtete den unzivilisierten Mann, weil er sich nicht um andere außerhalb seiner eigenen Familie kümmerte. Bevor er indes zu den Kyklopen gelangte, hatte unser zivilisierter Freund Odysseus ein anderes Abenteuer bestanden, das zeigte, wie auch die Sorge des zivilisierten Menschen für andere doch recht beschränkt war.

Odysseus erzählt uns, bevor er das Land der Kyklopen erreicht habe, seien seine Schiffe vom Winde zur Stadt Ismaros im Lande der Kikonen getragen worden. „Dort", berichtet er in dürren Worten, „zerstörte ich die Stadt und vernichtete die Männer"; und wir nahmen „aus der Stadt die Weiber" – als Sklavinnen natürlich, zum eigenen Gebrauch oder zum Verkauf – „und viele Güter". Diese Beute wurde sorgfältig „unter uns" verteilt, erzählt Odysseus mit Genugtuung, „so daß mir keiner des gleichen Anteils verlustig ginge".[4]

In dieser Erzählung eines Akts der Piraterie ist keine Spur moralischer Bedenken. Die einzige Sorge des Helden in ethischer Hinsicht ist die, daß seine Gefährten das Gefühl haben sollten, daß sie alle ihren angemessenen Anteil an der Beute erhalten hatten.

Das ist nichts anderes als die sprichwörtliche Ehrlichkeit der Diebe unter Dieben.

Hätte Polyphem von den erschlagenen und versklavten Bewohnern von Ismaros gewußt, so hätte er mit Recht fragen können, wo denn jenes „Kümmern um andere" sei, dessen sich der zivilisierte Odysseus gerühmt habe. Wenn der Kyklop sich allein um seine unmittelbare Familie kümmerte, sorgte sich dann nicht Odysseus allein um seine Gefährten in der Piraterie?

Als Odysseus sich aufmachte, das Land der Kyklopen zu erkunden, wollte er herausfinden, „ob sie gastfreundlich sind und einen Sinn haben, der die Götter scheut".[5] Polyphem könnte sich gefragt haben, was für freundliche und gottesfürchtige Männer das waren, die ohne Anlaß und ohne Grund eine Stadt überraschend angriffen und sie ohne die geringsten Bedenken zerstörten.

Natürlich wäre Polyphem bewußt gewesen, hätte er die Welt dort draußen gekannt, daß Piraterie damals eine respektable Beschäftigung war, wie noch bis vor kurzem in moderner Zeit. Was anderes war Sir Walter Raleigh, wenn nicht Königin Elisabeths in höchster Gunst stehender Pirat auf spanischen Meeren? „Im frühen Altertum", schreibt Ernest Badian, Professor in Harvard, im *Oxford Classical Dictionary,* „bestand keine klare Grenze zwischen Piraterie und Handel einerseits und Piraterie und Krieg andererseits."

Die Kyklopen waren nicht ganz und gar grob. Als Polyphem seine Besucher zum ersten Mal erblickte, fragte er sie: „Fremde, wer seid ihr? von woher kommt ihr die feuchten Pfade gefahren? eines Geschäftes wegen? oder schweift ihr nur so hin wie Seeräuber über die Salzflut, die da umherschweifen und ihr Leben daran setzen, indem sie anderen Böses bringen?"[6] Das Wichtigste in diesen Sätzen ist das Wort 'Andere' am Schluß. Die Gesetze des zivilisierten Gemeinwesens gelten nur innerhalb desselben. Die Anderen außerhalb seiner Grenzen waren Freiwild. Was war der Trojanische Krieg, wenn nicht ein gewaltiger Beutezug?

Gesetz und Ordnung innerhalb einer Gemeinschaft können gar ihre unterdrückte Wildheit stärken. Krieg kann zu einer willkommenen Gelegenheit werden, den Aggressionstrieb nach außen hin abzureagieren, wie Freud nach dem Gemetzel des 1. Weltkriegs in seiner Schrift über *Das Unbehagen in der Kultur* vermutet. Freud glaubte, daß die verbotenen Triebe, die die Menschen unterdrücken, um das gemeinschaftliche Leben zu ermöglichen, im Massenmord des Krieges Befreiung finden. Wir sehen hier von neuem, wie wahr die Feststellung des Aristoteles ist, daß der Mensch, wo er durch gemeinschaftliches Leben geadelt ist, das beste aller Lebewesen ist, getrennt von Gesetz und Recht aber das schlechteste.[7] Die Erde wird nicht sicher sein, bevor nicht auch sie eine *polis* geworden ist und der – endlich ganz und gar zivilisierte – Mensch ein *kosmopolites,* d. h. Weltbürger im Sinne jenes vorausweisenden Begriffs der griechischen Antike.* Der Unter-

* Das griechische Wort taucht zum ersten Mal bei dem griechisch-jüdischen Philosophen Philon von Alexandreia auf, aber angeblich soll der Begriff schon einige Jahrhunderte früher von den Kynikern geprägt worden sein.

schied zwischen Odysseus und den Kyklopen, zwischen dem zivilisierten und dem unzivilisierten Mann, war nicht so groß. Der eine beraubte und versklavte seine Mitmenschen, wenn sich dazu Gelegenheit bot, und der andere verschlang sie zum Abendessen.

Ich will diesen Exkurs mit einer leichteren Note abschließen und will dafür den großen irischen Altertumswissenschaftler W. B.Stanford zitieren. In seinem Kommentar zur *Odyssee* weist Stanford darauf hin, daß die Fragen, die der Kyklop im 9. Buch dem Odysseus stellt, dieselben sind, die dem Telemachos, dem Sohn des Odysseus, im 3. Buch gestellt werden, als er auf der Suche nach Nachrichten über das Schicksal seines langvermißten Vaters nach Pylos kommt.[8] Dort, in Pylos, fragt auch der weise Nestor seinen Besucher, ob er ein Pirat sei. Die entsprechenden drei Zeilen sind an beiden Stellen identisch. Aber die Umstände sind ganz verschiedene. Und hier stoßen wir auf einen anderen Unterschied zwischen dem zivilisierten und dem unzivilisierten Menschen, am Maßstab Homers gemessen.

Nestor stellt seinem Besucher die Frage erst, nachdem er seinen Gästen in Übereinstimmung mit den Gesetzen der Gastfreundschaft zu essen gegeben hat und die Fremden sich, wie Homer sagt, „mit Speise ergötzt haben". In einer Anmerkung zu der Stelle im 9. Buch schrieb Stanford: „Man vergleiche Nestors höfliche Verschiebung einer solchen Frage auf einen Zeitpunkt, zu dem seine Gäste bewirtet worden sind, mit der ungehobelten Direktheit des Kyklopen."[9] Der Kyklop war kein Gentleman.

Kapitel 3

Die Geschichte mit Thersites

Es gibt indes eine Stelle bei Homer, die das absolute Königtum stützt. Doch weder Sokrates noch seine Verteidiger zitieren sie, obwohl doch dadurch, wie man meinen könnte, das sokratische Ideal in der ‚Schrift' Unterstützung finden würde. Ihr erstaunliches Schweigen kann vielleicht einen bisher übersehenen Anhaltspunkt dafür geben, wie die Anklage formuliert war.

Ich bin auf diese Stelle bei Homer gestoßen, als ich versuchte, einem unklaren Passus in den *Memorabilia* nachzugehen, in dem Xenophon bei der Erörterung des Prozesses von den Anklagen spricht, die ein von ihm nicht näher identifizierter „Ankläger" gegen Sokrates vorgebracht habe. Doch die neuzeitlichen Gelehrten haben sich vor langer Zeit für die Ansicht entschieden, daß dieser Hinweis sich nicht auf einen Ankläger im eigentlichen Prozeß beziehe, sondern auf die verlorene Flugschrift eines prodemokratischen Autors namens Polykrates, die bald nach Abschluß des Prozesses veröffentlicht worden sei. Wie dem auch sei, die wenigen enttäuschenden Einzelheiten, die Xenophon uns aus dieser verlorenen Schrift gibt, eröffnen uns die einzigen Blicke auf den Standpunkt der Anklage. Sie werfen neues Licht auf den Teil der Beschuldigungen, nach denen Sokrates die Jugend „verdorben" haben soll.

Das Wort *verdorben* könnte einen falschen Eindruck erwecken. Für moderne Ohren hört es sich an wie die Beschuldigung homosexueller Vergehen. Doch die Knabenliebe – die erotische Verbindung zwischen einem Mann und einem bartlosen Jüngling – war sozial aner-

42

kannte Praxis im klassischen Griechenland, wie aus den platonischen Dialogen klar hervorgeht. Das für die Beschuldigung vorgebrachte Verbum – *diaphtheirein* – kann soviel bedeuten wie zerstören, verderben, verführen oder in die Irre leiten. Dasselbe griechische Wort findet sich in Platons *Politikos*,[1] wo Platon es verwendet, um auszudrükken, daß die Jugend in politischer Hinsicht irregeleitet werde. Die Fragmente des Polykrates bei Xenophon zeigen uns, daß das Wort bei den Beschuldigungen gegen Sokrates in derselben Bedeutung verwendet wurde. Die Jugend zu 'erschüttern' oder zu 'entfremden' mag daher eine bessere moderne Übersetzung sein als 'verderben'.

Nach Xenophon behauptete „sein Ankläger" von Sokrates, er habe „seine Freunde" gelehrt, auf die Gesetze Athens herabzusehen, er veranlasse sie, „die bestehende Staatsverfassung zu mißachten" und mache sie „geneigt zur Gewalttat", d. h. sie seien bereit, eine gewaltsamen Umsturz herbeizuführen. Der Ankläger nannte Kritias und Alkibiades als die herausragendsten Beispiele für diese verdorbene Jugend und stellte fest, niemand habe dem Staat so großen Schaden zugefügt wie diese. Kritias sei als führender Mann unter den Dreißig Tyrannen „der habsüchtigste, gewalttätigste und mordlustigste" gewesen, Alkibiades hingegen „von allen Demokraten der zügelloseste, übermütigste und gewalttätigste".[2]

Darüber hinaus behauptete der Ankläger noch, Sokrates habe auch „aus den berühmtesten Dichtern die schlimmsten Stellen herausgesucht" und sie dazu verwendet, seinen jungen Feunden beizubringen, „wie sie schlecht und tyrannisch sein könnten".[3]

Es ist bedauerlich, daß wir den Text des Polykrates mit seinen Anklagen nicht besitzen, damit wir selbst sehen könnten, welche Dichter Sokrates angeblich zitiert hat, um die Jugend der Demokratie zu entfremden. Es gab berühmte aristokratisch gesinnte Dichter, die man dazu hätte heranziehen können. Zwei, die einem sofort einfallen, sind Pindar und Theognis. In der einzigen sonst erhaltenen *Apologie* des Sokrates, die nur wenig bekannt ist und von Libanios aus dem 4. Jahrhundert n. Chr. stammt, werden in der Tat diese beiden Dichter unter denen genannt, die Sokrates beschuldigt wurde gegen die Demokratie ins Feld geführt zu haben. Pindar schrieb Oden zum Ruhme so mancher berühmter Tyrannen. Theognis brachte in seinen Elegien den wütenden Haß zum Ausdruck, den der angestammte

Landadel den Aufsteigern der Mittelklasse entgegenbrachte, den Handwerkern und Händlern, die das Wahlrecht und den Zugang zu den öffentlichen Ämtern forderten.

In einem gewaltigen Ausbruch verglich Theognis sie mit einer Herde von Ochsen und riet,

> *Tritt das hohlköpfige Volk mit Füßen,*
> *steche sie mit deinem scharfen Sporn*
> *und lege ihnen das den Nacken beschwerende Joch auf,*
> *denn du wirst nicht ein anderes Volk finden unter der Sonne,*
> *das so sehr die Herrschaft eine Gebieters liebt wie die Menschen.*[4]

Dieses Bild vom gemeinen Volk als einer Herde ist dem des Sokrates nicht unähnlich. Es wäre erstaunlich, wenn solche so wohlbekannten antidemokratischen Verse von dem 'Ankläger' nicht zitiert worden wären. Doch beschränkt Xenophon seine Beispiele der vermutlich von Polykrates zitierten Verse auf zwei Passagen aus Homer und Hesiod. Das Zitat aus Hesiod ist so wenig relevant, daß wir daraus nur schließen können, es sei lediglich zur Ablenkung hinzugefügt. Als dieses erste Beispiel aus der Dichtung, das den jungen Männern beibringen sollte, „wie sie schlecht und tyrannisch sein könnten", zitiert Xenophon einen Vers des Hesiod: „Arbeit, die ist nicht Schande, das Nichtstun jedoch, das ist Schande." Der Vers stammt aus den *Werken und Tagen* des Hesiod.[5] Es ist lediglich eine Äußerung zur Arbeitsethik und steht nicht in geringster Beziehung zu dem von Polykrates behandelten Thema.

Hesiod schrieb vor dem Entstehen der Demokratie, doch anders als Homer, der den aristokratischen Standpunkt vertritt, war Hesiod ein aufbegehrender Kleinbauer und verlieh den Gefühlen seiner Klasse gegen die reichen Grundbesitzer eine Stimme. Seine *Werke und Tage* sind das erste Gedicht des sozialen Aufbegehrens, und die 'Könige' – die aristokratischen Grundbesitzer – sind das vornehmliche Ziel seiner Angriffe. Wie der englische Landadel viele Jahrhunderte später schlichteten sie als Friedensrichter Streitigkeiten unter Pächtern und Landarbeitern auf ihren Besitzungen.

Hesiod hatte eine geringe Meinung von ihrer Unbestechlichkeit als Richter. Er nennt sie die „geschenkefressenden Könige", die „mit krummen Bescheiden" andern Schlimmes bereiten. Er warnt sie, daß von Zeus gesandte „Wächter" die Erde durchstreifen, „dicht in Nebel gehüllt", um ihre Missetaten der göttlichen Strafe zu überantworten.[6] Hesiod konnte kaum zur Beförderung antidemokratischer Ideen herangezogen werden.

Allein die Verse Homers, die Xenophon anführt, sind einschlägig in Hinblick auf die gegen Sokrates vorgebrachten Beschuldigungen, doch verkürzt er das Zitat so sorgfältig, daß seine Bedeutung dem Leser verborgen bleibt. Um es zu verstehen, müssen wir jedenfalls einen Moment zurücktreten und erkennen, was dem Text voranging und zu der Äußerung führte. Das Zitat stammt aus dem 2. Buch der *Ilias,* als die Griechen in ihrer Ungeduld, den Krieg abzubrechen und heimzufahren, ihren Schiffen zustreben.

Zeus hatte, wie weiter oben berichtet, dem Agamemnon auf Drängen der Mutter des Achilleus einen falschen Traum gesandt, um ihn zu einem unglückseligen Angriff auf das befestigte Troja zu verführen und den König so dafür zu bestrafen, daß er Achilleus in dem Konflikt um die kriegsgefangene Sklavin beleidigt hatte. Agamemnon entwickelt nun seinerseits eine listige Strategie. Er teilt dem ihm zur Seite stehenden Rat der Ältesten mit, daß er, um die Moral seiner Soldaten auf die Probe zu stellen, Befehl geben werde, die Belagerung von Troja abzubrechen und die Schiffe heimwärts zu steuern. Er hofft, daß die Soldaten dagegen sein würden, die Belagerung aufzuheben, bevor sie Gelegenheit gehabt hätten, die Stadt einzunehmen und zu plündern.

Sollte indes die Heerschar voller Freude zu den Schiffen eilen, so waren die Mitglieder des Rats von Agamemnon angewiesen, sie zu ermahnen, daß sie den Befehl des Königs nicht ernst nehmen sollten, sondern zurückkehren, um in einer zweiten Versammlung neue Anweisungen entgegenzunehmen. Das Ergebnis des Befehls, die Belagerung abzubrechen, ist genau das, was Agamemnon befürchtet hatte. Kaum hatte er die Worte ausgesprochen, als ein wildes Rennen zu den Schiffen einsetzte. Nicht allein die einfachen Soldaten, sondern auch die Offiziere – die „hervorragenden Männer" – schließen sich an. Alle lassen samt und sonders erkennen, wie müde sie des langen und fruchtlosen Krieges sind.

Odysseus stellt sich an die Spitze der Mitglieder des Rates, und sie stemmen sich gegen die wilde Flucht. Doch behandelt Odysseus dabei die Offiziere des Heeres anders als die einfachen Soldaten. „Und welchen er von den Königen traf und den hervorragenden Männern", zitiert Xenophon aus Homer, „an den trat er heran und hielt ihn zurück mit sanften Worten". Wenn er hingegen auf „einen Mann des Volkes" traf, traktierte er diesen einfachen Soldaten mit Schlägen und beleidigenden Worten. „Den schlug er mit dem Stab", berichtet Homer, „und fuhr ihn an mit der Rede." Er befahl ihm: „Setz dich still hin und höre die Rede anderer, die besser sind als du! Denn du bist unkriegerisch und kraftlos, weder zählst du jemals im Kampf noch in der Beratung!"[7]

Der Ankläger behauptete, Sokrates habe diese Zeilen aus Homer dahingehend interpretiert, „daß der Dichter es für recht halte, wenn die Geringen und Armen Schläge erhielten". Xenophon hält dem entgegen, Sokrates habe dies nicht so gemeint, denn sonst hätte er doch geglaubt, „selbst Schläge bekommen zu müssen". Sokrates sei „vielmehr im Gegenteil ganz offenkundig ein Freund des Volkes und ein Menschenfreund" gewesen. Denn obwohl er viele begierige Schüler gehabt habe, habe er doch „niemals eine Bezahlung" verlangt, sondern „allen reichlich von dem Seinigen" gegeben.

Doch Xenophon erörtert die Beschuldigungen des Polykrates in der Art eines geschickten Anwalts und Verteidigers. Wenn wir uns selbst dem Text der *Ilias* zuwenden, sehen wir, daß Xenophon bezeichnenderweise zwei Einzelheiten der homerischen Schilderung unterdrückt, die ein Demokrat wie Polykrates niemals beiseite gelassen hätte. Als erstes fehlt die Fortsetzung der Zurechtweisung, die Odysseus den einfachen Soldaten erteilt. Xenophon zitiert die Verse 198 bis 202 des 2. Buchs. Das Ende seiner Rede in den folgenden vier Versen hätte wesentlich zur Stützung der von Polykrates vorgebrachten Beschuldigung beigetragen. In diesen Versen wird die Demokratie direkt angegriffen, und zum ersten Male in der abendländischen Literatur wird das göttliche Recht der Könige geltend gemacht. Diese ausgelassenen vier Verse sind der Höhepunkt und das Wesentliche in der Zurechtweisung, die Odysseus erteilt. Odysseus sagt folgendes:

Können wir doch nicht alle hier Könige sein, wir Achaier!
Nichts Gutes ist Vielherrschaft: einer soll Herr sein,
Einer König, dem der Sohn des krummgesonnenen Kronos
Stab und Satzungen gab, daß er König sei unter ihnen.

Ein Gegner der Demokratie konnte keinen geeigneteren Text bei Homer finden: „Nichts Gutes ist Vielherrschaft." Das Volk soll gehorchen, der König befehlen. Das deckt sich genau mit der Formulierung, die Sokrates an einer anderen Stelle der *Memorabilia* vorbringt, daß Herrscher sein sollten, „welche auch zu herrschen verstünden", und die anderen zu gehorchen hätten. Es ist nicht verwunderlich, daß Xenophon diese vier Verse weggelassen hat.

In dem Text des Xenophon fehlt noch etwas anderes, ebenso Wichtiges, und zwar die Szene direkt im Anschluß an die Worte des Odysseus über das göttliche Recht der Könige. Nachdem der Sturm auf die Schiffe aufgehalten und die Versammlung zur Ordnung gerufen war, wagt es ein einfacher Soldat, Odysseus herauszufordern und den gerade von ihm aufgestellten Grundsatz in Frage zu stellen. In der *Ilias* werden viele Heeresversammlungen geschildert, doch diese bleibt einzigartig. Es ist das erste und einzige Mal bei Homer, daß ein einfacher Soldat die Stimme erhebt, die Meinung der gewöhnlichen Soldaten zum Ausdruck bringt und den König Agamemnon von Angesicht zu Angesicht offen schmäht. Es ist der erste Auftritt des einfachen Mannes in der Literaturgeschichte, das erste Beispiel für freie Meinungsäußerung eines gewöhnlichen Mannes gegenüber einem König, und sie wird mit Gewalt unterdrückt: Odysseus antwortet auf die Rede nicht mit Argumenten, sondern mit Schlägen.

Niemand, der wie Polykrates Sokrates anklagen wollte und die Meuterei im 2. Buch der *Ilias* dabei zitierte, hätte diese Szene als Höhepunkt ausgelassen. Sie bot unzufriedenen jungen Aristokraten ohne Frage ein schlechtes Beispiel und ermutigte sie, an „die Geringen und Armen" Schläge auszuteilen. Xenophon hat die Szene vielleicht ausgelassen, weil sie zu abträglich war. Nirgendwo erwähnt er auch nur den Namen des Thersites. Aber möglicherweise gibt es einen unbewußten Hinweis auf den Namen in seinem Text. Xenophon hätte ganz einfach in Abrede stellen können, daß Sokrates diese Passagen aus Homer je verwendet habe, wenn das tatsächlich nicht der Fall gewesen wäre. Die Zurückweisung, die er stattdessen zugunsten des Sokrates aufbietet, ist mehr ein Eingeständnis als eine Widerlegung.

„Sondern er (Sokrates) sagte", wendet Xenophon ein, „wer weder durch Rat noch durch Tat nützlich sei und weder dem Heer noch dem Staat noch dem Volk selbst helfen könne, falls es nottue, und sofern er sonst dazu auch noch frechen Sinnes sei, der müsse auf jede Weise unschädlich gemacht werden, wenn er auch zufällig sehr reich sei."[9] Abgesehen von jenem Anflug von populistischer Demagogie in dem Nebensatz „wenn er auch zufällig sehr reich sei" ist dies nichts anderes als eine Paraphrase dessen, was wir bereits von Odysseus gehört hatten. Auch Sokrates sagt, unverschämte Emporkömmlinge müßten „unschädlich gemacht werden", d. h. am Sprechen gehindert werden. Genau das ist es, was Odysseus mit Thersites getan hatte. Eigenartigerweise ist das Wort für „frechen Sinnes", das Sokrates an dieser Stelle benutzt, nicht von dem üblicheren griechischen Wort *hybris* abgeleitet, sondern von dem Adjektiv *thrasos* (dreist oder unbesonnen), von dem der Name dieses Emporkömmlings abgeleitet ist.* Ein Freudianer würde vielleicht sagen, daß der Name, den Xenophon zu unterdrükken versuchte, bei der Auswahl des Adjektivs zum Vorschein kam.

Homer zeigt schon in der Beschreibung des Thersites ein ausgeprägtes klassenmäßiges Vorurteil. Er kann in seinen Beschreibungen einfacher Leute, auch wenn sie Schweinehirten und Sklaven sind, rührend und liebevoll sein, sofern sie nur „ihren Platz in der Gesellschaft" kennen. Gegen Thersites, der ihn nicht kennt, zeigt sich der aristokratisch gesinnte Dichter gnadenlos. Keine andere Person bei Homer – noch nicht einmal der menschenfressende Kyklop – ist abstoßender dargestellt als Thersites.

Die Griechen wollten gern, daß ihre Helden schön waren. Homer läßt Thersites so mißgestaltet erscheinen, daß er wie ein Krüppel wirkt. Er beschreibt ihn als den häßlichsten aller Männer, die gegen Troja zogen.[10] Er war „krummbeinig" und „hinkend auf einem Fuß"; seine buckligen Schultern waren über die Brust zusammengebogen; er hatte einen spitzen Kopf und war fast kahl, nur einige spärliche Stoppeln wuchsen auf seinem Kopf. Kurz, dies war ein Mann, mit dem Helena niemals fortgelaufen wäre.

Der moderne Leser fragt sich, wie Thersites durch die Musterung gekommen war. Ein Kommentator Homers, der byzantinische Scholiast Eustathios, hat vorgeschlagen, die einzige Erklärung dafür, daß

---

* Es gibt eine abweichende Form von *thrasos* im Aeolischen Dialekt, der eines der wichtigsten Elemente der epischen Sprache Homers darstellt. Die aeolische Form lautet *thersos,* und davon ist der Name Thersites abgeleitet.

man Thersites habe mitziehen lassen, wäre die Furcht, die man gehabt habe, daß er, zurückgelassen, eine Revolution angezettelt hätte!.[11] Der antike Geschichtenerzähler Lukian gießt seinen beißenden Spott über die Beschreibung des Thersites durch Homer aus und sagt, daß der Aufrührer im Hades den Dichter wegen Beleidigung verklagt habe.[12] Die Griechen mochten es auch, wenn man gut reden konnte, und Homer läßt sie geflissentlich wissen, daß es ebensowenig ein Vergnügen war, dem Thersites zuzuhören, wie ihn anzusehen. Homer sagt, er sei ein endloser Schwätzer, der den Kopf voller "ungeordneter" Worte habe, „um . . . mit den Königen zu streiten". Er sprach nicht wohlgeordnet *(kata kosmon)* und war bereit, alles und jedes zu sagen, um die Soldaten nur zum Lachen zu bringen. Homer fügt hinzu, Thersites sei dem Achilleus und Odysseus besonders verhaßt gewesen, weil sie oft zur Zielscheibe seiner groben Scherze geworden seien. Offenbar hatte er sich seit einiger Zeit schon als Aufrührer in den Vordergrund gedrängt.

Als Odysseus endlich alle übrigen dazu gebracht hatte, sich im Kreise der Versammlung niederzusetzen, ist es allein Thersites, der nicht stillbleiben will. Ungeachtet der gehässigen Beschreibung Homers von Thersites als einem Mann, der nur unordentliche Worte weiß, spricht er hier nicht nur kühn, sondern auch sachlich, kurz und bündig.

Thersites greift den Herrscher persönlich an. „Atreus-Sohn!" sagt er, „worüber beklagst du dich wieder und wonach gierst du? Voll von Erz sind dir die Hütten, und viele Frauen sind in den Hütten, ausgewählte, die wir Achaier immer als erstem dir geben, wenn wir eine Stadt erobern. Oder fehlt es dir auch noch an Gold, das einer dir bringen soll von den pferdebändigenden Troern von Ilios für einen Sohn, den ich gebunden dahergeführt oder ein anderer der Achaier? Oder eine neue Frau, daß du dich mit ihr vereinigst in Liebe, die du für dich gesondert festhältst? Nicht gehört sichs", belehrt dieser Untertan den Agamemnon, „als Führer ins Unglück zu bringen die Söhne der Achaier!" Gemeint ist, er solle den Krieg nicht aus Gier nach noch mehr Beute weiter in die Länge ziehen.

Dann wendet sich Thersites seinen Kameraden im Heere zu und nennt sie „Weichlinge, übles Schandvolk, Achaierinnen, nicht mehr Achaier!" Thersites drängt sie, ihren Schiffen zuzustreben und heimzufahren: „Und lassen wir den da hier in Troja Ehrengeschenke verdauen, daß er sieht, ob nicht auch wir ihm ein Beistand sind, oder auch nicht." Es sieht so aus, als ob Thersites von der Bemerkung des Odysseus aufgestachelt worden sei, der gesagt hatte, die gewöhnlichen Soldaten zählten nicht in der Schlacht.

Thersites ist es in seiner Ansprache, der Agamemnon zum ersten Mal „Hirte der Völker" nennt – die Bezeichnung, die Sokrates in den *Memorabilia* so gern wiederholt –, aber er tut es, um ihn lächerlich zu machen. Er beschließt seine Rede mit dem ernstesten aller Vorwürfe gegen den König: Er habe Achilleus „verunehrt", „der ein viel besserer Mann als er ist", indem er dem Helden die jenem besonders ans Herz gewachsene kriegsgefangene Sklavin weggenommen habe. Nun sitzt Achilleus beleidigt in seinem Zelt, und Agamemnon hat so den Erfolg des ganzen Kriegszugs in Frage gestellt, indem er dem Heere den ersten seiner Krieger entfremdet hat. Seine Gier war stärker als sein königliches Pflichtbewußtsein.

Odysseus antwortet mit Gewalttätigkeit. Vor der ganzen Versammlung schlägt er Thersites bis aufs Blut, demütigt ihn und droht ihm: Sollte es Thersites noch einmal wagen, den Namen der Könige in den Mund zu nehmen, so werde er, Odysseus, ihm die Kleider ausziehen und ihn „weinend zu den schnellen Schiffen" jagen. So endete der Aufruhr, den Agamemnon selbst durch seine falsche Ankündigung angezettelt hatte, mit der er die Moral der Truppe auf die Probe hatte stellen wollen. Und die erfolglose Belagerung wurde durch zweiundzwanzig weitere Bücher der *Ilias* hindurch fortgesetzt. Von Thersites und von dem ersten Versuch des einfachen Mannes, Redefreiheit für sich in Anspruch zu nehmen, hören wir nichts mehr.[13]

Wenn wir uns nun von neuem die *Ilias* ansehen, so werden wir erkennen, daß das, worüber Homer und viele Gelehrte nach ihm sich erregt haben, nicht die Aussagen des Thersites über Agamemnon als solche sind, sondern die Tatsache, daß ein einfacher Untertan sie auszusprechen wagte.

Was Thersites im 2. Buch der *Ilias* über Agamemnon sagt, ist in Wahrheit nur eine Wiederholung der Worte des Achilleus im 1. Buch. Dort nennt Achilleus in dem Streit der beiden 'Könige' um ihre liebsten Sklavinnen Agamemnon einen „auf Vorteil Bedachten", „in Unverschämtheit Gehüllten", einen „weinbeschwerten" Trunkenbold und Feigling „mit den Augen eines Hundes und dem Herzen eines Hirsches". Und er wirft ihm vor: „Weder zum Kampf dich zu rüsten zugleich mit dem Volk noch auf eine Lauer zu gehen mit den Besten der Achaier hast du jemals gewagt im Mut."[14] Wie Thersites beklagt sich auch Achilleus, daß Agamemnon sich die reichste Beute aussuchte, während andere die Hauptlast der Schlacht trugen.[15] Achilleus fügt sogar hinzu, was Thersites nicht zu sagen wagt, nämlich daß er seinerseits mit den Trojanern nicht in Streit lag: „Nicht haben sie jemals meine Rinder hinweggetrieben oder Pferde." Er sagt, er sei nur aus Gefälligkeit gegen Agamemnon in den Krieg gezogen, und er droht mit seinem Rückzug; und tatsächlich bleibt er den größten Teil der *Ilias* bis zum 18. Buch als Krieger müßig.

Der größte Held der *Ilias* war stark egozentrisch veranlagt; sein verwundeter Stolz bedeutete ihm mehr als die Loyalität zu seinen Kriegsgefährten. Aber Homer tadelt den schmollenden und eigensinnigen Achilleus mit keinem Wort, selbst dann nicht, wenn das weinerliche Kind – anders kann man das kaum nennen – zu seiner Mutter, der Meeresgöttin Thetis rennt und sie dazu überredet, um die Hilfe des Zeus gegen die Griechen zu bitten. Das ist Verrat. Es ist ganz offensichtlich, daß Homer die beiden Widersacher des Agamemnon mit zweierlei Maß mißt. Er idealisierte den Aristokraten und machte eine Karikatur aus dem einfachen Untertanen.

Doch Achilleus ist nicht der einzige Aristokrat in der *Ilias,* der Agamemnon kritisiert. Obwohl Odysseus dem Thersites Schläge verabreicht, weil er gegen den Monarchen spricht, findet er im 14. Buch doch ähnlich scharfe Worte gegen Agamemnon. Der König schlägt dort vor, mit den Schiffen die Flucht zu ergreifen. „Denn nicht zu verargen ist es," sagt er, „dem Unheil zu entfliehen." Odysseus sah da Agamemnon „von unten herauf an und sagte zu ihm": „Verderblicher! Wenn du doch einen anderen, elendigen Haufen anführtest, statt über uns zu herrschen."[16] Die Szene war wohl kaum ein positives Zeugnis für das absolute Königtum.

Da bei Xenophon kein Wort über Thersites verloren wird, erfahren wir aus den *Memorabilia* nichts darüber, wie Sokrates über ihn dachte. Aber es gibt zwei Bemerkungen über Thersites von seiten des platonischen Sokrates, und beide sind abwertend. Als Sokrates im *Gorgias* die Strafe beschreibt, die Missetäter nach dem Tode erwartet, geht er über Thersites hinweg als einen gemeinen Verbrecher, unwürdig der ewigen Qualen, die den Übeltätern hohen Ranges und ihren bemerkenswerten schlechten Taten vorbehalten sind.[17] Und als Sokrates im *Staat* die Geschichte von der Reise des Er zu den Toten in der Unterwelt erzählt, erscheint Thersites als komische Figur und kleidet sich in die Gestalt eines Affen für sein nächstes Leben.[18] Agamemnon wählt sich in derselben Erzählung als Gestalt für seine Wiedergeburt die eines Adlers.

Die Verbeugung vor Agamemnon, die in den *Memorabilia* zum Ausdruck kommt, ist natürlich nicht auf den xenophontischen Sokrates beschränkt. Für den platonischen Sokrates ist der König ebensosehr eine ehrwürdige Gestalt. Als Sokrates sich am Ende der *Apologie* von seinen Richtern verabschiedet, sagt er, wenn es ein Jenseits geben sollte, so sehe er mit Freude der Möglichkeit entgegen, sich mit den Großen der Vergangenheit zu unterhalten. „Was würde man nicht darum geben, ihr Richter," fragt er, „wenn man den ausfragen könnte, der das große Heer nach Troja geführt hat?"[19] Im *Symposion* bezieht sich Sokrates auf dieselbe Stelle bei Homer wie in den *Memorabilia*, wenn er Agamemnon einen „ausgezeichnet tüchtigen Mann im Kriege" nennt.[20] Im *Kratylos,* einem der weniger bedeutenden Dialoge, der sich mit der Etymologie der Namen beschäftigt, behauptet Sokrates, daß der Name eines Mannes seinen Charakter bestimme – eine sophistische Verdrehung, die später ein Leitmotiv für Sternes *Tristram Shandy* werden sollte. Im Namen Agamemnon findet Sokrates Bestandteile, die darauf hindeuten, daß er „bewundernswürdig im Ausharren" sei.[21]

Im Staat geht der platonische Sokrates in seiner Verehrung des Königs einen Schritt weiter als bei Xenophon. Er schlägt vor, jene anstößigen Stellen, an denen Homer Agamemnon als nicht im geringsten tüchtig schildert, aus der *Ilias* zu tilgen, damit sie keinen mangelnden Respekt vor Autorität hervorriefen. Als besondere Passage, die der Zensur anheimfallen sollte, nannte Sokrates die Ansprache, in der Achilleus Agamemnon kritisierte.[22] In der platonischen Utopie soll Literatur in den Untergebenen "Besonnenheit" *(sophrosyne)* auf zwei Ebenen hervorrufen: 1. „den Herrschenden unterwürfig" zu sein sowie 2. ihre eigene körperliche „Lust" zu beherrschen. Achilleus hat wohl durch die Kritik an seinem König ein schlechtes Beispiel gegeben. Aber Sokrates sagt nichts von dem schlechten Beispiel, das der Herrscher gegeben hat, als er seine „Lust" auf eine Sklavin nicht beherrschen konnte.

Sokrates war insbesondere darum bemüht, die Verse zu tilgen, in denen Achilleus Agamemnon als „Weinbeschwerten, mit den Augen eines Hundes und dem Herzen eines Hirsches" anspricht,[23] und ebenso das, „was sonstwo einer in Rede oder Dichtung als Untergebener Übermütiges gesagt hat gegen Vorgesetzte". Der platonische Sokrates meint nicht, daß dies „Jünglingen dienlich ist zu hören". Im 2. Buch des *Staats* spricht sich Sokrates auch dafür aus, den trügerischen Traum zu streichen, der Agamemnon von Zeus geschickt wird. „Wenn wir also auch vieles an Homer rühmen", sagt Sokrates, „so werden wir doch das nicht gutheißen."[24] Er zitiert diese Passage zusammen mit einem anderen falschen Traum, den Apollo der Thetis in einem verlorenen Stück des Aischylos sendet, als Beispiele für Darstellungen der Götter, wie sie auf der Bühne und in den Lehrbüchern seines *Staates* nicht erlaubt sein werden.

Eine unklare Stelle im *Staat,* die in dieselbe Richtung zu gehen scheint, zeigt sogar (nach der Auffassung von James Adams in seinem Kommentar) Verdruß über einige verlorene Stücke, in denen man sich darüber lustig machte, daß Agamemnon nicht zählen konnte![25] Agamemnon als das Urbild des Königs muß gegen alle Kritik geschützt werden.

Man stelle sich vor, was eine solche Zensur aus der *Orestie* des Aischylos gemacht hätte. Als Agamemnon es wagt, seine Konkubine, die Seherin Kassandra, von Troja mit heimzubringen, ermordet Klytaimnestra sie beide und triumphiert in unmäßiger Wut, die wenig geeignet ist für empfindliche Ohren:

„Da liegt, der seinem Weib hier Schmach und Unrecht tat, der Chrysestöchter Herzensschatz vor Ilion; die Kriegsgefangene – hier! Die Zeichendeuterin und Beischläferin von dem dort, die Wahrsagerin, getreuer Bettschatz ihm, doch mit des Schiffsverdeckes Bank ebenso vertraut. Doch ungestraft nicht taten sie's."[26]

Die Worte „ebenso vertraut" meinen, daß Kassandra auf der Heimreise auch mit gewöhnlichen Matrosen geschlafen hatte, und es handelt sich um eine schamhafte Übersetzung des zu Rabelais passenden griechischen Wortes *isotribes*. Wörtlich bedeutet das soviel wie, daß

Kassandra mit den Matrosen „ebenso gebimst" habe. Eine solche Sprache des Aischylos wäre in Platons Theater nie und nimmer erlaubt gewesen.

Damit beschließen wir unsere Betrachtung zum ersten der grundsätzlichen philosophischen Meinungsunterschiede zwischen Sokrates und Athen. Er und seine Schüler sahen die menschliche Gemeinschaft als eine Herde, die von einem König oder Königen geführt werden mußte wie Schafe von einem Hirten. Die Athener hingegen waren der Überzeugung, daß der Mensch – wie Aristoteles es später ausdrückte – ein „politisches Lebewesen" sei, das im Gegensatz zu den anderen Lebewesen mit *logos,* d. h. Vernunft begabt war und dadurch in der Lage, Gut von Böse zu unterscheiden und sich im Rahmen einer *polis* selbst zu verwalten. Das war kein unbedeutender Meinungsunterschied.

Kapitel 4

Tugend und Wissen

Wir kommen nun zu einer zweiten grundsätzlichen Meinungsverschiedenheit zwischen Sokrates und seiner Stadt. Sie betraf zwei Fragen, die für Sokrates, nicht aber für die Stadt untrennbar miteinander verbunden waren. Die erste Frage war: Was ist Tugend? Die einzige Definition von Tugend, die Sokrates bei seinen vielen fruchtlosen Versuchen, sie zu definieren, je wagte, war die, Tugend mit Wissen gleichzusetzen. Und das führte zu der zweiten Frage: Was ist Wissen? Es handelt sich natürlich um Grundfragen der Philosophie, die noch heute diskutiert werden und einer Lösung harren. Sie mögen als lebensfern, unklar und metaphysisch erscheinen und am besten geeignet als Schlachtfeld für Doktoranden. Dennoch waren diese Fragen von unvermeidlich politischer Bedeutung. Wenn Tugend Wissen war, dann war sie vermutlich, wie andere Formen des Wissens, lehrbar. Und wenn sie lehrbar war, dann war sie nicht auf die Wenigen der alteingesessenen landbesitzenden Aristokratie beschränkt, sondern konnte von den Vielen der aufsteigenden Schicht von Händlern und Handwerkern und sogar von den ganz gewöhnlichen Leuten erlernt werden. Wenn sie an der Tugend teilhatten, dann waren die Vielen dazu in der Lage, und es konnte ihnen nicht verwehrt werden, auch an der Regierung der Stadt teilzuhaben.

Doch Sokrates geht bei seiner Frage danach, was Wissen sei, in eine entgegengesetzte Richtung. Reines Wissen, lehrte Sokrates, konnte nur durch vollkommene Definition erreicht werden. Wenn man etwas nicht vollkommen definieren konnte, dann wußte man nicht wirklich, was es war. Im Anschluß daran zeigte Sokrates, daß solches Wissen nicht erreichbar sei, auch von ihm nicht. In diesem Sinne sagte er von sich selbst in Bescheidenheit, alles, was er wisse, sei, daß er nichts wisse. Tugend war Wissen, aber echtes Wissen war unerreichbar. Selbst dieses Wenige an Wahrheit konnte, wenn überhaupt, nur von sehr wenigen erfaßt werden. Hinter seiner ungeheuren Bescheidenheit stand also ein ebenso ungeheurer Dünkel.

Zumindest für Sokrates und seine Schüler folgte daraus, da Tugend Wissen und Wissen unerreichbar war, daß gewöhnliche Menschen, die Vielen, weder die Tugend noch das Wissen besaßen, das zur Selbstverwaltung erforderlich war. Auf diesem gewundenen metaphysischen Weg gelangte Sokrates zu seiner grundlegenden Erkenntnis zurück, daß die menschliche Gemeinschaft eine Herde sei und man ihr nicht zutrauen könne, sich selbst zu regieren.

Um die dem entgegenstehende athenische Auffassung zu verstehen, die zur Zeit des Sokrates die allgemein unter den Griechen verbreitete Ansicht war, wenden wir uns wiederum an Aristoteles. Der Grundsatz seiner Ethik und ebenso seiner Politik ist, daß Tugend *arete politike* sei. Das erste Wort bedeutet Tugend und das zweite heißt soviel wie politisch, aber die bessere moderne Übersetzung ist, wie wir vorher gesehen haben, 'bürgerlich' oder 'sozial'. Für Aristoteles und für die meisten Griechen besaß ein jeder Bürger – allein durch seine Natur als soziales Lebewesen – jene grundlegenden Tugenden, die für ein gemeinschaftliches Leben vonnöten waren. Er mußte dazu nicht ein Kenner der Metaphysik sein. Aber er mußte das notwendige Maß an Vernunft, an *logos* besitzen und damit die Fähigkeit, das Rechte vom Falschen zu unterscheiden.[1] Diese 'politische Tugend' verlieh den Menschen einen Gerechtigkeitssinn und hinreichendes Verständnis für die Rechte des anderen, wodurch die *polis* – die zivilisierte Gemeinschaft – ermöglicht wurde.

Natürlich erfüllte damals wie heute nicht jeder diese Erwartungen, aber es waren doch die meisten. Sonst hätte selbst die ursprünglichste Gemeinschaft nicht entstehen und sich zum Stadtstaat entwickeln können. Dies war die grundlegende ethische Voraussetzung für die Existenz der griechischen *polis,* gleich ob ihr Bürgerrecht sich auf relativ wenige beschränkte oder auf alle freigeborenen Männer ausgedehnt wurde. Indem sie es ablehnt, dieses Mindestmaß von grundlegender Tugend und grundlegendem Wissen anzuerkennen, trifft die sokratische Lehre in das Herz, trifft die notwendigen Grundvoraussetzungen der *polis*. Die vorherrschende Sicht der Griechen gab dem einfachen Mann Würde. Die sokratische Sicht erniedrigte ihn. Das war ein unversöhnlicher Gegensatz.

Dieser Gegensatz der Auffassungen spiegelt sich auch in der Gegnerschaft zwischen Sokrates und den sogenannten Sophisten wider. Die Sophisten behaupteten von sich, sie seien Lehrer des Wissens und der Tugend. Wenn Sokrates recht hatte, dann waren sie Betrüger, denn weder Wissen noch Tugend waren lehrbar. Die Vielen konnten nicht hoffen, eines von beiden zu erlangen. Als Viele konnten sie auch nicht zu den wenigen Auserwählten gehören, unter denen sich nach seiner eigenen freimütigen Feststellung Sokrates befand.

Die Feindschaft zwischen Sokrates und den Sophisten, wie sie aus den Zeugnissen Xenophons und Platons hervorgeht, hat deren Namen geschadet. Bis zu jenem Zeitpunkt hatte der Begriff *sophistes* eine positive und nicht eine abwertende Bedeutung. Bei Homer bezeichnete *sophie* jede Art von Fähigkeit. Das Wort *sophistes* gewann die Bedeutung eines gelernten Arbeiters oder Künstlers und fand bald auch Anwendung auf Seher, Dichter und Musiker. Die legendären Sieben Weisen der Griechen hießen *sophistai*, desgleichen die vorsokratischen Philosophen. Im Römischen Reich wurde das Wort später wieder zu einer respektvollen Bezeichnung für Lehrer der griechischen Rhetorik und Philosophie.

In der sokratischen Abneigung gegen die Sophisten ist ein starkes Element von Klassenvorurteil enthalten. Sie waren Lehrer, die eine Beschäftigungsmöglichkeit in demokratischen Städten wie Athen unter einer aufstrebenden Mittelklasse von wohlhabenden Handwerkern und Kaufleuten fanden, denen es durch ihren Reichtum ermöglicht worden war, sich eine Kriegsausrüstung zu kaufen. Ihre Beteiligung als Hopliten, d. h. schwerbewaffnete Infanterie, an der Verteidigung der Stadt hatte ihnen auch eine Teilhabe an der politischen Macht verschafft. Sie wollten in die Lage versetzt werden, der alteingesessenen landbesitzenden Aristokratie die Führung streitig zu machen, indem sie die Redekunst und Logik erlernten und so mit Erfolg in der Volksversammlung auftreten konnten. Sie wollten an der Kunst und Kultur der Stadt teilhaben. Die Sophisten dienten ihnen als Lehrer.

Auch die begüterte Aristokratie hatte seit langem ihre Lehrer. Aristokraten wie Platon, der sowohl von väterlicher wie von mütterlicher Seite vornehmer Abkunft war, wurden nicht vollkommen gebildet geboren. Sie hatten Privatlehrer. Das Urbild solcher Verhältnisse findet sich bei Homer. Ein aus seiner Heimat vertriebener Aristokrat namens Phoinix hat da im Hause des Peleus als Lehrer für den Sohn Achilleus Zuflucht gefunden. In der *Ilias* erinnert sich Phoinix der Zeit, als er Lehrer des Achilleus wurde und jener noch ein Kind war, das „noch den gemeinsamen Kampf nicht kannte noch auch die Versammlungen, wo sich auszeichneten die Männer".[2] Selbst damals war die Rhetorik ebenso wichtig wie Waffen im Leben eines Aristokraten.

Der Dienst, den Phoinix dem Peleus in Hinblick auf seinen Sohn erwies, war nichts anderes als das, was die Sophisten in der Zeit des Sokrates wohlhabenden Eltern der Mittelklasse boten. Phoinix erinnert Achilleus daran, daß dessen Vater ihm den Auftrag gegeben habe, „ihn alles das zu lehren: Ein Redner von Worten zu sein und ein Täter von Taten."

Phoinix verlangte für seine Dienste keine Bezahlung. Die Landgüter wurden nicht auf geldwirtschaftlicher Basis geführt, und er wurde durch Schutz und, wie wir sagen würden, Kost und Logis bezahlt. Die Sophisten werden in den Werken Platons mit naserümpfender Verachtung gestraft, weil sie Bezahlung annehmen. Generationen Klassischer Philologen und Lehrer haben das kritiklos übernommen, obwohl auch unter ihnen nur wenige es sich leisten konnten, umsonst zu unterrichten.

Eine Grundschulausbildung für alle Bürger gab es schon früh in Athen, mindestens ein Jahrhundert vor Sokrates, und die Fähigkeit zu lesen und zu schreiben scheint weitverbreitet gewesen zu sein. Dieser Umstand stand im Zusammenhang mit dem Aufstieg der Demokratie. Aber die höhere Bildung blieb bis zum Auftauchen der Sophisten das Monopol der Aristokratie. Sie zogen sich die Feindschaft der Oberschicht zu, weil sie die Kunst der Rhetorik unterrichteten, denn die Fähigkeit, in wohlgesetzten Worten öffentlich zu sprechen, öffnete der politischen Beteiligung der Mittelklasse an den Debatten der Volksversammlung und ihrem Zugang zu den höheren Ämtern der Stadt Tür und Tor. Rednerische Fähigkeiten waren, was vielleicht noch wichtiger war, ebenso notwendig, damit Bürger sich vor den Gerichten verteidigen konnten. Die Athener waren streitsüchtig, und da es keine Rechtsanwälte in unserem Sinne gab, mußten Bürger über eine gewisse Geschicklichkeit in Rhetorik und Logik verfügen, um ihre Rechte in zivilrechtlichen und strafrechtlichen Verfahren zu verteidigen. Selbst jene, die sich die Dienste eines berufsmäßigen Redenschreibers wie Lysias oder später Demosthenes leisten konnten, benötigten eine Ausbildung in der Kunst des Vortrags und im Austausch von Argumenten. All dies versteht man besser, wenn man es mit der Erziehung im alten Rom vergleicht. Die Römische Republik war eine aristokratische Oligarchie. Der Unterricht römischer Rhetorik war verpönt, denn man befürchtete, dadurch die Beteiligung an der Herrschaft zu erweitern und den festen Zugriff der senatorischen Patrizier auf die Hebel der Macht zu brechen. Als griechische Lehrer in Rom aufzutauchen begannen, wurden sie mit Argwohn beobachtet.

Der berühmte Cato, ein störrischer und knauseriger alter Bauer, der seine eigenen Sklaven, wenn sie älter wurden, mit berüchtigter Herzlosigkeit behandelte, war damals Zensor und besaß als solcher weitgehende Kontrolle über die Sitten und Gebräuche der Römer. Obwohl er selbst ein erfahrener Redner war, stand er denen, die diese Kunst unterrichteten, feindselig gegenüber. Im Jahre 161 v. Chr. wurden die Lehrer der Rhetorik aus Rom ausgewiesen.

Als in der Zeit nach Cato Lehrbücher der lateinischen Rhetorik zu erscheinen begannen, erregten sie den Zorn der Senatoren, und das *Oxford Classical Dictionary* (unter dem Stichwort 'Rhetoric, Latin') unterrichtet uns, daß „im Jahre 92 v. Chr die *rhetores Latini* (d. h. die Lehrer der lateinischen Rhetorik) der Zurechtweisung der Zensoren anheimfielen". Griechische Lehrer der griechischen Rhetorik waren indes nicht betroffen. Die Kenntnis des Griechischen war eine Besonderheit, die außerhalb der Reichweite der römischen *hoi polloi* lag. Griechische Rhetorik war eine zusätzliche Zierde der römischen Aristokratie.

Der enge Zusammenhang zwischen Rhetorik und Politik wurde deutlich, als die Alleinherrscher die Republik stürzten und der freien Debatte im oligarchischen Senat und den sorgfältig beschränkten Volksversammlungen ein Ende bereiteten. Die Redekunst verfiel und wurde zu einer prunkvollen und leeren Deklamation, einer wortreichen Zurschaustellung, die der Kraft entbehrte, die sie besessen hatte, als sie freien Männern, Aristokraten oder Demokraten, die Stimme verlieh, über ihr eigenes Schicksal zu entscheiden. Ohne Redefreiheit wurde die Redekunst leeres Geschwätz.

Ein wesentlicher Grund für die Abneigung gegen die Sophisten in sokratischen und platonischen Kreisen ist der Umstand, daß unter diesen Lehrern Denker waren, die als erste betonten, daß alle Menschen gleich seien. Einer der Sophisten, Antiphon,* tritt bei Xenophon in den *Memorabilia* als ein Rivale und Kritiker des Sokrates auf, den er verhöhnt, weil er nicht am politischen Leben teilnehme.[3] Das Fragment eines Werkes *Über die Wahrheit* von dem Sophisten Antiphon, das im letzten Jahrhundert in Ägypten auf Papyrus gefunden wurde, scheint zum ersten Mal in der griechischen Philosophie ausdrücklich die Behauptung aufzustellen, daß alle gleich seien.[4] Antiphon war ein Jefferson und den Jakobinern verwandter Geist. Adel von Geburt achtete er gering und leugnete jeden Unterschied zwischen Griechen und Barbaren. „Die von vornehmen Vätern abstammen, achten und verehren wir,“ schrieb Antiphon, „die dagegen nicht aus vornehmem Hause sind, achten und verehren wir nicht. Hierbei verhalten wir uns zueinander wie Barbaren, denn von Natur sind wir alle in allen Beziehungen gleich geschaffen, Barbaren wie Hellenen.“ Auch für Antiphon war Tugend verbunden mit Wissen, obwohl für ihn nicht beides deckungsgleich war. Aber Wissen war lehrbar und jeder Mensch konnte es erwerben. Er schrieb: „Das läßt eine Betrachtung der allen Menschen von Natur notwendigen Dinge erkennen. Zu erwerben sind diese allen auf dieselbe Art möglich, und in allen diesen ist weder ein Barbar von uns geschieden noch ein Hellene. Atmen wir doch alle insgesamt durch Mund und Nase in die Luft aus und essen wir doch alle mit Hilfe der Hände . . .“ Hier bricht das Fragment ab.

In einem anderen Fragment entwickelt Antiphon die Vorstellung vom Einvernehmen mit den Regierten. Er unterscheidet zwischen

---

* Der Sophist Antiphon ist nicht mit dem Redenschreiber Antiphon zu verwechseln, einem Mann oligarchischer Ansichten, der die Verschwörung zum Sturz der athenischen Demokratie im Jahre 411 v. Chr. leitete. Er errichtete damals die kurze Tyrannis der Vierhundert und wurde vor Gericht gestellt und hingerichtet, als diese Gewaltherrschaft beseitigt und die Demokratie wiederhergestellt wurde.

dem Naturrecht und dem von Menschen geschaffenen Recht der Städte.[5] Das Naturrecht, schrieb er, ist bindend für alle Menschen, aber die Gesetze der Städte, die von Ort zu Ort unterschiedlich sind, „sind vereinbart". Mit dieser Betonung der Übereinstimmung der Beherrschten wie mit seiner Behauptung, daß alle Menschen gleich geschaffen seien, nahm Antiphon die Amerikanische Unabhängigkeitserklärung voraus. Ein weiteres verlorenes Werk des Antiphon war eine Abhandlung *Über den Gemeinsinn* oder soziale Stabilität. Er mag sich darin als erster Theoretiker des Wohlfahrtsstaats gezeigt haben. Er äußerte die Ansicht, daß der Hauptgrund für Auseinandersetzungen der ungleiche Anteil am Wohlstand sei und kam zu dem Schluß, daß die Reichen dazu ermutigt werden sollten, ihrem Nächsten zu helfen.[6] Weder der xenophontische noch der platonische Sokrates erwähnt irgendwann die Armen. Sie scheinen niemals in sein Blickfeld zu gelangen.

Ein anderer Sophist, Alkidamas, Schüler des Gorgias, scheint der erste Philosoph zu sein, der die Institution der Sklaverei in Frage stellt. Unsere Kenntnis davon verdanken wir der Randbemerkung eines anonymen antiken Kommentators zu einer seltsamen Lücke in der Handschrift der *Rhetorik* des Aristoteles. Aristoteles sagt, indem er die Vorstellung eines universellen Naturrechts erörtert: „Und wie auch im *Messianikos* Alkidamas sagt . . ."[7] Der Rest dieses störenden Satzes war in der alten Handschrift getilgt, fast als ob der Schreiber sich gescheut hätte vor dem gefährlichen und verderblichen Gedanken, der einen Sklavenaufstand hätte auslösen können. So mag es tatsächlich gewesen sein. Wir können nicht sicher sein, was Aristoteles zitiert hat, aber ein anonymes Scholion zitiert den Alkidamas mit folgendem Text: „Gott hat alle Menschen frei gelassen; die Natur hat niemanden zum Sklaven gemacht." Ich frage mich, ob dieses Zitat je Eingang in die Literatur des amerikanischen Abolitionismus gefunden hat. (Nach dem Titel *Messianikos* zu urteilen hat sich das verlorene Werk des Alkidamas vielleicht mit dem Aufstand der Messenier beschäftigt, die von den Spartanern versklavt worden waren.)

Bevor unsere Herzen angesichts dieses edlen Gedankens zu Ungebühr erheben, muß ich meinerseits eine abschließende melancholische Fußnote hinzufügen. Eine der traurigsten Beobachtungen, die man beim Studium der Antike machen kann, ist die folgende: Zwar versichern die Stoiker und der Heilige Paulus wie die Römischen Juristen allesamt einhellig, daß alle Menschen, ob Sklaven oder Freie, gleich seien; aber einer wie der andere finden sie sich ganz bequem mit der Institution der Sklaverei ab. Ähnlich verhielt es sich mit den meisten, wenn auch nicht mit allen unserer Founding Fathers.

Doch zumindest überwand Alkidamas – einer der Sophisten – die Vorurteile seiner Zeit (was, wie wir sehen werden, auch Euripides tat) und öffnete den Menschen die Augen für eine höhere moralische Sicht. Philosophen wie Sokrates, Platon und Aristoteles teilten die zu ihrer Zeit übliche Ansicht über die Sklaverei und waren zumindest in dieser Hinsicht weniger sympathisch und weniger einsichtig als ein Sophist wie Alkidamas.

Sokrates und Platon stellten die Sklaverei niemals in Frage, und Aristoteles meinte, daß sie „von Natur aus" bestehe. Und doch lebten sie alle drei in einer Gesellschaft unter Sklaven, die ihre Freiheit durch die Wechselfälle des Krieges oder die Piraterie verloren hatten. Es war ein unglückliches Schicksal, nicht eine von Natur her gegebene Unterlegenheit, die sie auf die Sklavenmärkte der Antike gebracht hatte. Selbst jene, die in Sklaverei geboren waren, wuchsen oft über ihre Ursprünge hinaus wie in Rom.

Homer war weiser als die Philosophen. Er sagte, wenn ein Mann in der Schlacht gefangengenommen und zum Sklaven gemacht werde, sei er nur noch „ein halber Mann". Da er seine Freiheit verloren hat, kümmert ihn nichts mehr; was er künftig produziert, gehört einem anderen. Es war nicht seine Natur, die ihn zum Sklaven gemacht hatte, sondern die Sklaverei, die seine 'Natur' verändert hatte. Die Moral ist, daß selbst die größten Philosophen die Scheuklappen ihrer Zeit aufhaben können, sobald eine klarere Sicht einen Besitzstand gefährden würde.

Kein einziges Mal bei Xenophon und nur einmal in den vielen Dialogen Platons wird die Seite der Demokratie vertreten und Sokrates mit dieser Ansicht konfrontiert. Aber statt die Herausforderung anzunehmen und uns seine Antwort darauf zu geben, weicht Sokrates der Frage aus und führt uns stattdessen in einen Nebel semantischer Diskussionen. Das ist in dem platonischen Dialog, der den Namen des Protagoras trägt. Protagoras war der berühmteste der gegnerischen

Lehrer und Philosophen, die Sokrates und Platon als 'Sophisten' bezeichneten.

Das Athen des 5. Jahrhunderts war ein offener Markt für Ideen. Lehrer aus ganz Griechenland kamen dort zusammen, angelockt von einer wohlhabenden Mittelklasse, die auf Kultur und Philosophie erpicht war. Protagoras ist der einzige unter ihnen, der in den platonischen Dialogen mit Respekt behandelt wird. Er war ein enger Freund des Perikles, und als jener im Jahre 443 v. Chr. in Thurioi eine Musterkolonie gründete, ersah er Protagoras dazu aus, deren Gesetze zu schaffen. Wie es Platon so oft tat, brachte auch Protagoras gelegentlich seine Gedanken in Form eines Mythos vor. Der Mythos des Protagoras im platonischen Dialog, der seinen Namen trägt, gibt eine Zusammenstellung der Grundvoraussetzungen für eine demokratische Gesellschaft.

Die Erzählung dieses Mythos wurde in dem Dialog durch eine Äußerung des Sokrates herausgefordert, der in verächtlicher Weise von der athenischen Volksversammlung spricht. Sokrates sagt zu Protagoras, daß die Volksversammlung als regierende Körperschaft des Staates, wenn sie über ein Bauprojekt verhandele, nach Baumeistern schicke, die sie beraten sollten. Wenn die Kriegsflotte oder die Handelsflotte ausgebaut werden solle, schicke die Volksversammlung nach Schiffsbaumeistern. Die Volksversammlung sei abhängig von gelernten Fachleuten. Wenn einer, der kein Fachmann sei, das Wort zu ergreifen versuche, „sei er auch noch so reich und schön und vornehm", so lachten ihn die versammelten Bürger nur aus.[8] Aber wenn man sich versammele, um über die grundsätzlichen Fragen der Regierung zu beraten, sagt Sokrates, „so steht jeder auf und erteilt ihnen seinen Rat: Zimmermann, Schmied, Schuster, Krämer, Schiffsherr, Reiche, Arme, Vornehme, Geringe, einer wie der andere, und niemand macht einem Vorwürfe darüber", daß ihm Unterricht und Erfahrung in den zur Diskussion stehenden Dingen fehle.[9]

Dies zielte auf die eigentliche Grundlage der athenischen Demokratie, die fast zweihundert Jahre vorher gelegt worden war, als der große athenische Gesetzgeber und Sozialreformer Solon allen männlichen Bürgern, die Ärmsten eingeschlossen, das Recht zur Abstimmung in der Volksversammlung und in den Geschworenengerichten gegeben hatte.

Um zu erfassen, was für ein revolutionärer Vorgang das war, müssen wir uns nur daran erinnern, daß in Westeuropa Männer ohne Besitz das Wahlrecht erst mit dem späten 19. und frühen 20. Jahrhundert erlangten. Selbst in den Vereinigten Staaten erhielten Männer ohne Besitz das Wahlrecht nicht vor den 1820er und 1830er Jahren in der sogenannten Jacksonian Revolution – und das gilt sogar für den Norden, ganz zu schweigen von dem oligarchischen, sklavenhalterischen Süden, wo solche Leute „der Abschaum armer Weißer" blieben.

Protagoras antwortete Sokrates auf seine Kritik an dem Recht eines jeden, in der Volksversammlung zu sprechen, mit einer Legende oder einem Mythos über die Ursprünge zivilisierten Lebens. Er erzählte, daß die Menschen nach ihrer Erschaffung einzeln gelebt hätten und nicht in der Lage gewesen seien, sich und ihre Familien vor wilden Tieren zu schützen, die stärker waren als sie. Infolgedessen schlossen sie sich zusammen und suchten, „sich zu erretten durch Erbauung der Städte". Aber die Städte verzehrten sich in Streit, weil ihre Einwohner „einander beleidigten", denn sie besaßen „die bürgerliche Kunst" *(politike techne)* noch nicht, die sie in die Lage versetzt hätte, in Frieden miteinander zu leben. So kam es, „daß sie wiederum sich zerstreuend auch bald wieder aufgerieben wurden".

Protagoras erzählte weiter, Zeus sei in Sorge gewesen „für unser Geschlecht, daß es nicht etwa gar untergehen möchte". So habe er seinen Boten Hermes mit zwei Geschenken zur Erde herabgesandt, die den Menschen endlich dazu befähigen sollten, „die bürgerliche Kunst" mit Erfolg auszuüben und Städte zu gründen, in denen sie in Sicherheit und gutem Einvernehmen leben konnten. Die beiden Geschenke, die Zeus den Menschen herabsandte, waren *aidos* und *dike*. *Aidos* ist die Scham, die Sorge um die gute Meinung der anderen. Sie ist die Scham, die ein Soldat empfindet, der seine Kameraden auf dem Schlachtfeld im Stich läßt, oder die eines Bürgers, der bei einer ehrenrührigen Handlung ertappt wird. *Dike* meint hier den Respekt für die Rechte anderer. Darin eingeschlossen ist ein Gerechtigkeitssinn, und sie ermöglicht bürgerlichen Frieden, indem Streitfälle durch Rechtsspruch geschlichtet werden. Indem sie *aidos* und *dike* erlangten, würden die Menschen endlich in der Lage sein, ihr Überleben zu sichern.

Aber bevor Hermes zur Erde hinabstieg, stellte er Zeus eine entscheidende Frage, und die Antwort, die Zeus gab, ist das Wesentliche an dem Mythos des Protagoras. „Soll ich," fragt Hermes den Zeus in Hinblick auf *aidos* und *dike*, „so wie die Künste verteilt sind, auch diese verteilen?" Um die Frage zu verstehen, muß man sich ins Gedächtnis zurückrufen, daß das Wort 'Künste' in diesem Zitat eine unzureichende Übersetzung des griechischen *techne* ist, von dem unsere Wörter *Technik* und *technisch* abgeleitet sind. Für die Griechen der Antike hatte das Wort *techne* eine sehr viel weitere Bedeutung als unsere 'Künste'. Es schloß alle handwerklichen Fertigkeiten und Berufe ein, die angesehenen wie die niedrigen, vom Schuhmacher und Schmied bis zum Arzt und Bildhauer.

Hermes erinnert Zeus daran, daß die anderen „Künste" in bestimmter Weise verteilt waren: „Einer, welcher die Heilkunst innehat, ist genug für viele Unkundige, und so auch die andern Künste." Hermes fragt Zeus, ob er auch die „bürgerliche Kunst" unter einigen Ausgewählten verteilen solle, oder vielmehr an alle. Die Antwort des Zeus war die Antwort der Demokratie. „Unter alle," erwidert er, „und alle sollen teil daran haben." „Denn es könnten keine Staaten bestehen," erklärt Zeus, wenn „nur wenige" *aidos* und *dike* besäßen. Alle müssen daran teilhaben, damit ein gemeinschaftliches Leben möglich wird. Um seine Absicht noch klarer zu machen, gab Zeus seinem Boten noch eine weitere Anweisung. „Und gib auch ein Gesetz von meinetwegen, daß man den, der Scham *(aidos)* und Recht *(dike)* sich anzueignen unfähig ist, töte wie einen bösen Schaden des Staates."

Zum Schluß sagt Protagoras, welche Lehre aus seinem Mythos zu ziehen sei. „Auf diese Art also, Sokrates," sagt Protagoras, hören „alle anderen und auch die Athener" in Hinblick auf Angelegenheiten, die spezielle Kenntnisse voraussetzen, nur auf Fachleute. „Wenn sie aber zur Beratung über bürgerliche Tugend gehen," d. h. über allgemeine Fragen der Regierung, „wo alles auf Gerechtigkeit und Besonnenheit ankommt, so dulden sie mit Recht einen jeden, weil es jedem gebührt, an dieser Tugend Anteil zu haben, oder es könnte keine Staaten (d. h. Städte, die *polis*) geben."[10]

Das war, um einen unheilvollen modernen Begriff zu benutzen, die Ideologie des Perikleischen Athen, in dem Sokrates aufgewachsen war, mit dem er sich aber niemals abfinden konnte. Sie ging davon aus, daß alle Menschen an dem teilhatten, was Protagoras die „bürgerliche Kunst" nannte, und daß man ihnen daher zutrauen konnte und sie ein Recht hatten, sich selbst zu verwalten. Der Mythos des Protagoras kann als der Gründungsmythos der Demokratie aufgefaßt werden.

Sokrates nimmt die Herausforderung des Mythos nicht an und gibt keine direkte Antwort darauf. Er hätte antworten können, daß der Mythos zwar eine schöne Legende sei, aber doch auch nur ein Weg, eine Behauptung aufzustellen und mit göttlicher Bestätigung zu versehen, die des Beweises bedürfe. Aber es hätte Platon nicht wohl angestanden, dem Sokrates solche Worte in den Mund zu legen, wo er doch selbst so oft in derselben Weise Mythen einsetzt, um seine Ansichten zu verdeutlichen.

Die einfachste Entgegnung wäre für Sokrates gewesen zu sagen, daß die Regierung der Städte eine Kunst oder *techne* sei wie alle anderen; daß nur einige wenige über sie verfügten, wie nur wenige eine Begabung für Medizin oder Bildhauerei besäßen; und wer sie nicht hätte – die Vielen –, der solle sich zu seinem eigenen Besten der Herrschaft der anderen unterwerfen und nicht in törichter Weise Zeit verschwenden, indem er seine unqualifizierten Ansichten verkünde.

Aber wenn er Protagoras auf der Stelle mit dieser These konfrontiert hätte, wäre Sokrates zu klar und eindeutig als Feind der athenischen Demokratie erschienen. Also schiebt er den Mythos lieber mit einem Kompliment beiseite. Er nennt den Vortrag des Protagoras eine „lange und schöne Rede"[11] und läßt das Thema dann fallen, ganz wie ein geschickter Anwalt, der einen Zeugen lieber entläßt als weitere Aussagen über eine kitzlige Angelegenheit zu bekommen. Eine wirkliche Debatte über die Demokratie und ihre Grundvoraussetzungen wird vermieden. Wir erhalten nirgendwo sonst in den platonischen Dialogen Gelegenheit dazu. Zwar wird die Demokratie in diesen Texten ständig verleumdet und lächerlich gemacht, aber niemals ernsthaft und ausführlich diskutiert. Der Dialog ist erst am Ende seines ersten Drittels, als der Mythos beiseitegeschoben wird, doch der Rest der Diskussion wird gänzlich von dem verwickelten und ergebnislosen Versuch eingenommen, die Tugend zu definieren.

Die erste Frage, die Sokrates Protagoras stellt, ist die, ob die einzelnen Tugenden ein und dieselbe Sache seien oder verschiedene Dinge. Bald werden wir in eine ermüdende Befragung darüber verwickelt, ob Tugend lehrbar sei – ein bekanntes Thema bei Platon. Der Dialog endet natürlich mit einem Sieg des Sokrates. Aber es ist ein eigenartiger Sieg. Sokrates und Protagoras vertauschen am Ende die Rollen. Sokrates beginnt mit der Behauptung, daß Tugend nicht lehrbar sei, und endet mit der Feststellung, daß sie es doch sei. Auch Protagoras macht eine dialektische Kehrtwendung, vielleicht einfach weil er müde ist. Er behauptet am Ende nun seinerseits, daß Tugend nicht lehrbar sei – eine befremdliche Äußerung für einen, dessen Beruf Lehrer ist. Im Verlauf der Diskussion haben sie die wesentliche Frage aus den Augen verloren, was eigentlich jene ‚Tugend' sei, über deren Lehrbarkeit sie stritten. Der Dialog endet im beiderseitigen Zusammenbruch. Zum Schluß stellt der erschöpfte Protagoras nur fest, „wie schrecklich uns dieses alles durcheinandergeschüttelt wird". Er gibt seiner Hoffnung Ausdruck, daß er und Sokrates bei einer anderen Gelegenheit das ganze von neuem werden durchsprechen können, um zurückzukommen „auf die Tugend, was sie wohl ist".[12]

Das sollte nie geschehen.

Protagoras war nur das prominenteste Opfer der besonderen Begabung des Sokrates, seine Gesprächspartner und die Themen durcheinanderzubringen. Er (und Platon) erreichen dieses Ziel häufig auf dem Wege über grobe Vereinfachungen und die Suche nach absoluten abstrakten Begriffen in Fällen, wo es nur komplexe Realitäten gab. Natürlich ist staatsmännisches Geschick eine Kunst, die nur wenige in Vollendung besitzen, und wer darüber verfügt, setzt es nicht immer im Interesse des öffentlichen Wohls ein. Natürlich konnten nur sehr wenige Athener in ihrer Volksversammlung den Anspruch erheben, ein Staatsmann zu sein. Aber ihnen dennoch freie Meinungsäußerung und Stimmrecht einzuräumen, beruht nicht auf der Annahme, daß sie Fachleute in der Staatsverwaltung seien, sondern vielmehr auf einer Reihe anderer Überzeugungen. Die erste, die von Protagoras und später von Aristoteles formuliert wurde, ist die, daß keine Gemeinschaft oder Stadt existieren könne, wenn nicht mehr oder minder jeder jenes Mindestmaß bürgerlicher Tugend, jene Scheu vor der öffentlichen Meinung und jenen Gerechtigkeitssinn habe, welche das Zusammenleben möglich machten. Die zweite Überzeugung ist die, daß es zur sozialen Stabilität beitrage, wenn die Bürger das Gefühl hätten, bei der Entscheidung über jene Fragen, die ihr eigenes Leben und Wohlergehen betreffen, ein gewisses Mitspracherecht zu haben. Der Mythos des Protagoras lieferte die philosophische Untermauerung für das Recht auf Selbstverwaltung. Solche Parabeln scheinen im Athen des 5. Jahrhunderts üblich gewesen zu sein, denn Platon läßt Sokrates an einer Stelle im *Protagoras* bemerken, man könne „solche Reden von Perikles oder einem der anderen Meister im Reden auch wohl hören."[13]

Das Aufkommen der Demokratie brachte Athen einen weiteren Vorteil. Es steigerte seine militärische Kraft, weil freie Männer mit neuem Eifer und neuem Mut kämpften, wenn es 'ihre' Stadt geworden war, die sie verteidigten und deren Macht sie mehrten. Das war die Lehre und das Ergebnis, zu dem Herodot in seinem Werk kam, als es darum ging, die Siege Athens zu erklären, die es gegen die sehr viel größeren Heere und den größeren Reichtum des persischen Reichs in der ersten Hälfte des 5. Jahrhunderts v. Chr. davongetragen hatte. Herodot schreibt, daß die Perser mit Peitschen in den Kampf getrieben worden seien, während die Griechen und insbesondere die Athener, die die Hauptlast des langen Kampfes getragen hätten, als freie Männer gekämpft hätten. „Die Athener", sagt Herodot, „waren stark geworden. Das bürgerliche Recht des freien Wortes für alle ist eben in jeder Hinsicht, wie es sich zeigt, etwas Wertvolles. Denn als die Athener von Tyrannen beherrscht wurden, waren sie keinem einzigen ihrer Nachbarn im Kriege überlegen; jetzt aber, wo sie frei von Tyrannen waren, standen sie weitaus an der Spitze." Unter der Tyrannenherrschaft, fügt Herodot hinzu, „wo sie sich für ihren Gebieter mühten, zeigten sie sich absichtlich feige und träge, während jetzt nach ihrer Befreiung ein jeder eifrig für sich selbst schaffte".[14]

Der athenische Standpunkt wird in einer beredten Stelle aus Aischylos klar. Dieser erste und in mancher Hinsicht größte der tragischen Dichter der Stadt war selbst ein Veteran des Siegs über das Aufgebot der Perser bei Marathon. Die Stelle steht in seinem Stück *Die Perser*, das im Jahre 472 v. Chr., drei Jahre vor der Geburt des Sokrates, zum ersten Mal aufgeführt wurde. Eine Einleitung zu dem Stück erklärt, daß Xerxes, „der jugendliche und ungestüme König der Perser", ein gewaltiges Heer aus allen seinen großen und dichtbevölkerten Ländern versammelt hat, „um ganz Griechenland zu erobern, und insbesondere um sich an Athen zu rächen, durch das sein Vater Dareios bei Marathon eine grausame Niederlage erlitten habe".[15]

Als der Vorhang sich hebt, befinden wir uns in Susa, der persischen Hauptstadt. Die Regenten und die Königinmutter sind besorgt, weil keine Nachrichten vom Schlachtfeld eintreffen. Ein Bote tritt auf, und die Königinmutter stellt ihm die wichtigste Frage in bezug auf das griechische Heer: „Und wer führt, dem Volk ein Hirte, und befiehlt als Herr dem Heere?" Der Bote antwortet: „Keines Menschen Sklaven sind sie, keinem Manne untertan."

„Wie dann", fragt die Königinmutter, „können sie sich halten, wenn sich Männer feindlich nahn?"

Der Bote führt keine Diskussion über politische Theorie mit der Königin. Er hält sich ganz einfach an die Fakten. „So", sagt er ihr, „daß ihnen des Dareios großes, schönes Heer erlag!" Man kann sich leicht vorstellen, was für erhebende Verse das für ein athenisches Publikum so kurze Zeit nach den Perserkriegen waren.

„Schlimmes sprichst du da", sagt die Königin bedrückt, „was ferner Söhne Eltern Sorge macht!"[16]

Bald kommt ein Kurier mit der Nachricht, daß die persische Flotte bei Salamis vernichtet worden sei und daß das persische Heer auf seinem Rückzug in die Heimat schwere Verluste erleide.

Für Aischylos und die Athener war das nicht einfach ein Sieg von Griechen über Perser, sondern der freier Männer über 'Sklaven'. Die Sieger von Salamis waren Männer, die von der Freiheit, ihre Meinung zu sagen und sich selbst zu regieren, belebt und beseelt und erfüllt waren. Das ist etwas, was Sokrates, auch wenn er selber als Soldat tapfer gekämpft hatte, niemals erkennen wollte.

Kapitel 5

Tapferkeit als Tugend

Das griechische Wort *arete,* das wir als *Tugend* übersetzen, scheint ursprünglich mit Tapferkeit im Kampf im Zusammenhang zu stehen und kann vielleicht mit dem Namen des griechischen Kriegsgotts *Ares* verbunden werden, den wir eher unter seinem römischen Namen Mars kennen. Sowohl das Wort *arete* wie z. B. seine englische Entsprechung *virtue* enthalten als Bedeutungselement in einer männlich bestimmten Gesellschaft die Männlichkeit. (Das ist in der Tat die Grundbedeutung des lateinischen Wortes *virtus,* von dem das englische *virtue* abgeleitet ist.) Wenn also Sokrates die Tugend definieren wollte, so dachte er an die Tapferkeit als einen ihrer vornehmlichen Bestandteile und stellte die Behauptung auf, daß demzufolge Tapferkeit, wie schon die Tugend, ebenfalls Wissen sei.

Sicherlich spielt Wissen im Sinne der Geübtheit im Gebrauch der Waffen und der Erfahrung im Kampf eine wichtige Rolle im Krieg, den die Menschen seit eh und je als Probe der Männlichkeit und Tapferkeit ansahen. Aber andere Faktoren als das Wissen haben für die Tapferkeit ihre Bedeutung, und es ist unverständlich, daß Sokrates, der sich doch im Krieg den Ruf eines tapferen Mannes erworben hatte und der hervorragende Tapferkeit anderer Art in seinem Prozeß unter Beweis stellen wird, diese Bestandteile übersehen haben soll.

Tapferkeit hat viele Erscheinungsformen. Auch wenn der Kampf ihr einfachster Beweis ist, so gibt es doch Zeitpunkte, wo die Weigerung zu kämpfen und zu töten das allergrößte Maß an Tapferkeit erfordert. In jedem Falle ist Tapferkeit mit Sicherheit eine Tugend. Wenn wir die Tapferkeit als eine Probe für die sokratische Ansicht nehmen, daß Tugend Wissen sei, so werden wir bald sehen, wie unzureichend diese Sicht ist und wie sehr sie unseren Blick auf die Natur des Menschen einengt. Aristoteles erörtert in der *Nikomachischen Ethik* die Meinung des Sokrates, „Tapferkeit sei ein Wissen", indem er den Fall des Berufssoldaten heranzieht. Seine Tapferkeit ist es, die ganz augenfällig einem Wissen entspringt. „Es scheint", sagt Aristoteles, „viele leere Schrecken im Kriege zu geben", und der Berufssoldat ist durch Übung und Erfahrung besser darauf vorbereitet, die wirkliche Größe der Gefahr abzuschätzen. Berufsheere, sagt Aristoteles, seien „auf Grund ihrer Erfahrung am ehesten befähigt, etwas auszurichten, ohne selbst etwas zu erleiden, denn sie verstehen die Waffen zu gebrauchen und verfügen auch über die richtigen Waffen, um möglichst viel auszurichten und möglichst wenig zu erleiden. Sie kämpfen ... wie Athleten mit Ungeübten."

Aber es gibt, wie Aristoteles beobachtet, Umstände, unter denen Wissen der Tapferkeit Abbruch tut. „Die Soldaten werden feige, wenn die Gefahr übermäßig wird und sie an Zahl und Ausrüstung versagen. Sie fliehen also als erste", bemerkt Aristoteles, „Bürger dagegen halten stand und sterben." Das sei deshalb so, weil letztere „die Flucht für schimpflich halten und den Tod für wünschbarer als eine solche Rettung".[1] Der Söldner und Berufssoldat gibt seine Sache zu schnell verloren, während der Bürgersoldat, zum Tode bereit, gegen eine Übermacht gewinnen kann, die der Zaghafte als unüberwindlich ansehen würde.

In solchen Fällen ist Tapferkeit stärker als Wissen. Sie wird gespeist aus Motivation, Pflichtbewußtsein, Anhänglichkeit gegenüber den Kameraden, Patriotismus, dem Glauben an eine Sache. Diese Beweggründe lassen die Bürger die Furcht selbst vor dem Tode überwinden und machen sie bereit, für das zu sterben, woran sie glauben.

Wie Aristoteles die Tugend im allgemeinen als politisch oder bürgerlich definierte, so definierte er die Tapferkeit als eine soziale Tugend. „Das erste ist die Tapferkeit des Staatsbürgers. Sie", sagt er, „gleicht der genannten Tapferkeit am meisten." Zuvor war die wahre Tapferkeit von Aristoteles als die der Klugheit entsprechende Mitte zwischen den beiden Extremen von Feigheit und tollkühnem Handeln definiert worden. Das stand in Übereinstimmung mit seiner grundsätzlichen Lehre von der Mitte oder, wie wir wohl sagen würden, des goldenen Mittelwegs. Aristoteles führt diese bürgerliche Tapferkeit auf einen zweifachen Ursprung zurück. Eine ihrer Quellen besteht in einem System von Belohnung und Bestrafung, durch das die Gemeinschaft den Einzelnen prägt und ihn zur Tugend erzieht. Deshalb, bemerkt der stets realistisch denkende Aristoteles, harren Bürger nicht allein aus Ergebenheit aus, sondern auch „wegen der gesetzlichen Strafen und wegen der Schande und der Ehrungen".

Diese Furcht vor Tadel führt uns zu der anderen von Aristoteles genannten Quelle bürgerlicher Tapferkeit. Sie ist *aidos* – jener angeborene Sinn für Scham –, d. h. das Ehrgefühl oder die Sorge darum, wie man in den Augen seiner Mitbürger erscheine. Bürgerheere seien tapfer, sagt Aristoteles, „wegen des Ehrgefühls und wegen des Verlangens nach dem Edlen". Nach Ansicht des Aristoteles sind es Motivation und Erziehung, die die Tugend im Charakter eines Mannes prägen. Das steht im Gegensatz zu der vereinfachenden Sicht des Sokrates, daß Tapferkeit als ein Teil der Tugend das Ergebnis von Wissen sei. Was er eigentlich mit Wissen meinte, ist unklar, doch im Falle der Tapferkeit scheint es sich um die Fähigkeit zu handeln zu unterscheiden, was wirklich gefährlich ist und was nur so erscheint. Bürgerliche Tapferkeit – wie jede reine und wahre Tapferkeit – überschreitet den Rahmen solcher unedlen nützlichen Erwägungen.

Aristoteles hätte das eigene Verhalten des Sokrates während seines Prozesses als Beweis gegen die sokratische Definition der Tapferkeit anführen können. Er wußte, daß er in tatsächlicher Gefahr schwebte, aber er zog den Tod der Unterwerfung vor. Aristoteles verglich auch den Heldenmut von Bürgerheeren mit dem Verhalten von Heeren wie dem der Perser, die kämpften, weil sie vor ihren Offizieren Furcht hatten. Aristoteles sagt, daß die Offiziere „sie schlagen, wenn sie zurückweichen", und er erwähnt besonders, daß die persischen Befehlshaber hinter ihren eigenen Truppen Gräben zogen, um ihnen die Flucht zu erschweren![2]

Die Athener und die Griechen ganz allgemein marschierten zu einer anderen Musik. Ihre stolzen Töne klingen in der großen Gefallenenrede an, mit der Perikles im Werk des Thukydides die im Peloponnesischen Krieg gefallenen Athener ehrt. Dieser athenische Patriotismus findet bei dem platonischen Sokrates keinen Anklang. Die Musik der Freiheit drang nicht in seine Ohren. Sie zu hören hätte bedeutet zuzugeben, daß zwischen der kriegerischen Tapferkeit, die er bewunderte, und der Demokratie, die er ablehnte, eine Verbindung bestand. Die einzige scheinbare Ausnahme in Platons *Menexenos* stellt sich bei genauerem Hinsehen als eine Verhöhnung patriotischer Reden in Athen heraus und ist vielleicht eine gezielte Parodie der Gefallenenrede des Perikles.

In einem Dialog, dem *Laches,* läßt Platon Sokrates mit zwei berühmten athenischen Generälen, Nikias und Laches, neben anderen militärischen Themen über die Natur der Tapferkeit diskutieren. Die Begegnung ist unterhaltend, vielleicht unterhaltender als Platon eigentlich beabsichtigt hatte. Der Dialog trägt den antik überlieferten Untertitel „Über die Tapferkeit" und wurde als *maieutikos* bezeichnet mit einem Adjektiv, das von dem Wort für 'Hebamme' abgeleitet ist. Sokrates vergleicht seine Kunst häufig mit der einer Hebamme: Durch seine Befragungen bringt er die Gedanken seines Gesprächspartners an das Tageslicht. Doch im *Laches,* wie so häufig in anderen Dialogen, erstickt er sie einen nach dem anderen, sobald sie aus dem dialektischen Mutterbauch hervorkommen. Als Hebamme scheint er ein geübter Engelmacher.

Der *Laches* beginnt mit einer Vorführung in der Kunst des Kampfes mit schweren Waffen. Zwei besorgte Väter müssen entscheiden, ob ihre Söhne diese Kunst erlernen sollen und ob der Mann, der sie ihnen vorgeführt hat, ein fähiger Lehrer sein würde. Die beiden Generäle und Sokrates sind als Berater beteiligt, die ersteren als Fachleute der Kriegskunst und letzterer wegen seines Ruhms als ein weiser Mann. Der Dialog wird natürlich bald ziemlich einseitig. Von dem Lehrer, dessen Fähigkeiten auf die Probe gestellt werden sollen, hören wir nie wieder. Die Generäle dienen, wie sich herausstellt, nur als Kontrastfiguren zu Sokrates. Es zeigt sich, und das ist nicht sehr überraschend, daß sie auf dem Gebiet der Logik Sokrates nicht gewachsen sind. Das angebliche Thema, die *hoplomachia,* d. h. das Kämpfen mit schweren Waffen, wird fast sofort beiseite geschoben zugunsten eines Versuchs, die Tapferkeit zu definieren, der dann seinerseits in eine Erörterung der Tugend ganz allgemein einmündet. Sie wird als Wissen definiert, und es scheint, was die jungen Männer in Wahrheit brauchen, um sich zu verteidigen, ist „eine Kenntnis von Gut und Böse". Die Diskussion ist verwickelt, häufig anziehend, doch immer vergeblich. Sokrates gesteht am Ende ein, daß er selbst keine Antwort auf seine eigenen Fragen weiß. Er schlägt vor, daß sie alle, die Generäle und die jungen Männer und er selbst, wieder in die Schule gehen sollten und ganz von vorne anfangen. So endet der Dialog mit einem gewinnenden Lächeln in einer Sackgasse.

An keiner Stelle im Dialog ist jemand so angriffslustig zu fragen: „Lieber Sokrates, als du dich in den Schlachten von Delion und Poteideia so tapfer geschlagen hast, war das etwa deshalb, weil du damals eine zufriedenstellende Definition der Tapferkeit hattest? Wenn du nicht mehr über Tapferkeit wußtest als jetzt, aber dich dennoch tapfer verhieltst, würde das wohl zeigen, daß Tapferkeit keineswegs eine Form des Wissens ist." Ein angriffslustiger Fragesteller hätte auch auf die Generäle hinweisen können, um seinen Einwand zu stützen. Keiner dieser beiden war in der Lage, Tapferkeit zu definieren. In diesem Sinne besaßen sie nach sokratischen Maßstäben kein Wissen darüber. Aber sie waren nie beschuldigt worden, daß ihnen Tapferkeit in der Schlacht gefehlt habe oder daß sie unter den ihnen unterstellten Männern nicht zwischen einem Feigling und einem tapferen Soldaten hätten unterscheiden können. Die Logik des Sokrates führte in eine Sackgasse. Der Dialog ist ein reines Vergnügen für den Logiker, aber frustrierend, wenn man ihn in das praktische Leben überträgt. In der Praxis wird jede Art sinnvoller Tätigkeit von Männern ausgeübt, vom General bis zum Schuhmacher, die weder die von ihnen gezeigte Tapferkeit noch die von ihnen hergestellten Schuhe definieren konnten — zumindest nicht in einer Sokrates zufriedenstellenden Weise.

Sokrates war Meister einer negativen Dialektik, die jede Diskussion oder jede ihm gegenüber gemachte Behauptung vernichten konnte. Dieser Vorwurf der negativen Dialektik des Sokrates wurde zu seiner eigenen Zeit und in der späteren Antike verbreitet erhoben. Er war charakteristisch nicht nur in der platonischen, sondern auch in der xenophontischen Darstellung des Sokrates. In den *Memorabilia* wird er von dem Sophisten Hippias gegen Sokrates gerichtet. Hippias ist selbst ein erfahrener Philosoph und Lehrer, dem eine wichtige Entdeckung im Bereich der Mathematik zugeschrieben wird. Bei einem seiner vielen Besuche in Athen trifft er auf Sokrates, der über eines seiner Lieblingsthemen predigt, und er fragt ihn spöttisch: „Führst du denn noch immer, Sokrates, jene gleichen Reden, die ich schon früher mal von dir gehört habe?"[3] Sokrates ist verstimmt und fordert Hippias zu einem Streitgespräch heraus. Aber Hippias lehnt ab mit der Begründung, daß die Dialektik des Sokrates ganz und gar negativ sei. „Du verspottest die anderen mit deinen Fragen und widerlegst alle, während du selbst aber niemandem Rede stehen willst und über nichts deine Meinung darlegen."

Eigenartigerweise findet man den besten Beleg für die Erbitterung, die diese negative Dialektik hervorrief, bei Platon. Von dem Zusammenstoß zwischen Sokrates und Hippias haben wir bereits in Xenophons *Memorabilia* gehört. Ihre Begegnungen müssen bei den Schülern des Sokrates einen starken Eindruck hinterlassen haben, denn zwei Dialoge im Werk des Platon sind ihnen gewidmet, der *Hippias Maior* und der *Hippias Minor*. Diese scheinen sich bisweilen nicht nur über den Sophisten lustig zu machen, sondern auch über Sokrates selbst. Beide Werke beschäftigen sich wie die meisten Dialoge des Platon mit Definitionsproblemen. Das Thema des *Hippias Maior* – er heißt so, weil er der längere der beiden ist – ist die Suche nach einer Definition für „das Schöne". Das griechische Wort dafür ist *kalos,* das sehr viel zahlreichere Bedeutungen und zweideutige Bedeutungsinhalte hat als das Wort schön. Sokrates macht sich diese Zweideutigkeiten voll zu Nutzen.[4] Er fordert Hippias auf, die Definitionen vorzubringen, um sie dann eine nach der anderen zu verwerfen, aber er gibt niemals eine eigene Definition. „Das Endergebnis ist negativ", bemerkt der Herausgeber der Loeb-Ausgabe, H. N. Fowler, in seinem Vorwort. Der Sophist wird als völlig hilflos gegenüber den unbarmherzigen Windungen der negativen Dialektik des Sokrates dargestellt. Doch ist der Sieg in diesem noch mehr als sonst 'abgekarteten' Spiel Platons so vollständig, daß unsere Gutgläubigkeit strapaziert wird. Die Darstellung ist einseitig bis zur Karikatur und hinterläßt den klaren Eindruck, daß sie voll und ganz den von Hippias in den *Memorabilia* gemachten Vorwurf der unausrottbaren Negativität des Sokrates bestätigt. Der Dialog läßt den Wunsch danach aufkommen, wir hätten eine Darstellung der Auseinandersetzung, wie sie die andere Seite sah, geschrieben von einem Anhänger des Hippias.

Der andere Dialog, der *Hippias Minor* oder *Kleinere Hippias* (weil kürzer) wird zwar im allgemeinen eher für ein authentisches Werk des Platon angesehen als der *Hippias Maior,* doch er ist weitergehend in seiner Kritik an Sokrates selbst. Leicht hätte man daraus eine aristophanische Komödie machen können. Wiederum wird Hippias als eine lächerliche Persönlichkeit dargestellt. Doch im weiteren Verlauf erscheint Sokrates als noch lächerlicher. „Das Ganze", räumt Fowler in seinem Vorwort zum *Hippias Minor* ein, „erscheint fast als eine *reductio ad absurdum* der sokratischen Methode."[6]

Sokrates eröffnet die Diskussion. Er fordert Hippias auf, die jeweiligen Verdienste des edlen Achilleus und des gewandten Odysseus einem Vergleich zu unterziehen. Dies wiederum führt zu einem Vergleich zwischen dem wahrheitsliebenden und dem falschen Manne. Das Ergebnis, wie es Fowler zusammenfaßt, „ist, daß derjenige, der die Wahrheit am besten kennt, am besten dazu in der Lage ist, etwas Falsches zu erzählen, und daß daher" – man halte sich fest ob dieser Dialektik! – „der wahrheitsliebende Mann der falscheste sei". Das war zur Komödie entartete Paradoxie.

Sokrates schlägt hier die Sophisten in Sophisterei. Denn wie konnte ein wahrheitsliebender Mann falsch werden, ohne seine Wahrheitsliebe aufzugeben? Diesen auf der Hand liegenden Einwand darf Hippias nicht machen. Er sagt am Ende nur müde: „Auf keine Weise kann ich dir dieses doch einräumen, Sokrates." Die große Überraschung des Dialogs ist die Antwort des Sokrates. „Auch ich nicht mir selbst, Hippias", sagt er. Und er fügt abschließend ein trauriges Geständnis hinzu: „Indes, wie ich schon gesagt habe, ich schwanke hierüber" – gemeint sind seine andauernden Bemühungen um eine Definition der Tugenden – „bald so, bald so, und bleibe mir niemals gleich in meiner Meinung."[7] Auf diese Weise erklärt sich Sokrates, zumindest im *Hippias Minor,* selbst zum Opfer seiner eigenen Geschicklichkeit in der negativen Dialektik.

Die Echtheit des *Hippias Maior* wird hauptsächlich deswegen bezweifelt, weil dem Werk die Eleganz und Ironie der platonischen Meisterdialoge fehlt. Die Zweifel am *Hippias Minor,* der vorgibt, die Fortsetzung des längeren Dialogs zu sein, gehen in die ähnliche Richtung. Doch das spöttische Licht, das beide Werke auf die negative Dialektik werfen, kann man auch in anderen Dialogen Platons finden, deren Echtheit außer Frage steht. Der *Menon* ist ein herausragendes Beispiel. Dieser Dialog hatte in der Antike den Untertitel „Über die Tugend" erhalten; er ist eine Fortsetzung des *Protagoras* und setzt ein, wo dieser endet. Man wird sich erinnern, daß der *Protagoras* mit einem dialektischen Purzelbaum endete. Protagoras und Sokrates kehrten ihre jeweiligen Ausgangspositionen um, und Sokrates nahm dieses eine Mal einen positiven Standpunkt ein. Er kam zu dem Schluß, daß Tugend, da sie Wissen sei, lehrbar sein müsse.

Wenn Tugend lehrbar ist, dann können einfache Leute durch Erziehung in die Lage versetzt werden, sich selber zu regieren. Dieses Zugeständnis war ein Sieg für Protagoras als Lehrer und als Anhänger der Demokratie. Aber in dem Dialog, der seinen Namen trägt, erhält er nie Gelegenheit, diesen Schluß zu ziehen.

Die Fortsetzung leitet ihren Titel von einem anziehenden jugendlichen Schüler her, einem jungen Aristokraten aus Thessalien. Thessalien war ein rückständiges und entlegenes ländliches Gebiet, wo die Grundbesitzer noch die herrschende Schicht waren und das Land von unfreier Landbevölkerung bearbeitet wurde. Im *Menon* macht Sokrates zunächst einen Rückzieher und leugnet, daß Tugend lehrbar sei. Er kehrt zu seiner negativen Dialektik zurück und versetzt Menon in den Zustand völliger Verwirrung. Doch macht er zumindest ein kleines positives Zugeständnis. Ganz am Ende der Diskussion räumt er ein, Tugend entstünde „weder von Natur, noch wäre sie lehrbar", sondern sie komme zu uns „durch göttliche Schickung".[8]

Wenn aber Tugend eine göttliche Gabe ist, dann ist sie nicht allein unter den Gebildeten und den wenigen Überlegenen zu finden. Diese Konsequenz wird in dem Dialog nicht weiterverfolgt, aber sie ist doch gegeben. Hier scheint die einzige Stelle im Werk des Platon zu sein, wo man auf ein flüchtiges Eingeständnis trifft, die Tugend sei auch bei den Vielen zu finden, selbst bei den Ungebildeten und Armen. Doch dieses Zugeständnis führt in demokratische Richtung, und Platons Sokrates schwächt es durch eine merkwürdige Einschränkung sofort wieder ab. Er sagt, wer diese göttliche Gabe empfange, besitze sie „ohne Vernunft", d. h. ohne sie zu verstehen. Ein gewöhnlicher Mann, der tugendhaft ist, kann also nicht für sich in Anspruch nehmen, über „Wissen" zu verfügen. Und wie Sokrates uns so oft wiederholt hat, besitzt allein der Mann, „der zu herrschen versteht", das Recht dazu.

Doch sind die Zusammenhänge von Tugend, Wissen und Lehrbarkeit unklarer denn je, als Sokrates seinen jungen Freund Menon entläßt. Menon bringt die Enttäuschung zum Ausdruck, die bis heute viele Leser des Dialogs trotz seines Reizes empfinden. Menon beklagt sich: „Und doch habe ich schon tausendmal über die Tugend ausführlich geredet und zu vielen und, wie mir schien, sehr gut; jetzt aber kann ich überhaupt nicht sagen, was sie sei." Menon sagt, er sei vor der Negativität des Sokrates gewarnt worden, bevor er ihm noch begegnet sei. „Schon bevor ich mit dir zusammentraf", sagt Menon, "hörte ich, daß du immer selbst ratlos bist und dann auch die anderen ratlos machst; und nun habe ich den Eindruck, daß du mich blendest und behexst und geradezu mit Zaubermitteln betörst, so daß ich voll Ratlosigkeit bin."

Menon macht sogar auf Kosten seines Lehrers einen kleinen Scherz. „Und wenn ich ein wenig scherzen darf", sagt er, „so möchte ich sagen, daß man dich deinem Aussehen nach und auch sonst ganz und gar jenem flachen Zitterrochen im Meere vergleichen könnte. Denn auch der macht jeden erstarren, der sich ihm naht und ihn berührt. Mir ist, du habest nun auch mit mir etwas Ähnliches gemacht, daß ich nämlich erstarre. Denn tatsächlich bin ich in meiner Seele und meinem Munde erstarrt."[9]

Man fragt sich, wenn man diese reizvolle Passage liest, ob sie in gewisser Hinsicht autobiographisch sein könnte, ob der junge Platon bei seinen frühen Begegnungen mit Sokrates manchmal dieselbe Enttäuschung gefühlt haben mag. In jedem Falle war an dieser Stelle das Genie Platons als Verfasser philosophischer Dramen stärker als seine Verehrung gegenüber dem Andenken an den Meister. Die Szene macht den Spott des *Größeren* und *Kleineren Hippias* wahrscheinlicher.

Eine eher negative Bemerkung ist in bezug auf den *Menon* noch zu machen. Das Gespräch hat angeblich im Jahre 402 v. Chr. in Athen stattgefunden, drei Jahre vor dem Prozeß gegen Sokrates.[10] Menon warnt Sokrates in einer Vorahnung und mit dramatischem Unterton, daß seine negative Dialektik ihn in Schwierigkeiten bringen könne. „Und du tust wahrscheinlich gut daran," sagt Menon wohlmeinend zu Sokrates, „wenn du dich entschließest, nicht von hier wegzureisen oder außer Landes zu gehen; denn wenn du das als Fremdling in einer anderen Stadt tätest, dann würde man dich wohl als Zauberer abführen."[11] Das griechische Wort, das Menon verwendet – *goes* –, deckt sich nicht genau mit dem Bedeutungsinhalt unseres Wortes 'Zauberer'. Im Griechischen meint es wörtlich einen Hexer und wurde übertragen gebraucht für einen Taschenspieler oder Betrüger. So wird hier im *Menon* das Schicksal des Aristoteles eingeläutet.

Diese Klagen über die negative Dialektik des Sokrates sind aus der späteren Antike vertraut. Wir finden sie bei Cicero, der dreihundert Jahre nach dem Prozeß in Athen Philosophie studierte. Sokrates war eines seiner großen Vorbilder. Doch in seinem eigenen Dialog, der sich mit der Theorie des Wissens (d. h. was Wissen wirklich ist, 'Epistemologie') auseinandersetzt, den *Academica,* wiederholt Cicero die Meinung seines Freundes Varro, der zu den gelehrtesten Männern seiner Zeit gehörte. „In allen seinen Unterredungen", sagte Varro, „die von seinen Zuhörern verschiedentlich und ausführlich niedergeschrieben worden sind, verfährt er so, daß er selbst nichts fest behauptet, nur die anderen widerlegt."[12] Cicero stimmte dem zu. In seiner Abhandlung *Über die Natur der Götter* sagt er, „diese Methode der Philosophie, gegen alles zu sprechen und über nichts ein sicheres Urteil abzugeben, ist von Sokrates ausgegangen".[13]

Der Heilige Augustinus macht eine ähnliche Bemerkung. Wie Cicero stand er Sokrates und Platon als Kritiker nicht feindlich gegenüber. Im Gegenteil, in seinen *Confessiones* sagt er, daß bestimmte platonische Werke ihn zuerst zu Christus geführt hätten: „Von ihnen hatte ich mir sagen lassen, daß ich nach einer Wahrheit suchen müsse, die nicht in den Körpern sei."[14] Doch in seiner Schrift *Gegen die Akademiker* (d. h. die Platoniker) beklagt sich Augustinus darüber, daß diese glaubten, sich vor dem Irrtum retten zu können, indem sie eindeutige Aussagen vermieden.[15] In seinem *Staate Gottes* verfolgt Augustinus diese negative Dialektik zurück bis zu Sokrates selbst, und er sagt, sie habe unter seinen Anhängern außerordentliche Verwirrung gestiftet, selbst in Hinblick auf eine so grundsätzliche Frage wie die, was er mit dem höchsten Gut als dem letzten Ziel eines tugendhaften Lebens meine. Augustinus sagt von Sokrates, daß er „überall die Dinge aufwühlt, behauptet und dann wieder einreißt". Von seinen Anhängern „nahm sich jeder für sich das heraus, was ihm gutdünkte, und ein jeder sah das Ziel des Gutes woanders".

Das Ergebnis faßt er so zusammen: "So verschiedene Ansichten aber hatten die Sokratiker unter sich über dieses Ziel, daß – was man bei Anhängern ein und desselben Lehrers kaum glauben würde – die einen in der Lust das höchste Gut sahen, so Aristippus, die anderen in der Tugend, so Antisthenes."[16] Augustinus gibt dieser negativen Dialektik sogar die Schuld an der Feindschaft, die zum Prozeß gegen Sokrates geführt habe, und behauptet, daß der alte Philosoph sich „über die Torheit der Unerfahrenen" ständig lustiggemacht habe. Für Sokrates, bemerkt Augustinus, hätten dazu anscheinend nicht nur die einfachen Leute gehört, sondern auch ihre Führer und alle übrigen Lehrer.

Augustinus lobt Sokrates für „einen wunderbar feinen Humor der Redeweise". Doch, fährt er fort, war es seine Gewohnheit, „durch seine eingestandene Unwissenheit oder sein heimliches Wissen" seine Zuhörer zu verwirren. Damit bewirkte er Enttäuschung und manchmal Zorn bei seinen Zuhörern. „Dadurch", schließt Augustinus, „hat er sich aber auch Feindschaften zugezogen und fiel einer verleumderischen Anklage zum Opfer, sodaß man ihn mit dem Tode bestraft hat."[17]

Eine der seltsamsten Einzelheiten im Charakter des Sokrates war seine Ansicht über das Lehren, obwohl doch gerade das seine lebenslange Berufung war. Er hat nie irgendetwas anderes getan. Offenbar lebte er von einer kleinen Erbschaft, die ihm sein Vater hinterlassen hatte, von dem gelegentlich gesagt wird, er sei Bildhauer und Steinmetz gewesen – der Unterschied zwischen Künstler und Handwerker war in der Antike nicht so deutlich. Sokrates war ebenso ein Gelegenheitslehrer wie die Sophisten, die er (und Platon) ständig verleumden. Während sie in den Städten Griechenlands umherreisten, verbrachte er seine Tage in den Gymnasien und den Hallen Athens damit, sich mit jedem, der zuhören wollte, über Philosophie zu unterhalten.

Er war eine stadtbekannte Erscheinung, ein einheimischer Philosoph. Die Komödiendichter rissen im Theater ihre Witze über ihn und widmeten seinem sonderbaren Auftreten als Lehrer sogar ganze Komödien. Das berühmteste und einzig erhaltene Beispiel sind natürlich die *Wolken* des Aristophanes, in denen Sokrates als Leiter einer Schule dargestellt wird. Aristophanes hat sogar ein komisches Wort für diese Schule erfunden: Er nannte sie „Denkerei" oder griechisch *phrontisterion,* abgeleitet von dem Verb *phrontizein* = denken; heute würden wir wohl wie von unseren Forschungszentren sagen 'eine Denkfabrik'. Sokrates zog bald Schüler aus ganz Griechenland an, und viele philosophische Schulen begannen für sich in Anspruch zu nehmen, auf seine Lehre zurückzugehen.

Dennoch sagt Sokrates immer wieder, er sei kein Lehrer. Er macht sich ein Vergnügen daraus, jeden, den er trifft und der behauptet, ein Lehrer zu sein, auseinanderzunehmen. Je berühmter sie sind, desto mehr Vergnügen findet er an ihrer Demontage.

Er ermahnt seine athenischen Mitbürger zur Tugend, aber er behauptet, daß sie nicht lehrbar sei. Er setzt Tugend mit Wissen gleich, aber er besteht darauf, daß Wissen nicht erreichbar sei und nicht gelehrt werden könne. Und zur Krönung gesteht Sokrates, nachdem er seinen Gesprächspartnern das Gefühl gegeben hat, sie seien unfähig und unwissend, daß er selbst auch nichts wisse. Diese äußerste Bescheidenheit scheint eine Form von Prahlerei zu sein. Gesagt zu bekommen, daß man noch weniger wisse als ein Mann, der freiwillig von sich behauptet, nichts zu wissen, ist nicht nur verletzend, sondern dazu eine Beleidigung. Von allen widersinnigen Feststellungen des Sokrates ist wohl seine Behauptung, kein Lehrer zu sein, die widersinnigste. Natürlich können wir nicht wissen, was in seinem Kopf vorging. Aber wir können aus den Umständen erschließen, warum er vielleicht vorzog zu leugnen, daß er ein Lehrer war, und darauf bestand, daß weder Tugend noch Wissen gelehrt werden konnten. Wir können drei mögliche Gründe dafür anführen. Einer ist politisch. Ein zweiter ist philosophisch. Der dritte ist persönlicher Art. Die drei Gründe überschneiden sich und stützen einander.

Der politische Grund steht in Verbindung mit seiner antidemokratischen Einstellung. Die sokratische Lehre, daß der, „der zu herrschen verstehe", herrschen solle und der Rest zu gehorchen habe, würde geschwächt, wenn Wissen und Tugend lehrbar wären. Der philosophische Grund ist, daß Sokrates absolute Gewißheit suchte – absolute Definitionen der Tugend und des Wissens – und daß er wieder und wieder darauf stieß, daß das nicht erreichbar war.

Der persönliche Grund mag der sein, daß zwei der berühmtesten Schüler des Sokrates – der spätere Tyrann Kritias und der hochbegabte, aber unzuverlässige Alkibiades – sich als schlecht erwiesen und

Athen viel Schaden zufügten. Ihre Laufbahn konnte als Beweis dafür dienen, daß Sokrates als Lehrer der Tugend ein Versager war. Zu sagen, daß er kein Lehrer sei, hieß, ihn von der Verantwortung für ihre bedauernswerte Entwicklung freizusprechen. Wenn Tugend Wissen war und wirkliches Wissen weder erreichbar noch lehrbar, dann konnte man Sokrates nicht die Schuld daran geben, daß zwei seiner glänzendsten Schüler ein so schlechtes Bild abgaben.

Das ist mehr als nur eine Vermutung, sondern findet Bestätigung in den *Memorabilia*. Xenophon berichtet, der „Ankläger" habe gesagt, „sowohl Kritias wie Alkibiades, die mit Sokrates vertrauten Umgang hatten, haben dem Staat größten Schaden zugefügt". Und er fährt fort mit der Feststellung, daß Kritias „von allen Oligarchen" und den Dreißig Tyrannen, die damals in Athen geherrscht hätten, der „habsüchtigste, gewalttätigste und mordlustigste" gewesen sei. Alkibiades sei seinerseits in den Tagen der Demokratie der „Zügelloseste, Übermütigste und Gewalttätigste" gewesen.[18]

Xenophon stimmt mit der Verurteilung des Kritias und des Alkibiades überein. „Ich will nun jene", schreibt er, „wenn sie dem Staat irgendwie Schaden zugefügt haben, nicht verteidigen". Sie waren, sagt er, „von Natur aus die ehrgeizigsten von allen Athenern, sie wollten, daß alles durch sie geschehe und daß sie den berühmtesten Namen von allen trügen".[19] Aber Xenophon vertritt die Meinung, daß Sokrates nicht für ihr schlechtes Verhalten verantwortlich zu machen sei. „Sie wußten", sagt Xenophon, „daß Sokrates bei bescheidensten Mitteln doch völlig ausreichend leben konnte, daß er allen Genüssen gegenüber durchaus zurückhaltend war." Aber das Beispiel, das er ihnen gab, hatte keinen Erfolg. Seine einfache Lebensweise hatte keinen Reiz für sie. „Er sei überzeugt", sagt Xenophon, „wenn Gott ihnen die Wahl gelassen hätte, das ganze Leben hindurch so zu leben, wie sie Sokrates leben sahen, oder eher zu sterben, daß sie dann lieber den Tod gewählt hätten."

Wenn Tugend tatsächlich Wissen ist, wie Sokrates lehrte, dann hätten Kritias und Alkibiades vor allem tugendhaft sein sollen, denn sie gehörten zu den klügsten und am vielseitigsten begabten Athenern ihrer Zeit. Der Mangel an Tugend hatte seinen Ursprung nicht in Unwissenheit, sondern im Charakter. Das war die vorherrschende Ansicht unter den Griechen vor und nach Sokrates. Die früheste erhaltene Äußerung ist ein berühmtes Fragment des vorsokratischen Philosophen Heraklit: „Seine Eigenart ist dem Menschen sein Geschick" *(ethos anthropo daimon).* Dieser Blitz der Erleuchtung ist die Grundlage der griechischen Tragödie. Sowohl Kritias wie Alkibiades waren tragische Figuren, durch ihre Charakterfehler dem Untergang verfallen.

Die Bezeichnung und die Vorstellung einer 'Ethik' sind abgeleitet von dem griechischen Wort *ethos,* das so viel bedeutet wie Charakter. Die beiden großen moralphilosophischen Abhandlungen des Aristoteles hießen *ethika,* und daher stammt der Begriff Ethik. Das Ganze hat eine natürliche Folge. Wenn Tugend dem Charakter entsprang und nicht dem Wissen, dann war sie etwas, was die Armen haben konnten, und den Großen konnte sie fehlen.

Xenophon sagt, was Kritias und Alkibiades zu Sokrates hingezogen hätte, wäre seine Fähigkeit im Streitgespräch gewesen. „Er lenkte alle, die sich mit ihm unterhielten, im Gespräch dahin, wo er wollte." Ihre spätere Laufbahn habe offenbar gemacht, warum sie Schüler des Sokrates geworden seien, „denn sobald sie gewandter als ihre Mitbürger zu sein glaubten, wandten sie sich beide sofort von Sokrates ab und widmeten sich der Politik, um deren willen sie sich Sokrates zugewendet hatten".[20]

Doch die Verteidigung durch Xenophon gibt keine Antwort auf einen Hauptpunkt der Anklage. An einer früheren Stelle der *Memorabilia* hieß es, wie sich der Leser erinnern wird, daß der „Ankläger" behauptet habe, die antidemokratischen Lehren des Sokrates „veranlaßten die jungen Menschen dazu, die bestehende Staatsverfassung zu mißachten, und machten sie geneigt zur Gewalttat".

Es gibt keinen Beleg dafür, daß Sokrates dem gewalttätigen Umsturz der Demokratie das Wort geredet hat. Es gibt keinen Grund, die Feststellung Xenophons zu bezweifeln, daß Sokrates die Überredung der Gewalt vorgezogen habe. Aber Xenophon entkräftet damit noch nicht den Vorwurf, daß die Verachtung des Sokrates für die athenische Demokratie und der Spott, mit dem er Gleichheit fördernde Maßnahmen wie die Bestimmung der Beamten durch das Los begleitete, seine Schüler dazu gebracht hätten, „die bestehende Staatsverfassung zu mißachten und sie zur Gewalttat geneigt zu machen".[21]

Die Verleumdung der Demokratie und des kleinen Mannes ist ein häufiges Thema sowohl für den xenophontischen wie für den platonischen Sokrates. Das mag wie eine Rechtfertigung oder Ermutigung für machthungrige Männer aussehen, die Demokratie zu stürzen, wie es Kritias getan hatte, oder sie zynisch zu manipulieren, wie es Alkibiades auf seiner Suche nach der Macht oft tat.

Die Herrschaft der Dreißig Tyrannen, wie die auf wenige beschränkte Oligarchie genannt wurde, die 404 v. Chr. die Volksversammlung ablöste, wurde unmittelbar nach dem Sieg der Spartaner über Athen im Peloponnesischen Krieg mit deren Einverständnis eingerichtet. Unter den unzufriedenen Aristokraten, die den spartanischen Siegern als Werkzeuge der Gewaltherrschaft dienten, befanden sich Kritias und Charmides. Xenophon erwähnt nicht, daß beide Verwandte des Platon waren, ersterer ein Vetter ersten Grades, letzterer sein Onkel. Beide treten in den platonischen Dialogen als glänzende Persönlichkeiten auf, die mit Sokrates auf gutem Fuße stehen. Charmides wird in dem Dialog, der seinen Namen trägt, als ein schöner junger Mann von vielversprechender Intelligenz gezeigt, der von Sokrates über die Tugend befragt wird. Kritias erscheint als ein angesehener Gesprächspartner in nicht weniger als vier Dialogen; sein Name und seine Familie sind darüberhinaus in dem erhaltenen Fragment eines weiteren Dialogs, des *Kritias,* geehrt. Doch abgesehen von einer kurzen, mißbilligenden Passage im *Siebten Brief* (der echt sein mag oder auch nicht) erwähnt Platon dieses blutige und schmerzliche Kapitel der athenischen Geschichte an keiner Stelle, und nirgendwo im Werk Platons – auch im *Siebten Brief* nicht – wird der Name des Kritias mit seinen Schrecken in Verbindung gebracht. Aber die Erinnerung daran war noch frisch und bitter, als Sokrates vier Jahre nach der Wiederherstellung der Demokratie vor Gericht stand.

In dem von ihm so geschätzten Alkibiades sah Sokrates einen lebenden Beweis gegen eine seiner liebsten Behauptungen vor sich. Denn Alkibiades verfügte über großes Wissen in jedem üblichen Sinne des Wortes. Aber niemand und nicht einmal Sokrates hat je behauptet, daß Alkibiades ein Abbild der Tugend war.

Alkibiades zieht über das Firmament der athenischen Geschichte wie ein Meteor. Er war nicht nur hochbegabt und schön, sondern ein Mann der vielen Talente und ein genialer militärischer Stratege, glänzend bewandert auf politischem und philosophischem Gebiet, ein Aristokrat, der vom *demos* vergöttert wurde, auf erotischem Gebiet – in der bisexuellen Welt der Antike – Männern und Frauen zugleich unwiderstehlich. (Sokrates scheint der einzige zu sein, der der unwiderstehlichen sexuellen Anziehungskraft des Alkibiades nicht erlegen ist, wie wir aus der bedauernden Schilderung des letzteren in Platons *Symposion* wissen, wo er von der nüchternen und ereignislosen Nacht erzählt, die er mit Sokrates unter einer Bettdecke verbracht hat.) Der athenische *demos* war von Alkibiades in seinen Bann geschlagen und wandte sich in verzweifelten Lagen wieder und wieder ihm als der letzten Hoffnung zu. Aber niemals haben sie ihm getraut.

Für die gewagteste Unternehmung des Peloponnesischen Kriegs, den Angriff der Flotte auf Syrakus, wählte die Demokratie Alkibiades als Führer, aber sie übertrug ihm nicht die volle Gewalt. Sie führten die sichere Katastrophe herbei, indem sie das Kommando zwischen ihm und dem schwerfälligen und abergläubischen Nikias teilten. Eine Mondfinsternis ließ letzteren vor dem Angriff zurückschrecken, als das darauf nicht vorbereitete Syrakus vielleicht noch hätte eingenommen werden können. Sein Zögern endete in einer katastrophalen Niederlage für Athen.

In der Zwischenzeit war Alkibiades, noch bevor die Flotte Syrakus erreichte, in einem neuen Anfall von Mißtrauen vom Volk nach Athen zurückgerufen worden. Er war angeklagt, vielleicht aufgrund einer Intrige von seiten aristokratischer Gegner, die heiligen Mysterien Athens während eines Trinkgelages entweiht zu haben. Er zog es vor zu fliehen, statt zurückzukehren und sich dem Prozeß zu stellen. Doch suchte er nicht in einem neutralen Gebiet Zuflucht, sondern bei den Feinden seiner Stadt, und er stellte den Spartanern seine militärischen Kenntnisse und Fähigkeiten zur Verfügung.

Alkibiades besaß jede Gabe, die die Götter verleihen können, die blinde Freundschaft seines Lehrers Sokrates eingeschlossen. Das einzige, was ihm fehlte, war Charakterstärke. Der Tod des Alkibiades war wie maßgeschneidert für Shakespeare, und man fragt sich, warum er, der sich doch so oft von Plutarch anregen ließ, nicht dessen lebendiges *Leben des Alkibiades* in eine seiner Tragödien verwandelte. Der unvollkommene Held fiel in der Fremde – nackt und gegen eine Überzahl von Gegnern, doch tapfer mit dem Schwert in der Hand kämpfend –, nachdem er von einer Mörderbande im Bett einer Frau aus dem Hinterhalt überfallen worden war. Nach Aussage des Plutarch war die Ermordung von seinem alten Gegner Kritias in die Wege geleitet worden. Kritias, der zu diesem Zeitpunkt noch Führer der Dreißig war, befürchtete, daß der athenische *demos*, den er aus der Stadt getrieben hatte, sich von neuem an Alkibiades wenden könnte, damit er bei dem Versuch, die verhaßte Tyrannis zu stürzen, ihr Anführer sei. Kritias wurde bald darauf seinerseits zusammen mit Charmides getötet, als er gegen die Koalition von Demokraten und Gemäßigten kämpfte, die die Stadt wieder einnehmen sollte.

Der schreckliche Mord des einen Schülers an dem anderen, von Sokrates am meisten geliebten, in einem düsteren Kampf um die Macht: Weder Xenophon noch Platon haben zugelassen, daß dieses Geschehen ihre verteidigenden und bewundernden Worte überschattete. Aber es ist kaum anzunehmen, daß diese Ereignisse nicht die wenigen letzten Jahre des alten Lehrers verdunkelt haben, die ihm vor seinem Prozeß blieben.

Die sokratische Gleichsetzung von Tugend mit Wissen hat eine berühmte Schlußfolgerung – daß niemand willentlich Unrecht tut. Oder wie wir sagen würden, Leute tun Unrecht, „weil sie es nicht besser wissen". Ohne Zweifel ist das bisweilen zutreffend. Aber man muß auf einer sehr tiefen Stufe der menschlichen Existenz stehen, um den Unterschied zwischen Recht und Unrecht nicht mehr zu kennen, oder man muß in sehr tiefer Verzweiflung sein, um ihn vergessen zu haben.

Die Verbrechen des Kritias gegen die Stadt konnten weder seiner Unwissenheit noch der Verzweiflung zugeschrieben werden. Dieser Aristokrat war ebenso begabt wie Alkibiades. Leben und Besitz waren in Athen niemals so sehr in Gefahr wie unter seiner Herrschaft. Seine Taten haben seine Qualitäten überschattet. Er war ein Dichter, Verfasser von Dramen und Meister der reinsten attischen Prosa. Die folgende Geschichte mag zeigen, welchen Ruhmes er sich heute erfreuen würde, hätte er nicht seinen blutigen Ausflug in die Politik unternommen. Viele Jahrhunderte später wurde der berühmte griechische Redner Herodes Atticus Griechischlehrer des Mark Aurel, des Philosophen unter den römischen Kaisern und einzigen wirklichen Philosophenkönigs, der je auf der Bühne der Geschichte erschienen ist. Herodes bewunderte den reinen attischen Stil des Kritias, und es könnte gut sein, daß er seine Schriften benutzt hat, um dem Kaiser beizubringen, wie man Griechisch in Form des klassischen Attisch schrieb. So könnten die kostbaren *Selbstbetrachtungen* des Mark Aurel (in Griechisch und nicht auf Lateinisch geschrieben), die uns noch heute in Not erheben und trösten können, ihre Schönheit des Stils zum Teil dem Maßstab verdanken, den der verhaßte athenische Tyrann gesetzt hat.

Es gibt einen wesentlichen Unterschied zwischen der Laufbahn des Alkibiades und der des Kritias. Alkibiades war zeitweilig im Verlauf seines bewegten Lebens Führer der Demokratie. Kritias war ihr unnachgiebiger Gegner. Kritias war der erste Robespierre. Seine Verbrechen waren die Frucht einer unmenschlichen, aber konsequenten Logik. Er war entschlossen, die Stadt nach seinen eigenen antidemokratischen Vorstellungen umzugestalten, was auch immer das an Menschenleben kostete. In gewissem Sinne – wie sehr auch Sokrates das vielleicht mißbilligt hätte – konnte Kritias sehr wohl den Anspruch erheben, daß er lediglich versuchte, die Lehre des Sokrates, daß der herrschen solle, „der zu herrschen verstehe", und die anderen zu gehorchen hätten, in die Wirklichkeit umzusetzen. Die Formel als solche ist eine Einladung zur Übernahme der Macht an entschlossene Ideologen wie Kritias, die sicher waren, daß der von ihnen angestrebte Zweck die zu seiner Erreichung notwendigen Mittel heilige.

Kapitel 6

Die Jagd nach dem Phantom
Die Suche des Sokrates nach absoluten Definitionen

Wenn man etwas nicht unverrückbar und umfassend definieren konnte, dann hieß das für Sokrates, daß man nicht wirklich wußte, was es war. Alles, was keine absolute Definition war, nannte er *doxa*, d. h. eine einfache Ansicht im Unterschied zum echten Wissen, das bei ihm *episteme* hieß. Letzteres wird des öfteren mit 'Wissenschaft' oder 'wissenschaftliche Erkenntnis' übersetzt. Aber diese Übersetzungen führen in die Irre. Die sokratische *episteme* ist nicht Wissenschaft in unserem Sinne oder wie Aristoteles sie begründet hat, d. h. die geduldige Beobachtung und das Sammeln einzelner Fakten und deren Einordnung in allgemeine Systeme des Wissens. *Episteme* bedeutete vielmehr ganz einfach die reine, absolute Definition.

Aristoteles stellt anerkennd fest, daß sich Sokrates dem Problem der Definition als erster gestellt habe. Er betrachtete das als den wichtigsten Beitrag des Sokrates zur Philosophie. In der *Metaphysik* sagt Aristoteles von Sokrates: „Sokrates beschäftigte sich mit ethischen Dingen – also nicht mit der Natur im ganzen –, suchte in ihnen das Allgemeine und richtete seine Überlegungen als erster auf Definitionen."[1]

Aber diese Konzentration auf die Frage der Definition war geeignet, Sokrates auf sinnlose Wege zu führen und ihn häufig zu absurden Feststellungen zu verleiten. Eine Definition ist wichtig, um sich vom Streit um Zweideutigkeiten zu lösen und den eigentlichen Gegenstand der Diskussion klar zu erkennen, sodaß die beiden sich gegenüberstehenden Seiten in der Lage sind zu vermeiden, daß sie über zwei verschiedene Dinge reden, wie es doch so oft geschieht. Die Betonung der Frage der Definition war auch für die Entwicklung der Logik wichtig, denn ein großer Teil der Logik ist Folge allgemeiner Definitionen.

Vom Standpunkt der griechischen Philosophiegeschichte her gesehen kann die Suche des Sokrates nach einer absoluten und unveränderlichen Definition auch als eine Reaktion gegen die Weltsicht des großen vorsokratischen Philosophen Heraklit verstanden werden. Der ewige und unentrinnbare Wechsel war das zentrale Thema des Heraklit. Er stellte fest, daß alle Dinge sich veränderten und daß man niemals – wie er sich ausdrückte – zweimal in denselben Fluß steigen könne.

Dies war eine wesentliche Einsicht und ein wichtiger philosophischer Beitrag. Doch wie andere bedeutende Wahrheiten konnte auch diese zu weit getrieben werden und die aus ihr zu ziehenden Schlüsse konnten leicht über das Ziel hinausschießen. Heraklit war ein Mystiker und liebte es, die Identität von Gegensätzen festzustellen. Der Weg nach oben und der Weg nach unten, sagte er einmal, ist derselbe. Aber er war nicht in der Lage, diese Lehre aufrechtzuerhalten, als er den ewigen Wechsel feststellte. In Übereinstimmung mit seiner eigenen Lehre von der Identität der Gegensätze ist das zugleich wahr und unwahr. Alles befindet sich in einem bestimmten Sinne im Wechsel, und in einem anderen Sinne bleibt es häufig auch gleich.

Unser Leben ist umgeben von Rätseln. Das eine ist das Rätsel der Veränderung. Das andere ist das Rätsel der Identität. Beide sind real, aber sie sind untrennbar miteinander verbundene Realitäten. Flüsse verändern sich ständig und sind sich niemals wirklich gleich. Das Wasser in ihnen ist in ständigem Fluß und Wechsel. Die Ufer und der Lauf des Flusses verändern sich ständig unter dem Einfluß von Fluten und Trockenheit. Das sind feststellbare und nicht zu leugnende Tatsachen. Aber in einem anderen Sinne und trotz dieser Veränderungen haben Flüsse eine dauerhafte und unverwechselbare Identität. Der Amazonas, der Mississippi, die Donau und der Ganges haben für Jahrtausende existiert, sind mehr oder minder demselben Flußlauf in derselben Umgebung gefolgt und sind trotz ständiger Veränderung eindeutig wiedererkennbar.

In derselben Weise unterscheidet sich das Kind vom Manne, doch individuelle Züge bleiben erhalten und sind wiedererkennbar. Jedes menschliche Wesen verändert sich ständig, stößt alte Zellen ab und schafft neue, wächst ständig und altert. Manchmal hat man Schwierigkeiten, einen alten Freund wiederzuerkennen, aber vertraute Züge bleiben erhalten und treten bei näherer Betrachtung hervor. Die Veränderung ist stetig, aber auch die Identität ist es. Die ganze Wahrheit kann man nur begreifen, wenn man beides in Rechnung stellt. Das ist letztendlich die Frage, die sich die Hegelsche Dialektik stellt, wenn sie die Versöhnung der Gegensätze auf einer höheren Ebene sucht. Das Problem kehrt auch in dem wieder, was der Philosoph R. Cohen, der am City College in New York lehrt, das 'Prinzip der Polarität' nennt. Einen der zwei Pole eines Problems nicht zu kennen bedeutet, nicht die ganze Realität zu erfassen.

Für Sokrates und Platon wurde die Suche nach der Definition zu einer Suche nach einer unveränderbaren, unverrückbaren, ewigen und absoluten 'Realität' unter, über und jenseits dieses Universums des Heraklit, das sich in ständigem Fluß und unauflösbarem Gegensatz befand. Die Geschichte dieser Suche ist die Geschichte der Philosophie im kleinen. Wie in einem metaphysischen Irrgarten tasten wir uns Jahrhundert für Jahrhundert vor: Obwohl wir uns in einer wachsenden Spirale von Spitzfindigkeit und komplexen Zusammenhängen befinden, kommen wir doch immer wieder auf dasselbe halbe Dutzend grundlegender Fragen zurück, die die griechischen Philosophen herausgeschält haben.

Sokrates und seine Suche nach Definitionen spielen eine entscheidende Rolle in dieser niemals endenden Debatte. Aber sie ließ seine Schüler in zwei völlig verschiedene Richtungen gehen. Eine dieser Richtungen nahm Platon, die andere Antisthenes. Beide gingen von derselben Beobachtung aus, daß nämlich ihr Meister die Definitionen, nach denen er suchte, niemals hatte finden können, wie er selbst zugab. Platon und Antisthenes fanden völlig verschiedene Wege aus diesem Dilemma. Diese gegensätzlichen Richtungen haben das gesamte philosophische Denken der Folgezeit geprägt.

Der eine Weg führte zu völligem Skeptizismus, zur Absage an jede Möglichkeit des Wissens. Der andere Weg, den Platon nahm, war der, eine zweite Welt weit über der unseren zu schaffen, eine Welt ewiger und unveränderlicher „Ideen", und sie die wirkliche Welt zu nennen. Diese reale Welt Platons war voller Irrealitäten, die in beruhigender Weise ohne Veränderung waren und tröstend ewig. In diesem metaphysischen Himmel suchte er Zuflucht.

Platon war das Urbild eines Konservativen: Mehr als alles andere fürchtete er Veränderung, und seine Philosophie suchte nach einem Weg, ihr zu entrinnen. Im Verlauf dieser Suche errichtete er ein gewaltiges Gedankengebäude, das zu erkunden eine Freude ist. Aber es ist auch reich an Wortklaubereien und Widersprüchen, flüchtet sich von der Philosophie in die Theologie, zeigt Anfälle von Mystizismus und anziehende Absurditäten, die uns mit ihren Grimassen anstarren wie die Fratzen aus den dunklen Winkeln einer riesigen mittelalterlichen Kathedrale.

Die ersten Angriffe auf Platons zentrale Formen- oder Ideenlehre kamen vielleicht von seiten der Sophisten. Die platonischen Ideen sind natürlich die Personifizierung allgemeingültiger Wertvorstellungen im Unterschied zu den einzelnen Dingen, die sie verkörpern. Mit seiner Ideenlehre war Platon der erste, der die Aufmerksamkeit auf das – wie man es später nannte – 'Universelle' lenkte. Aber Platon trieb seine Erkenntnis bis in den Bereich des Absurden. Denn er behauptete, wie es Aristoteles ausdrückt, daß die einzelnen Dinge nur durch ihren „Anteil" an den Ideen existierten.[2] Allein die Ideen waren nach Platons Auffassung „wirklich". Die einzelnen Dinge waren lediglich ihr veränderliches und vergängliches Abbild.

Konkret gesprochen ist also das eigene Bett „nicht wirklich". Die Idee des Bettes, die irgendwo in einem fernen Himmel existiert, ist die wirkliche Realität. Darauf hat Antiphon einmal eine wirksame Antwort gegeben. Er bemerkt dazu – in einem Fragment eines verlorenen Werks *Über die Wahrheit* –, wenn man ein hölzernes Bett in der Erde vergrübe und es dort ließe, bis es verrottete, würde eines Tages ein Baum daraus hervorsprießen und nicht ein Bett. Mit anderen Worten, das Material des Bettes war vor seiner Form oder Idee da. Das Holz würde aus sich heraus wiederentstehen. Aber es bräuchte einen neuen Handwerker einer neuen Generation, der das Holz hernähme und ein neues Bett daraus machte. So gesehen lebt die allgemeine Vorstellung, die Idee des Bettes, nur als ein metaphysischer Schatten des Einzelnen. Auf diese Weise, durch diese materialistische und alltägliche Beobachtung kehrte Antiphon das platonische Universum von oben nach unten, oder, besser gesagt, er stellte es auf die Füße. Hier sieht man den faszinierenden metaphysischen Sumpf, in den Sokrates auf der Suche nach absoluten Definitionen seine Schüler geführt hatte.

Sokrates setzte die Suche nach Definitionen bis zur Sinnlosigkeit fort. In den platonischen Dialogen gibt es Passagen, die sich wie Teile irgendeiner verlorenen Komödie des Aristophanes lesen. Eine steht im *Theaitetos,* als Sokrates – um die Frage des Wissens ringend – den Beruf des Schusters diskutiert. Eine andere findet sich im *Phaidros,* wo Sokrates im Zusammenhang mit einer ähnlichen Frage den Pferdehandel heranzieht.

In beiden Dialogen beginnt Sokrates das Gespräch mit der Binsenwahrheit, daß man keinen Schuh machen könne, ohne zu wissen, was ein Schuh sei, und ebensowenig könne man ein Pferdehändler sein, ohne zu wissen, was ein Pferd sei. Aber um zum Zwecke der Schuhmacherei oder des Pferdehandels zu wissen, was ein Schuh oder ein Pferd wirklich seien, ist es dazu tatsächlich notwendig, den unerfüllbaren Ansprüchen der sokratischen Logik gerecht zu werden und eine absolut gültige und vollkommene Definition des Schuhs oder des Pferdes zu geben? Müssen der Schuhmacher und der Pferdehändler in der Lage sein, eine Doktorarbeit in Metaphysik zu schreiben? Sokrates verlangt nicht nur vollkommene Begriffsbestimmungen des Schuhs und des Pferdes, sondern – was noch schwieriger ist – eine vollkommene Definition des Wissens selbst. Wir wollen uns ansehen, wie er seine Fragen an Theaitetos formuliert, der vielleicht von allen unterwürfigen Jasagern, die Sokrates im Werk des Platon als Gesprächspartner bekommt, der am wenigsten aufgeweckte ist:

Sokrates: Wer also nicht weiß, was 'Wissen' ist, versteht auch nicht, was 'Wissen von den Schuhen' bedeutet?
Theaitetos: Sicher nicht.
Sokrates: Wenn also einem nicht bekannt ist, was Wissen ist, so versteht er auch nicht, was 'Kunst des Schusters' oder sonst eines Handwerkers bedeutet.
Theaitetos: Ja, so ist es.[3]

Jeder halbwegs intelligente Athener hätte gegen diesen unglaublichen Unsinn den sich anbietenden Einwand machen können: Ein Schuhmacher braucht kein Philosoph zu sein, und ein Philosoph ist nicht notwendigerweise ein guter Schuhmacher. In Wahrheit war der Kunde, der einem Schuhmacher ein Stück Leder brachte, nicht – philosophisch gesprochen – am Allgemeingültigen interessiert, sondern am Einzelnen. Er wollte ein Paar Schuhe haben, das gerade ihm paßte, und nicht irgendeine metaphysisch perfekte Definition eines Schuhs. Damals wie heute war kein rechter Fuß genauso gebaut wie der linke. Also war kein Schuh, nicht einmal der eines Paares, genau gleich wie der andere, wie vollkommen auch immer die Definition von 'Schuh' war. Und der Kunde wollte sein besonderes Paar so gemacht haben, daß das von ihm gewählte besondere Stück Leder am besten genutzt wurde. Zu jedem Zeitpunkt war das 'Besondere', das 'Einzelne' wichtiger als das 'Allgemeine'. In einer wesentlichen Hinsicht ist der Schuhmacher dem Philosophen überlegen. Der Schuhmacher *kann* tatsächlich einen Schuh machen. Der Philosoph hingegen kann immer noch keine absolut vollkommene Definition geben – weder von Schuhen noch vom Wissen. Was ihr jeweiliges Handwerk anbetrifft, so ist der Schuhmacher der bessere Handwerker als der Metaphysiker. Und ebenso verhält es sich mit dem Pferdehandel. Im *Phaidros* sagt Sokrates, es sei töricht, „ich wollte dich überreden, du solltest dir ein Pferd anschaffen, um gegen die Feinde zu ziehen, wir wüßten aber beide nicht, was ein Pferd ist. . . ."[4] Ein respektloser Zuhörer hätte an dieser Stelle das Gespräch leicht unterbrechen können, um zu sagen, wenn weder Sokrates noch Phaidros wüßten, was ein Pferd sei, dann wäre ihr Intelligenzquotient ganz offensichtlich ohnehin zu niedrig, als daß sie im Heer von irgendwelchem Nutzen sein könnten.

Wie bei der Schuhmacherei liegt die Kunst des Pferdehandels im Besonderen und nicht im Allgemeinen. Das erste, was ein Pferdehändler fragen würde, ist, welche *Art* von Pferd man haben wolle. Für den Krieg? Für Pferderennen? Für schwere Arbeit auf dem Bauernhof? Oder ein auffälliges schönes Pferd für den Wagen zur Ausfahrt an Festtagen? Dann würde der umsichtige Käufer sich das Gebiß des Pferdes, die Flanken und die Hufe sorgfältig anschauen, bevor er den Kauf tätigt. Man ging davon aus, daß der Käufer des Pferdes kein Idiot war, dem man ein Zebra oder einen Esel andrehen konnte. Vom alltäglichen Standpunkt aus gesehen erscheinen die Tiefen der Metaphysik gerade so, als kämen sie aus Wolkenkuckucksheim. Jedermann weiß, was ein Pferd tatsächlich ist; d. h. jedermann außer den Philosophen.

Dennoch wurde diese Art von irreführenden Vergleichen und verwirrenden Wortspielen von Sokrates und seinen Schülern benutzt, um die Demokratie mit Spott einzudecken. Solche Vergleiche besaßen einen gegen die Politik gerichteten Gehalt. Wenn man so bescheidene Berufe wie den des Schuhmachers oder des Pferdehändlers ohne unerreichbare Definitionen nicht erfolgreich ausüben konnte, wie konnte man dann gewöhnlichen Männern zutrauen, die weitaus schwierigere Kunst der Regierung ihrer Stadt auszuüben?

Es mag sein, daß jeder Schüler des Sokrates aus den Zweideutigkeiten des Meisters andere Schlüsse gezogen hat – oder unterschiedliche philosophische Gebäude darauf errichtet hat. Aber alle ohne Ausnahme zogen ausgesprochen antidemokratische Konsequenzen aus seinen Lehren. Hätte man auf sie gehört, so hätten sie das Leben der Stadt zu einem Stillstand gebracht.

Der älteste Schüler des Sokrates, Antisthenes, war der erste Kyniker. Er lehnte die menschliche Gesellschaft und ihre Konventionen ab. Die sokratische Suche nach der vollkommenen Begriffsbestimmung trieb Antisthenes dem Skeptizismus in die Arme. Er war vielleicht der erste Anhänger dessen, was das Mittelalter Nominalismus nannte – die Ansicht, daß allgemeine Begriffe als umfassende Kategorien oder Definitionen lediglich Namen waren, gedankliche Vorstellungen und keinesfalls Realitäten. Aber in politischer Hinsicht stimmte Antisthenes mit Sokrates völlig überein. Für die Demokratie hatte er nichts als Verachtung übrig. Diogenes Laertios berichtet in seinen *Leben der Philosophen,* daß Antisthenes den Athenern den Rat gegeben habe, „durch eine Abstimmung die Esel für Pferde zu erklären".[5] Diese Stichelei gegen die Regierung einer Stadt durch mehrheitliche Abstimmung scheint im Kreis der Sokratiker ein Gemeinplatz gewesen zu sein. Eine Variante davon taucht im *Phaidros* des Platon auf. Dort reißt Sokrates selbst einen eigenen kleinen Witz über dieses Thema. An der Stelle, wo das weiter oben wiedergegebene Zitat über den Pferdekauf abbricht, fährt Sokrates scherzend fort: „. . . hingegen wäre mir zufällig über dich gerade das bekannt, daß

Phaidros unter den zahmen Tieren das für ein Pferd hält, das die längsten Ohren hat ..."* Phaidros, der *so* töricht nun auch wieder nicht ist, unterbricht Sokrates und sagt: "Das wäre ja zum Lachen, Sokrates." Aber Sokrates ist mit seinem kleinen Scherz noch nicht am Ende. Er fällt in denselben zynischen Ton wie Antisthenes:

Sokrates: Aber wenn ich dich dann ernsthaft überreden wollte und eine Rede verfaßte, ein Lob auf den Esel, und ihn als 'Pferd' bezeichnete und sagte, daß es von größtem Wert sei, dieses Tier zu besitzen, zu Hause wie auch im Felde, brauchbar, um von seinem Rücken herab zu kämpfen, und tüchtig, das Gepäck zu tragen, und noch zu manch anderem verwendbar ...

Phaidros: Das wäre nun freilich ganz und gar lächerlich.

In der Tat. Ein Esel ist kein Pferd. Aber man kann sich kaum vorstellen, daß ein Bauer dumm genug wäre, einen Esel für ein Pferd zu kaufen, wie beredt auch immer die Anpreisung sei und selbst dann, wenn Sokrates selbst der Verkäufer wäre. Und doch benutzt Sokrates diesen einfältigen Vergleich, um einen Generalangriff auf die athenische Volksversammlung und deren Redner zu beginnen:

Sokrates: Wenn nun der ausgebildete Redner, der nicht weiß, was gut und was böse ist, es mit einer Stadt zu tun hat, in der es ebenso steht, und sie überreden will, wobei er keinesfalls über einen Esel sein Lob spricht, als sei er ein Pferd, sondern über das Schlechte, als sei es etwas Gutes, und wenn er so die Leute, um deren Meinungen er sich bemüht hat, nun überredet, Schlechtes zu tun statt Gutes – was für eine Frucht, glaubst du, wird die Redekunst dann aus dieser Saat ernten?

Phaidros: Wohl keine anständige.

* Ich nehme an, in unserem Zeitalter der Automobile muß ich erklären, daß es der Esel ist, der die längeren Ohren hat, und nicht das Pferd.

Wiederum richtig. Aber die Volksversammlung und „die Leute" – ein abwertender Begriff in den Dialogen Platons – müssen über viele Angelegenheiten beraten, die mit den einfachen Fragen von Gut und Schlecht nicht viel zu tun haben: alltägliche Fragen der Verwaltung der Stadt oder manchmal auch entscheidende Fragen, bei denen selbst Philosophen – oder vielleicht gerade Philosophen – Schwierigkeiten haben mögen, das eindeutig Gute von dem eindeutig Schlechten zu unterscheiden. In der Tat ist es nicht unüblich, daß selbst Theologen über den Willen Gottes verschiedener Ansicht sind. Die Wenigen wie die Vielen kommen in dem Durcheinander der vielfältigen Schwierigkeiten des Lebens oft ins Wanken. Die menschlichen Dinge können keinen vollkommenen Meister finden, und sie können nicht auf vollkommene Lösungen warten.

Diese sokratischen Moralpredigten, die dem unbedachten und unkritischen Leser so tiefgründig erscheinen, gleiten leicht in die Lächerlichkeit ab. Sie sind dazu bestimmt, die Demokratie mit Spott zu überziehen, aber sie fallen stattdessen häufig auf Sokrates und Platon selbst zurück. Sie rufen die Erinnerung an eine sarkastische Überlegung des englischen Philosophen Hobbes in seinem *Leviathan* wach. In seiner kraftvollen Ausdrucksweise des 17. Jahrhunderts sagt Hobbes, daß „der Mensch und sonst keine andere Kreatur nur allein des Unsinns fähig ist". Boshaft fügt er hinzu: „Und diesem sind die sogenannten Philosophen am meisten ausgesetzt."* Hobbes fährt fort, indem er sagt, „es wäre nichts so widersinnig, daß es nicht in den Schriften der Philosophen gefunden werden könnte".[7] Und auf den unmittelbar folgenden Seiten nimmt Hobbes diejenigen aufs Korn, die sagen, „die Definition sei die Natur eines Dinges". Das ist eindeutig auf Sokrates gemünzt. Unter seinen Beispielen für philosophische Absurditäten nennt Hobbes auch diejenigen, die behaupten, es gäbe „allgemeine Dinge". Das zielt deutlich auf die Platoniker, die nicht nur 'Dinge' zu allgemeinen Begriffen machten, sondern auch behaupteten, daß diese 'Ideen' nicht allein nützliche Annahmen zum Zwecke der Untersuchung und Einordnung waren, sondern vielmehr die ein-

---

* Ich verdanke dieses Zitat dem fesselnden Artikel über „Unsinn" von A. C. Baier in der durch Paul Edwards herausgegebenen *Encyclopaedia of Philosophy (New York, Macmillan, 1967)*.

zig 'wirklichen' Dinge. So stellten die Platoniker in ihren himmlischen und bestrickenden Meditationen die einfache Bedeutung der Worte, mit denen sie jonglierten, auf den Kopf und machten sich das für ihren Privatkrieg gegen die Demokratie zunutze.

Platons Ideenlehre entwickelte sich aus der Suche des Sokrates nach absoluten Definitionen. Aber Sokrates selbst „sonderte das Allgemeine nicht von den Einzeldingen ab", wie Aristoteles bemerkt, und „darin, daß er es nicht absonderte, dachte er völlig richtig".[8] Nichtsdestoweniger war es Sokrates, der die metaphysische Jagd nach dem Phantom begonnen hatte, die Platon einen Schritt weiter vorantrieb. Die Ideen waren sein Ersatz für die Definitionen, die Sokrates niemals erreichte.

Die Dauerhaftigkeit, vielseitige Schwierigkeit und grundsätzliche Unlösbarkeit der Aufgabe, die Sokrates sich als erster gestellt hatte, kann man vielleicht am besten erfassen, wenn man sich einen Augenblick dem Artikel „Definition" in der *Encyclopaedia of Philosophy* zuwendet.

Dieser Artikel zeigt, daß die Philosophen nach mehr als zweitausend Jahren heftigen Streits und verwickelter Analysen bis heute nicht in der Lage waren zu entscheiden, was eine Definition wirklich ist, und noch viel weniger, ob eine vollkommene Definition erreichbar ist.* Diese meisterhafte Zusammenfassung liefert uns ein Gegengift gegen jene Wirkung, die „erstarren macht" und über die wir den armen Menon sich nach seinem Zusammenstoß mit der negativen Dialektik des Sokrates haben beklagen hören – jene Leichtigkeit, mit der Sokrates die Definition eines jeden anderen zerpflückte, während er selbst keine eigene bot. Der Artikel stellt fest, daß „Fragen der Definition in der philosophischen Diskussion immer wieder auftauchen", daß aber „keine Frage des Wissens weniger gelöst ist als die nach der Definition". Unsere modernen 'Sophisten' finden also nach zweitausend Jahren diese Fragen nach der Definition noch genauso beunruhigend wie die Gesprächspartner in den Dialogen Platons.

---

* Dieser Artikel von Raziel Abelson, der zu den längsten in der Encyclopaedia gehört, füllt zwanzig Kolumnen. Er ist eine empfehlenswerte Lektüre für jeden, der sich in Dialoge Platons vertiefen will.

Das Problem ist nicht allein, daß die Dinge sich ständig verändern und sich so einer absoluten Definition entziehen. Das Problem ist auch, wie jeder Richter weiß, daß begleitende Umstände einen Fall nicht nur im juristischen Sinne verändern können, sondern die Anwendbarkeit normalerweise unverrückbar erscheinender Prinzipien in Frage stellen können.

Das gilt für die Behandlung des liebsten Themas des Sokrates – die Definition der Tugend. Sokrates wäre zweifelsohne mit der Feststellung einverstanden, daß die Wahrheit zu sagen eine unfehlbare Grundvoraussetzung der Tugend ist: Ein Lügner ist kein tugendhafter Mann. Aber ist das immer so? Können Begleitumstände niemals auch diese Grundvoraussetzung verändern? Angenommen man habe einen Freund, der in einem Krankenhaus im Sterben liegt und sich fragt, warum seine geliebte Frau in seinen letzten Stunden nicht zu ihm gekommen ist. Was ist tugendhaft: dem armen Mann die volle Wahrheit zu sagen – daß sie mit dem gutaussehenden Chauffeur weggelaufen ist? Oder seine traurigen letzten Stunden mit einer beruhigenden Lüge zu erleichtern? Das ist ein extremes Beispiel, aber extreme Beispiele zerstören, wie Sokrates genau wußte, vollkommene Definitionen. Unser Beispiel zeigt, wie selbst die grundsätzlichsten Begriffe von Tugend und Gerechtigkeit von dem „unmittelbaren Fall" abhängen können, wie Richter sagen, also nicht von den allgemeinen Umständen, nach denen Sokrates suchte, sondern von den besonderen.

Die Tatsache, daß alle Gesetze und allgemeinen Behauptungen ihre Ausnahmen haben, tut der Gültigkeit der Gesetze und Verallgemeinerungen als Richtlinien menschlichen Verhaltens keinen Abbruch – ebensowenig wie die grundsätzliche Ausnahme der gerechtfertigten Tötung dem Gesetz gegen Mord Abbruch tut. Vielmehr bedeutet die Ausnahme von der Regel, daß in den quälenden Entscheidungen, denen das Leben Menschen wie Richter so häufig gegenüberstellt, echte Tugend, Menschlichkeit und Menschenfreundlichkeit es erforderlich machen können, daß man die Regeln umbiegt – manchmal auch erheblich. Die abstrakten Vorstellungen, wie alt und verehrungswürdig sie auch sein mögen, erweisen sich manchmal als unzureichend. Zu entscheiden, wann das der Fall ist, ist ein schmerzliches und gefährliches Unterfangen. Das Gesetz muß gewahrt, aber Gerechtigkeit muß geübt werden. Und beides ist nicht immer dasselbe. Das alte Rätsel der antiken Tragödie und der sokratisch-platonischen Philosophie stellt sich uns heute noch und wird sich immer stellen.

Nur einmal in seinen Dialogen löst sich Platon vom 'Idealismus' – dem Vorrang der Abstraktion und der Tyrannei des Absoluten – und erkennt dieses grundsätzliche Dilemma an. Aber in der ihm eigenen Weise gibt er den absoluten Anspruch in der einen Form auf, nur um ihn in einer anderen Form wieder einzuführen. Das geschieht in dem Dialog mit dem Titel *Politikos* oder *Der Staatsmann*. Platon vertritt dort die Meinung, der ideale Staat sei der, der von einem absoluten Monarchen regiert werde – absolut in dem Sinne, daß der Monarch noch nicht einmal durch das Gesetz gebunden sein solle.

Im *Politikos* entwickelt Platon eine Meinung, die in völligem Gegensatz zu dem normalerweise von ihm vertretenen Idealismus steht. Doch zeigt er dabei ein scharfsinniges und entwickeltes Verständnis der Rechtswissenschaft. Bezeichnenderweise ist bei dieser Gelegenheit nicht Sokrates sein Sprachrohr, sondern „ein Fremder". Seine Beweisführung wäre im Munde des Sokrates zu ungereimt. Der Fremde vertritt die Meinung, daß man zu gerechten Entscheidungen nicht mit Hilfe abstrakter Definitionen dessen, was *ariston* (am besten) oder *dikaiotaton* (am gerechtesten) sei, gelangen könne. Er fordert, daß im Idealstaat die absolute Gewalt nicht bei den Gesetzen liegen müsse, sondern beim König. Das sei aus dem Grunde erforderlich, fährt der Fremde fort zu erklären, „weil ein Gesetz wohl niemals in der Lage ist, genau das zu enthalten, was für alle gleichzeitig am besten und gerechtesten ist". „Denn die Ungleichheiten der Menschen und ihrer Handlungen und die Tatsache, daß sozusagen nichts von den menschlichen Dingen einen ruhigen Bestand hat" – das alles ließe das nicht zu. Infolgedessen ist es unmöglich, „etwas Einfaches für alle Fälle und für alle Zeit" zu verkünden.

Der Fremde sagt, daß das, was „in jedem Fall einfach ist", d. h. das Gesetz, „zu dem, das nicht einfach ist", d. h. dem menschlichen Leben, „doch nicht passen kann". Gesetz und Brauch sind weder in schriftlich festgelegter noch in ungeschriebener Form den Erfordernissen völlig angemessen. Wie es Richter Holmes mit olympischer Klarheit einmal formuliert hat: „Allgemeine Erwägungen entscheiden nicht über konkrete Fälle." Das ist das klassische Argument dafür, das

Gesetz durch das zu ergänzen, was in verschiedenen Gesetzestexten 'Billigkeit' genannt wird.

Das Heilmittel für die unvermeidbaren Unzulänglichkeiten des Gesetzes ist nicht, alle Macht willkürlich in die Hände eines einzelnen zu legen, wie Platon will, daß wir es tun sollen. Platons eigener Dialog findet seinen Höhepunkt in einer glänzenden Metapher, die gegen seine eigene These ins Feld geführt werden kann. An dieser Stelle wird seine Beweisführung durch sein eigenes schriftstellerisches Genie eingeholt.

Der Fremde beschließt seine Verteidigung des absoluten Königtums, indem er sagt, das Gesetz sei „wie ein selbstsicherer und ungebildeter Mensch, der niemanden etwas gegen seine Anordnung tun und niemanden eine Frage stellen läßt, auch dann nicht, wenn einer auf etwas Neues kommt, das zwar besser ist, das aber der Vorschrift zuwiderläuft, die er selbst erlassen hat".[9] Zu oft in der Antike und in modernen Zeiten haben Könige und ihre modernen Gegenstücke, die Diktatoren verschiedener Provenienz, genau so gehandelt. Das Gesetz hat sich bei allen seinen Grenzen doch als weiserer und anpassungsfähigerer Meister gezeigt.

Wir sind nun in der Lage zu verstehen, was es mit der göttlichen Mission auf sich hat, die Sokrates behauptete, vom Orakel in Delphi empfangen zu haben, und auch wie diese göttliche Mission ihn in Schwierigkeiten gebracht hat. Es gibt zwei Darstellungen der Geschichte in Delphi, eine bei Xenophon und eine bei Platon. Erstere ist einfach und direkt, aber rühmend bis zur Peinlichkeit. Letztere ist kunstvoll und gewinnend. Gemeinsam ist ihnen indes ein wesentlicher Punkt: Beide behaupten, daß Sokrates der weiseste Mann unter der Sonne sei.

Die frühere und schmucklose Version steht in Xenophons *Apologie*. Platons *Apologie* trägt alle Merkmale einer viele Jahre später in Ruhe aus der Erinnerung niedergeschriebenen und geschönten Darstellung. Die des Xenophon, die viel weniger bekannt ist, ist kein solches Meisterwerk. Sie ist skizzenhaft und nüchtern, ein schnell niedergeschriebenes Memorandum, ein Appell an die zeitgenössische öffentliche Meinung. Die Schrift Xenophons mag daher den historischen Fakten näherkommen. Xenophon sagt, Sokrates habe vor Gericht ausgesagt, als sein Schüler Chairephon „einst in Delphi in Gegenwart vieler

Menschen das Orakel über mich befragte, da gab Apollon zur Antwort, kein Mensch sei edler, gerechter und vernünftiger als ich".

Als erstes erzählte Sokrates den Geschworenen, als der legendäre spartanische Gesetzgeber Lykurgus einst den heiligen Bezirk des Orakels betreten habe, habe die Stimme der Weissagung aufgeschrien, daß sie nicht wisse, ob sie Lykurgus als Gott oder Menschen anreden solle. Sokrates räumte bescheiden ein: „Einem Gott hat Apollon mich nicht verglichen," doch er fügte hinzu, „er sprach aber aus, daß ich die Menschen um vieles übertreffe."[10] Platons Version von dem Besuch in Delphi ist weniger hastig. Der erste Unterschied zwischen den beiden Darstellungen liegt in der Frage, die dem Orakel gestellt wird. Bei Xenophon sagt Sokrates lediglich, daß Chairephon in Delphi „das Orakel über mich befragte". Die Antwort ist, wie wir gesehen haben, daß Sokrates „die Menschen um vieles übertreffe".

In Platons *Apologie* hingegen sagt Sokrates, dem Orakel sei ein Rätsel als Frage aufgegeben worden und es habe mit einem Rätsel geantwortet, oder zumindest wollte Sokrates es als solches verstehen. Die Frage lautete, „ob jemand weiser sei als ich". Die Antwort war, „daß niemand weiser sei".[11] Platons Version unterscheidet sich in Anmut und Eigenart oder Ironie, aber nicht eigentlich in der Substanz von der Xenophons. Bei Platon erzählt Sokrates die Geschichte zurückhaltend, als wolle er das Gericht besänftigen. Er bittet die Geschworenen: „Erhebt jetzt keinen Lärm" – es wird dasselbe griechische Wort *thorybeo* verwendet wie in der xenophontischen Darstellung –, „wenn ihr den Eindruck habt, daß ich prahle" (was er natürlich tat). Sokrates entschuldigt sich, daß eine solche Frage dem Orakel überhaupt gestellt wurde und schiebt die Schuld auf Chairephon, den Schüler, der sie vorzubringen wagte. Er sagt den Geschworenen: „Ihr wißt ja, was für ein Mann er war und wie ungestüm er sich für eine Sache einsetzen konnte." Die Schuld für die Prahlerei wird so dem Chairephon gegeben.

Das unterscheidet sich stark von der Darstellung Xenophons. Nach dem „Lärm" des Protestes von seiten der Geschworenen verteidigt da Sokrates die hohe Meinung, die das Orakel von ihm hat. Sokrates sagt zu den Geschworenen, sie sollten nicht meinen, das Orakel habe das ohne Grund gesagt, sondern er fordert sie auf, die Aussage des Gottes

Punkt für Punkt zu erwägen. Erstens, fragt er die Geschworenen, „wen kennt ihr, der den körperlichen Begierden weniger dient als ich? Wer von den Menschen ist so frei wie ich, da ich von niemand Geld oder Lohn nehme? Wen aber könnt ihr mit mehr Recht für gerecht halten ... und muß ich mich nicht mit Recht weise nennen? ... Und meine Mühe ist nicht vergebens gewesen. Scheint euch dafür nicht das ein Beweis zu sein, daß viele Bürger und viele Fremde, die nach der Tugend streben, am liebsten mit mir zusammensein wollen?"[12]

In Platons Schilderung hingegen behandelt Sokrates seine Preisung durch den Gott als einen göttlichen Scherz. „Als ich den Orakelspruch gehört hatte," erzählt er dort den Geschworenen, „überlegte ich folgendermaßen hin und her: „Was meint wohl der Gott, und was ist der Sinn seines rätselhaften Ausspruchs? Denn ich bin mir doch weder im Großen noch im Kleinen einer besonderen Weisheit bewußt. Was meint er denn, wenn er behauptet, ich sei der Weiseste?"[13] An dieser Stelle gibt Platon der Sache ihren letzten Schliff und fügt das hinzu, was seine Darstellung am meisten von der Xenophons unterscheidet: das Thema des göttlichen Auftrags, das bei Xenophon überhaupt nicht vorkommt. Platons Sokrates sagt, der Gott könne nicht lügen, denn er sei ein Gott. So wurde es Sokrates Berufung im Leben, herumzugehen und seine Mitbürger zu befragen, um so herauszufinden, ob es unter ihnen tatsächlich jemanden gab, der weiser war als er. Und auf diese Weise, erzählt der platonische Sokrates den Geschworenen, sei er in Schwierigkeiten gekommen und habe sich unbeliebt gemacht. Denn er fand heraus, daß zwar er selbst nichts wußte, daß aber die anderen von ihm Befragten noch weniger wußten – sie waren sich noch nicht einmal über ihre Unwissenheit im klaren! Platons Sokrates war also trotz all der wortreichen gegenteiligen Äußerungen in Wahrheit ebenso wie der Xenophons der Meinung, daß er den Rest der Menschheit weit überragte.

Unter der Oberfläche der reizvolleren Darstellung Platons wird nicht allein Eitelkeit sichtbar, sondern auch ein Anflug von Grausamkeit auf Kosten seiner Gesprächspartner. Die erniedrigenste – und erbitterndste – Seite der sokratischen Art der Befragung war, daß ihre Unwissenheit als echt herausgestellt wurde, während sie gleichzeitig das Gefühl bekamen, daß seine selbsterklärte Unwissenheit dazu diente, sich zur Schau zu stellen, und vorgegeben war. Das war die berühmte sokratische 'Ironie'. Das griechische Wort *eironeia,* von dem unser Wort Ironie abgeleitet ist, bedeutete das Verstellen oder die Verstellung – wenn man sagte, was man nicht wirklich meinte. Seine Gesprächspartner spürten, daß Sokrates sich hinter seiner 'Ironie' und dem Schleier seiner falschen Bescheidenheit über sie lustig machte.[14] Das war die Grausamkeit, die sich hinter der Darstellung bei Platon in ihrer feinen und aristokratischen Leichtigkeit verbarg. Sie ist ihres geschliffenen Stils halber um so tödlicher.

Warum erzählt Sokrates in Platons *Apologie* die Geschichte vom Orakel in Delphi? Und warum sagt Sokrates, das Orakel habe ihm einen göttlichen Auftrag auferlegt – den Auftrag, seine Mitbürger und insbesondere die führenden Athener zu befragen, um zu klären, was Delphi damit meinte, daß keiner weiser sei als Sokrates?

Sokrates sagt den Geschworenen, daß er in der Stadt zum Gegenstand des Mißtrauens geworden sei. Seine Mitbewohner hätten gefragt: "Aber Sokrates, womit beschäftigst du dich denn? Wie sind diese Beschuldigungen gegen dich entstanden? . . . Sage uns doch, was es ist, damit wir nicht voreilig über dich urteilen."[15] Sokrates erklärt, er habe diesen schlechten Ruf aufgrund von nichts anderem bekommen als einer bestimmten Weisheit, obwohl er selbst nicht ganz verstehe, was diese Weisheit eigentlich sei. Genau an dieser Stelle erzählt er zur Erklärung die Geschichte vom delphischen Orakel.

Hier bietet sich eine entscheidende Frage, die in Platons *Apologie* weder gestellt noch beantwortet wird. Warum sollte der Ruf der Weisheit einen Mann in einer Stadt wie Athen in Schwierigkeiten bringen? Athen war eine Stadt, in der Philosophen aus ganz Griechenland zusammenkamen und nicht nur willkommen waren, sondern als Lehrer und öffentliche Vortragende auch reich entlohnt wurden. Athen war die weltoffenste Stadt der Antike und vielleicht aller Zeiten, die Stadt, die Perikles als „die Schule von Hellas" pries, eine Stadt, deren öffentliche Plätze – wie sie für uns in den Büchern Platons weiterleben – der glückliche Ort unendlicher philosophischer Debatten waren.

Die Antwort scheint zu sein, daß Sokrates seine besondere Art der Weisheit – seine *sophia* oder sein Geschick als Logiker und Philosph – für ein besonderes politisches Ziel einsetzte: alle führenden Männer der Stadt als unwissende Toren erscheinen zu lassen. Der göttliche

Auftrag, den er von Delphi erhalten haben wollte, zeigt sich als das, was wir einen Ego-Trip nennen würden – eine Darstellung des eigenen Ruhmes durch Sokrates und eine Abwertung der angesehensten Führer der Stadt. Er untergrub so das Ansehen der Stadt, verleumdete die Männer, auf die sie sich verließ, und entfremdete ihr die Jugend. Das ist es, was uns Platons Bericht in Wahrheit sagt. Sein Sokrates erklärt – wie er es sehr wohl im wirklichen Prozeß getan haben mag –, daß seine Nachforschungen über den Sinn des Orakels ihn dazu veranlaßt hätten, die drei führenden Gruppen athenischer Bürger zu befragen. Zuerst und in erster Linie begann er mit den *politikoi,* den Staatsmännern als jenen, die die höchsten Ämter der Stadt bekleideten und als Redner die erste Rolle in der Volksversammlung spielten. Dann wandte er sich an die Dichter einschließlich der Tragödiendichter, deren erhaltene Stücke noch heute an der Spitze der Weltliteratur stehen. Zuletzt ging er zu den athenischen Handwerkern. Die Schönheit und Qualität ihrer Erzeugnisse verschaffte ihnen Absatz in der ganzen Mittelmeerwelt und versetzte das dichtbevölkerte Attika in die Lage, das tägliche Brot für eine Bevölkerung zu verdienen, die weit zahlreicher war, als sie der karge Boden ernähren konnte. Diese Handwerker waren auch die Männer, die den Parthenon erbaut haben. Sokrates fand sie alle unwissend und töricht.

In Platons *Apologie* gibt Sokrates folgendes zu: „Dazu kommt nun, daß junge Leute, vor allem Söhne der Reichen, die am besten Zeit dazu haben, mich aus freien Stücken begleiten und mir gerne zuhören, wenn ich die Leute prüfe, und daß sie mich von sich aus sogar nachahmen und versuchen, selbst andere auf die Probe zu stellen; offenbar finden sie dann eine Menge Leute, die zwar meinen, etwas zu wissen, in Wirklichkeit aber wenig oder gar nichts wissen."

„Wenig oder gar nichts" worüber? Was für Fragen stellten denn diese gerade flügge gewordenen Nachahmer des Sokrates den führenden Männern Athens, um sie so erscheinen zu lassen, als wüßten sie „wenig oder gar nichts"? Sokrates erzählt das den Geschworenen nicht, sondern fährt stattdessen folgendermaßen fort: „Die Leute, die von ihnen geprüft worden sind, zürnen mir dann und nicht sich selbst und sagen, Sokrates sei ein ganz unausstehlicher Mensch und verderbe die Jugend."[16]

Und das tat Sokrates im eigentlichen Sinne. Er hatte diese jungen

Grünschnäbel, schlichte Anfänger in bartloser Weisheit, einen einfachen Weg gelehrt, die führenden Männer der Stadt, ihre Beamten, lächerlich zu machen, und mit ihnen ebenso ihre Dichter und ihre Handwerker und natürlich *hoi polloi,* die unwissenden Vielen, die sich anmaßten, in der Volksversammlung über Fragen von öffentlichem Interesse abzustimmen. Wie brachten sie das zustande? Durch die negative Dialektik, die, wie wir gesehen haben, das Markenzeichen des Sokrates war? Er fragte nach Definitionen, die er selbst niemals geben konnte, und wies dann einfach alle die Definitionen zurück, die seine Gesprächspartner anboten. Nicht selten erreichte er das durch gerade die Wortspiele, die er den Sophisten anlastete – Wortverdrehungen, die wir noch heute 'sophistisch' nennen. Seine „Weisheit" und der göttliche Auftrag aus Delphi, den er behauptete zu haben, brachten ihn in Schwierigkeiten, weil sie einen einfachen Weg boten, die Jeunesse dorée der Stadt gegen die Demokratie einzunehmen. Der begabteste von ihnen allen war Platon, wie seine Dialoge bezeugen.

Selbst in ihren besten Momenten bot die negative Dialektik des Sokrates keinen gültigen Maßstab für die Beurteilung der Fähigkeiten von Staatsmännern, tragischen Dichtern oder Schuhmachern in ihrer jeweiligen Tätigkeit. Vor allem war sie auch kein zulässiger Weg, um das Recht des kleinen Mannes in Frage zu stellen, an der Verwaltung seines eigenen Lebens und seiner Stadt teilzuhaben.

Sokrates verlangte von ihm, eine Probe in Metaphysik zu bestehen und sich als Logiker unter Beweis zu stellen. Er nannte die einfachen Leute unwissend, weil sie nicht in der Lage waren, sich mit den hartnäckigsten Problemen der Philosophie auseinanderzusetzen – dem *epistemologischen* und *ontologischen* Problemkreis, um die modernen Worte für die Frage nach der Natur des Wissens und Seins zu benutzen. Sokrates selbst stand diesen Fragen machtlos gegenüber, und ebenso machtlos sind noch heute die Philosophen. Schon die Bezeichnungen sind metaphysische Monströsitäten, gespenstische Ungereimtheiten. Wenn selbst Kant, der die systematischsten Antworten hatte, die ein Metaphysiker je gegeben hat, seine Kollegen und Philosophen nicht ganz zufriedengestellt hat, wie konnte da Sokrates seine athenischen Zeitgenossen als Nichtswisser verhöhnen, weil sie ebendiese Aufgabe nicht lösen konnten?

In einem Dialog, dem *Gorgias,* läßt der platonische Sokrates die Maske der falschen Bescheidenheit fallen – seine Feststellung nur zu wissen, daß er nichts wisse. In diesem Dialog äußert er sich verächtlich über die vier größten Führer, die Athen in seiner und der vorangegangenen Generation hatte. Er versichert, daß er selbst einer der wenigen, wenn nicht der einzige wahre Staatsmann sei, den Athen jemals hervorgebracht habe. Diese Prahlerei im Gorgias war, wenn Sokrates tatsächlich manchmal so gesprochen haben sollte, genug, ihm die Mißbilligung praktisch eines jeden an athenischer Politik Beteiligten einzutragen, mit Ausnahme einiger weniger ewig Unzufriedener, die sich niemals mit irgendeiner Form der Selbstverwaltung, sei sie demokratisch oder oligarchisch, abfinden konnten. Mit einer Ausnahme sind alle der von Sokrates im *Gorgias* mit Verachtung gestraften vier Staatsmänner aristokratischer Abstammung: Die Reichen aus den großen Familien bekleideten nach wie vor die höchsten Ämter in Athen, auch lange nach der Durchsetzung des allgemeinen Wahlrechts für die männlichen Bürger und der Beseitigung aller Vermögensgrenzen für den Zugang zu den Ämtern. Die Ausnahme unter den vier war Themistokles, der armer und niederer Herkunft war. Zwei der vier von Sokrates im *Gorgias* Angegriffenen – Themistokles und Perikles – waren Lieblinge der *polloi.* Die anderen beiden hingegen – Miltiades und sein Sohn Kimon – wurden von den *oligoi,* den 'Wenigen', den 'besseren Ständen' verehrt, den Reichen und insbesondere denen mit ererbtem Reichtum, dem 'Adel'. Die letzteren beiden waren Führer der Gruppe, die wir die Konservative Partei nennen würden; das waren die Leute, die eine vermögensrechtliche Beschränkung des Wahlrechts und des Zugangs zu den Ämtern gern gesehen hätten. Doch diese beiden konservativen Führer waren der Stadt treu ergeben und dienten Athen in Krieg und Frieden ohne Tadel.

Jeder der vier Männer bedeutete viel für Athen in seinem Stolz. Miltiades und Themistokles waren in der Vorstellung der Athener mit den zwei berühmtesten Schlachten der Perserkriege verbunden – mit Marathon und Salamis. Miltiades hatte an der Spitze der zahlenmäßig unterlegenen Männer gestanden, die das Heer des Dareios 490 v. Chr. bei Marathon zurückschlugen, als die Angreifer praktisch vor den Toren Athens standen. Zehn Jahre später, als die Perser einen neuen Versuch unternahmen und dem Sieg gefährlich nahekamen, als sie Attika verwüsteten, zur Evakuierung Athens zwangen, die Akropolis einnahmen und die heiligen Tempel niederbrannten, war es Themistokles, der Athen rettete, indem er die gewaltige persische Flotte des Xerxes in der Schlacht bei Salamis 480 v. Chr. in die Flucht schlug. Zehn Jahre später war es der Sohn des Miltiades, Kimon, der die Hoffnungen der Perser auf ewig zunichte machte, als er eine andere persische Flotte vernichtete und den Grundstein zum Reich Athens legte. Perikles, der letzte der vier, übernahm nach weiteren zehn Jahren die Führung der Stadt und brachte Athen auf den Höhepunkt seiner Macht. Diese vier großen Führer – und das Format des einfachen athenischen Volkes – machten all das möglich, was für uns den Ruhm Athens begründet: der Parthenon, dessen erhabene Ruinen noch immer unsere Ehrfurcht erregen, das große athenische Experiment der Demokratie und des freien Denkens, sein Theater, seine weitgespannten philosophischen Debatten, kurz all das, was aus Athen nicht nur „die Schule von Hellas", sondern der ganzen Menschheit seitdem macht. Das sind die Errungenschaften, die Platons Sokrates im *Gorgias* mit nörglerischem und verschrobenem Hochmut beiseite schiebt, indem er die vier mit einem Bäcker oder Koch vergleicht und sie als einfache „Schmeichler" der Menge brandmarkt.

Der Angriff auf die vier erreicht einen lachhaften Höhepunkt, als Sokrates den größten unter ihnen, Perikles, beschuldigt, er habe die Athener „träge, feig, schwatzhaft und geldgierig gemacht".[17] Sokrates, der geschwätzigste Athener seiner Zeit, ein Mann, der die Angelegenheiten seiner Familie und seiner Stadt vernachlässigte, um sich ständig zu unterhalten, der Mann, der das Gespräch zu seinem Leben und seinem Denkmal macht, beschuldigt Perikles, er habe seine athenischen Mitbürger „geschwätzig" gemacht! Sokrates hat den tödlichen Schierlingsbecher mit heroischer und beispielhafter Gelassenheit getrunken. Aber kann man ihn sich gelassen vorstellen, wenn die Athener plötzlich ihre Lust am Gespräch verloren hätten und mürrisch seinen herausfordernden Fragen ausgewichen wären?

Natürlich wissen wir nicht, ob der historische Sokrates die vier Staatsmänner je auf diese Weise angegriffen hat. Der *Gorgias* ist viele Jahre nach seinem Tod geschrieben, als Platon aus seinem selbstgewählten Exil zurückgekehrt war und seine Akademie gründete. Doch steht der Angriff auf die vier nicht im Gegensatz zu dem, was wir sonst über Sokrates erfahren, und insbesondere nicht zu der Beschreibung des Verhaltens des Sokrates vor seinen Richtern durch Xenophon. In Platons Dialogen ist die hohe eigene Meinung, die Sokrates von sich hat, im allgemeinen durch 'Ironie' verschleiert. Aber die geringe Meinung, die er von athenischen Staatsmännern hat, ist in Platons *Apologie* unübersehbar, und man fühlt sich an die Warnung in Platons *Menon* erinnert.

In jenem Dialog trifft Sokrates einen wohlhabenden Gerber und politischen Exponenten der Mittelklasse. Das Thema des Streitgesprächs ist – wie sollte es anders sein? – die Tugend: wie und ob sie gelehrt werden könne. Anytos vertritt die Meinung, daß den jungen Männern in einer Stadt die Tugend durch das Vorbild beigebracht werde, durch das für sie beispielhafte Rollenverhalten der Älteren und der großen Männer aus der Vergangenheit der Stadt. Das war damals ebenso ein Gemeinplatz wie er es heute ist. Sokrates weist diese Auffassung verächtlich zurück. Er mag offensichtlich nicht zugeben, daß die Gemeinschaft, die *polis,* selbst als Lehrer fungiert, indem sie durch Beispiel und Tradition prägt. Sokrates ist hier wie immer antipolitisch im modernen wie im antiken Sinne des Wortes. Um die Auffasung zurückzuweisen, daß die großen Männer der Stadt ein positives Beispiel setzten, nimmt Sokrates ganz ähnlich wie im *Gorgias,* nur etwas behutsamer, vier athenische Staatsmänner aufs Korn. Wiederum greift er gleichermaßen Oligarchen wie Demokraten an. Er wählt dieselben Demokraten, Themistokles und Perikles. Doch auf der konservativen und oligarchischen Seite sucht er sich zwei andere hervorragende Staatsmänner aus. Der eine ist der große Gegner des Perikles, der General (nicht der Historiker) Thukydides. Der andere ist jenes Musterbeispiel altehrwürdiger Rechtschaffenheit, Aristeides, der als 'Aristeides der Gerechte' bekannt war und erinnert wurde. Alle vier werden im *Menon* geringschätzig behandelt wie die vier im *Gorgias.*

Platon, dramatisch wie immer, läßt Anytos in warnender Vorahnung sagen: „Sokrates, mich dünkt, du sprichst leichthin schlecht von den Menschen. Wenn du auf mich hören willst, möchte ich dir den Rat geben, dich in acht zu nehmen."[18] Anytos sollte einige Jahre später im Prozeß als der angesehenste seiner drei Ankläger auftreten. Die vier sollten ihren Tag der Vergeltung im Gericht haben.

Ich will damit nicht behaupten, daß Sokrates am Ende vor Gericht gestellt wurde, weil er die Ehre athenischer Staatsmänner befleckt hatte. Sie zu beleidigen war in Athen kein Verbrechen. Es war ein Volkssport. Die Komödiendichter – die ungefähr dieselbe Rolle in Athen spielten wie unabhängige Journalisten heutzutage – taten es zum allergrößten Vergnügen der Athener fortwährend.

Sokrates wahres Verbrechen lag in seinen groben Vereinfachungen – in seinen vereinfachenden philosophischen Vorgaben, von denen ausgehend er seine Angriffe gegen die Stadt, ihre Führer und die Demokratie richtete. Selbstverständlich sollte der Herrscher einer Stadt oder eines jeden anderen Staatswesens jemand sein, „der zu herrschen versteht". Aber was sollte er verstehen? Eine sinnvolle Antwort wäre damals wie heute: genügend von Außenpolitik, Handel, Verteidigung, öffentlicher Bautätigkeit, wirtschaftlichen und sozialen Problemen, um die Stadt weise zu lenken. Doch für Sokrates mußte der Mann, „der zu herrschen versteht", ein erfahrener Philosoph sein. Sein „Wissen" sollte ein ausgebildetes metaphysisches Vorstellungsvermögen sein.

Die Forderung des Sokrates, die Herrschaft dem zu überlassen, „der zu herrschen versteht", trägt den Keim des platonischen Philosophenkönigtums in sich. Aber Sokrates ging weiter als Platon. Sokrates konnte niemanden finden – auch unter den Philosophen nicht –, der *episteme* oder wahres Wissen in seinem Sinne des Wortes besaß.

Niemand konnte die vollkommenen und absoluten Voraussetzungen erbringen, die er verlangte. Auch er konnte das nicht, wie Sokrates freimütig gesteht. Keiner „verstand" und keiner war gegeignet zu herrschen. Wo blieb da die Stadt? Sie konnte bleiben, wo sie wollte. Seine Dialektik führte in eine Sackgasse.

Was zulässige, wenn auch manchmal mühsame philosophische Spielerei war, wirkte zersetzend, wenn es auf die Angelegenheiten der *polis* Anwendung fand. Ein Beispiel ist die berühmte Nebenerscheinung der Gleichsetzung von Tugend und Wissen bei Sokrates: das 'Paradoxon', daß niemand wissentlich Unrecht tut. Das würde jedes System der Strafgerichtsbarkeit zum Scheitern bringen. Es ist zwar richtig, daß Menschen bisweilen Verbrechen begehen, weil sie, wie wir sagen, 'es nicht besser wußten'. Aber wie können sie es je 'besser wissen' in der seltsamen Welt der sokratischen Logik? Wenn Tugend Wissen ist, aber 'Wissen' nicht erreichbar, dann kann niemand es je 'besser wissen'. Niemand ist schuldig und jeder Verbrecher kann freigesprochen werden.

In der normalen Rechtssprechung kann ein Mann, der Brandstiftung oder einen Mord begeht, eine Verurteilung vermeiden, wenn seine Rechtsanwälte seine Unzurechnungsfähigkeit beweisen können. Nach der Rechtssprechung bei Sokrates könnte jeder Verbrecher seiner Strafe entgehen, wenn er vorbringt, daß er das Verbrechen unabsichtlich begangen habe aufgrund 'mangelnden Wissens'. Wie könnte jemand wegen Bankraubs verurteilt werden, wenn ein philosophisch bewanderter Dieb nach Vorbild des Sokrates so ohne weiteres zeigen könnte, das er noch nicht einmal wußte, was eine Bank wirklich war?

In einem von idealistischen Philosophen geschaffenen Reich verhindert ihre ständige Suche nach dem Vollkommenen in einer unvollkommenen Welt sinnvolle Lösungen der vielseitigen Schwierigkeiten, mit denen die Menschen in ihrem Streben nach Ordnung und Gerechtigkeit zu ringen haben. Zu sagen, daß niemand wissentlich Unrecht tue, heißt von vornherein annehmen, daß er Recht und Unrecht nicht voneinander unterscheiden kann. Inwiefern ist es wahr, daß die Menschen Recht von Unrecht nicht unterscheiden können? Lediglich in dem Sinne, daß sie nicht mit so vollkommenen Definitionen von Recht und Unrecht aufwarten können, daß jeder denkbare Zusammenhang dadurch gedeckt ist. Aber ein Mensch, der wirklich nicht weiß, daß es Unrecht ist, das Haus des Nachbarn anzuzünden oder ihn zu berauben und zu töten, würde wohl außerhalb eines Irrenhauses oder einem Heim für hoffnungslos Zurückgebliebene kaum zu finden sein. Die meisten Verbrecher wissen sehr wohl, was sie tun, und es gibt nur wenige, die ihre Schuld nicht im Grunde ihres Herzens fühlen. Manche sind sogar geständig und suchen die Strafe, um sich von diesem Gefühl der Schuld zu befreien. Es mag ebensooft vorkommen wie das Gegenteil, daß der Verbrecher überlegen ist in seinem Wissen, seiner Kenntnis der Welt, wie sie ist, statt unterlegen zu sein. Er mag wagemutiger und unternehmender sein als andere vergleichbare Leute, und den Unterschied von Recht und Unrecht eher geringachten, als ihn nicht zu kennen.

Neben Problemen der Moral gibt es einfachere Aspekte des Rechts, die die sokratische Logik zerstören würde. In Athen war es wie anderswo 'unrecht', das Gesetz der Stadt zu brechen, auch wenn keine ethische Regel davon berührt war, sondern es nur um öffentlichen Frieden und öffentliche Ordnung ging. So ist es z. B. in unserer Zeit 'unrecht', in New York auf der linken Straßenseite zu fahren, und ist 'unrecht', in London auf der rechten zu fahren. Das sind für die Rechtsgelehrten 'Normen', nicht ethische Regeln. Damals wie heute galt mangelnde Kenntnis des Gesetzes nicht als Entschuldigung, sonst wären Regeln der Beweisführung fast unmöglich. Wie kann man beweisen, daß ein Täter 'wußte', wenn er das Gegenteil behauptete? Das Gesetz erlegt dem Bürger die grundlegende Pflicht auf, das Gesetz zu kennen. Er kann sich nicht unter Berufung auf Unwissenheit entziehen. Einer der frühesten Siege der einfachen Leute in ihrem Kampf um Gerechtigkeit war es, daß sie die herrschende Schicht der Großgrundbesitzer dazu zwang, das Recht aufzuzeichnen, sodaß jedermann es sehen konnte und wissen konnte, welcher Gesetzesübertretung er im einzelnen angeklagt war. Dieser Sieg wurde in Athen mehr als ein Jahrhundert vor Sokrates errungen.

Gesetzesvorlagen wurden in der Volksversammlung diskutiert und verabschiedet. Lesen und schreiben zu können war weitverbreitet in der Zeit des Sokrates, und die Gesetze wurden an einer Art Schwarzem Brett für Bürger angeschlagen. In Athen brauchte man keinen Rechtsanwalt, um die Gesetze zu kennen. In diesem Sinne konnte kein Athener von sich behaupten, er wisse nicht, was dem Gesetz nach 'recht' oder 'unrecht' war. Er würde vielmehr den Vorwurf solcher Unkenntnis mit Sicherheit als beleidigend empfunden haben.

Was weiter gefaßte ethische Normen anging, so wurden in keiner Stadt Recht und Unrecht in dieser Hinsicht ausführlicher diskutiert als in Athen, wie gerade die Dialoge Platons bezeugen. Gleichfalls bezeugt das die Tragödie; quälende moralische Konflikte waren ihr zentrales Thema, und sie waren das auch in den großen öffentlichen Redeschlachten, die Thukydides überliefert. Und die Intensität der Diskussion belegt auch die eifrige Zuhörerschaft, die die Sophisten und Sokrates selbst für ethische Erörterungen gewinnen konnten.

Wenn die Athener 'unrecht taten', dann taten sie das wissentlich und absichtlich. Entweder taten sie es als einzelne, weil sie glaubten, daß man sie nicht entdecken würde; oder sie taten es als Stadt, weil sie sich der Wahl zwischen zwei Übeln gegenübersahen und das wählten, was sie – wenn auch häufig erst nach erbitterten und kontroversen Debatten – für das geringere Übel ansahen –, geringer als die militärische Niederlage und der Verlust des Reiches. Das war der Fall bei der Entscheidung während des Peloponnesischen Krieges, die Bewohner von Melos wegen ihres Abfalls von Athen niederzumetzeln. Dieses Massaker war das schwerste 'Kriegsverbrechen', das Athen je beging, doch in all ihren Erörterungen der Tugend erwähnen es Sokrates oder Platon nicht ein einziges Mal. Vielleicht taten sie das nicht, weil es zeigte, das die vielschichtigen Schwierigkeiten des Lebens nicht in ihre allzu vereinfachende Weltvorstellung paßten.

Weder bei Xenophon noch bei Platon werden Sokrates je die grundsätzlichen sozialen Fragen entgegengehalten, die sich angesichts seiner paradoxen Lehre stellen. Wie konnten Menschen zur Tugend erzogen werden, wenn ihnen aufgrund der Lehrmeinung, daß sie niemals wissentlich unrecht taten, von vornherein Straffreiheit zugesichert wurde?

Kapitel 7

Sokrates und die Rhetorik

Wie alles andere in der griechischen Literatur nahm die Beredsamkeit oder Rhetorik ihren Ausgang von Homer. Aber sie erhielt eine neue und entscheidende Bedeutung, als die griechischen Stadtstaaten die Selbstverwaltung erreichten, sei es unter oligarchischen oder unter demokratischen Vorzeichen. Die hauptsächlichen Organe der Selbstverwaltung waren die Volksversammlung, die die Gesetze verabschiedete, und die Geschworenengerichte, wo sie ausgelegt und angewendet wurden. Die Bürgerschaft, ob sie aus wenigen oder vielen bestand, mußte lernen, klar zu sprechen und überzeugend zu argumentieren, um ihre Interessen in der Volksversammlung und den Gerichtshöfen zu vertreten. Eine gewisse Fähigkeit in Rede und Diskussion wurde zur politischen und praktischen Notwendigkeit, als mit der Entwicklung in Richtung auf die Demokratie das Mitspracherecht erweitert wurde.

Die Praxisbezogenheit mancher Übungen der Rhetorik zeigt sich an den Umständen, unter denen die ersten Lehrbücher der Redekunst erschienen. Sie werden in einem Fragment eines verlorenen Werks des Aristoteles genannt, das bei Cicero erhalten ist in seiner Schrift über die Redekunst, die den Namen des republikanischen Aristokraten und Caesarmörders *Brutus* trägt.

Aristoteles sagte, daß die ersten beiden Griechen, die über die Beredsamkeit schrieben, Korax und Teisias, ihre Lehrbücher geschrieben hätten, nachdem die Tyrannen in der Mitte des 5. Jahrhunderts v. Chr. aus Sizilien vertrieben worden wären. Verbannte, deren Besitz

113

von den Alleinherrschern enteignet worden war, kehrten in die Heimat zurück und klagten vor den Gerichten auf Rückgabe. Sie brauchten rhetorischen Unterricht, um ihr Anliegen erfolgreich gegen diejenigen zu vertreten, die diese „gestohlenen Güter" von den Tyrannen erworben hatten. Cicero meinte dazu, die Redekunst sei somit „der Zögling" einer geordneten Verfassung des Staates.[1] Der platonische Sokrates indes verachtet die Rhetorik und ergeht sich in zwei vernichtenden Angriffen auf sie, den einen im *Phaidros* und den anderen im Gorgias. Ersterer ist zwar einer der fesselndsten platonischen Dialoge, doch er schwingt sich in einen mystischen Bereich in der Mitte zwischen Dichtung und Theologie auf. Das Ausmaß des Wissens, das man für eine „wahre" Rhetorik braucht, wird dort so hoch angesetzt, daß nur wenige diesem Ziel nahekommen konnten. Sokrates sagt, der Redner müsse beginnen, die Natur der Seele und deren Verhältnis zum Göttlichen zu verstehen, und müsse einen flüchtigen Blick auf die idealen Formen erhascht haben, die gewöhnlichen Sterblichen nicht sichtbar seien und weit oberhalb der Himmelskreise existierten. „Dieses Wissen zu erwerben", sagt die Einleitung zu diesem Dialog in der Loeb-Ausgabe, „ist eine gewaltige Aufgabe, die niemand auf sich nehmen würde nur zum Zwecke, seine Mitbürger zu überreden; ein höheres Streben, die Vervollkommnung seiner Seele und der Wunsch, den Göttern zu dienen, muß den Geist eines Mannes bewegen, der sich um die wahre Kunst der Rhetorik bemühen will."[2] Auch in der *Apologie* wendet sich Sokrates in ähnlicher Weise gegen die Beteiligung an der Politik als Mittel zur Vervollkommnung der Seele.

Andererseits äußert Sokrates im *Gorgias,* dem maßlosesten der platonischen Dialoge, eine so negative Ansicht über die Rhetorik, wie sie zu seiner Zeit ausgeübt wurde, daß keiner seiner Hörer gerne bei der Beschäftigung damit angetroffen worden wäre. Er vergleicht die Kunst des Redners mit der des Kochs und setzt Rhetorik mit Schmeichelei gleich. Sokrates sagt zu Gorgias, einem der berühmtesten Lehrer der Beredsamkeit zu seiner Zeit, daß Rhetorik eine Beschäftigung sei, „die zwar nicht künstlerischer Art ist, aber doch Gewandtheit, Mut und Geschick im Umgang mit Menschen verlangt". Und er fügt hinzu: „Im ganzen aber bezeichne ich sie als Einschmeicheln. Von diesem Bestreben gibt es, dünkt mich, viele einzelne Teile. Einer davon ist das Kochen. Man hält es zwar für eine Kunst," aber es ist doch nur „eine Fertigkeit oder eine Übung. Auch die Redekunst nenne ich einen Teil von ihr, dann die Putzkunst und die Sophistik."[3] Das ist so oberflächlich, daß man sich für Sokrates schämt. Es scheint eher eine Aufzählung als eine ernsthafte Erörterung zu sein. Sokrates behandelt seinen Gegenstand hier wie so oft von einem Gesichtspunkt des 'entweder-oder' aus statt des 'mehr-oder-weniger'. Nicht alle Reden in der Volksversammlung und den Gerichtshöfen waren Schmeichelei. Der maßvolle und aristokratische Perikles war nicht jemand, der sich anbiederte. Der sogenannte Demagoge Kleon, der sein Nachfolger wurde, war ganz gut dazu imstande, seine Anhänger zurechtzustutzen, und er tat das auch häufiger, wie wir aus Thukydides wissen.

Sokrates verachtete die vulgären Handelsleute in der Volksversammlung. Er hätte niemals zugegeben, daß sie manchmal auch weise und vernünftig handeln konnten, wie sie es in ihren eigenen Angelegenheiten taten, noch hätte er zugegeben, daß diese schlauen Krämer klug genug waren, reine Schmeichelei zu durchschauen. Überredung ist nicht immer Schmeichelei und Schmeichelei ist nicht immer erfolgreiche Überredung. Die unausgesprochene Grundlage für den Angriff des Sokrates auf die Beredsamkeit war seine Verachtung für die einfachen Leute in Athen. Das wird im *Gorgias* deutlich, als Sokrates die Tragödiendichter mit den Rednern unter die Schmeichler einreiht.

Diese Geringschätzung der athenischen Tragödie von seiten des Sokrates scheint ihren Ursprung in seiner Geringschätzung des Publikums zu haben. Er beschreibt die tragische Dichtung als „eine Art Redekunst an das Volk, . . . vor Kindern gleichemaßen wie vor Weibern und Männern, vor Sklaven und vor Freien; eine Kunst, die wir nicht sehr hochschätzen, da sie nach unserer Meinung Schmeichelei ist". Aischylos, Sophokles und Euripides waren also Schmeichler eines Publikums von unwissendem niederen Volk!

Die Redner sind, schließt Sokrates, wie die Dichter „nur darauf aus, bei ihren Mitbürgern Wohlgefallen zu erregen, vernachlässigen um ihres eigenen Vorteils willen das gemeine Wohl und gehen mit dem Volk wie mit Kindern um".[4] Käme das von einer weniger ehrwürdigen Persönlichkeit als Sokrates, würde dieser Ausbruch als antidemokratische Demagogie abgelehnt werden. Das beste Gegenmittel gegen den vergiftenden Unsinn im *Gorgias* ist die *Rhetorik* des Aristoteles.

Sie gibt die vorherrschende griechische und athenische Sicht der Dinge wieder, mit der die Lehren des Sokrates und Platon in scharfen Konflikt gerieten. Aristoteles begann, wie wir gesehen haben, seine *Politik* und seine *Ethiken* mit der Versicherung, daß die *polis* und das zivilisierte Leben deshalb möglich wurden, weil der Mensch jenes Mindestmaß an „bürgerlicher Tugend" und den *logos* besaß, Gut von Schlecht und Recht von Unrecht zu unterscheiden. Auch die *Rhetorik* begann er mit einer ähnlichen Feststellung, daß nämlich die Menschheit im allgemeinen ausreichende Einsicht besaß, um vernünftigen Argumenten zugänglich zu sein. Dieser Glaube ist ein Grundstein der Demokratie; eine freiheitliche Regierung hat keine Zukunft, wo Menschen wie eine Herde ohne Verstand angesehen werden können. So befinden wir uns von den ersten Zeilen der *Rhetorik* an in einer anderen Welt als der sokratischen und platonischen und atmen eine andere Luft. Aristoteles stellt die Rhetorik, die Art und Weise der Auseinandersetzung in den Gerichten und der Volksversammlung, auf eine Ebene mit der Dialektik, der Art und Weise der Auseinandersetzung, wie sie in den philosophischen Schulen gepflegt wurde. „Die Kunst der Rede (Rhetorik)", beginnt er seine Abhandlung, „ist das Gegenstück zur Kunst des Lehrgesprächs (Dialektik). Beide nämlich haben Gegenstände, deren Erkenntnis bis zu einem gewissen Grade zum Bereich aller Wissenschaften gehört, und nicht ein abgegrenztes Wissensgebiet. Daher berühren sich in manchem Sinne auch alle mit beiden (d. h. Rhetorik und Dialektik), weil alle bis zu einem gewissen Grade zu prüfen und Rechenschaft abzulegen, zu verteidigen und anzugreifen suchen."[5] Die Menschen streiten untereinander und lieben es, untereinander zu streiten. Aus diesem Grunde setzt sich Aristoteles mit der Art und Weise des Streits auseinander, wie er in der Volksversammlung und vor den Gerichten geführt wurde.

Natürlich erkennt Aristoteles, daß die öffentliche Rede mißbraucht werden kann. Als ob er unmittelbar auf Sokrates antwortete, sagt er: „Und daß man, wenn man diese Kunst der Rede unrecht anwendet, besonders großen Schaden stiften kann, das hat sie mit allen Gütern gemein." Aristoteles schöpft Zuversicht aus der Überzeugung, daß [1] die Rhetorik „von Nutzen ist, weil von Natur Wahrheit und Recht ihrem Widerspiel überlegen sind", daß [2] „die Wahrheit und das Wertvollere im Grunde genommen leichter zu erschließen und zu vertreten" sind und daß [3] „die Wahrheit der menschlichen Natur zugänglich genug ist und die Menschen auch meist mit der Wahrheit zu tun haben". [6] Die dunkleren Kapitel der Geschichte, von denen manche noch nicht sehr lange zurückliegen, lassen all das oft als zu optimistisch erscheinen, aber ohne derartigen guten Glauben müßte der Mensch der Verzweiflung anheimfallen.

Wo Sokrates ständig nach absoluter Gewißheit in Form vollkommener Definitionen suchte – und sie nie fand –, wo Platon die reale Welt verließ und sich in eine himmlische Stratosphäre der unveränderlichen Ideen und Formen flüchtete, näherte sich Aristoteles dem Problem des Wissens unter einem Gesichtspunkt, der dem nahekommt, was wir gesunden Menschenverstand nennen. Als er die Logik zum ersten Mal in ein System brachte und den Syllogismus als ihr hauptsächliches Instrument erfand, unterschied Aristoteles zwei Formen des Syllogismus, den dialektischen und den rhetorischen. Beide gehen aus von Behauptungen, die für wahr gehalten werden: der dialektische Syllogismus von solchen, die notwendigerweise und in jedem Falle für wahr gehalten werden; der rhetorischen von Behauptungen, die für vermutlich, aber nicht immer wahr gehalten werden. Aristoteles bezeichnet den rhetorischen Syllogismus als *enthymeme,* was Liddell-Scott-Jones, *A Greek-English Lexicon* definiert als „syllogism drawn from probable premises", d. h. Syllogismus, der von wahrscheinlichen Voraussetzungen ausgeht. [7]

Die Unterscheidung ist nicht eine Folge des Unterschieds, der zwischen den Fähigkeiten erfahrener Dialektiker und denen normaler Menschen besteht, sondern folgt aus der Art des Materials, mit dem letztere in ihren Volksversammlungen und Gerichtshöfen umgehen müssen. Die Art der dort zu treffenden Entscheidungen zwingt die Bürgerschaft als Gesetzgeber und Richter, mit wahrscheinlichen Vermutungen zu arbeiten, statt mit nicht erreichbaren absoluten Sicherheiten. Die Volksversammlung muß politische Entscheidungen für die Zukunft treffen, und die Zukunft ist unvorhersehbar. Die Gerichte müssen feststellen, was bei einem Ereignis der Vergangenheit wirklich geschehen ist, obgleich glaubhafte Zeugen oft bemerkenswert unterschiedliche Aussagen machen. In so schwer faßbaren Angelegenheiten konnten selbst Platons Philosophenkönige nicht sicherer sein als der gewöhnlichste athenische Bürger. Hier würde der ideale Herrscher des Sokrates, der, „der zu herrschen versteht", keine Möglichkeit finden, den gestellten Ansprüchen gerecht zu werden.

Die Menschen müssen nicht über das beraten, was sicher ist, sondern über das, was unsicher ist und worüber ihr Urteil nicht mehr ist als eine wahrscheinliche Vermutung. Das ist die beste Richtschnur, die sie finden können, erklärt Aristoteles in seiner Erörterung der enthymeme, denn keine menschliche Handlung sei zwangsläufig.[8] Die aristotelische Sicht ist erhellend und ermutigend, wo die sokratischen und platonischen Ansichten enttäuschend sind und darauf angelegt, den Glauben der Menschen an ihre Fähigkeit zur Selbstbestimmung zu untergraben.

Das aristotelische Vertrauen zur Beobachtung und sein Mißtrauen gegenüber dem Absoluten hängen vielleicht damit zusammen, daß er der Sohn eines Arztes war. In seinem philosophischen Werk denkt er oft wie ein Arzt und greift auf medizinische Erfahrungen zurück. So sagt Aristoteles, als er in der *Nikomachischen Ethik* die idealistische Vorstellung des Wissens zurückweist, daß der Arzt nicht eine Krankheit behandele, sondern einen Patienten, und daß jeder einzelne Patient seine eigenen Schwierigkeiten habe. Keine zwei Patienten seien gleich, auch wenn sie dieselbe Krankheit hätten.

Natürlich mußte der Arzt die Definitionen und allgemeinen Regeln für die Behandlung der verschiedenen Krankheiten lernen. Doch das war nur der Anfang der Heilkunst. Erst in der Kombination der allgemeinen Theorie mit der besonderen Beobachtung wurde die Medizin im alten Griechenland sowohl Wissenschaft wie Kunst – sie war der erste Zweig der griechischen Forschung, der im vollen modernen Sinne des Wortes wissenschaftlich wurde. Ihr größter Repräsentant, Hippokrates, der noch zu Lebzeiten zur Legende wurde, war, um die modernen Begriffe zu gebrauchen, sowohl empirisch wie pragmatisch. Sein umfangreiches Werk, sagt der Artikel im *Oxford Companion to Classical Litterature,* „zeigt echten wissenschaftlichen Geist in der beharrlichen Betonung der Stetigkeit des Zusammenhangs von Wirkung und Ursache sowie der Notwendigkeit der sorgfältigen Beobachtung medizinischer Umstände".

Wie mit der Medizin verhielt es sich auch mit dem Recht. Die Zurückhaltung des Aristoteles gegenüber absoluten Werten kommt auch in seinem großen Beitrag zum Recht zum Ausdruck. Er war der erste, der die Vorstellung von der Billigkeit als einem notwendigen Bestandteil eines jeden gerechten Rechtssystems formulierte. Das war Jahrhunderte bevor das, was wir heute im Anglo-amerikanischen Recht als 'Billigkeit' (equity) kennen, in den Kanzleigerichten der englischen Könige als Korrektiv des allgemeingültigen Rechts wuchs.*

Der Gesetzgeber, sagt Aristoteles in der *Rhetorik,* „ist gezwungen", sich bei der Schaffung eines Gesetzes „allgemein auszudrücken, während es so nicht gilt, sondern nur meistenteils zutrifft"; es sei nämlich „nicht leicht zu bestimmen" – d. h. eine absolute Definition zu geben –, da es eine unendliche Zahl von Einzelfällen gäbe, die alle ihre Besonderheiten hätten.[9] Daher beuge die Billigkeit das Recht, um einem besonderen Falle gerecht zu werden. Das griechische Wort, mit dem Aristoteles die Billigkeit bezeichnet, heißt *epieikeia.* Es bedeutete etwa soviel wie 'geziemende Rücksicht'. Aristoteles definiert es auch als „ein Recht entgegen dem geschriebenen Gesetz".[10] In der *Nikomachischen Ethik* nennt Aristoteles die Billigkeit „Berichtigung des Gesetzes da, wo es infolge seiner allgemeinen Fassung lückenhaft ist".[11] Allgemeingültigkeit war das Ziel des Sokrates, wie sie das Ziel überhaupt allen Wissens ist. Allgemeingültigkeit ist eine grundlegende Notwendigkeit des Rechts, aber in derselben Passage fährt Aristoteles fort und stellt fest, daß Fälle vorkämen, für die ein Gesetz zu schaffen unmöglich sei. Das war natürlich keine Entdeckung des Aristoteles. Seine Bemerkung, daß es Fälle gab, für die kein Gesetz existierte, war das Ergebnis von mehr als zweihundert Jahren Erfahrung mit den athenischen Volksgerichtshöfen – den *dikasteria,* wie sie hießen –, denen Bürger aller Schichten als Geschworene und Richter angehörten.

---

* Der durch die platonischen Dialoge indoktrinierte Leser würde dazu neigen, dem Wort „Gegenstück" die Bedeutung zu unterstellen, daß die Rhetorik eine niedrigere Stufe der Auseinandersetzung sei als die Dialektik. Doch das von Aristoteles verwendete Wort hat keine derartige abwertende oder schmälernde Bedeutung. Das griechische Wort lautet *antistrophos.* Das ist ein vom Theater entlehnter Begriff: Wenn der Chor auf der einen Seite der Bühne eine 'Strophe' singt, bewegt er sich dann herüber auf die andere Seite und singt dort eine 'Antistrophe' in genau demselben Versmaß.

Der Gedanke der Billigkeit war eingeschlossen in den Eid, den die athenischen *dikasteis*, die Geschworenenrichter leisteten. Sie schworen „gemäß der Gesetze zu urteilen, wo es Gesetze gab, und wo keine sind, so gerecht zu urteilen als es in uns liegt".[12]

Was Aristoteles über die jeder allgemeinen Rechtsnorm innewohnende Unzulänglichkeit sagt, war vorher, wie wir gesehen haben, bereits von Platon im *Politikos* festgestellt worden an jener einen Stelle in seinem Werk, an der er den absoluten Idealismus völlig preisgibt. Es ist überraschend zu hören, wie der Fremde – das Sprachrohr Platons im *Politikos* – fast mit denselben Worten wie Aristoteles die Auffassung vertritt, daß das Recht nicht bestimmen könne, was „am gerechtesten" sei, da „die Ungleichheiten der Menschen und ihrer Handlungen" es unmöglich machten, „etwas Einfaches für alle Fälle und für alle Zeit" zu formulieren. Das war für Platon eine völlige Kehrtwendung auf metaphysischem Gebiet. Er löste sich von dem Terror der absoluten Formen und absoluten Definitionen.

Der Fremde fomuliert das so: Während die Gesetzgebung „zur königlichen Kunst" gehöre (d. h. der König schafft die Gesetze für die Gemeinschaft), solle er selbst am besten nicht durch sie gebunden sein. „Am besten ist es indes," versichert der Fremde, „wenn nicht die Gesetze stark sind, sondern der Mann, der die königliche Kunst mit Vernunft ausübt."[13] Das ist eine neue Version der sokratischen Lehre, daß der, „der zu herrschen versteht", herrschen solle und die anderen zu gehorchen hätten. Auf solche Weise wurde diese anti-absolutistische Vorstellung des Rechts – die man bei Platon nicht erwartet hätte – zu einem Argument für die absolute Herrschaft als ideale Form der Herrschaft! Doch die menschliche Erfahrung in Antike und Moderne zeigt, daß absolute Herrschaft Unrecht erzeugt und Diktatoren eine repressive Politik führen. Das zeigen die Beispiele von Stalin und Mao Tse-Tung aus unseren Tagen.

In Aristoteles begabten Händen wurde die Beobachtung, von der der Gedanke der Billigkeit ausging, zu einem Mittel, aus metaphysischen und politischen Sackgassen herauszufinden, indem man Elemente des Idealismus mit Elementen dessen verbindet, was wir heute Empirismus oder Pragmatismus nennen. Die Lösung des Aristoteles war, nicht das 'entweder-oder' zu wählen, sondern 'beides' – dem Terror beider Extreme zu entrinnen, indem man Elemente beider Seiten zusammenführte. Das war eine praktische Anwendung dessen, was er die Lehre von der Mitte nannte, den Mittelweg.

Die Billigkeit lenkt die Aufmerksamkeit von den allgemeinen Bestimmungen des Gesetzes auf die Besonderheiten des Falls. Dann wird das Gesetz auf diesem Wege angepaßt, um „Gerechtigkeit" zu erreichen. In dieser Hinsicht greift die Billigkeit wieder auf den transzendentalen allgemeinen Maßstab zurück, auf den Sokrates und Platon uns aufmerksam gemacht haben. „Gerechtigkeit" bleibt, auch wenn wir sie nicht absolut gültig definieren können und die Menschen sich über sie oft nicht einig sind, „das Ideal" – ein Gedanke, den wir Platon verdanken.

Wie das Prinzip der nicht erreichbaren Grenze in der Differentialrechnung wird das Ideal zu einer unerläßlichen Größe in der fruchtbaren Analyse sozialer und politischer Probleme. Es ist Platons großer Beitrag, und Sokrates hat den Weg dafür bereitet. Aristoteles hingegen fügte ein Element hinzu, das sie nicht bereit waren anzuerkennen, denn es ging in demokratische Richtung und verlieh dem kleinen Mann Würde. Aristoteles erkannte, daß die Vorstellung der „Gerechtigkeit", statt etwas zu sein, das nur äußerst wenigen zugänglich war, tiefe Wurzeln in der allgemeinen menschlichen Erfahrung hatte und in der Natur des Menschen als „politisches Lebewesen" selbst.

Ebenso setzte der Eid, den die Geschworenen in Athen leisteten, „gerecht" zu handeln, einen angeborenen Sinn für Gerechtigkeit voraus. Die Worte „so gerecht als es in uns liegt" bedeuteten die Verpflichtung, sich zu bemühen, ihr Bestes zu geben, obgleich sie unvollkommen waren – aber waren Könige und Philosophen vollkommen? Dieser gemeinsame Grundstock an „bürgerlicher Tugend" war die Grundlage für die Praktizierung der Demokratie in Athen und für die Formulierung des Gedankens der Billigkeit durch Aristoteles.*

Die negative Dialektik des Sokrates – hätte die Stadt sie ernsthaft erwogen – hätte Billigkeit und Demokratie unmöglich gemacht. Seine Gleichsetzung von Tugend mit einem unerreichbaren Wissen nahm den einfachen Menschen die Hoffnung und leugnete ihre Fähigkeit, sich selbst zu regieren.

* Als in Frankreich der Code Napoléon formuliert wurde, griffen seine Verfasser auf Aristoteles als Anregung zurück, um ihn mit einem System der Billigkeit auszustatten.

Kapitel 8

Das gute Leben.
Die dritte abweichende Meinung des Sokrates

Aristoteles sagt, daß ein Mann, der außerhalb des Staates lebt, „unverbunden dasteht, wie man im Brettspiel sagt".[1] Eine einzelne Schachfigur, die für sich steht, hat keine Funktion. Ihre Existenz hat nur einen Sinn, wenn sie sich mit anderen Figuren im Spiel verbindet. Das anregende Bild bedeutet, daß die Menschen nur in der *polis* Erfüllung finden. Der Einzelne kann ein gutes Leben nur führen, wenn er mit anderen in einer Gemeinschaft verbunden ist. Dieser Gedanke ist keine Erfindung des Aristoteles, sondern das war die allgemein verbreitete Ansicht der Griechen. 'Stadtlos' *(apolis)* zu werden bedeutete schon bei Herodot und Sophokles hundert Jahre vor Aristoteles ein tragisches Schicksal. Und dies bringt uns zu einer dritten grundlegenden philosophischen Frage, in der Sokrates verschiedener Meinung war als seine athenischen Mitbürger.

Sokrates predigte und praktizierte den Rückzug vom politischen Leben der Stadt. In der *Apologie* Platons verteidigte er diese Abwendung als notwendig zur „Vervollkommnung" der Seele.[2] Die Athener und die Griechen überhaupt glaubten, daß der Bürger durch seine aktive Teilnahme am Leben und an den Angelegenheiten der Stadt erzogen und vervollkommnet wurde.

„Wie nämlich der Mensch," schreibt Aristoteles, „wenn er vollendet ist, das beste der Lebewesen ist, so ist er abgetrennt von Gesetz und Recht das schlechteste von allen. . . . ohne Tugend (ist er) das gottloseste und wildeste aller Wesen . . .".[3] Der Gerechtigkeitssinn, der allein ihn seiner eigenen wilden Gelüste entheben kann, sagt Aristoteles, „ist der staatlichen Gemeinschaft eigen. Denn das Recht ist die Ordnung der staatlichen Gemeinschaft, und die Gerechtigkeit urteilt darüber, was gerecht sei." Ein Einzelmensch lebt in einer Welt, in der das Wort *Gerechtigkeit* keine Bedeutung hat. Wo keine 'anderen' sind, da ergeben sich keine Konflikte, die einer 'gerechten' Lösung bedürfen. Das Problem der Gerechtigkeit entsteht nur in der Gemeinschaft. Die *polis* war eine nie endende Schule, die ihr Volk durch ihre Gesetze, ihre Feste, ihre Kultur, ihre religiösen Riten, ihre Traditionen, das Vorbild ihrer führenden Bürger und ihr Theater sowie durch seine Beteiligung an der Regierung der Stadt bildete. Eine besondere Rolle kam dabei den Debatten in der Volksversammlung und in den Gerichtshöfen zu, wo Fragen der Gerechtigkeit erörtert und entschieden wurden.

Die Athener lebten in einer Stadt von solcher Schönheit, daß wir noch heute ehrfürchtig vor ihren Ruinen stehen. Seine tragischen Dichter und Komödienschriftsteller begeistern uns noch heute. Wir werden noch heute durch die besten seiner politischen Redner angeregt. Wir lernen noch heute für unsere eigene Zeit von ihnen, wie jahrhundertelang die Menschen vor uns. Wenn je eine Stadt den vollen Einsatz und die ganze Ergebenheit ihrer Bürger verdient hat, dann war das Athen. Die Beteiligung an der 'Politik' – an der Verwaltung der Stadt – war ein Recht, eine Pflicht und Erziehung. Alle Sokratiker indes, von Antisthenes bis Platon, predigten den Rückzug von der Politik.

Zu Beginn des 6. Jahrhunderts v. Chr. führte der athenische Sozialreformer und Gesetzgeber Solon, der als erster den ärmeren Schichten den Zugang zur Volksversammlung und den Geschworenengerichten eröffnet hatte, ein Gesetz ein, daß jeder Bürger, der in Zeiten der *stasis, d. h.* Zeiten ernsthafter politischer Auseinandersetzungen und sozialer Kämpfe, untätig blieb und nicht zugunsten einer der beiden Seiten Stellung bezog, durch den Verlust des Bürgerrechts bestraft werden sollte.[4] Plutarch erklärt in seinem Leben des Solon, der große Gesetzgeber sei der Meinung gewesen, „daß niemad sich der Allgemeinheit gegenüber gleichgültig und unempfindlich verhalten soll, indem er, nur auf seine persönliche Sicherheit bedacht, sich auch noch mit seiner Uninteressiertheit an den Nöten des Vaterlandes brüstet".[5] Dieselbe Ansicht findet sich in der Gefallenenrede des Perikles wieder, die vielleicht die am besten formulierte Darstellung des demokratischen Ideals ist, die je gegeben wurde. Nachdem er versichert hatte, daß die beratenden Gremien Athens allen offenstanden, den Reichen wie den Armen, fügte Perikles hinzu, bei den Athenern heiße „einer, der an staatlichen Dingen gar keinen Teil nimmt, nicht ein stiller Bürger, sondern ein schlechter".[6] Die Angelegenheiten der Stadt waren, wie die Athener es sahen, Angelegenheit eines jeden Bürgers.

Daran gemessen war Sokrates kein guter Bürger. Er tat seine Pflicht als Soldat und schlug sich tapfer. Aber es ist eine Ausnahme, daß sich ein so hervorragender Athener in seinen Siebzigern fast jeder Teilnahme an den öffentlichen Angelegenheiten entziehen konnte. Hätte das Gesetz Solons gegen mangelnde Stellungnahme in Zeiten innerer Auseinandersetzungen im 5. Jahrhundert v. Chr. Anwendung gefunden, hätte man Sokrates aufgrund dessen wohl das Bürgerrecht entziehen können. Die beiden stärksten politischen Erschütterungen zu Lebzeiten des Sokrates, ja die schlimmsten in der Geschichte der Stadt, waren der Sturz der Demokratie im Jahre 411 v. Chr. und von neuem im Jahre 404 v. Chr. Sokrates beteiligte sich bei keiner der beiden Gelegenheiten an dem Sturz oder der Wiederherstellung der Demokratie. Er stellte sich weder auf die Seite der unzufriedenen Aristokraten, die die Macht an sich rissen, noch auf die Seite der von ihnen ermordeten oder aus der Stadt vertriebenen Demokraten, und noch nicht einmal auf die Seite der Gemäßigten, die von den Tyrannen bald in die Opposition getrieben worden waren. Abgesehen von einem einzigen Akt mutigen, wenn auch stillen bürgerlichen Ungehorsams während der zweiten Periode der Gewaltherrschaft – der Herrschaft der Dreißig – hielt er sich von den Auseinandersetzungen fern.

In einer berühmten, herrlichen Passage aus Platons *Apologie* sagt Sokrates zu seinen Richtern: „Denn wenn ihr mich tötet, dann findet ihr schwerlich einen anderen, der – mag das auch recht lächerlich klingen – von dem Gott der Stadt beigegeben ist wie einem großen und edlen Pferde, das ... mit einer Bremse angetrieben werden muß" – ein Pferd, das ein wenig "träge" ist, fügt er hinzu, und zu seinem eigenen Besten etwas gestochen werden muß.[7] Diese Bemerkung steht an der Wiege des klischeehaften Etiketts, das in unserer Zeit kritischen und radikalen Journalisten angeheftet wird. Doch die Schmeißfliege Sokrates schien nie da zu sein, wenn ihr Stich gerade am meisten gebraucht wurde. Sokrates erhob niemals in der Volksversammlung seine Stimme, wenn die schicksalsträchtigen Entscheidungen seiner Lebensspanne getroffen wurden. Den meisten seiner Mitbürger mußte er weniger wie eine Schmeißfliege erscheinen als vielmehr wie das, was Perikles in seiner Gefallenenrede eine *idiotes* nannte – ein abwertendes Wort für einen Bürger, der sich nicht um die öffentlichen Angelegenheiten kümmerte. Deswegen hat man *idiotes* in der vor kurzem zitierten Stelle aus der Gefallenenrede mit „schlechter Bürger" übersetzt. (Das Wort ist die Urwurzel unseres Wortes *Idiot*, aber es hatte damals nicht den Bedeutungsinhalt der geistigen Unzurechnungsfähigkeit.)

Ein ähnlicher Gegensatz wird in Platons *Apologie* zwischen den Verben *idioteuo* und *demosieuo* aufgestellt. Letzteres bedeutet, sich an den öffentlichen Angelegenheiten, denen des *demos* zu beteiligen. Sokrates war sich im klaren über die Kritik, die er mit seiner Enthaltsamkeit in politischen Dingen hervorgerufen hatte. Die beiden Verben werden von ihm in der zweiten einer Reihe von Entschuldigungen gebraucht, die er dafür vorbringt, daß er sich nicht an den Geschäften der Stadt beteiligt. „Eines könnte nun", sagt er seinen Richtern, „vielleicht unfaßlich scheinen: daß ich, umhergehend, Einzelnen meine Ratschläge gebe und mich in vielerlei Dinge mische,* es aber nicht wage, öffentlich in eurer Volksversammlung aufzutreten und dem Staat meinen Rat zu erteilen." Der Gebrauch des Possessivpronomens „eurer" statt „unsrer" ist bezeichnend. Selbst sprachlich distanzierte sich Sokrates, wie er es im Leben tat.

Die erste Entschuldigung, die er in der *Apologie* vorbringt, ist die, daß sein berühmtes *daimonion* – die ihm eigene warnende innere Stimme oder der Geist, der ihn angeblich leitete – ihn davor gewarnt hätte, sich am politischen Leben zu beteiligen. Das *daimonion* begründete seine Vorahnungen niemals. Aber Sokrates tut es: „Seid mir nicht böse," sagt er dem Gericht, „wenn ich die Wahrheit sage: kein Mensch kann mit dem Leben davonkommen, der euch oder einer an-

---

* Das griechische Wort, das so übersetzt wird, lautet *polypragmono,* und das heißt auch, ein Wichtigtuer sein.

deren Volksmenge freimütig entgegentritt und Ungerechtigkeit und Gesetzwidrigkeit in seiner Stadt verhindern will.“ Diese Entschuldigung war eine Beleidigung für die Stadt und ein Eingeständnis der eigenen Feigheit, wie Sokrates in seinen folgenden Worten deutlich macht. „Wer wirklich für die Gerechtigkeit kämpft, der muß notwendigerweise, wenn er auch nur für kurze Zeit sein Leben erhalten will, ein zurückgezogenes Leben und nicht eines in der Öffentlichkeit führen.“[9] Die Übersetzung gibt die prägnante Kraft des griechischen Originals hier nur ungenau wieder. Was Sokrates sagt, ist *idioteuein kai me demosieuein* – man mußte ein *idiotes* sein und sich von den Geschäften des *demos* fernhalten, wenn man sein Leben in Sicherheit führen wollte.

Aber nur wenige Augenblicke vorher hatte Sokrates sich selbst eine Schmeißfliege genannt und gerühmt, daß er das träge Pferd Athen zu dessen eigenem Besten stach! Wie konnte jemand wirklich für die Gerechtigkeit kämpfen, wie Sokrates es gerade ausgedrückt hatte, ohne das Risiko der Schlacht auf sich zu nehmen? Und wie konnte er „Ungerechtigkeit und Gesetzwidrigkeit“ verhindern, ohne sich in der Volksversammlung dagegen zu äußern und dagegen zu stimmen? Die Stadt gewährte Redefreiheit und Wahlrecht in der Volksversammlung als Mittel, um ungerechte Entscheidungen zu verhindern. Wie konnten diese eingebauten Sicherheiten wirksam sein, wenn den Bürgern der Mut fehlte, diese Rechte auszuüben? Sokrates gab ein Beispiel an Opportunismus, nicht an Tugend.

Niemand verlangte von Sokrates, daß er die Philosophie zugunsten öffentlicher Tätigkeit aufgeben sollte. Aber es gab Zeitpunkte im Leben der Stadt, in denen sie sich dringenden Fragen grundlegender moralischer Art gegenübersah. Bei solchen Gelegenheiten konnte der Beitrag eines Philosophen in der Volksversammlung einen Unterschied machen. Und welche bessere Bühne gab es für den Philosophen, wenn er den Kampf um die Tugend als Drama aufführen wollte, als die Volksversammlung? In der Lebenszeit des Sokrates gab es im Verlauf des Peloponnesischen Kriegs zweimal denkwürdige kontroverse Auseinandersetzungen dieser Art. Beide Male ging es um das Schicksal eines abgefallenen Verbündeten Athens. Die eine Debatte betraf Melos, die andere Mytilene. Der Ausgang der ersteren befleckte den Namen Athens für alle Zukunft. Letztere hingegen machte der Stadt Ehre. Jede der beiden war ein Prüfstein für die Tugend der Stadt. Beide verdienten die Beteiligung eines Philosophen. Wie sehr wünschte man sich – um des Ansehens der Stadt und des Sokrates selbst willen –, daß er bei diesen Gelegenheiten aufgetreten wäre. Obwohl Sokrates leugnete, ein Lehrer zu sein, hätte er kaum leugnen können, daß er ein Prediger war. Er war ständig dabei, seine Mitbürger zur Tugend zu ermahnen. Hier waren Augenblicke, wo die Tugend auf dem Spiel stand. Um die Debatten über Melos und Mytilene zu vestehen, muß man sich erinnern, was mit den griechischen Stadtstaaten nach ihrem Sieg über die Perser in der zweiten Hälfte des 5. Jahrhunderts v. Chr. geschehen war. Der Sieg war unter der Führung Athens und im Verein mit Sparta errungen worden. Doch nach dem Ende des Krieges wurde das, was zunächst ein Schutzbündnis gleichberechtigter Staaten gewesen war, bald eine Art athenisches Reich.

Reich *(empire)* ist vielleicht zu stark als Ausdruck, sofern es die Vorstellung des Persischen oder des Römischen Reichs heraufbeschwört. Doch mehr und mehr fielen die Entscheidungen des Schutzbündnisses nicht nur über Verteidigungsfragen, sondern auch in anderen Bereichen dem mächtigsten Mitglied Athen in die Hände. Entsprechendes geschah mit dem, was eigentlich eine Bundeskasse sein sollte. Beiträge zum Unterhalt der athenischen Flotte im Interesse der gemeinsamen Verteidigung wurden bald zu Tributzahlungen. Mit diesem Geld bereicherte und schmückte sich Athen. Es diente dazu, die Errichtung des Parthenon zu finanzieren, der zu einem majestätischen Symbol dieses Übergangs von einem Bündnis zu einem Reich wurde.

Die Folge war Widerstand. Athen und Sparta hatten sich getrennt, beide hatten rivalisierende Bündnisse organisiert. Kleinere Staaten wandten sich nun an Sparta um Hilfe gegen Athen und an Athen um Hilfe gegen Sparta. Die griechische Welt war in zwei Teile gespalten, und diese beiden gegnerischen Bündnisse waren es, die sich in der bevorstehenden großen bewaffneten Auseinandersetzung des 5. Jahrhunderts v. Chr. gegenüberstanden. Sie fand in dem langen und vernichtenden Peloponnesischen Krieg ihren Höhepunkt. Dieser mörderische und beide Seiten zerstörende Bruderkrieg zwischen verwandten Völkern, die eine gemeinsame Zivilisation teilten, war eine Miniaturausgabe der zwei Weltkriege unserer Zeit und des dritten, nunmehr endgültig vernichtenden Kriegs der Sterne, der sich vielleicht jetzt am Horizont zeigt.

In diesem 'Weltkrieg' der griechischen Völker untereinander gab es einen Krieg im Kriege. Innerhalb jedes der beiden Bündnisse gab es stetige Aufstände der kleineren Mitglieder gegen die Schutzmächte, die sich wachsender Unbeliebtheit bei denen erfreuten, die sie eigentlich beschützen sollten. Man kann das mit der NATO und dem Warschauer Pakt in unseren Tagen vergleichen. Klassenkämpfe verbanden sich mit dem Kampf um das Reich. Innerhalb jedes Stadtstaats gab es häufige Auseinandersetzungen zwischen Reich und Arm. Lange bevor die Bezeichnung im Spanischen Bürgerkrieg erfunden wurde, hatten sowohl Athen wie Sparta ihre 'Fünften Kolonnen' innerhalb des Einflußgebiets des anderen. Das demokratische Athen befand sich in stillschweigendem Einverständnis mit unzufriedenen Demokraten in Städten, die unter dem Joch Spartas standen. Das oligarchische Sparta verschwor sich mit unzufriedenen Aristokraten in den Städten, die Athen beherrschte, und es hatte seine Fünfte Kolonne reicher Antidemokraten in Athen selbst. Städte wechselten die Seite – oder versuchten das zu tun –, sobald die eine oder andere Partei die Macht eroberte. Und überall gewann Unmenschlichkeit die Oberhand.

Melos ist in die Geschichte eingegangen als das klassische Beispiel für die Ungerechtigkeit, die Krieg und Machtpolitik hervorbringen – als Opfer dessen, was man in Deutschland *Realpolitik* nennt und was die Weltmächte, welche Ideologie sie auch vertreten, noch heute praktizieren. Der Fall Melos zeigt die grausame Logik, der Starke wie Schwache ausgeliefert sind und die sich durch die Beziehungen zwischen angeblich souveränen Staaten in einer Welt ergibt, die kein Gesetz zwischen ihnen kennt. Diese Logik ist noch heute wirksam. Um Aufständen unter ihren Satellitenstaaten vorzubeugen oder sie zu unterdrücken, handelte jede der griechischen Supermächte häufig in brutaler Weise, weil sie befürchtete, schwach zu erscheinen – das ist ähnlich wie bei einem Halbstarken auf dem Schulhof, der Angst hat, daß man ihn für einen 'Papiertiger' hält. Ungerechtigkeit gegenüber kleineren Verbündeten erscheint den Großmächten wie eine Notwendigkeit zur Selbsterhaltung. So ist die Geschichte auf den unvergleichlichen Seiten bei Thukydides erzählt: eine politische Parabel für alle Zeiten.

Melos war zugleich Insel und Stadtstaat, eine spartanische Kolonie, die für lange Zeit ein störender Vorposten in der sonst von Athen beherrschten Ägäis gewesen war. Obwohl seine Sympathien Sparta gehörten und es von Oligarchen regiert wurde, wagte Melos es nicht, im Peloponnesischen Krieg auf die Seite Spartas zu treten. Es blieb neutral, und das war in den Augen Athens ein Vergehen. Während der Perserkriege hatte Melos an der Schlacht bei Salamis teilgenommen, die der griechischen Flotte den entscheidenden Sieg brachte. Die Schiffe von Melos und seine übrigen Mittel wären Athen in seinem Kampf mit Sparta eine Hilfe gewesen. Dazu kam die Gefahr, daß Melos der spartanischen Flotte seine Häfen hätte öffnen und ihr so einen Stützpunkt in der Ägäis hätte gewähren können.

Im Jahre 426 v. Chr. unternahm Athen einen erfolglosen Angriff auf Melos. Zehn Jahre später drohten die Athener mit einem zweiten Angriff und forderten, daß Melos auf ihrer Seite in den Krieg eintreten solle. Als die Melier sich weigerten, ein Bündnis mit Athen einzugehen, und nur anboten, weiterhin neutral zu bleiben, belagerten die Athener die Stadt. Nachdem sie einen Winter lang gehungert hatten, ergaben sich die Melier und lieferten sich Athen auf Gnade und Ungnade aus. Athen antwortete darauf mit dem Mord an allen männlichen Bewohnern und der Versklavung der Frauen und Kinder. Die Insel überantwortete man athenischen Siedlern. Dieses Vorgehen war die grausamste Episode eines grausamen Krieges.

Das war im Jahre 416 v. Chr. Sokrates war zu diesem Zeitpunkt ungefähr 53 Jahre alt, eine bekannte Erscheinung in der Stadt, von bewundernden Schülern aus ganz Griechenland umgeben. War Sokrates der Meinung, daß das Gerechtigkeit war? Hielt er es für tugendhaft, eine Stadt zu zerstören, die sich schon ergeben hatte? Dachte er, daß das weise Politik war? Bei einer das Innerste so erschütternden Gelegenheit hatte die Stadt doch sicherlich ein Recht, von Sokrates zu fordern, daß er sich an der Debatte beteiligte. Wo war die selbsternannte Schmeißfliege? Das Gemetzel von Melos wird weder bei Xenophon noch bei Platon erwähnt. Das Schweigen ist um so erstaunlicher, als die Angelegenheit so offensichtlich zum Nachteil der Demokratie ausschlug, die die Sokratiker verachteten. Oder vielleicht dachten auch sie, daß das Massaker aus Gründen der Realpolitik gerechtfertigt war. Philosophen sind oft ebensowenig immun gewesen gegen die durch den Krieg freigesetzten nationalistischen Gefühle wie die einfachen Leute.

Es mag sein, daß das Schweigen des Sokrates über Melos in den Werken Xenophons und Platons im Zusammenhang mit dem schmerzlichen Bewußtsein steht, welche schimpfliche Rolle sein geliebter Alkibiades bei dem Massaker gespielt hat. Wir wissen aus Plutarch und von einem attischen Redner, daß Alkibiades in der Volksversammlung einer der wichtigsten Fürsprecher der Entscheidung war, keine Gnade gegenüber den Meliern zu zeigen.[10] Aus denselben Quellen wissen wir auch, daß Alkibiades einen Skandal in Athen auslöste, als er mit einer der frischverwitweten in Melos gefangengenommenen Frauen einen Sohn zeugte.

Ein damaliges Auftreten des Sokrates in der Volksversammlung hätte die Melier vielleicht davor retten können, niedergemetzelt zu werden. Zehn Jahre vorher hatte die Stimme eines einzelnen Mannes in der vergleichbaren Debatte über Mytilene einen Umschwung herbeigeführt und die Volksversammlung umgestimmt, sich statt des Massakers für die Gnade zu entscheiden. Mytilene war die wichtigste Stadt auf der reichen und dichtbevölkerten Insel Lesbos, eine Stadt, die für ihre Lyriker Sappho und Alkaios berühmt war. Sie übernahm die Führung bei einem Aufstand im Jahre 428 v. Chr., als sich alle Städte der Insel bis auf eine gegen Athen erhoben. Der Zeitpunkt, den sich Mytilene im Verlauf des Peloponnesischen Kriegs dafür ausgesucht hatte, von Athen abzufallen, war ein sehr ungünstiger für die Athener. Das gesamte Gebiet Attikas außerhalb der Stadtmauern war von den spartanischen Eindringlingen verwüstet worden. Ihre Belagerung von Athen selbst hatte in der mit Flüchtlingen aus dem Umland überfüllten Stadt zur Pest geführt. Unter den primitiven sanitären Bedingungen waren das Tage des Schreckens. Der schlimmste Schlag war es, als Perikles an der Pest starb.

Athen hatte sich kaum von diesen furchtbaren Schicksalsschlägen erholt, als die Nachricht von dem Aufstand auf Lesbos eintraf. Die Spartaner, die ihn ermutigt hatten, begannen daraufhin ihre vierte Invasion Attikas. Athen befürchtete und Sparta hoffte, daß das Beispiel von Mytilene und die schlimme Lage Athens den Bazillus des Aufstandes weitertragen würden. Als Mytilene im folgenden Jahr schließlich vor der Hungersnot und den sozialen Auseinandersetzungen kapitulierte, die durch die Belagerung der Athener ausgelöst worden waren, war Athen in gefährlicher Stimmung.

Am ersten Tag der Debatte über das Schicksal von Mytilene in der Volksversammlung gewann die harte Linie ohne Schwierigkeiten die Oberhand. Mytilene sollte vernichtet werden, um den anderen Städten, in denen der Aufruhr schwelte, tiefsten Schrecken einzuflößen. Auf Antrag des Kleon, der Perikles in der Führung der Stadt nachgefolgt war, beschloß die Volksversammlnug, Mytilene zu zerstören, die gesamte männliche Bevölkerung zu töten und die Frauen und Kinder in die Sklaverei zu verkaufen. Der zugrundeliegende Gedanke war der des Terrors zur Abschreckung.

Sofort wurde eine Trireme entsandt, um diese Maßnahmen über die unterworfene Stadt zu verhängen. Aber über Nacht setzte eine Gegenbewegung ein. Sie war stark genug, eine neuerliche Einberufung der Volksversammlung zur Überprüfung der grausamen und hastigen Entscheidung für den unmittelbar folgenden Tag zu erzwingen. Kleon war wütend. Er wertete jedes Nachgeben als Zeichen der Schwäche und Mangel an Entschlossenheit und rügte, daß dadurch der Zusammenhalt des Bündnisses und die Sicherheit Athens bedroht seien. Dieses Argument ist modernen Ohren nicht fremd, und es fehlte ihm nicht an Gewicht. Kleon war höchst aufgebracht. Der 'Demagoge' schimpfte mit dem *demos*. Er tadelte die Volksversammlung und sagte, er habe schon oft erkannt, aber niemals deutlicher als im Fall von Mytilene, daß eine Demokratie nicht in der Lage sei, andere Völker zu beherrschen.[11] Er warnte vor Mitleid. Er forderte die Athener dringend auf sich zu erinnern, daß ihr Bund in Wahrheit eine Gewaltherrschaft sei. Menschlichkeit sei ein Luxus, den sich ein Reich nicht erlauben könne.

Seine Rede gibt ein anschauliches, wenn auch feindseliges Bild der Athener. „Ihr versteht euch vorzüglich darauf," beklagt sich Kleon, „euch durch neue und überraschende Wendungen in der Rede bezaubern zu lassen, aber bewährten Überzeugungen das Ohr zu verschließen." Kleon nennt die Athener „Sklaven des Ungewohnten, Verächter des Altvertrauten," bemüht, „einem klugen Redner womöglich schon, bevor er spricht, Beifall zu geben".[12] Das ist kaum das Bild einer Versammlung, die nicht bereit gewesen wäre, eine andere Meinung zu hören. Der Führer der unerwarteten Opposition war ein Mann namens Diodotos, der sonst nicht weiter bekannt ist. Er war am ersten Tag der Debatte vergeblich für Milde eingetreten, und benutzte die günstige Gelegenheit des Stimmungsumschwungs, um die Führungsstellung des Kleon in Frage zu stellen. Man hatte begonnen, sich Gewissensbisse zu machen und Mitleid zu empfinden. Diodotos versuchte nun, durch kühle und objektive Logik diejenigen auf seine Seite zu ziehen, die noch im Zweifel waren. Er vertrat die Auffassung, daß selbst vom Standpunkt der Hegemonie aus Milde die klügere Politik sei als rücksichtsloser Terror. Diodotos gab dafür drei hauptsächliche Gründe. Erstens sei es unklug, eine Stadt zu zerstören, die bereit war zu kapitulieren. Es war nicht leicht, eine befestigte Stadt einzunehmen, die entschlossen war, Widerstand zu leisten. In die Mauern Mytilenes war noch keine Bresche geschlagen. Es war der Hunger, der die Stadt in die Knie zwang. Sie war noch nicht gefallen, als die Führer der Stadt die Übergabe beschlossen. Es hätte weiterkämpfen können und auf die versprochene Hilfe Spartas warten. Die Zerstörung der Stadt zu diesem Zeitpunkt würde anderen aufständischen Verbündeten zeigen, daß sie von Athen keine Gnade erwarten konnten und daß es ihnen keine Sicherheit bot, wenn sie sich ergaben. Dadurch würde es schwieriger werden, künftige Aufstände zu unterdrücken.

Der zweite Argument des Diodotos lag im Bereich der sozialen Gegensätze. Strategie Athens war es, sich in Städten, die Sparta freundlich gesonnen waren, an die Demokraten um Unterstützung gegen die herrschenden Oligarchen zu wenden. Wenn Athen die Bevölkerung von Mytilene nun ohne Ansehen der Person durch Ermordung oder Verkauf in die Sklaverei bestrafte, würde es Oligarchen und Demokraten, Reichen und Armen dieselbe Behandlung angedeihen lassen.

Die Lage innerhalb Mytilenes war vielschichtig. Es war mit fester Hand von einer prospartanischen Oligarchie regiert worden. Die Wende zum Frieden hin ergab sich, nachdem die herrschende Schicht in verzweifelter Lage die Massen bewaffnet hatte. Letztere litten Hunger, waren des Krieges müde und bereit zum Übertritt der Stadt auf die Seite Athens. Sobald sie Waffen hatten, widersetzten sie sich den Oligarchen und versuchten, den Frieden herbeizuführen. Um sie auszuschalten boten daraufhin die Oligarchen die Kapitulation an, da sie fürchteten, daß sie sonst am Ende die Macht an eine demokratische Regierung in Mytilene verlieren würden. Warum, fragte Diodotos die athenische Volksversammlung, sollte man potentielle Verbündete ebenso hinrichten wie natürliche Feinde? Der dritte Grund, den Diodotos zugunsten der Milde anführte, war ebenso nüchtern und praktisch. Warum eine Stadt zerstören, deren Flotte, Menschenmaterial und Finanzkraft so viel zu Athens eigenem Überleben und seinem Sieg beitragen konnten? Der Konflikt zwischen Athen und Mytilene war entstanden, als letzteres versucht hatte, das Bündnis zu verlassen. Warum die Stadt zerstören, wenn ihre Kapitulation die Bereitschaft signalisierte, sich Athen anzuschließen? „Wer mit Klugheit handelt", beschloß Diodotos seine Rede, „steht seinen Feinden stärker gegenüber, als wer bei aller Kraft doch ohne Vernunft vorgeht."[13]

Wie bei so vielen wesentlichen Entscheidungen der Tagespolitik fiel die Wahl nicht leicht. Jedes Vorgehen – Vergeltung oder Milde, Härte oder Versöhnungsbereitschaft – hatte seine Risiken. Keines der beiden garantierte den Erfolg. Versöhnungsbereitschaft konnte den Aufstand anderer unzufriedenen Verbündeten als weniger gewagt erscheinen lassen. Ein Massaker würde andererseits mehr Haß gegen Athen säen und zu heftigerem Widerstand führen. Die Argumente des Diodotos setzten sich durch. Die Volksversammlung machte eine Kehrtwendung, wenn auch mit einer knappen Mehrheit, und stimmte diesmal für Milde.

Unglücklicherweise war die Trireme mit der Nachricht der früheren Entscheidung bereits in See gestochen. Bis die Volksversammlung am nächsten Tag abgestimmt hatte, hatte die Trireme mit dem Befehl eines allgemeinen Gemetzels einen Vorsprung. Thukydides spricht von „etwa einem Tag und einer Nacht". In einer der dramatischsten Episoden in seinem Werk stach die zweite Trireme mit der Begnadigung hastig in See; man hoffte, Mytilene nicht bereits zerstört zu finden. Die Ruderer aßen während des Ruderns „und schliefen umschichtig, indes die anderen ruderten." Nichtsdestoweniger war die erste Trireme bereits eingelangt. Der tödliche Volksbeschluß war bereits öffentlich verlesen worden. Die ersten athenischen Abgesandten schickten sich an, den Befehl auszuführen, als das zweite Schiff ankam. „So nah", erzählt Thukydides, „war Mytilene der Gefahr gewesen."[14] Und so knapp rettete Athen seine Ehre. Die Entscheidung stellte sich als klug heraus: Mytilene wurde ein treuer Verbündeter Athens. War das nicht Tugend, die in die Tat umgesetzt wurde, wenn auch von Männern, die die Tugend nicht in Sokrates zufriedenstellender Weise definieren konnten?

In Platons *Apologie* bringt Sokrates eine wenig überzeugende Entschuldigung dafür vor, warum er niemals an den Angelegenheiten der Stadt Anteil genommen habe. „Aber glaubt ihr wohl," fragt er seine Richter, „daß ich so viele Jahre hätte leben können, wenn ich Politik getrieben und wenn ich dabei als redlicher Mann das Recht verteidigt und dies – wie es sich gebührt – allem anderen vorangestellt hätte?"[15] Die Auseinandersetzung um Mytilene zeigt, daß Sokrates nicht recht hatte. Der von ihm verachtete *demos* hatte ein Gewissen, an das man appellieren konnte. Ein sonst unbekannter Bürger, der in der Tat gehandelt hatte, „wie es sich gebührt", hatte das Blatt zugunsten der Gnade gewendet, unbeschadet des wütenden Widerstands des wichtigsten demokratischen Führers der Stadt, des Kleon. Das Beispiel, das Diodotos gibt, läßt einen für Sokrates erröten.

In der späteren Antike, als die Schriften Platons aus Sokrates einen kultisch verehrten Helden und säkularisierten Heiligen gemacht hatten, müssen sich einige Autoren gewundert haben, warum dieser nicht wenigstens in kritischen Augenblicken seine Begabung in den Dienst seiner Stadt gestellt hat. Dichtung und Wahrheit lagen in der antiken Geschichtsschreibung und Biographie häufig nahe beieinander. Schriftsteller waren bekannt dafür, daß sie reizvolle Geschichten erfanden, um die Schilderung ihrer Helden zu beleben. Vielleicht empfanden sie, daß in diesen Geschichten eine sonst verborgene Wahrheit steckte, daß sie hätten geschehen sollen, wenn ihre Helden ihrem Ruf gerecht geworden wären.

Zwei dramatische, aber erfundene Vorfälle dieser Art über das vorbildliche Verhalten des Sokrates als Bürger sind überliefert, die eine in den Biographien des Plutarch und die andere bei dem Geschichtsschreiber Diodor. Beide Geschichten sind ein halbes Jahrtausend nach dem Prozeß des Sokrates geschrieben. Beide Autoren moralisieren gerne und lieben Erzählungen, die die Tugend befördern. Die Geschichte bei Plutarch betrifft die große Niederlage der Flotte bei Syrakus, einen der schlimmsten Rückschläge, den Athen im Peloponnesischen Krieg erlebt hat. Plutarch scheint sich gefragt zu haben, ob das *daimonion* des Sokrates – die ihm eigene innere Stimme oder sein vetrauter, ihn leitender Geist – ihn nicht vor dieser kommenden Katastrophe gewarnt habe, und warum Sokrates diese Warnung nicht an seine Mitbürger weitergegeben habe. In der Biographie des Nikias, der einer der für die Expedition gegen Syrakus verantwortlichen Generäle war, scheint sich eine derartige Überlegung des Plutarch wiederzuspiegeln. Plutarch, der abergläubisch war, sagt, daß es viele Vorzeichen für die kommende Katastrophe gegeben habe. „Auch dem weisen Sokrates", erzählt Plutarch, „offenbarte sein Schutzgeist *(daimonion)* durch die Zeichen, derer er sich zu bedienen pflegte, daß der Kriegszug zum Verderben der Stadt unternommen werde." Sokrates „erzählte das seinen Freunden und Vertrauten," fährt Plutarch fort, „und so wurde die Geschichte weithin bekannt".[16]

Eine derartige Warnung des Sokrates wird weder bei Thukydides noch bei einem anderen antiken Autor vor Plutarch erwähnt. Bernadotte Perrin sagt in seinem Kommentar zum Leben des Nikias, daß die Geschichte „alle Merkmale einer gezielten Erfindung trägt".[17] Hätte es eine solche Warnung gegeben, dann hätten wir von Xenophon oder Platon darüber gehört. In Wahrheit brauchte Sokrates keine Warnung durch sein *daimonion,* um sich über die Sizilische Expedition Sorgen zu machen. Einer der hauptsächlichen Urheber des Vorhabens war sein Lieblingsschüler Alkibiades, und das Unternehmen zeigte jene strategische Begabung, aber auch die gefährliche *hybris,* die für Alkibiades charakteristisch waren. Die Tugend der *sophrosyne* oder Besonnenheit, die Sokrates in Platons *Staat* hervorhebt, fehlte ihm ganz und gar. Aber es gibt keinen Beleg dafür, daß Sokrates je in der Volksversammlung auftauchte, um zu warnen, daß die Sizilische Expedition eher vermessen als klug war.

Diese Erwähnung der Besonnenheit führt zu der zweiten erfundenen Episode in der Überlieferung über Sokrates. Sie betrifft seine Beziehungen zu einem unglückseligen politischen Führer Athens namens Theramenes. Dieser war der Anführer des gemäßigten Flügels bei zwei oligarchischen Verschwörungen, die die Demokratie stürzten, das erste Mal im Jahre 411 v. Chr. und dann von neuem im Jahre 404 v. Chr. unmittelbar nach der athenischen Niederlage im Peloponnesischen Krieg und ungefähr fünf Jahre vor dem Prozeß des Sokrates.

Bei beiden Gelegenheiten war Theramenes der Führer derjenigen, die die Demokratie durch eine gemäßigte Oligarchie ersetzen wollten.

Beide Male brach er mit den Aristokraten, als sie die mit ihnen verbündeten Angehörigen der Mittelschicht dadurch in die Opposition trieben, daß sie statt der gemäßigten eine strenge, auf wenige beschränkte Oligarchie einrichteten – die der sogenannten Vierhundert im Jahre 411 v. Chr. und die der Dreißig im Jahre 404 v. Chr. Kritias, der Anführer der Dreißig und als solcher Gegner des Theramenes, ließ ihn hinrichten, als dieser wagte sich gegen ihre Gewaltherrschaft zu wenden.

Man hätte denken können, daß Theramenes, der sicherlich versucht hatte, *sophrosyne* zu zeigen, für Sokrates und Platon ein Held sein würde. Doch in den Texten Platons, in denen Kritias oft als eine glänzende Persönlichkeit auftritt, wird Theramenes mit keinem Wort erwähnt. Und ebensowenig erscheint er in Xenophons Bericht über Sokrates und die Dreißig in den *Memorabilia*. Die oligarchischen Aristokraten betrachteten Theramenes als einen Abtrünnigen. Aber von Aristoteles wird er in seinem *Staat der Athener* mit Achtung erwähnt, und er erscheint dort geradezu als aktive Verkörperung der aristotelischen Lehre von der Mitte, als ein Staatsmann, der den Mittelweg zwischen einer zu enggefaßten Oligarchie und einer zu weitgehenden Demokratie suchte.

Als Diodor in seinem Geschichtswerk über diese Zeit schrieb, hatte er offenbar das Empfinden, daß Sokrates mit dem gemäßigten Theramenes sympathisiert haben muß. Er gibt eine erfundene Schilderung dessen, was er *dachte,* daß geschehen sein sollte, als Theramenes – wie in Xenophons zeitgenössischer Darstellung in den *Hellenika* bezeugt – aus einem heftigen Streit mit Kritias fortgeschleppt wurde, um hingerichtet zu werden. Diodor berichtet, als Kritias Schlägertruppe Theramenes ergriffen habe, „trug er sein Unglück wacker", denn „er hatte viel in der Philosophie bei Sokrates gelernt". Kein anderer Autor außer Diodor hat Theramenes als Schüler des Sokrates bezeichnet. Diodor schmückt seine Erzählung mit einer dramatischen Szene aus. Er sagt, daß unter denjenigen, die sahen, wie Theramenes fortgeschleppt wurde, „die andern alle das Mißgeschick des Theramenes bedauerten, jedoch nicht wagten zu helfen, weil so viele Bewaffnete umherstanden", die von Kritias angeworben worden waren. „Aber der

Philosoph Sokrates und zwei seiner Bekannten liefen herbei und suchten die Gerichtsdiener abzuhalten."

Theramenes habe sie daraufhin gebeten, keinen Widerstand zu leisten. „Er schätze, sagte er, ihre Freundschaft und ihren Mut, aber das wäre für ihn der größte Schmerz, wenn er am Tode derer Schuld wäre, die sich so freundlich gegen ihn bezeugten. So hielten sich denn Sokrates und seine Begleiter zurück," beschließt Diodor seine ziemlich trockene Schilderung, „da sie von den andern niemand zur Hilfe hatten und das Drohen der Gewaltigen immer zunehmen sahen."[18]

Ein solcher Vorfall wird von Xenophon in seiner Darstellung vom Tod des Theramenes in den *Hellenika* nicht berichtet. Noch ist eine Spur davon in den Reden eines Freundes des Sokrates, des Redners Lysias, zu finden. obgleich sie unsere ausführlichste zeitgenössische Quelle über die Ereignisse während der Gewaltherrschaft der Dreißig darstellen. Noch finden wir etwas davon in der Darstellung des Aristoteles eine Generation später.

Die fehlende Anteilnahme auf seiten des Sokrates ist ein außerordentlicher Umstand. Abgesehen von einem stillen Akt bürgerlichen Ungehorsams unter den Dreißig, den wir später erörtern werden, ist es so, als ob er in den Stunden der größten Not der Stadt gar nicht da war. Irgendeine öffentliche Äußerung des Protestes hätte viel dazu beigetragen, den Argwohn zu zerstreuen, mit dem man in den weniger als zehn Jahren nach diesen schrecklichen Ereignissen und vor seinem Prozeß Sokrates zu umgeben begann. Es bestand ein großer Bedarf daran, daß er seine Position klarstellte. Schließlich war der Sturz der Demokratie im Jahre 411 v. Chr von seinem Lieblingsschüler Alkibiades eingeleitet worden, und den Umsturz im Jahre 404 v. Chr. hatten Kritias und Charmides angeführt, die beide in den Dialogen Platons, des Vetters des Kritias und Neffen des Charmides, als Anhänger des Sokrates erscheinen. Kritias und Charmides fanden ihre Anhänger – ihre Helfer und Schlägertruppen – in denselben Kreisen junger Aristokraten mit einer Vorliebe für Sparta, die Aristophanes im Jahre 414 v. Chr. in seinen *Vögeln* als „sokratisiert" beschrieben hatte.[19]

Es gibt ein zu oft übersehenes Verbindungsstück zwischen dem tragischen Ende des Theramenes und dem des Sokrates selbst. Der einflußreichste der drei Ankläger des Sokrates in seinem Prozeß – ein

Mann namens Anytos – war ein Sachwalter des Theramenes. Anytos war einer der gemäßigten Angehörigen der Mittelschicht, die nach der Hinrichtung des Theramenes aus Athen flohen und sich den oppositionellen Demokraten im Exil anschlossen. Er wurde einer der Generäle, die an der Spitze einer Koalition aus Gemäßigten und Demokraten die Dreißig stürzten und die Demokratie wiederherstellten. Anytos muß es Sokrates übelgenommen haben, daß er sich weder den Gemäßigten noch den Demokraten aus Gegnerschaft gegen die Dreißig angeschlossen hatte.

Sokrates war empfindlich gegen den Vorwurf, er habe sich immer vom politischen Leben der Stadt ferngehalten. In seinem Prozeß nannte er – nach Darstellung in Platons *Apologie* – zwei Fälle seiner Beteiligung an der Politik, im einen gegen die Demokratie und im anderen gegen die Gewaltherrschaft der Dreißig. Dies waren nach seiner eigenen Darstellung die einzigen Gelegenheiten, bei denen er eine aktive Rolle in den Angelegenheiten seiner Stadt spielte. In beiden Fällen wurde ihm seine Mitwirkung aufgenötigt unter Umständen, die nicht seinem eigenen freien Willen entsprangen. Doch als er sich der Pflicht gegenübersah, handelte er richtig und mutig.

Die erste Gelegenheit kam im Jahre 406 v. Chr. während des Prozesses gegen die Strategen, die die athenische Flotte in der Schlacht bei den Arginusen befehligt hatten. Sie waren angeklagt, Überlebende und die Leichen der Gefallenen nach der Schlacht nicht geborgen zu haben. Die Strategen behaupteten, daß eine Rettungsaktion durch die stürmische See unmöglich gemacht worden war. Sokrates gehörte zu den *prytaneis,* dem Ausschuß von fünfzig Männern, die dem Gerichtsverfahren vorsaßen. Diese wurden durch das Los bestimmt. Die Frage, die die Standfestigkeit des Sokrates auf die Probe stellte, war die, ob die Strategen das Recht hatten, jeder für sich vor Gericht gestellt zu werden.

Gegen sie gemeinsam zu verhandeln war offenkundig von Nachteil für sie. Jeder einzelne Stratege hatte ein Recht, auf der Grundlage dessen beurteilt zu werden, was er selbst unter den besonderen Umständen innerhalb seines Verantwortungsbereichs tatsächlich getan hatte. Die athenische *boule,* der Rat, hatte bei der Vorbereitung des Prozesses in der Volksversammlung der öffentlichen Erbitterung gegen die

Strategen nachgegeben und beschlossen, daß gegen alle zusammen verhandelt werden solle. Doch als der Prozeß vor der Volksversammlung eröffnet wurde, bestritt ein entschlossener Andersdenkender die Zulässigkeit der kollektiven Verhandlung nach geltendem athenischen Gesetz und Verfahrensrecht.[20]

Solche Einsprüche wurden durch ein Verfahren eingeleitet, das man *graphe paranomon* nannte und das vergleichbar war zu dem, was wir die Einreichung einer Verfassungsklage nennen würden. Im Normalfall – soweit das bei den ziemlich spärlichen Quellen über das Rechtsverfahren im 5. Jahrhundert v. Chr. gesagt werden kann (im Gegensatz zu den vielen überlieferten Fällen aus dem 4. Jahrhundert v. Chr.) – wäre der Prozeß gegen die Strategen aufgeschoben worden, bis dieser Antrag diskutiert und darüber abgestimmt worden war. Doch die Bevölkerung war durch die Aussicht auf eine Verschiebung des Prozesses so aufgebracht, daß sie den vorsitzenden Ausschuß dazu drängte, die 'Verfassungsklage' beiseitezuschieben und stattdessen die sofortige Abstimmung über einen Antrag zuzulassen, demzufolge die Strategen alle zusammen vor Gericht gestellt werden sollten. Während sich die anderen Mitglieder des vorsitzenden Ausschusses von den Drohungen aus der Menge einschüchtern ließen, sprach sich Sokrates bis zuletzt gegen dieses ungesetzliche und ungerechte Vorgehen aus. Doch war Einstimmigkeit für einen Beschluß des vorsitzenden Ausschusses nicht gefordert, und die Mehrheit obsiegte. Der Weg für eine kollektive Verhandlung war frei.

Als er in der *Apologie* über die Rolle berichtet, die er beim Prozeß gegen die Strategen gespielt habe, gibt Sokrates zu, dies sei das einzige Mal gewesen, daß er irgendein öffentliches Amt in der Stadt bekleidet habe. „Ich habe, ihr Athener", sagt Sokrates, „in unserer Stadt nur ein Amt ausgeübt. ... Zufällig führte gerade die unsere, die antiochenische Phyle den Vorsitz, als ihr die Absicht hattet, die zehn Feldherren, welche in der Seeschlacht die Schiffbrüchigen nicht hatten bergen wollen, alle miteinander zu verurteilen, auf gesetzwidrige Weise also, wie ja auch ihr später alle eingesehen habt. Damals", fährt Sokrates fort, „widersetzte ich mich euch als einziger von den Prytanen, daß ihr nicht Gesetzwidriges tun solltet, und stimmte dagegen. Und obschon die Redner sich entschlossen zeigten, Klage gegen mich zu erheben und mich sofort verhaften zu lassen und auch ihr das lärmend verlangtet, glaubte ich doch, auf der Seite des Gesetzes und der Gerechtigkeit den Kampf ausstehen zu müssen, statt aus Furcht vor Gefängnis und Tod in eurem ungerechten Vorhaben auf eure Seite zu treten."[21] Doch wurde Sokrates entgegen der von ihm eingestandenen Befürchtung nicht dafür bestraft, daß er der Mehrheit widerstanden hatte. Als der Augenblick der Reue kam, hätten vielmehr, wie Sokrates sagt, „alle eingesehen", daß das, was sie getan hatten, gegen das Gesetz war. Also muß ihm Anerkennung dafür widerfahren sein, unnachgiebig das getan zu haben, was rechtens war.

Die zweite Gelegenheit, bei der Sokrates gezwungen war, seine Pflicht als Bürger zu erfüllen, betraf einen reichen Metoiken, einen in Athen ansässigen Fremden, mit Namen Leon von Salamis in der Zeit der Regierung der Dreißig. Die Unterstützung der Öffentlichkeit für die Gewaltherrschaft war so gering, daß sie nur durch die einschüchternde Anwesenheit einer spartanischen Besatzung in Athen hoffen konnte zu überleben. Um den Unterhalt für die Besatzungstruppen aufzubringen, gingen die Tyrannen daran, ansässige reiche Händler, die nicht Bürger waren, zu 'liquidieren' und dann ihr Vermögen einzuziehen, um daraus die spartanischen Besetzer zu bezahlen.

„Als die Oligarchie eingeführt war", berichtet Sokrates seinen Richtern, „da ließen mich die Dreißig mit noch vier anderen wieder in die Tholos (das Ratsgebäude) kommen und gaben uns den Auftrag, den Salaminier Leon aus Salamis herzubringen, um ihn zu töten." Die Dreißig brauchten keine Bürger aufzubieten, um die Verhaftung zu bewerkstelligen. Sie hatten Schlägertruppen mit Peitschen und Dolchen zur Verfügung, um die Bürgerschaft in Schrecken zu versetzen. Diese hätten Leon leicht ergreifen können. Warum wollten sie, daß Sokrates beteiligt war? „Solche Befehle erteilten sie ja auch noch vielen anderen", erklärt Sokrates, „in der Absicht, möglichst viele mit Schuld zu beladen." Sokrates kannte, wie wir uns erinnern, die Führer der Dreißig gut. Kritias und Charmides, die den vorherrschenden aristokratischen Flügel führten, waren Angehörige des Kreises um Sokrates.

Was tat Sokrates? Er leistete Widerstand, aber auf niedrigster Ebene und nicht so sehr als politischer, sondern als persönlicher Akt. Statt gegen den Befehl zu protestieren, verließ er die Tholos einfach, ging still nach Hause und beteiligte sich nicht an der Verhaftung. Das war, wenn man sein Eigenlob abstrich, der wesentliche Inhalt seines eigenen Berichts. „Bei diesem Anlaß", sagt Sokrates, "zeigte ich wiederum nicht mit Worten, sondern durch die Tat, daß ich mich nicht im geringsten um den Tod kümmere – mag das auch etwas derb klingen –, daß mir aber alles daran liegt, nichts Ungerechtes oder Gottloses zu tun. Auch jene Regierung, so gewalttätig sie war, versetzte mich nicht derart in Schrecken, daß ich etwas Unrechtes getan hätte, sondern als wir aus der Tholos herauskamen, ging ich nach Hause, während die vier anderen . . . den Leon holten."[22]

Sokrates verließ nicht etwa – wie sein Ankläger Anytos – die Stadt und schloß sich den Athenern im Exil an, die bereits den Sturz der Tyrannen planten. Er wäre ein willkommenes und ermutigendes neues Mitglied gewesen. Er ging einfach nach Hause. War das die Erfüllung seiner Pflicht als Bürger, gegen Ungerechtigkeit aufzutreten? Oder wollte er nur persönliche Mitschuld vermeiden und, wie er sich auszudrücken pflegte, seine Seele retten?

Letzteres war einer von mehreren Gründen, die Sokrates für seine lebenslange Enthaltsamkeit von der Politik angab. In Platons *Apologie* sagt er, daß er sich der Politik enthalte, um seine Seele zu schützen, um sie vor Befleckung zu bewahren. Das bedeutete, das Geschäft des Bürgers war irgendwie schmutzig und, wie die Christen später sagen sollten, 'sündig'. Genauso dachten in der Tat in späterer Zeit die Eremiten, wenn sie sich gemeinsam oder als einzelne vor der Welt in ein abgesondertes Leben zurückzogen. Hätte es im klassischen Griechenland Klöster gegeben, hätten sich Sokrates und seine Anhänger von ihnen angezogen gefühlt. Die sokratischen Lehren über das Problem der Seele schlagen einen Ton an, der für das mittelalterliche Christentum charakteristisch werden sollte, aber dem hellen Licht des klassischen Griechenland und seiner Freude – der weltlichen und körperlichen wie der geistigen – fremd war.

Körper und Seele waren nach der klassischen Sicht eins. Die Sokratiker und Platoniker trennten sie, werteten das Körperliche ab und hoben die Seele empor. Das klassische Ideal war ein gesunder Geist in einem gesunden Körper – *mens sana in corpore sano,* wie es der römische Satiriker Juvenal später in seiner berühmten *Zehnten Satire* ausdrückte.[23]

Eine neue Richtung kommt mit Sokrates auf und vielleicht vorher schon mit den Pythagoreern, die zu seinen Bewunderern und Verehrern zählten. Das können wir aus den Gesprächen ersehen, die Sokrates am letzten Tage seines Lebens in seiner Gefängniszelle mit ihnen führt und die die wunderbaren Seiten des platonischen *Phaidon* füllen. Die Pythagoreer oder die ihnen nahestehende Bewegung der Orphiker sollen angeblich den Satz erfunden haben – ein Wortspiel mit den Worten *soma (Körper) und sema* (Grabmal) –, daß der Körper das Grab der Seele sei. Aus dem Rückzug vom Leben der Stadt wurde bald unmerklich ein Rückzug vom Leben überhaupt. Wir können diese Tendenz am deutlichsten bei Antisthenes erkennen und in der kynischen Philosophie, die er aus einem Aspekt der sokratischen Lehre – in übertriebener Weise – abgeleitet hat. Sokrates übte nicht allein selbst Enthaltsamkeit von den Angelegenheiten der Stadt, sondern er predigte sie auch. Das war, wie er seinen Richtern in der *Apologie* sagt, seine Aufgabe. „Denn wenn ich umhergehe," sagt Sokrates, „tue ich nichts andres, als euch, jung und alt, dazu zu überreden, nicht mehr so sehr für den Leib zu sorgen noch für das Geld, sondern mehr um die Seele und darum, daß sie möglichst gut werde."[24] Der Kommentar Burnets zu dieser Stelle lautet: „Sokrates scheint der erste Grieche gewesen zu sein, der von der *psyche* (Seele) als dem Sitz des Wissens und Unwissens, des Guten und des Schlechten gesprochen hat. Daraus folgte, daß die vornehmste Pflicht des Menschen die war, 'für seine Seele zu sorgen', und das war grundlegend für die Lehre des Sokrates."[25]

Das fordert, ob man es nun vom griechischen oder modernen Standpunkt aus sieht, die Frage heraus: Wie vervollkommnet ein Mensch seine Seele? Indem er sich vom Leben zurückzieht, oder indem er sich vielmehr hineinstürzt und sich als Teil der Gesellschaft verwirklicht? Das klassische Ideal war, daß man sich selber vervollkommnete, indem man die Stadt vervollkommnete.

Aristoteles stand dem klassischen Ideal näher. Er entwickelte seine Politik und Ethik, wie wir gesehen haben, von der Voraussetzung her, daß Tugend nicht Angelegenheit des „Einzelnen" sei, sondern politisch oder bürgerlich. Er sah die Seele als das belebende Prinzip aller lebenden Dinge, seien es Pflanzen oder Tiere. „Die Seele und Leib", sagt Aristoteles, „sind das Geschöpf."[26] Die einzelne Seele geht bei Aristoteles mit dem Körper unter. Aristoteles bringt die Frage der

'Seele' von der Theologie zurück in den Bereich der Physiologie, vom Mystizismus zurück zur Wissenschaft.

Nach athenischer Sicht gab es im Falle des Leon von Salamis zwei Gesichtspunkte in Hinblick auf gerechtes Handeln. Der eine, von Sokrates betonte war der, als einzelner gerecht zu handeln. Das war wesentlich und bewundernswert, aber es war nur die Hälfte der menschlichen Pflicht. Die andere Hälfte war, sein Bestes zu geben, um das Gesetz und die Handlungsweise der Stadt so zu beeinflussen, daß sie dem Maßstab der Gerechtigkeit entsprachen. Man konnte nicht einfach „nach Hause gehen" und seine Hände in Unschuld waschen. Als Bürger war man verantwortlich für das, was die Stadt tat. Wenn sie unrecht tat, dann teilte man die Schuld, sofern man nicht sein Bestes getan hatte, das Unrecht zu verhindern.

Unter der Gewaltherrschaft der Dreißig geschah häufig Unrecht. Gleich zu Beginn vertrieben sie die Armen, die Demokraten, aus der Stadt. Sokrates hätte mit ihnen gehen können, um seine Sorge um die Gerechtigkeit zu zeigen. Oder er hätte sich der zweiten Welle der Emigration anschließen können, als die gemäßigten Angehörigen der Mittelschicht wie Anytos die Stadt ebenfalls verließen und sich mit den Demokraten verbündeten, um die Tyrannen zu stürzen. Sokrates hätte sich damit in der wiederhergestellten Demokratie einen Ehrenplatz verdient. Seine frühere Verbindung mit Kritias wäre vergessen und vergeben gewesen. Anytos hätte seine Anklagen gegen ihn niemals vorgebracht. Es hätte keinen Prozeß gegeben.

Seine Erfahrungen unter den Dreißig, als es gefährlich war, seine Stimme zu erheben, veranlaßten ihn auch nicht zu einer neuen Wertschätzung für freiheitliche Institutionen. Es gab kein Anzeichen dafür, daß er sich in seiner Verachtung gegenüber der Demokratie geändert hatte. Stattdessen gab es, wie wir sehen werden, einigen Grund zur Furcht, daß seine Lehren eine neue Generation eigenwilliger und gewalttätiger junger Männer dazu anregen könnte, die Demokratie von neuem zu stürzen.

Kapitel 9

Die Vorurteile des Sokrates

Einmal, aber nur das eine Mal rät Sokrates einem Schüler, in die Politik zu gehen. Den ungewöhnlichen Rat gab er erstaunlicherweise ausgerechnet dem Charmides, dem Onkel Platons, der der hauptsächliche Helfer des Kritias unter der Herrschaft der Dreißig wurde. In Xenophons *Memorabilia* wird Charmides, zu dem Zeitpunkt ein vielversprechender junger Mann, von Sokrates dazu gedrängt, in das öffentliche Leben einzutreten und sich an den Debatten der Volksversammlung zu beteiligen.

Charmides zögert, das zu tun. Sokrates stellt daraufhin Charmides ebendie Frage, die man leicht ihm selbst hätte stellen können: „Wenn aber jemand, . . . der in der Lage ist, sich den Staatsgeschäften zu widmen, den Wohlstand des Staates zu mehren und sich dadurch selbst Ansehen zu schaffen, nun zögern würde dies zu tun," meint Sokrates, „würde man den nicht auch mit Recht als feige betrachten?"

Charmides gesteht, daß er zu schüchtern sei, in der Öffentlichkeit aufzutreten. Sokrates erwidert, er habe oft gehört, wie Charmides führenden Staatsmännern im privaten Gespräch ausgezeichnete Ratschläge gegeben habe. Charmides antwortet, es sei „nicht dasselbe, . . . sich im engen Kreise zu unterhalten und sich vor der Menge in einen Redekampf einzulassen".

Sokrates schilt daraufhin mit ihm und verrät dabei das Ausmaß seiner Verachtung für die athenische Volksversammlung. „Und ich möchte dir gerade zeigen," sagt er zu Charmides, „daß du dich schämst, vor denen zu reden, die besonders unverständig und ohne

Einfluß sind, während du vor den besonders Verständigen keine Scheu hast."

Hinter dem verächtlichen Urteil des Sokrates über die Demokratie verbarg sich ein unverkennbarer sozialer Hochmut. Wer sind denn diese Leute, fragt er Charmides, die dich zu schüchtern machen, als daß du zu ihnen sprechen magst? Dann zählt er die einfachen und – seiner Ansicht nach – vulgären Berufe auf, die in der Volksversammlung vertreten sind.

Verächtlich hakt Sokrates sie nacheinander ab: „Scheust du dich denn vor den Walkern unter ihnen, vor den Schustern, vor den Zimmerleuten, vor den Schmieden, vor den Bauern, vor den Kaufleuten oder vor denen, die auf dem Markt ihren Handel treiben und nur darauf bedacht sind, daß sie billig einkaufen und teuer verkaufen? . . . vor Leuten, die sich noch niemals mit Staatsgeschäften befaßt . . . haben, scheust du dich . . ." Warum nahmen sie sich dann die Zeit, überhaupt in der Volksversammlung zu erscheinen? Das ist die Art von sozialem Vorurteil – und von leerem Geschwätz –, das man von einem Philosophen nicht erwarten würde. Noch befremdlicher wird das Ganze angesichts seines eigenen sozialen Hintergrunds.[2]

Sokrates war kein wohlhabender Aristokrat. Er stammte aus der Mittelschicht. Seine Mutter war Hebamme gewesen. Sein Vater hatte als Steinmetz gearbeitet, vielleicht auch als Bildhauer – der Unterschied zwischen Handwerker und Künstler war in der Antike nicht so deutlich. Selbst der berühmteste Künstler war immer noch ein Mann, der mit seinen Händen arbeitete und von seinem Verdienst lebte.

Wie verdiente Sokrates sein tägliches Brot? Er hatte eine Frau und drei Söhne zu unterhalten. Er lebte bis zum Alter von siebzig Jahren. Aber er scheint nie einen Beruf gehabt oder Handel getrieben zu haben.

Er verbrachte seine Tage in Muße und unterhielt sich. Sokrates verhöhnte die Sophisten, weil sie von ihren Schülern Bezahlung annahmen. Er war stolz darauf, von seinen eigenen Schülern niemals Geld zu verlangen. Wie unterhielt er seine Familie? Diese auf der Hand liegende Frage findet in den platonischen Dialogen nie eine Antwort. In der *Apologie* bezeichnet Sokrates sich selbst als armen Mann, und er war sicherlich arm im Vergleich zu reichen Aristokraten wie Platon, der im Kreis seiner Bewunderer so sehr hervorragte. Aber er war niemals so arm, daß er einen Beruf ausüben oder Handel treiben mußte.

Die Antwort scheint zu sein, daß er von einer kleinen Erbschaft lebte, die ihm sein Vater hinterlassen hatte, der in seinem Beruf als Steinmetz gut verdient hatte. Das Einkommen war wohl mager. Seine arme Frau Xanthippe, die ungerühmte Heldin der sokratischen Legende, wird vielleicht deshalb als zänkisches und böses Weib geschildert, weil sie es schwer hatte, die Kinder von dem wenigen verfügbaren Geld aufzuziehen. Aber es war doch genug, um ihm Muße zu erlauben.

Sein Einkommen mag geringer gewesen sein als das der Handwerker, auf die er mit Verachtung herabsah. Es gibt unterschiedliche Angaben darüber, wieviel Sokrates geerbt habe. Die früheste Schätzung, die wir haben, ist die in Xenophons Dialog *Oikonomikos,* der *Anleitung zur Verwaltung eines Landguts.* Dort bezeichnet sich Sokrates in einem Gespräch mit seinem reichen Freund Kritoboulos im Scherz als der Reichere der beiden, weil er so wenig brauche. Es ist zu schade, daß die bedrängte Xanthippe nicht an diesem Gespräch teilnehmen durfte.

Als Sokrates aufgefordert wird, eine ungefähre Angabe über sein Vermögen zu machen, antwortet er: „Ich glaube, wenn ich einen guten Käufer fände, so möchte es mir wohl mitsamt dem Hause und alles in allem ganz leicht fünf Minen eintragen; was aber das deinige betrifft," sagt Sokrates zu Kritoboulos, „so weiß ich gewiß, daß es mehr als das Hundertfache hiervon betragen würde."[3] Zwei spätere Quellen schätzen das Vermögen des Sokrates höher ein. Plutarch berichtet uns, daß Sokrates „nicht nur ein eigenes Grundstück besessen habe, sondern auch siebzig Minen, die bei Kriton auf Zinsen angelegt waren".[4] Letzterer war der enge Freund des Sokrates, der im gleichnamigen Dialog des Platon vorkommt. Eine vergleichbare Schätzung des Vermögens des Sokrates wird von dem Redner Libanios aus dem 4. Jahrhundert n. Chr. gegeben; in dessen *Apologie* sagt Sokrates, er habe achtzig Minen von seinem Vater geerbt, habe sie aber durch schlechte Investitionen verloren.[5]

Das eindeutigste Zeugnis seines sozialen Status gibt uns sein Militärdienst. Er kämpfte nicht als Ritter mit Aristokraten wie Alkibiades. Ebensowenig war er mit den Besitzlosen unter die leichtbewaffnete

Infanterie eingereiht oder unter die Rudermannschaften der Flotte. Sokrates kämpfte als *hoplites*, als schwerbewaffneter Fußsoldat. Ein Athener hatte seine eigene Kriegsausrüstung zu stellen. Nur die Mittelschicht von Handwerkern und Kaufleuten konnte sich die schweren Waffen der Hopliten leisten. Bei seiner Beschreibung der Volksversammlung rümpfte Sokrates in Wahrheit über Leute die Nase, die mit ihm auf einer Stufe standen. Die verschiedenen Handwerksberufe und Geschäftszweige, die er nennt, waren die der Mittelschicht.

Mit der Durchsetzung der Demokratie hatte die athenische Mittelschicht zwar politische, nicht aber soziale Gleichberechtigung mit dem landbesitzenden Adel gewonnen, aus dem Aristokraten wie Platon und Xenophon stammten.

Aber wie man weiß, kommen die schlimmsten Snobs aus der Mittelklasse. Der soziale Hochmut des Sokrates muß ihm Beliebtheit bei den reichen jungen Aristokraten und Müßiggängern eingetragen haben, die er selbst in Platons *Apologie* als seine Anhänger beschreibt. In seiner Unterhaltung mit Charmides bringt Sokrates die Art von Verachtung zum Ausdruck, die ein Aristokrat für die 'vulgären Handelsleute' empfand, die begonnen hatten, auf der politischen Bühne zu erscheinen, und die zwar von 'niedriger Geburt' waren, aber gelegentlich reicher als die Aristokraten.

Eine private Gerichtsrede des Demosthenes belegt ungefähr ein halbes Jahrhundert nach dem Tod des Sokrates, daß herablassende Bemerkungen über die niedere Herkunft eines Menschen oder seinen Beruf zu dieser Zeit in Athen strafbar waren. Das sah ein Gesetz gegen *kakegoria* (üble Nachrede) vor, das alle Arten von Veleumdung ahndete. In der von Demosthenes vertretenen Privatklage war eine der Beschuldigungen, die gegen den unbedeutenden Beamten Euboulides vorgebracht wurden, die, daß er über die Mutter des Klägers die Nase gerümpft habe, weil sie ihren Lebensunterhalt mit dem Verkauf von Bandwaren und als Amme verdiente; das war nicht sehr viel bescheidener als die Mutter des Sokrates, die Hebamme war. Der Kläger nimmt als Recht in Anspruch, daß man jeden verklagen könne, „der einem Bürger oder einer Bürgerin das auf dem Markte betriebene Gewerbe zum Vorwurf macht".[6]

Sokrates Einstellung gegenüber denen, „die auf dem Markt ihr Gewerbe treiben", mag dazu beigetragen haben, seinen Hauptankläger zu provozieren. Anytos war Gerbermeister. Aus Xenophons *Apologie* scheint hervorzugehen, daß Sokrates ihn beleidigt hatte, indem er verächtlich über sein Gewerbe sprach und ihn kritisierte, weil er seinen Sohn in demselben vulgären Beruf ausbildete. Xenophon berichtet, als Sokrates nach seiner Verurteilung Anytos habe vorbeigehen sehen, habe er gesagt: „Dieser Mann ist berühmt, als habe er etwas Großes und Schönes fertiggebracht, wenn er mich sterben läßt, weil ich sah, daß er selbst sich der höchsten Ehren des Staates für würdig achtete, und ihm sagte, er dürfe seinen Sohn nicht in der Nähe von Fellen aufwachsen lassen."[7]

Platon schildert ein ähnliches Zusammentreffen zwischen Anytos und Sokrates im *Menon*. Dort warnt Anytos Sokrates, daß er in Schwierigkeiten kommen könne, weil er von athenischen Staatsmännern „schlecht spreche" *(kakegorein)*. Als Anytos sich danach wütend abwendet, macht Sokrates eine unfreundliche Bemerkung darüber, daß dieser wohl beleidigt sei, weil er meine, „er sei selbst einer von ihnen".[8] Das griechische Wort *kakegorein* – verleumden –, das im *Menon* verwendet wird, ist das Verbum zu demselben juristischen Begriff, der bei Demosthenes für die hochmütigen Bemerkungen benutzt wird.

In Platons *Theaitetos* sehen wir, wie der Hochmut des Sokrates sich von der sozialen auf die philosophische Ebene verlagert. Platon läßt Sokrates die Philosophen in zwei Klassen einteilen und ihn erläutern, wie die überlegenere Gruppe über die politischen Institutionen Athens denkt. Sokrates sagt, er spreche nur von den „großen Berühmtheiten" unter den Philosophen, „denn was sollten wir auch von denen sagen, die sich auf unbedeutende Art mit der Philosophie befassen?" Er sagt, daß die großen Philosophen „von Jugend an nicht einmal den Weg zum Marktplatz" (d. h. zur Volksversammlung) kennen. Sie vergessen, daß all das überhaupt existiert. „Sie wissen auch nicht," fährt Sokrates fort, „wo das Gericht ist oder das Rathaus oder sonst ein städtisches Versammlungslokal. Von den Gesetzen und den mündlichen und schriftlichen Beschlüssen sehen sie nichts und hören sie nichts."

Nach der Darstellung Platons würdigt Sokrates die Staatsgeschäfte zu einem vulgären und oberflächlichen Vergnügen herab. „Und die Umtriebe der *Hetairien* (Klubs) um die Regierungsämter", sagt Sokrates abschließend, „und die Sitzungen ... und die Feste mit Flötenspielerinnen – das alles fällt ihnen (d. h. den besseren Philosophen) nicht einmal im Traume ein." Politik und erotische Träume werden in einem Atemzug genannt. Dünkel bewahrt den Philosophen davor.

Wir sind kaum überrascht, wenn er von dem wahren Philosophen sagt: „In Tat und Wahrheit wohnt allein nur sein Leib in der Stadt und ist dort zu Hause; der Geist aber, der das alles für unwesentlich und nichtig hält, mißachtet das."[9] Hier lebt der platonische Sokrates wirklich wie der des Aristophanes mit seinem Kopf in den Wolken.

Sokrates wird als Nonkonformist verehrt, aber nur wenige machen sich klar, daß er sich gegen eine offene Gesellschaft stemmte und die geschlossene Gesellschaft bewunderte. Er war einer der Athener, die die Demokratie verachteten und Sparta idealisierten.[10] Der erste Hinweis darauf findet sich bei Aristophanes in seiner herrlichen Komödie, den *Vögeln*, die 414 v. Chr. aufgeführt wurden, als Sokrates ungefähr fünfundfünfzig Jahre alt war. Aristophanes stellt ihn als das Idol der Unzufriedenen und Freunde Spartas in Athen dar. In seiner überschwenglichen Erfindungsgabe prägte der Komödiendichter sogar zwei neue griechische Wörter, um diese Leute zu beschreiben.

Im Vers 1281 der *Vögel* schildert er sie als *elakonomanoun* – „lakonoman" oder „spartasüchtig". Das ist abgeleitet von einem erfundenen Verbum *lakono-maneo*, was soviel bedeutet wie verrückt sein nach der lakonischen, d. h. spartanischen Lebensweise. Im Vers 1282 prägt Aristophanes ein anderes Wort – *esokrotoun*, abgeleitet von einem Verbum *sokrateo*, Sokrates nachahmen. Die jungen Männer werden also folgendermaßen beschrieben:

... *alles war*
Lakonoman, ging mit langem Haar,
war schmutzig, hungerte, trug Knotenstöcke,
Sokratisierte, ...

Die Spartaner waren für ihre karge Kost berüchtigt – noch wir sprechen von einem 'spartanischen Mahl' – und bekannt dafür, daß sie Verfeinerung in Kleidung, Betragen und äußerer Erscheinung ablehnten. Sie trugen ihr Haar lang und ungekämmt und waren dagegen, zu oft zu baden. Die in dem Zitat erwähnten Knotenstöcke *(skytales)* sind eine Art kurze Keulen oder Knüppel, die die Spartaner trugen. Das taten, wie Aristophanes behauptet, auch ihre athenischen Bewunderer.

Das dieses keine zu boshafte Karikatur der Komödie war, kann man aus einer Stelle in Plutarchs *Leben des Alkibiades* ersehen. Alkibiades war, solange er in Athen lebte, ein unerträglicher Stutzer gewesen. Doch als er zu den Spartanern floh, um der Anklage zu entgehen, die ihm wegen der scherzhaften Nachahmung der heiligen athenischen Mysterien im Verlaufe eine Trinkgelages in Athen drohte, da gewann er die Herzen seiner spartanischen Gastgeber dadurch, daß er seine eleganten athenischen Manieren und Gewohnheiten ablegte und die spartanische Lebensweise annahm.

„Wenn sie (die Spartaner) sahen, wie er sich die Haare lang wachsen ließ, kalt badete, dem groben Brot zusprach und die schwarze Suppe aß," erzählt Plutarch, „wollten sie das nicht glauben . . .". Plutarch bezeichnet Alkibiades als ein Chamäleon und sagt, „in Sparta war er ein großer Turner, einfach und ernsthaft, . . .".[12]

Auch Platon war einer der unzufriedenen athenischen Aristokraten, die Sparta bewunderten und idealisierten. Er fügt dem Bild der spartafreundlichen Athener eine weitere Einzelheit hinzu. Platon hatte eine Begabung für das Komische. In seinem *Gorgias* gibt es eine Andeutung, die sich an die Beschreibung bei Aristophanes anschließt. In jenem Dialog spricht Sokrates verächtlich über alle großen Staatsmänner Athens , Oligarchen wie Demokraten. Auf dem Höhepunkt seiner Beschimpfungen – wir haben das vorher bereits einmal erwähnt – greift er Perikles an, er „habe die Athener träge, feig, schwatzhaft und geldgierig gemacht, weil er sie zuerst zu Soldempfängern hat werden lassen", d. h. sie für die Tätigkeit als Geschworenenrichter bezahlt habe. An dieser Stelle läßt Platon den Gesprächspartner Kallikles sarkastisch einwerfen: „Das hörst du von den Leuten mit zerschlagenen Ohren, Sokrates."[13] Die „zerschlagenen Ohren" sind ein Hinweis auf das, was wir im Boxerjargon 'Blumenkohlohren' nennen.

Bei athenischen Zuhörern hätte diese Bemerkung sofort einen Lacherfolg gehabt, aber in unseren Zeiten bedarf sie einer Erklärung. E. R. Dodds erklärt den Satz in seinem Kommentar zu dem Dialog als einen Hinweis auf „die jungen Oligarchen des ausgehenden 5. Jahrhunderts v. Chr., die ihre politischen Sympathien durch die Annahme spartanischer Gewohnheiten kundtaten – eine dieser Gewohnheiten war die Vorliebe für das Boxen, oder sie galt wenigstens als spartanisch".[14]

Die Vorliebe des Sokrates für Sparta ist sowohl in der xenophontischen wie in der platonischen Schilderung seiner Person überliefert. Der bekannteste Beleg dafür findet sich in Platons Kriton. Dort wird in dem erfundenen Dialog zwischen Sokrates und den personifizierten Gesetzen Athens auf seine prospartanische Einstellung angespielt.

Kriton, einer der ergebensten Schüler des Sokrates, besucht Sokrates nach Ende des Prozesses in seiner Gefängniszelle. Er teilt Sokrates mit, daß er und andere seiner Freunde seine Flucht vorbereitet haben. Sie haben Geld für den Zweck gesammelt und haben bereits Geld gezahlt, „wofür einige dich retten und von hier fortbringen wollen".[15] Sokrates lehnt es ab, sich retten zu lassen. Er sagt, er wolle nicht Schlechtes mit Schlechtem vergelten. Er will selbst dann das Gesetz nicht brechen, wenn es gilt, sein Leben vor einem Urteil zu retten, das er für Unrecht hält. Sokrates bittet Kriton, sich vorzustellen, was die Gesetze Athens wohl sagen würden, wenn sie jetzt in seiner Zelle erscheinen und die Angelegenheit mit ihm erörtern würden. In diesem fiktiven Gespräch mit den Gesetzen wird die Vorstellung vom Gesetz als einem Vertrag zwischen dem Staat und dem einzelnen Bürger entwickelt. Dies ist vermutlich das erste Mal, daß die Theorie vom 'Gesellschaftsvertrag' in der säkularen Literatur vorkommt; die Bibel setzt eine ähnliche Übereinkunft zwischen Jehova und dem Volke Israel voraus.

Nachdem er sein ganzes Leben lang aus den Gesetzen Athens Vorteil gezogen hätte, sagen die Gesetze, würde Sokrates nun jenen Vertrag brechen, indem er weglief, anstatt einem gesetzlichen Beschluß zu folgen, ganz einfach weil er diesen für ungerecht hielt. Obwohl das ein ernsthaftes und gewichtiges Argument ist, ist es keineswegs schlüssig. Hier wie so oft in den platonischen Dialogen ist Sokrates nicht gezwungen, sich mit der vollen Kraft der Gegenbeweise auseinanderzusetzen.

Wie so viele Gesprächspartner des Sokrates ist Kriton ihm nicht gewachsen. Die eigentlichen Widersprüche in der Stellungnahme des Sokrates haben die Gelehrten seither in Verlegenheit gebracht.[16] Doch soll uns dieser Aspekt des fiktiven Gesprächs, auf den wir später noch zurückkommen werden, jetzt nicht beschäftigen. Worum es im Augenblick geht, das ist der Hinweis, den die Gesetze auf die Sympathien des Sokrates für Sparta geben.

Die Gesetze vertreten die Meinung, daß Sokrates zu jedem Zeitpunkt seines Lebens frei war, die Stadt zu verlassen, „wenn wir dir nicht gefielen oder wenn dir unsere Vereinbarungen ungerecht schienen". Er hatte es indes vorgezogen zu bleiben. Die Gesetze meinen, er hätte in einen von zwei anderen Stadtstaaten auswandern können, deren Gesetze er so sehr bewunderte. „Du aber zogst weder Lakedaimon noch Kreta vor," sagen die Gesetze zu Sokrates, „deren gute Verwaltung du doch immer wieder rühmst."[17] Diese Bemerkung in den *Kriton* einzufügen wäre „sinnlos", schreibt Burnet in seinem Kommentar, „sofern nicht der 'historische' Sokrates die Gesetze von Sparta und Kreta tatsächlich gepriesen hätte".[18]

Die Bewunderung des Sokrates für Sparta und Kreta, über die im *Kriton* mit einem Scherz leicht hinweggegangen wird, ist eigenartig. Sparta und Kreta waren kulturell und politisch die beiden rückständigsten Gebiete des alten Griechenland. In beiden Regionen wurde das Land von Leibeigenen bestellt, und diese Leibeigenen wurden (zumindest in Sparta, über das wir mehr wissen als über Kreta) von einer Geheimpolizei unterdrückt und von einer Militärkaste beherrscht, die eine Art von Apartheid praktizierte, die den modernen Betrachter an Südafrika erinnert. Die Vorliebe des Sokrates für Sparta und Kreta wird auch sonst von Xenophon und Platon bestätigt, die beide voller Bewunderung Sparta über ihre Heimatstadt stellten. In den *Memorabilia* nennt Xenophon die Athener „nachlässig" und vergleicht sie zu ihrem Nachteil mit den Spartanern, zu deren besonderem Lob er ihre militärische Ausbildung anführt.[19] Im *Staat* läßt Platon Sokrates die „Verfassung Kretas und Spartas" als die besten Formen der Regierung preisen, die der Oligarchie als zweitbestem vorzuziehen seien und natürlich der Demokratie, die er an den dritten Platz stellt.[20]

Wir wissen, daß Sparta – und vermutlich ebenso Kreta – Reisen seiner Bürger in das Ausland beschränkte, wie heute die Sowjetunion und China. Die Absicht war, damals wie heute, zu verhindern, was Peking als Gefahr „geistiger Verschmutzung" durch fremde Ideen brandmarkt. Ein ähnlicher Eiserner Vorhang kommt in Platons *Gesetzen* vor, wo sein Sprachrohr der „Fremde aus Athen" ist (mit Ansichten, die Athen in der Tat sehr fremd sind) und seine Gesprächspartner lediglich ein Kreter und ein Spartaner sind. Der Kreis der Personen ist so geschlossen wie die geschlossene Gesellschaft, über deren Vorzüge sich alle drei einig sind. Sie alle stimmen einem Eisernen Vorhang zu, um fremde Ideen und Besucher fernzuhalten, und sind für die Beschränkung der Reisen eigener Bürger. Sie schlagen sogar vor, die wenigen, denen das Reisen erlaubt wird, „umzuerziehen" und sie von allen gefährlichen Gedanken zu reinigen, bevor man ihnen wieder erlaubt, nach ihrer Rückkehr mit den übrigen Bürgern zusammenzukommen.

Das Gespräch zwischen Sokrates und den Gesetzen bricht zu früh ab. Die Gesetze hätten Sokrates fragen sollen, warum er nicht doch nach Sparta ausgewandert sei. Die einfache Antwort, die in der Antike jeder kannte, wäre für Sokrates unangenehm gewesen: Er war ein Philosoph, und Philosophen waren in Sparta nicht willkommen. Sie kamen aus ganz Griechenland nach Athen, aber niemals gingen sie nach Sparta oder Kreta. Keiner dieser beiden Orte war ein Markt für Ideen. An beiden Plätzen betrachtete man Philosophie mit Argwohn.

Der Gedanke an Sparta als Zufluchtsort für Sokrates kam Kriton und den anderen ergebenen Schülern des Sokrates offenbar nicht einmal im entferntesten in den Sinn, als sie die Flucht planten. „Denn überall, wo du nur hinkommst," sagt Kriton, „wird man dich freundlich aufnehmen." Er erwähnt sogar das rückständige Thessalien als Zufluchtsort, wo er, wie er sagt, Freunde habe, „die dich über alles schätzen und für deine Sicherheit besorgt sein werden".[21] Aber die beiden Plätze, die Sokrates so sehr bewunderte – Sparta und Kreta –, erwähnt Kriton kein einziges Mal.

Viele spartafreundliche Athener suchten gelegentlich Zuflucht in Sparta. Der Sokrates-Schüler Xenophon verbrachte dort den Rest seines Lebens, nachdem er aus Athen verbannt worden war. Alkibiades hielt sich, wie wir gesehen haben, für eine gewisse Zeit als Flüchtling in Sparta auf. Aber sie waren willkommen als militärische Helfer in den Kämpfen Spartas mit Athen. Xenophon hatte den Spartanern als Söldner gedient. Alkibiades wurde als Verräter seiner eigenen Stadt mit offenen Armen empfangen. Aber Sokrates war ein Philosoph. Das war der Unterschied. Wir hören niemals etwas von einem Philosophen in Sparta oder auf Kreta. Platon verließ Athen nach der Verurteilung des Sokrates. Er reiste überall herum und besuchte Ägypten; seine Bewunderung für das dortige Kastensystem spiegelt sich in den *Gesetzen* und dem *Kritias* wieder. Aber von einem Besuch in Sparta oder auf Kreta ist niemals die Rede.

Schließlich kehrte Platon aus seinem selbstgewählten Exil nach Athen zurück. Er gründete die Akademie und verbrachte die verbliebenen vierzig Jahre seines Lebens damit, dort antidemokratische Philosophie zu lehren. Er hat das ungestört tun können, doch er hat niemals ein Wort der Anerkennung für die Freiheit gefunden, die Athen ihm einräumte.

Es ist leicht einzusehen, warum bestimmte Angehörige der landbesitzenden Aristokratie in Attika Sparta bewunderten und idealisierten. In Sparta war die Mittelschicht der Handwerker und Kaufleute, die eine so wichtige Rolle in der athenischen Geschichte spielte, vom Bürgerrecht ausgeschlossen. Sie waren *perioikoi* – Leute, die um Sparta herum wohnten –, besaßen beschränkte Rechte und waren von niederem sozialen Status. Aber es kostete einen hohen kulturellen Preis, die unumschränkte Macht der Militärkaste zu bewahren. Sie mußten den Aufstieg einer Mittelklasse ersticken und die aus leibeigenen Heloten bestehende Mehrheit unterdrücken. Sparta war eine Militäroligarchie, in der die herrschenden Spartiaten ein strenges kaserniertes Dasein führten mit ständigem militärischem Training und militärischer Disziplin und mit gemeinsam in einer Messe eingenommenen Mahlzeiten, wie beim Militärdienst üblich. Ihre Bildung war begrenzt.

Sparta hatte kein Theater; es gab keine tragischen Dichter, die über die Geheimnisse des Lebens nachdachten; es gab keine Komödienschriftsteller, die es wagten, sich über die angesehenen Leute lustigzumachen. Musik war Marschmusik; Spartas einziger Lyriker, Alkman, scheint ein griechischer Sklave aus Kleinasien gewesen zu sein. Der berühmteste spartanische Dichter, Tyrtaios, war selbst ein General, und eines seiner erhaltenen Fragmente „gibt Anweisungen für taktische Vorkehrungen und handelt von einer Belagerung".[22] Was die Philosophie betrifft, so war Sparta ein gänzlich unbeschriebenes Blatt und Kreta ebenso. Hätte Sokrates in Sparta versucht, seine philosophischen Befragungen zu beginnen, wäre er ins Gefängnis gesteckt oder ausgewiesen worden. Die Philosophie der Spartaner wurde Jahrhunderte später in Tennysons „Angriff der leichten Brigade" so zusammengefaßt:

Theirs not to reason why,
Theirs but to do and die.

Nicht ihr's, warum zu fragen,
Ihr's nur, zu handeln und den Tod zu tragen.

Der Anti-Intellektualismus der ungebildeten Spartaner war ein beliebter Scherz der athenischen Komödie; mancher Athener mag sich gefragt haben, wie überhaupt ein Philosoph in eine Stadt vernarrt sein konnte, die der Philosophie so feindlich gegenüberstand. Im *Protagoras* versucht Sokrates solcher Kritik mit einem Scherz zu begegnen: er behauptet, die Spartaner seien in Wahrheit das, was man heimliche Philosophen nennen könnte.

Sokrates leugnet nicht, daß Sparta eine geschlossene Gesellschaft ist, die alle Ideen beargwöhnt. Aber er behauptet, daß sei nicht deswegen so, weil die Spartaner Ideen fürchteten oder Philosophen nicht mochten. Im Gegenteil, sagt Sokrates, die Spartaner verschließen ihre Türen vor Ideen und Philosophielehrern, weil sie nicht wollen, daß die übrige Welt entdeckt, wie hoch sie all das schätzen! Die militärische Überlegenheit der Spartaner, behauptet Sokrates sogar, verdanken sie nicht ihrem legendären ausdauernden Training und der strengen Disziplin, sondern einer geheimen Leidenschaft für die Philosophie.

„Die Philosophie", versichert Sokrates, „ist unter allen Griechen nirgends so alt und so verbreitet wie in Kreta und in Sparta, und es gibt auch in keinem anderen Lande so viele Sophisten (das Wort ist hier in positivem Sinne gebraucht) wie dort."[23] Das war natürlich Unsinn: Die griechische Philosophie blühte zuerst in den Städten Kleinasiens, die wie Athen Gründungen der ionischen Griechen waren. Die Spartaner waren Dorier.

Die Spartaner und Kreter täuschten nach dem, was Sokrates erzählt, nur Unwissenheit vor, „damit nicht an den Tag kommt, daß sie an Weisheit (*sophia* im Sinne von Philosophie) allen Griechen überlegen sind. Im Gegenteil, sie erwecken den Eindruck, als seien sie nur im Kampf und in der Tapferkeit überlegen, weil sie fürchten, es würden sich sonst alle darin, nämlich eben in der Weisheit üben wollen, wenn man merkte, daß sie dort überlegen sind."

„Durch diese Geheimhaltung", fährt Sokrates fort, „täuschten sie nun aber ihre ausländischen Nachahmer in den übrigen Städten." Das Ergebnis sei, sagt er – und man wird dabei an das ähnliche Gespräch mit Kallikles im *Gorgias* erinnert –, daß diese sich nun „die Ohren zerschlagen" ('Blumenkohlohren'), indem sie die Spartaner nachahmen, und sie „binden sich Boxriemen um, treiben mit Leidenschaft Leibesübungen und tragen kurze Mäntel, als ob die Überlegenheit der Spartaner über die anderen Griechen auf diesen Dingen beruhte". Sokrates bringt sogar eine erfindungsreiche Erklärung für Spartas Eisernen Vorhang vor. „Wenn aber die Spartaner", erzählt er, „mit den Sophisten in ihrem Lande ungestört verkehren wollen und ihnen die heimlichen Zusammenkünfte zuwider sind, vertreiben sie ihre ausländischen Nachahmer und die anderen Fremden, die sich etwa dort aufhalten, und kommen dann, ohne daß es diese merken, mit den Sophisten zusammen."[24] A. E. Taylor, der unter den Gelehrten dieses Jahrhunderts, die sich mit Platon beschäftigt haben, einer der größten Kenner – und Bewunderer – war, schreibt über diese Stelle: „Es ist wohl unnötig zu sagen, daß diese ganze Darstellung Spartas und Kretas, die die am wenigsten 'intellektuellen' griechischen Gemeinwesen waren . . . ein Riesenspaß ist."[25]

Als Sokrates von der Vertreibung der Fremden sprach, spielte er auf die *xenelasia* an, ein Gesetz zur Ausweisung der Fremden, das das Lexikon von Liddell-Scott-Jones als eine spartanische Besonderheit erklärt. Die Griechen waren Seeleute, Händler und Entdecker. Gastfreundschaft gegenüber Fremden ist bei Homer eine Tugend. Argwohn ihnen gegenüber ist ein Kennzeichen der Wilden, wie es die Kyklopen sind. Griechische Städte und besonders Athen standen Menschen und Ideen offen, Darin waren Sparta und Kreta die Ausnahme. Das war in Athen wohlbekannt. In den *Vögeln* macht sich Aristophanes über die spartanischen Wahnvorstellungen über die Fremden lustig. Der verschrobene Astronom Meton wird gewarnt, er solle aus dem Reich der Vögel fliehen, denn seine gefiederten Herrscher befänden sich in einem Anfall von wahnsinniger Fremdenjagd „wie in Lakedaimon".[26] Die athenische Gesinnung, die hinter diesem Scherz steht, kommt in jener Passage der Gefallenenrede bei Thukydides zum

Ausdruck, in der Perikles sich rühmt: „Denn unsere Stadt ist jedermann offen, und es gibt keine Fremdenausweisungen, durch die wir jemanden hindern, sich zu unterrichten und zu schauen, mag auch ein Feind Nutzen aus dem Verzicht auf die Verheimlichung ziehen."[27] Athen war stolz darauf, von dem Wahn frei zu sein, der unsere heutige Gesellschaft im Zeitalter der nationalen Sicherheit zu befallen begonnen hat.

Sparta war das antike Muster einer solchen geschlossenen Gesellschaft. Xenophon beschreibt die gegen die Fremden gerichteten Gesetze oder *xenelasiai* in seiner Abhandlung über *Die Verfassung der Spartaner*. Aber er scheint diese fremdenfeindliche Gesetzgebung bewundert zu haben. Er schreibt mit einem starken Ton der Enttäuschung, weil die Spartaner in den Tagen, die er dort im Exil verbrachte, begonnen hatten, an fremden Lebensweisen Gefallen zu finden. „Und wie ich weiß, gab es früher . . . *xenelasiai* und es war nicht erlaubt, im Ausland zu leben", berichtet Xenophon, „damit die Bürger nicht von den Fremden mit Bequemlichkeit erfüllt wurden. Jetzt aber", fügt Xenophon traurig hinzu – und das ist nach dem Sieg Spartas im Peloponnesischen Krieg geschrieben zu einer Zeit, als die spartanischen Generäle ein einträgliches Regiment über unterworfene Städte führten – „habe ich den Eindruck, daß die, welche die Ersten unter ihnen zu sein scheinen, sich nur darum kümmern, auf ewig als Statthalter in der Fremde zu bleiben."[28] Um diese Bemerkung zu verstehen, muß man sich daran erinnern, daß Athen nach seiner Niederlage im Peloponnesischen Krieg schnell wieder zu Kräften kam, während Sparta, durch reiche Beute verdorben, sich von seinem Sieg nie ganz erholt hat.[29]

In dem Lügenmärchen, das Sokrates im *Protagoras* auftischt, steht ein in diesen Zusammenhang gehörender und durchaus nicht humoristischer Abschnitt, wo er sagt, die Spartaner ließen „keinen von ihren jungen Leuten in die anderen Städte ziehen, damit sie das nicht verlernen, was sie ihnen selbst beibringen".[30] Der spartanische Eiserne Vorhang funktionierte in beiden Richtungen: Fremde fernzuhalten und eigene Bürger im Lande zu halten. Wie wir schon eben bemerkt haben, war das einer der besonderen Züge der spartanischen und kretischen Verfassungen, den Platon in seinen *Gesetzen* aufgriff. Im Staat der *Gesetze* war die Möglichkeit, in das Ausland zu reisen, nur auf wenige auserwählte Bürger beschränkt, die das sichere Alter von mehr als vierzig Jahren erreicht hatten; und auch dann konnten sie nur in offizieller Mission reisen als Herolde oder Gesandte oder als Beobachter „der gesetzlichen Einrichtungen bei anderen Menschen".[31] Das klingt wie ein Auftrag zur Spionage. In dieser wie in anderer Hinsicht, besonders in bezug auf strenge staatliche Kontrolle der Literatur und Kunst, liefert Platon leninistischen Diktaturen ein Vorbild, das sie bei Marx und Engels nicht finden können.

Es ist bezeichnend, daß Sokrates in der *Apologie,* wenn er das Vorurteil gegen ihn auf die Komödienschriftsteller zurückführt, sich nur auf die *Wolken* des Aristophanes bezieht. Von den *Vögeln,* die seine spartafreundliche Einstellung aufs Korn nehmen, spricht er nicht. Das letztere Stück steht in direktem Zusammenhang mit dem in der Anklage gegen Sokrates enthaltenen Vorwurf, er untergrabe die Ergebenheit der jungen Leute gegenüber Athen. In den *Vögeln* wird diese Beschuldigung bestätigt, wenn die spartafreundlichen „lakonomanen" Jugendlichen Athens als „sokratisiert" beschrieben werden.

Als er Jahre nach dem Prozeß die *Apologie* schrieb, schützte Platon ebenso sich selbst, wenn er Sokrates schonte und die *Vögel* nicht erwähnte. Unter den vornehmlichen Beispielen solcher „sokratisierter" Unzufriedener befand sich auch er, Platon. Er trug im 4. Jahrhundert v. Chr. denselben intellektuellen Angriff gegen die athenische Freiheit voran, den sein Meister im 5. Jahrhundert begonnen hatte.

Teil 2

Die Prüfung

Kapitel 10

Warum haben sie gewartet, bis er siebzig war?

Die *Wolken* wurden fünfundzwanzig, die *Vögel* achtzehn Jahre vor dem Prozeß gegen Sokrates aufgeführt. Die Werke des Aristophanes und die Fragmente der anderen Komödienschriftsteller zeigen, daß seine unangepaßte Haltung im politischen, philosophischen und religiösen Bereich berüchtigt war. Sokrates agierte nicht im Verborgenen. Er war kein furchtsamer Dissident, der – wie es in der Sowjetunion heißt – im *Samisdat* (Selbstverlag) fabriziert, was dafür bestimmt ist, im privaten Umlauf von Hand zu Hand zu gehen oder zur Publikation ins Ausland geschmuggelt zu werden. Seine Ansichten konnte man 'an jeder Ecke' hören: in der *palaistra,* wo die jungen Athleten übten, oder auf dem Marktplatz. Wo immer Athener zusammenkamen, waren sie frei, ihn zu hören. Kein KGB – oder auch, wenn man so will, FBI oder CIA – mußte sein Telephon abhören, um seine Ansichten zu erfahren. Obwohl derartige Einrichtungen in der Antike in anderen Teilen Griechenlands bereits bekannt waren, gab es sie in Athen nicht. Sparta hatte, wie wir aus vielen Quellen wissen, eine *krypteia* oder Geheimpolizei, die nicht allein darauf gedrillt war, 'aufmüpfige' Heloten auszuspionieren, sondern denkbare Rebellen und Störenfriede unter ihnen zu töten.[1]

Politische Spionage scheint sich früh mit dem Aufkommen der Tyrannis in den griechischen Stadtstaaten ausgebreitet zu haben wie z. B. in Syrakus, wo Platon einst gehofft hatte, seinen Freund, den Tyrannen Dionysios II zu einem idealen 'Philosophenkönig' zu machen. Dort setzte, wie Aristoteles uns berichtet, einer der Vorgänger des

Dionysios, Hieron, Lockspitzel und Spione ein, um alles auszukundschaften, „was die Untertanen sagen oder tun" und was Widerstand andeutete. Er sandte Horcher *(otakoustai)* aus, „wo immer eine Zusammenkunft und eine Versammlung stattfand". Ihre Aufgabe war es nicht nur, jede gefährliche Äußerung anzuzeigen, sondern auch durch ihre offensichtliche oder vermutete Anwesenheit Kritiker der Herrschaft einzuschüchtern. „Denn dann reden die Menschen weniger offen", bemerkt Aristoteles, „da sie diese Horcher fürchten", und sie hüten ihre Zunge.[2] Niemand hütete seine Zunge in Athen, und niemand weniger als Sokrates.

Das athenische Gegenstück zu einer freien Presse war das Theater. Die Komödiendichter spielten die Rolle von 'Journalisten' als Lieferanten von boshaften und pikanten Klatschgeschichten und als Kritiker von Vergehen der öffentlichen Beamten. Das meiste ihrer reichen Produktion ist verloren. Die einzigen Komödien, die vollständig erhalten sind, sind die des Aristophanes. Sokrates erscheint in vier von ihnen, und wir besitzen Fragmente von vier anderen Komödiendichtern, die die seltsame Erscheinung und die seltsamen Gedanken des Sokrates zum Gegenstand haben.[3] Wir wissen außerdem noch von einer weiteren verlorenen Komödie mit dem Titel *Konnos* von einem Komödienschriftsteller namens Ameipsias, in der Sokrates die Hauptperson war. Das sind die einzigen Quellen über Sokrates aus seiner Lebenszeit.

Doch bedeutet der Umstand, daß Sokrates eine beliebte Zielscheibe des Spotts der Komödienschriftsteller war, nicht, daß er kein Ansehen besaß. Im Gegenteil zeigt sich darin sein Ruhm und seine Popularität. Die Athener hatten Freude an ihren Sonderlingen. Sie hatten auch Freude an Witzen, die auf Kosten ihrer höchsten Beamten gingen. Die Komödiendichter nahmen sich sogar den Olympier Perikles mit seiner intellektuellen Freundin Aspasia und ihren Kreis von hochgestochenen Schöngeistern vor. Aber die ordinären Witze und die vulgäre Komik, zu der Perikles anregte, hielt die Athener nicht davon ab, ihn so oft wiederzuwählen, daß Thukydides ihn als eigentlichen Monarchen bezeichnete. Der Nachfolger des Perikles, Kleon, war ebenfalls ein erstrangiges Ziel des Spotts, obwohl er doch ein sogenannter Demagoge oder Volksführer war. Aber das verhinderte auch in seinem Falle nicht, daß er wiedergewählt wurde.

Sokrates selbst besaß, wie wir gesehen haben, sehr viel Humor und machte sich oft über sich selbst lustig. Es ist unwahrscheinlich, daß er einen Witz auf seine eigenen Kosten nicht vertragen konnte. In Plutarchs *Moralia* ist eine Geschichte überliefert, daß Sokrates einst gefragt worden sei, ob er beleidigt wäre über die Art, wie Aristophanes in den *Wolken* mit ihm umgegangen sei. Sokrates habe geantwortet: „Wenn man mich im Theater verspottet, ist das wie bei einem großen Trinkgelage *(symposion)*."(4) In einem der schönsten Dialoge Platons, dem Symposion, finden wir in der Tat Sokrates und Aristophanes in freundschaftlichem und geselligem Gespräch dargestellt.

Dennoch scheint Sokrates in der *Apologie* den Ursprung des Vorurteils gegen seine Person den Komödiendichtern zuzuschreiben. Fast ganz am Anfang seiner Verteidigungsrede sagt er, daß er lange vor den Beschuldigungen, denen er sich jetzt in seinem Prozeß gegenübersähe, mit einem Schwarm von verleumderischen Anklagen eingedeckt worden sei. Er sagt, er sei niemals in der Lage gewesen, sich ihnen zu stellen und sie zurückzuweisen, weil seine Ankläger anonym geblieben seien und es nicht möglich gewesen sei, „einen von ihnen hier auftreten zu lassen", d. h. auf der Bühne vor dem Gericht, „und ihn zu widerlegen". So mußte ich, beklagt sich Sokrates, „bei meiner Verteidigung ganz wie gegen Schatten kämpfen und sie zur Rede stellen, ohne daß einer darauf antwortet". Es sei widersinnig, sagt er, „daß man nicht einmal ihre Namen wissen und nennen kann, außer wenn es sich dabei zufällig um einen Komödiendichter handelt".

Sokrates sagt, daß diese früheren Ankläger „auf die meisten von euch schon in eurer Kindheit Einfluß gewannen".[5] Das war keine Übertreibung. Auch Kinder besuchten das Theater, und aus den Aufführungsdaten wissen wir, daß die ersten Parodien auf Sokrates im Jahre 423 v. Chr. auf die Bühne kamen, als viele seiner Richter tatsächlich noch Kinder waren. In jenem Jahr wurden an dem jährlichen Fest der Dionysien zwei Komödien über Sokrates das erste Mal aufgeführt, und beide gewannen einen Preis: Der zweite Preis ging an den *Konnos* des Ameipsias und der dritte an die *Wolken*.

Wir haben lediglich zwei Fragmente des *Konnos*, doch seine Scherze waren wohl denen in den *Wolken* vergleichbar, wo Sokrates der Leiter eines *phrontisterion* war – einer 'Denkfabrik'. Der *Konnos* hatte in ähnlicher Weise einen Chor von *phrontistai* oder 'Denkern'. Niemand weiß genau, was der Titel *Konnos* eigentlich bedeutet, aber es gab ein Verbum *konneo*, das soviel hieß wie 'wissen'. Wie die *Wolken* war das Stück eine Satire auf die Intellektuellen; vielleicht bedeutete der Titel der 'Wisser' oder 'Einer, der weiß'.

Einen ähnlichen Witz scheint ein dritter Komödiendichter gemacht zu haben, nämlich Eupolis. In einem erhaltenen Fragment, das sich auf Sokrates bezieht, wird mit dem Wort *phrontizo* gespielt, das soviel wie nachdenken oder sinnieren heißt. Eupolis läßt eine seiner Personen sagen: „Ich hasse auch den Sokrates, den Habenichts, den Schwätzer, der über vieles sonst sinniert, doch wie er was zu essen kriegt, das hat ihn nie gekümmert." Wir kennen weder den Titel noch den Inhalt der Komödie, aus der dieses Fragment stammt. Aber J. Ferguson (Britain's Open University) berichtet uns in seinem Quellenbuch zu Sokrates, daß ein antikes Scholion zu den *Wolken* sage, obwohl Eupolis in seinen Stücken den Sokrates nicht oft aufs Korn nehme, mache er ihn doch besser fertig als Aristophanes in seinen ganzen Wolken.[6]

Das Genie und die Verehrung des Platon hat aus Sokrates einen säkularisierten Heiligen unserer westlichen Zivilisation gemacht. Doch die einzelnen Bruchstücke, die uns aus der sogenannten Alten Komödie des 5. Jahrhunderts aus Athen erhalten sind, legen nahe, daß er von seinen Mitbürgern seit eh und je als ein kauziger, aber auch liebenswerter Sonderling angesehen wurde, als ein stadtbekanntes 'Original'. So sahen ihn seine Zeitgenossen und nicht etwa, wie wir ihn sehen, im goldenen Schein der Dialoge Platons. Der Humor der Alten Komödie ist grob und ordinär; sie ist nichts für prüde Schöngeister. Sie ist der entfernteste Vorläufer von Minsky's. Grundformen derselben Sticheleien und schmutzigen Witze, die ich später in den Stücken des Aristophanes wiedergefunden habe, erinnere ich aus meiner Jugendzeit von mehr oder minder heimlich besuchten Aufführungen amerikanischer Komiker – selbst dieselben ordinären Gesten wie z. B. der nach oben gestreckte Mittelfinger.

Aber nur ein humorloser Pedant kann meinen, daß die Späße der Komödienschriftsteller zum Prozeß des Sokrates geführt hätten. Wenn Eupolis ihn als einen Mann darstellt, der über alles „sinniert", aber nicht wußte, woher seine nächste Mahlzeit kommen sollte, war das grob und ein bißchen grausam – wie Humor so oft –, aber es war wohl kaum ein Grund für eine strafrechtliche Verfolgung. Das Schicksal des Sokrates den Komödienschriftstellern anzulasten wäre dasselbe, als wollte man die Niederlage eines heutigen Politikers auf die Art und Weise zurückführen, wie er von den Karikaturisten 'entstellt' worden sei. In der *Apologie* macht Sokrates zwei gezielte Bemerkungen darüber, wie er in den *Wolken* dargestellt werde. Er sagt, seine Richter hätten „es auch selber in der Komödie des Aristophanes gesehen: Dort brachte man einen Sokrates auf die Bühne, der behauptete, er könne in der Luft gehen." Aber Philosophen haben zu allen Zeiten den Eindruck erweckt, sie könnten „in der Luft gehen". Sokrates übertreibt, wenn er das mit der Anklage gleichsetzt, er „tue Unrecht und treibe törichte Dinge". Aristophanes machte einen Witz und reichte nicht etwa eine Anklageschrift ein.

Sokrates beklagt sich auch, daß seinen Richtern von Kindesbeinen an von der Komödie eingeredet worden sei, „es sei da ein gewisser Sokrates, ein Sophist, der denke über die Himmelskörper nach und wolle auch alles das erforschen, was unter der Erde sei, und er mache die schlechtere zur besseren Sache". Das, sagt Sokrates, „sind die Ankläger, die ich fürchten muß".

Aber es ist nicht überliefert, daß jemand in Athen je verfolgt worden wäre um dessentwillen, was die Komödienschriftsteller über ihn gesagt haben. Wenn man deren Witze ernstgenommen hätte, wären die meisten Staatsmänner der Stadt im Gefängnis geendet. Das gilt nicht nur für das 5. Jahrhundert des Sokrates, sondern auch für das 4. Jahrhundert Platons, als dieser Gegenstand der zeitgenössischen Komödie war.

Nach der Darstellung Platons indes beklagt sich Sokrates über seine Mitbürger, die dächten, wer „die Himmelskörper" und das, „was unter der Erde sei", erforsche, sei ein Freidenker und „glaube auch nicht an Götter".[7] Sokrates sagt, er sei durch Verleumdungen dieser Art in Verruf gekommen. Aber athenische Zuhörer, wie wir aus den Dialogen Platons wissen, kamen zahlreich – und zahlten gut –, um freidenkerische Philosophen und 'Sophisten' aus ganz Griechenland solche Gedanken entwickeln zu hören.

Was die Beschuldigung anbetrifft, daß er nicht an die Götter glaube, so waren die Athener daran gewöhnt, sowohl in der Komödie wie im tragischen Theater zu hören, wie man die Götter respektlos behandelte. Zweihundert Jahre lang hatten die Philosophen vor Sokrates die Fundamente der Naturwissenschaft und des metaphysischen Fragens gelegt. Ihre gewaltige Aufgabe und Leistung im Bereich des freien Denkens erfüllt uns noch heute mit Ehrfurcht, wenn wir über die Fragmente dieser sogenannten Vorsokratiker nachbrüten. Fast alle grundlegenden Gedanken der Wissenschaft und Philosophie kann man dort im Ansatz finden. Sie als erste sprachen von der Evolution und ersannen das Atom. Im Verlaufe dieser Entwicklung wurden die antiken Götter nicht so sehr enttrohnt, als daß sie abgewertet und übergangen wurden. Sie wurden zu erhabenen Legenden oder zu metaphorischen Personifizierungen der Naturkräfte oder abstrakter Ideen gemacht.

Diese Philosophen waren Rationalisten und kümmerten sich nur wenig um das, was wir 'Theologie' nennen. Der Begriff als solcher war ihnen unbekannt. In der Tat taucht er im Griechischen erst im Jahrhundert nach Sokrates auf. Das Wort *theologia* – die Rede von den Göttern – findet sich zum ersten Mal im *Staat,* als Platon erklären will, was die Dichter in seinem utopischen Staat über die göttlichen Kräfte werden sagen dürfen.[8] In seiner idealen Gesellschaft hätte sich ein Sokrates in der Tat strafbar gemacht, weil er von der vom Staat geregelten *theologia* abwich, aber in Athen war dem nicht so.

Die olympischen Götter Homers und Hesiods hatten ihre Bedeutung verloren gegenüber den materiellen Kräften und den immateriellen Abstraktionen, die die Vorsokratiker als die ersten Beweger des Universums ausgemacht hatten. Die Götter wurden auf eine geringere Rolle im kosmischen Drama zurückgestuft. Wenn der eine oder andere dieser frühen Freidenker die Frage nach der Natur der Götter berührte, war das Ergebnis vernichtend. In unserer Bibel schafft Gott den Menschen nach Seinem Abbild. Doch Xenophanes, ein Jahrhundert vor Sokrates, stellte diese anthropomorphe Vorstellung auf den Kopf und erklärte, daß die Menschen sich ihre Götter nach dem eigenen menschlichen Vorbild schüfen. Xenophanes sagte, daß die Aithioper „stumpfnasige und schwarze" Götter hätten, während die Thraker Götter anbeteten, die „blauäugig und rothaarig" seien wie sie selbst. Er fügte hinzu, wenn Ochsen, Pferde und Löwen Hände hätten und sich Bilder machen könnten, dann würden auch sie Götter verehren, die aussähen wie sie. Xenophanes wagte es sogar, Homer und Hesiod zu kritisieren, die beiden 'Bibeln' der traditionellen griechischen Religion. „Alles", schrieb er, „haben den Göttern Homer und Hesiod angehängt, was nur bei Menschen Schimpf und Tadel ist: Stehlen und Ehebrechen und einander Betrügen."[9] Das ist so ziemlich dieselbe Klage, die Platon gegen die Dichter führt, als er vorschlägt, sie zu zensieren.

Xenophanes scheint eine Art Pantheist gewesen zu sein, während Platon die Olympischen Götter zu einer schattenhaften und unbedeutenden Existenz irgendwo zwischen der Erde und der Stratosphäre seiner unvergänglichen Ideen verurteilte. Aber weder Xenophanes im 6. Jahrhundert noch Platon im 4. Jahrhundert wurden je wegen Äußerungen gegen die Religion vor Gericht gestellt.

Der Polytheismus war als solcher pluralistisch und dadurch weitgefaßt und tolerant. Er stand neuen Göttern und dem neuen Verständnis alter Götter offen. Seine Mythologie personifizierte die Naturkräfte und konnte sich durch Allegorien leicht in eine metaphysische Vorstellungswelt einfügen. Letztere war nichts anderes als die alten Götter in neuer Gestalt, und sie forderte eine entsprechende, aber erneuerte Frömmigkeit.

Der Atheismus war wenig bekannt und für einen Heiden schwer nachvollziehbar, denn er sah das Göttliche überall um sich herum: Es war nicht allein auf dem Olymp zu finden, sondern auch im Herd und im Grenzstein, die gleichfalls Gottheiten waren, wenn auch auf einer niederen Ebene. In derselben Stadt und im selben Jahrhundert konnte man Zeus entweder als Schürzenjäger und alten Wüstling verehren, der bei Hera unter dem Pantoffel stand und von ihr Hörner aufgesetzt bekam, oder man verehrte ihn als vergöttlichte Gerechtigkeit.

Es waren die politischen Ansichten des Sokrates, nicht die philosophischen und theologischen, die ihn am Ende in Schwierigkeiten brachten. Die Diskussion über seine religiösen Ansichten lenkt die Aufmerksamkeit von den wahren Problemen ab. Nirgendwo in der *Apologie* erwähnt Sokrates auch nur die Witze über seine spartafreundliche Einstellung oder die über die spartafreundlichen jungen Männer, die ihn verehrten und nachahmten. Unser wirkliches Problem ist folgendes: Was war geschehen, daß diese alten politischen Witze plötzlich nicht mehr komisch waren?

Kapitel 11

Die drei Erdbeben

Es gab keinen öffentlichen Ankläger in Athen. Jeder Bürger konnte eine Anklage vor Gericht einreichen. Wenn anonyme Beschuldigungen und die Komödie das ganze Leben des Sokrates hindurch ein Vorurteil gegen ihn aufgebaut hatten, wie er in der *Apologie* behauptet, wie kam es dann, daß niemand eine formelle Anklage gegen ihn einreichte, bevor er siebzig Jahre alt war? Darauf scheint es zwei Antworten zu geben. Erstens muß Athen besonders tolerant gegenüber abweichenden Meinungen gewesen sein. Und zweitens muß gegen das Ende seines Lebens etwas geschehen sein, was diesen Zustand wesentlich verändert hat.

Was war geschehen, das alte Witze schal werden ließ? Was verwandelte ein Vorurteil in eine formelle Anklage? Die Antwort liegt, wie ich glaube, in drei politischen 'Erdbeben', die sich in wenig mehr als einem Jahrzehnt vor dem Prozeß ereigneten, das Gefühl der inneren Sicherheit der Stadt erschütterten und ihre Bürger empfindlich machten. Wären diese Ereignisse nicht gewesen, so wäre Sokrates niemals vor Gericht gestellt worden, auch dann nicht, wenn zweimal so viele Komödiendichter sich über ihn lustig gemacht hätten.

Diese alarmierenden Ereignisse gehören in die Jahre 411, 404 und 401 v. Chr. Im Jahre 411 und dann wieder 404 stürzten unzufriedene Elemente in stillschweigendem Einvernehmen mit dem spartanischen Feind die Demokratie, errichteten eine Gewaltherrschaft und führten ein Schreckensregiment. Im Jahre 401, nur zwei Jahre vor dem Prozeß, schickte man sich an, das von neuem zu versuchen. Die Art reicher junger Männer, die im Kreis des Sokrates auffallend vertreten waren, war an allen dreien dieser inneren Auseinandersetzungen führend beteiligt.

Vertraute Personen, die in den *Wolken* und den *Vögeln* mit Spott überzogen worden waren, müssen eine neue und unheilvolle Bedeutung bekommen haben. Der verschwenderische junge Aristokrat Pheidippides, der in der sokratischen „Denkfabrik" der *Wolken* Unterrichtsstunden nahm, stand nicht mehr länger als ein harmloser Stutzer da. Eine ernüchternde Erfahrung gab nun der frohlockenden kleinen Ansprache, die er hält, bevor er seinen Vater verprügelt, einen neuen Anstrich: „Wohl ist's ein Glück, vertraut zu sein mit dem System des Tages und hoch herabzusehen auf den Quark der alten Sitte."[1] Die „sokratisierte" Jugend der *Vögel* mit ihren Klubs nach spartanischem Vorbild erschien nicht mehr länger als fesch und nett. Aus ihnen waren die Sturmtruppen geworden, mit deren Hilfe im Jahre 411 die Vierhundert und 404 die Dreißig die Stadt in Angst und Schrecken versetzten.

In den wohlgesetzten und anziehenden Sätzen seiner *Apologie* erlaubt Platon nicht, daß diese politischen Ereignisse sich dem Leser aufdrängen, obwohl sie den Richtern frisch im Gedächtnis standen. Und auch sonst erwähnt er sie nirgendwo in seinen zahlreichen Dialogen.[2] Angesichts der Tatsache, daß eines der Hauptanliegen Platons die Erreichung einer tugendhaften Politik war, wird dieser weiße Fleck in seinen Dialogen als solcher zu einer Dokumentation selektiven politischen Gedächtnisses.

Wir verfügen über zeitgenössische schriftliche Quellen, die uns das jeweilige Geschehen überliefern. Thukydides ist unsere Quelle für die Ereignisse des Jahres 411, für die des Jahres 404 haben wir die *Hellenika* des Xenophon. Die erste Gewaltherrschaft – die der Vierhundert – dauerte nur vier Monate; die zweite – die der Dreißig – acht Monate. Doch jede der beiden Diktaturen drängte viele schreckliche Dinge in eine kurze, aber unvergeßliche Zeitspanne.

Die Schreckenstaten waren kein Zufall. Es ist stets in der Geschichte so, daß der Terror einer Diktatur, den sie zu ihrer Aufrechterhaltung auszuüben für nötig hält, um so größer wird, je schmäler ihre Basis ist. In den Jahren 411 und 404 wurde die Demokratie nicht von einem Volksaufstand gestürzt, sondern von einer Handvoll von Verschwörern. Sie mußten sich der Gewalt und der Täuschung bedienen und mit dem spartanischen Feind Hand in Hand arbeiten, weil sie im Inneren so wenig Unterstützung hatten. Vor diesem Hintergrund können wir besser verstehen, was es ist, das Sokrates an einer merkwürdigen Stelle in der *Apologie* in Abrede stellt. Er sagt dort, er habe sein ganz Leben lang vermieden, an *synomosiai* teilzunehmen. Das wird gelegentlich als „revolutionäre Umtriebe" übersetzt.[3] Aber das Wort verdient eine ausführlichere Erklärung, wenn wir erfassen wollen, was dieses Dementi bedeutet. Es ist von einem griechischen Verbum abgeleitet, das soviel bedeutet wie 'einen gemeinsamen Eid schwören'. Das Wort fand Anwendung auf die mehr oder minder geheimen Klubs oder 'Verschwörungen', in denen sich die Aristokraten durch Eid banden, einander zu helfen und gegen die Demokratie zu arbeiten. Diese *synomisiai*, erklärt Burnet in seiner Anmerkung zu dieser Passage in der *Apologie*, „waren ursprünglich dazu da, die Wahl von Angehörigen der oligarchischen Partei in die Ämter zu sichern sowie deren Freispruch zu erwirken, wenn sie vor Gericht gestellt wurden; diese Klubs spielten eine überaus große Rolle in den Umsturzbewegungen am Ende des 5. Jahrhunderts v. Chr."[4]

Diese aristokratischen Klubs waren berüchtigt. Der früheste Hinweis auf sie findet sich in den *Rittern* des Aristophanes, wo der Paphlagonier sagt: „Gleich auf der Stelle geh ich in den Rat und zeig all eure Verschwörungen *(synomosiai)* an."[5] Die Komödie gewann den ersten Preis im Jahre 424 v. Chr., dreizehn Jahre vor dem ersten Sturz der Demokratie.

Bezeichnenderweise hält es Sokrates für notwendig, seine Teilnahme an solchen Verschwörungen in Abrede zu stellen. Doch teilten er und die Teilnehmer solcher *synomosiai* ihre gemeinsame Abneigung gegen die Demokratie. Das Dementi des Sokrates, daß er je selbst an einer *synomosia* teilgehabt habe, ist der einzige Moment in der *Apologie,* wo er – wenn auch nur ganz oberflächlich – das berührt, was ich für die wirklichen politischen Fragen halte, die hinter seinem Prozeß stehen. Aber Sokrates leugnet nicht – und konnte leider nicht leugnen –, daß einige seiner berühmtesten Schüler oder Gefährten eine führende Rolle in diesen Verschwörungen eingenommen hatten.

Die zu normalen Zeiten übliche subversive Strategie der aristokratischen Klubs wird im zweiten Buch des *Staats* durch Adeimantos freimütig offengelegt. Adeimantos wird im allgemeinen mit dem Bruder des Platon gleichgesetzt. „Um unentdeckt zu bleiben," erklärt Adeimantos Platon, „werden wir Verschwörungen *(synomosiai)* anzetteln und geheime Bünde *(hetaireiai)* bilden. Und dann gibt es Lehrer der Überredung, die uns die Kunst vermitteln, vor dem Volk und vor Gericht zu reden. Und so werden wir bald durch gütliche Überredung, bald durch Gewalt die anderen übervorteilen und dabei der Strafe entgehen."[6] In seinen *Gesetzen* sieht Platon die Todesstrafe für jeden vor, der Verschwörungen oder geheime Bünde organisierte, um seine eigene ideale Stadt zu unterwandern.[7] Doch Athen war da toleranter. Das Recht auf Bildung von Bünden war durch ein athenisches Gesetz gesichert, das in die Tage Solons zurückreichte. Diese aristokratischen 'Klubs' wurden niemals gerichtlich verfolgt, obwohl, wie Gomme in seinem monumentalen Kommentar zu Thukydides bemerkt, „nur Feinde der Demokratie es nötig hatten, geheime Bünde zu bilden".[8] Die erste Erwähnung von *synomosiai* bei Thukydides ist der berühmte Hermenfrevel – die Verstümmelung der Hermen just zu dem Zeitpunkt, als die athenische Flotte sich darauf vorbereitete, gegen Syrakus auszulaufen.[9] Die Säulen des Hermes, des (unter anderem) Schutzgottes der Reisenden, standen vor den Häusern der Athener. In einer Nacht wurden sie allesamt beschädigt. Man argwöhnte, daß eine oligarchische Verschwörung *(synomosia)* hinter diesem schlechten Vorzeichen und der Beleidigung des Gottes stehe, die es darauf anlege, der Expedition Unglück zu bringen.

Nach der Katastrophe von Syrakus geriet dann tatsächlich eine aristokratische Verschwörung in Bewegung. Thukydides berichtet uns, daß ein verräterischer Stratege namens Peisander begonnen habe, die athenische Politik in den unterworfenen Städten rückgängig zu machen, die von Athen begünstigten Demokratien abzulösen und durch Oligarchien zu ersetzen. Dieser Umsturz in den von Athen beherrschten Städten führte bald dazu, daß man für den Sturz der Demokratie in Athen selbst im Jahre 411 über Hilfstruppen mit oligarchischen Sympathien verfügte.

Thukydides erzählt, die Verschwörer hätten, als sie Athen erreichten, festgestellt, daß das meiste von den aristokratischen geheimen Bünden bereits getan worden war. „Eine Gruppe junger Leute" aus diesen Klubs habe Mordbanden zusammengestellt, um das Volk seiner Führer zu berauben und ein Klima des Schreckens zu schaffen. „Ein gewisser Androkles", berichtet der Geschichtsschreiber, sei heimlich erschlagen worden, da er „vor andern das Volk leitete". „Und noch einige andere Widersacher hatten sie auf die gleiche Weise heimlich beseitigt." Der Terror breitete sich aus. „Es widersprach auch keiner mehr von den anderen, aus Angst und weil es so viele Verschwörer gab; und wenn auch einer widersprach", sagt Thukydides, „war er gleich auf irgendeine geschickte Art getötet." Diese Banden waren frühe Vorläufer der Todesschwadronen, die in unserer Zeit die Militärs in Argentinien, El Salvador und Chile eingesetzt haben.

Die innere Rechtssicherheit brach zusammen. „Nach den Tätern wurde nicht gefahndet," fuhr der Historiker fort, „die Tat, auch wo Verdacht war, nicht geahndet." Im Gegenteil, bemerkt Thukydides, „das Volk *(demos)* blieb ruhig und dermaßen eingeschüchtert, daß man es für ein Glück hielt, wenn einem nichts Gewaltsames widerfuhr." Der Terror hatte einen Multiplikationseffekt. „Da sie auch die Verschwörer für viel zahlreicher hielten, als sie wirklich waren," ließen die Demokraten „den Mut sinken."

„Argwöhnisch begegneten einander alle vom Volk," erklärt Thukydides. Das war nicht einfach Verfolgungswahn. Es gab unvorhersehbaren Verrat, da manche aus Feigheit oder Opportunismus die Seite wechselten. „Es waren auch Leute dabei, von denen man niemals gedacht hätte, daß sie sich für eine Oligarchie einsetzen würden."

Diese Überläufer waren es, berichtet der antike Geschichtsschreiber, „die vor allem das Mißtrauen bei der Menge bewirkten und am meisten halfen, daß die Wenigen ungefährdet blieben, indem ihrethalber im Volk nichts sicher war als die gegenseitige Unsicherheit." Für die Athener waren diese Sätze keine antike Geschichtsschreibung, als sie Sokrates vor Gericht stellten.

Nachdem Athen sich am Ende des Peloponnesischen Kriegs ergeben hatte, gab es eine ähnliche Verschwörung. Der spartanische Flottenführer Lysandros „schlug sich auf die Seite der Oligarchen", erzählt uns Aristoteles. So groß war die Furcht vor dem, was die Sieger tun könnten, daß die athenische Volksversammlung selbst beschloß, die Demokratie abzuschaffen. „Das eingeschüchterte Volk", erklärt Aristoteles, war „gezwungen, für die Oligarchie zu stimmen."[11] So kamen im Jahre 404 v. Chr. die Dreißig an die Macht. Viele von ihnen waren gegen die Demokratie eingestellte ehemalige Verbannte. Manche hatten auf der Seite Spartas gekämpft. Die Sieger zählten auf solche Leute, um Athen fest unter dem spartanischen Joch zu halten. Die Legitimität der Regierung war in den Augen der meisten Athener von Anfang an durch diese Nähe zu Verrat und Niederlage belastet. Die Dreißig stützten sich für ihre Sicherheit auf die spartanische Besatzung. Darüberhinaus stellten sie eine aus jungen Anhängern bestehende private Truppe auf, die die Bürger terrorisierte. Aristoteles sagt, die Dreißig hätten „dreihundert peitschentragende Amtsdiener" eingesetzt, „und hatten so die Staatsverwaltung unter sich".[12] Diese junge Schlägertruppe muß viele Athener an die „sokratisierten" und nach Sparta verrückten jungen Männer erinnert haben, über die sich Aristophanes in den *Vögeln* lustig macht. Man konnte Sokrates nicht für deren Verhalten verantwortlich machen, aber als er bald darauf im Jahre 399 v. Chr. vor Gericht kam, muß man sich an diese Schläger als genau die Art von jungen Leuten erinnert haben, die er beschuldigt wurde gegen die Demokratie eingenommen zu haben.

Sokrates scheint sogar selbst auf diese Art von Verdächtigungen zu antworten, wenn er die Richter in der *Apologie* warnt, nach seinem Tode würden es „ihrer nur noch mehr sein, die euch zur Rechenschaft ziehen. Bis jetzt hielt ich sie zurück, sodaß ihr sie gar nicht bemerktet. ... Sie werden euch um so lästiger sein."[13] Diese beunruhigende Bemerkung wird im dritten und letzten Teil der *Apologie* gemacht, nachdem zwei entscheidende Abstimmungen stattgefunden haben, die eine über den Schuldspruch und die andere über die Strafe. Daher konnte seine Feststellung keinen Einfluß mehr auf diese beiden Entscheidungen haben. Warum hielt sich Sokrates so lange zurück, diesen Anspruch zu erheben? Zeugnisse dieser Art hätten gezeigt, daß er zwar ein Gegner der Demokratie war, daß er aber nie zu ihrem gewaltsamen Sturz aufgefordert hatte. Eine solche Verteidigung hätte ihn indes gezwungen zuzugeben, daß er doch ein Lehrer sei und daß er antidemokratische Ansichten prägte. Das zu gestehen hat sich Sokrates gesträubt. Er zog es vor, sich als einen Mann darzustellen, der über der Auseinandersetzung stand und der Politik ganz fernstand, und als jemand, der nur eingriff, wenn die Entscheidung ihm aufgedrängt wurde. In einem solchen Falle leistete er eher Widerstand, statt an einer Ungerechtigkeit teilzuhaben, ganz gleich unter wessen Herrschaft sie geschehe. So hatte er anläßlich des Prozesses gegen die Strategen unter der Demokratie gehandelt und ebenso bei der Verhaftung des Leon unter den Dreißig.

Um zu verstehen, wie die Ereignisse von 411 und 403 die Einstellung des Volkes zu Sokrates verändert haben müssen, braucht man sich nur zu erinnern, auf welchem Wege die Demokratie zweimal wiederhergestellt wurde. Wie bei so vielen Revolutionen, sei es der Sturz des Zaren oder des Kaisers im 1. Weltkrieg oder der Zusammenbruch des Regimes der griechischen Obristen oder der argentinischen Militärdiktatur in den 1980er Jahren, folgte der politische Umsturz einer militärischen Katastrophe: Für Athen war das im Jahre 411 die Niederlage bei Syrakus; 404 war es der Verlust der Flotte bei Aigospotamoi – durch Verrat oder unglaubliche Unfähigkeit – und die Kapitulation vor Sparta.

Unmittelbar nach diesen Niederlagen folgte nicht eine Auseinandersetzung zwischen reichen Oligarchen und armen Demokraten, sondern ein von drei Seiten geführter Klassenkampf. Bei den Leuten unter der Führung des Kritias handelte es sich um Aristokraten, die in geheimen Verschwörergruppen organisiert waren und auf eine Gelegenheit warteten, die Demokratie zu stürzen. Eine Zweite Gruppe trat für die Interessen der Mittelklasse ein, und eine dritte für die der Armen. Letztere stellten die Arbeitskräfte; ihre politische Gleichstellung verdankten sie der Rolle, die sie als Seeleute und leichte Infanterie, d.h. Marineinfanterie in der Flotte spielten. Auf der Flotte beruhte die Machtstellung Athens innerhalb des Reiches und seine Vorherrschaft im Handel.

In den Jahren 411 und 404 wurde die Demokratie von einer Koalition aus Aristokraten und Mittelschicht gestürzt, die sich gegen die Armen richtete und diesen ihre Rechte nahm. Aber die Koalition fand zweimal ein Ende, als die Aristokraten versuchten, die Mittelschicht in derselben Weise wie die Armen zu entwaffnen und ihrer Rechte zu berauben. Ziel der Aristokraten war es dabei, eine Tyrannis zu errichten statt einer oligarchischen oder 'republikanischen' Herrschaft, die sich auf die Beschränkung des Bürgerrechts auf die Landbesitzer gründen sollte. Sowohl 411 wie 404 zeigten die aristokratischen Diktatoren ein grausames, raffgieriges und blutrünstiges Verhalten. Niemals in der Geschichte Athens waren Grundrechte und Besitz dort so unsicher, wie in der Zeit dieser beiden Zwischenspiele. Beide Male mußte die Mittelschicht zu ihrer eigenen Verteidigung ein Bündnis mit den Armen schließen und die Demokratie wiederherstellen. Die wiederhergestellte Demokratie zeigte sich 403 großherzig. Abgesehen von einigen wenigen Führern der Aristokraten, die ihr Leben verloren, versöhnten sich die Klassen und Parteien der Auseinandersetzung auf der Grundlage einer umfassenden Amnestie, die in der ganzen Antike Bewunderung erregte. Obwohl Aristoteles eigentlich eine Herrschaft der Mittelschicht und ein beschränktes Bürgerrecht als eigene Lösung vorzog, bezeugt er der wiederhergestellten Demokratie doch seine Hochachtung: Die Athener, schreibt er, „scheinen sich in sehr anständiger und politisch kluger Art und Weise sowohl öffentlich als auch privat mit den Schicksalsschlägen der Vergangenheit auseinandergesetzt zu haben". In anderen Städten wurden die Verlierer oft abgeschlachtet und die aristokratischen Grundbesitzer verloren ihre Güter an die, die kein Land hatten. Doch die athenischen Demokraten, bemerkt Aristoteles mit offensichtlichem Erstaunen, hätten noch nicht einmal das Land neuverteilt.[14]

Sokrates trat während dieser schicksalsschweren Auseinandersetzungen und ihrer menschlichen Lösung weder auf die Seite der Aristokraten, noch auf die seiner eigenen Mittelschicht oder die der Armen. Der gesprächigste Mann Athens verstummte, als seine Stimme am meisten gebraucht wurde. Ein denkbarer Grund ist ganz einfach, daß ihm nicht genügend daran lag. Mitgefühl scheint ihm völlig zu fehlen. Nietzsche, der ja ursprünglich Altertumswissenschaftler war, beschreibt die Logik des Sokrates einmal als „eisig". Gregory Vlastos, einer der ersten Platonforscher unserer Zeit, hat einmal geschrieben, während Jesus für Jerusalem geweint habe, habe Sokrates für Athen keine Träne vergossen.

Der Mangel des Sokrates an Mitgefühl wird in Platons *Euthyphron* deutlich, wenn man ihn mit anderen Augen von neuem liest. Der Dialog wird häufig – zusammen mit der *Apologie,* dem *Kriton* und dem *Phaidon* – in einem Band als *Der Prozeß und Tod des Sokrates* gedruckt. Doch erzählt uns der *Euthyphron,* obwohl er doch dem ersten

Anschein nach vieles zu sagen verspricht, was wir gerne wissen würden, enttäuschend wenig über die Anklageschrift. Als der Dialog beginnt, treffen wir Sokrates in der Säulenhalle des *archon basileus,* wohin er zur Voruntersuchung vor dem Prozeß geladen ist. Wir sind gespannt zu hören, was dort geschah. Nach athenischem Recht wie später im Rechtssystem des kontinentalen Europa erfüllte die Voruntersuchung ungefähr denselben Zweck wie die Grand Jury im angloamerikanischen Recht. Der Magistrat hörte beide Seiten und entschied, ob der Fall einen Prozeß lohnte.

Die Ankläger treten in dem Dialog nicht einmal auf. Die Eröffnungsszene stellt sich lediglich als Hintergrund für einen Dialog heraus, der fast überhaupt nichts mit dem Prozeß des Sokrates zu tun hat. Stattdessen treffen wir einen Mann, Euthyphron, der seinerseits als Kläger in einen nicht mit Sokrates in Zusammenhang stehenden Prozeß verwickelt ist. Doch erfahren wir im Verlauf des Gesprächs beiläufig einige Neuigkeiten über Sokrates.

Was den Fall des Euthyphron ungewöhnlich macht, ist der Umstand, daß er nach zwei Fällen von Totschlag auf seinem Landgut auf der Insel Naxos eine Anklage gegen seinen eigenen Vater eingereicht hat. Einer der Sklaven der Familie war im Streit von einem Lohnarbeiter getötet worden. Der Vater des Euthyphron ließ den Mann, an Händen und Füßen gebunden, in eine Grube werfen, während er einen Boten mit dem Schiff nach Athen schickte, um einen religiösen Ratgeber fragen zu lassen, was wegen der Tötung des Sklaven zu tun sei. Während man auf die Rückkehr des Boten wartete, starb der Arbeiter an Hunger und Kälte. Euthyphron beschloß daraufhin, gegen seinen Vater wegen des Todes des Arbeiters Klage einzureichen.

Sokrates benutzt das Zusammentreffen mit Euthyphron für eine weitere metaphysische – und semantische – Jagd nach dem Phantom. Er will wissen, ob es „fromm" oder „heilig" sei, wenn ein Sohn eine Klage gegen seinen eigenen Vater einbringe. Der Dialog widmet sich im Anschluß daran der Frage zu definieren, was „Frömmigkeit" oder „das Fromme" sei.

Nirgendwo in dem langen, verwickelten und manchmal mühsamen Dialog verliert Sokrates auch nur ein einziges Wort des Mitleids für den armen Lohnarbeiter ohne jeden Landbesitz. Seine Rechte werden niemals in Erwägung gezogen. War es „fromm" oder gerecht, ihn der

Kälte und dem Hunger auszusetzen, solange der „Gutsherr" sich Zeit ließ zu entscheiden, was mit ihm zu geschehen habe? Hatte er kein Recht auf eine Gerichtsverhandlung? Der Arbeiter hätte vielleicht zeigen können, daß er zu dem Streit, in dem er den Sklaven des Gutsbesitzers getötet hatte, provoziert worden war oder daß er in Notwehr gehandelt hatte oder daß es sich um einen tödlichen Unfall handelte. All diese Möglichkeiten einer Verteidigung waren im athenischen Recht über die Tötung vorgesehen. Und nun, nachdem der Arbeiter vor Hunger und Kälte gestorben war, erforderte da die Gerechtigkeit nicht, daß man in dem Prozeß gegen den Vater des Euthyphron feststellte, ob dessen eigenes Verhalten nicht den Tatbestand des Mordes erfüllte?

Sokrates könnte an dieser Stelle eingewendet haben, daß er nicht über Gesetz oder Gerechtigkeit sprach, sondern von der Logik. Man könnte aber genausogut sagen, daß sein Mangel an Mitgefühl ihn einen Fehler in seiner Logik übersehen ließ und ihn daran hinderte, die volle Tragweite des Falles zu erfassen. Die quälendste durch den Fall aufgeworfene Frage und die, die Sokrates am meisten beschäftigte, ist die, ob Euthyphron angesichts der Umstände „fromm" handelte, wenn er gegen seinen Vater eine Klage einreichte. Aber keine Definition von „Frömmigkeit" erlaubte wirklich eine Lösung dieser Frage. Euthyphron war in einen klassischen Widerstreit der Pflichten verwickelt, wie er so oft in der griechischen Tragödie vorkommt. Er hatte die Pflichten eines Sohnes gegenüber seinem Vater zu wahren. Er hatte ebenso eine Pflicht als Mensch und Bürger, dafür zu sorgen, daß Gerechtigkeit geschah.

In der *Oresteia* des Aischylos wird der arme Orestes von einem ähnlichen Widerstreit seiner Pflichten zum Wahnsinn getrieben. Als Sohn hatte er die Pflicht, den Tod seines Vaters zu rächen. Doch sein Vater war von seiner Mutter ermordet worden, von Klytaimnestra, der gegenüber er auch eine Sohnespflicht hatte. Welche der beiden Pflichten war heiliger? Bei Aischylos entblößt Klytaimnestra ihre Brust und kleidet die Frage in eine schreckliche Geste: Wie könnte ihr Kind das Messer in die Brust stoßen, die ihn selbst genährt hatte?

Das Problem war nicht durch irgendeinen Schluß vom Allgemeinen auf das Besondere lösbar, der auf einer vollkommenen Definition eines moralischen oder rechtlichen Begriffs aufbaute. Aischylos löste die Frage des Muttermords auf einer höheren Ebene, als es Gesetz oder Logik sind. Wie immer man Gerechtigkeit definierte, sie war unter den furchtbaren Umständen nicht erreichbar. Am Ende der Tragödie war das athenische Gericht bei Stimmengleichheit auf einem toten Punkt. Athena, die Schutzgöttin Athens, brach den Bann, indem sie ihre Stimme zugunsten des Freispruchs in die Waagschale warf. Gnade war vor Recht ergangen.

Aber nur Mitleid kann den Weg zu dieser Einsicht freimachen. Im *Euthyphron* muß man mit dem armen Landarbeiter Mitleid empfinden – wir kennen noch nicht einmal seinen Namen –, um den toten Punkt in der Logik zu überwinden, der sich am Ende des Dialogs ergibt.

Euthyphron fand sich wie Orestes in einem Widerstreit – oder besser gesagt in einem Labyrinth – der moralischen, rechtlichen und politischen Pflichten. Diese werden in der nüchternen Semantik der sokratischen Befragung nicht erkundet. Wir wollen aufzählen, welche Fragen Sokrates übersehen hat:

1. Gewiß bestand für Euthyphron die Pflicht eines Sohnes gegenüber seinem Vater. Aber selbst in diesem Verhältnis sah er sich widerstreitenden Verpflichtungen gegenüber. Natürlich ist es eine schreckliche Sache für einen Sohn, seinen Vater vor Gericht zu bringen. Aber nach athenischer und allgemeingriechischer Auffassung konnte der Vater ohne Prozeß von einer Schuld an dem Tod des Arbeiters nicht freigesprochen werden. In diesem Prozeß konnte er für unschuldig erklärt werden oder, wenn er für schuldig befunden wurde, durch die vom Gericht verhängte Strafe von der Schuld gereinigt werden. Wenn niemand sonst den Gutsbesitzer zu dieser Reinwaschung durch den Prozeß brachte, war es dann nicht die Pflicht seines Sohnes, diese schmerzliche Aufgabe selbst zu übernehmen?

2. Euthyphron hatte die Pflicht eines Bürgers, sogar seinen Vater vor Gericht zu bringen. In Athen gab es keinen öffentlichen Ankläger. Jeder Bürger hatte das Recht – und die Pflicht – eine Klage einzureichen, wenn er glaubte, daß das Recht gebrochen worden sei; das ist etwa so wie unsere „Vorsorgliche Verhaftung', die jedem Bürger erlaubt, eine Verhaftung vorzunehmen, wenn er sieht, wie ein Verbrechen begangen wird. In Athen konnte ein Bürger nicht nur verhaften, sondern auch anklagen. Das befand sich in Übereinstimmung mit der

athenischen Vorstellung von der von allen Bürgern ausgeübten demokratischen Herrschaft.

3. Es gab eine dritte Verpflichtung, die einem athenischen Beobachter sofort in den Sinn gekommen wäre. Diese Pflicht erwuchs aus einem Gefühl für das gemeinsame menschliche Schicksal und war vom Standpunkt der Demokratie aus gesehen zugleich moralisch wie politisch. Dieser Aspekt des Falles kommt unmerklich und nur ganz am Ende des Dialogs zur Sprache. Sokrates sagt da zu dem erschöpften Euthyphron, sofern er nicht wisse, was fromm und was unfromm sei, hätte er es doch sicher niemals unternommen, *wegen eines Tagelöhners* deinen alten Vater auf Totschlag anzuklagen".[15] Spielte es eine Rolle – in den Augen des Gesetzes oder der Moral –, daß der tote Mann ein Tagelöhner war?

Zwischen der deutschen Übersetzung 'Tagelöhner' und dem Wort im griechischen Original besteht ein wesentlicher politischer Unterschied. Der Übersetzer hat das Wort 'Tagelöhner' gewählt, weil es am nächsten lag und die im Original enthaltene Geringschätzung richtig wiedergibt. Doch war das griechische Wort, das Platon Sokrates in den Mund legt, *thes,* und dieses Wort hatte im demokratischen Athen eine besondere Bedeutung.

Die Bürgerschaft Athens war seit zwei Jahrhunderten in vier Klassen eingeteilt, um die Festlegung finanzieller Verpflichtungen und die Feststellung der Eignung für die öffentlichen Ämter zu ermöglichen. Man wurde nach dem vorhandenen oder fehlenden Einkommen und in Übereinstimmung mit dem geschätzten Wert des jeweiligen Vermögens eingeteilt. Die Angehörigen der untersten und größten der vier Klassen, die *thetes* (Plural von *thes*), besaßen wenig oder gar nichts. Sie waren freie Männer, arm, aber nicht notwendigerweise abhängig in ihrer Arbeit. Ursprünglich besaßen sie selbst in Athen nicht das Bürgerrecht. Sie 'zählten' nicht und wurden nicht gezählt.

Das Wort *thes* ist so alt wie Homer, wo es soviel bedeutete wie eben einen Tagelöhner im Gegensatz zum Sklaven.[16] Es gibt eine Stelle in der *Ilias,* an die man erinnert wird, wenn man den *Euthyphron* liest. Dieser Text zeigt, daß ein *thes* von seinem Arbeitgeber, dem gebieterischen homerischen Grundbesitzer, ebenso willkürlich behandelt werden konnte, wie Euthyphrons Vater seinen Tagelöhner behandelte.

Im 21. Buch der *Ilias* erinnert Poseidon Apollon daran, wie schänd-

179

lich sie beide von dem vornehmen trojanischen Grundbesitzer Laomedon behandelt worden seien. Als *thetes* verkleidet waren sie auf die Erde herabgestiegen – auf Befehl des Zeus – und dienten dem Laomedon „auf ein Jahr um abgesprochenen Lohn,"[17] bauten Mauern und hüteten seine Herden. Aber zum festgesetzten Zeitpunkt der Lohnzahlung lehnte Laomedon nicht allein ab zu zahlen, sondern er drohte sogar, ihnen die Ohren abzuschneiden und sie in die Sklaverei zu verkaufen, wenn sie ihren Lohn weiter forderten. Homer sagt, sie seien ohne Lohn und „mit ergrimmtem Mute" auf den Olymp zurückgekehrt. Das Los eines Tagelöhners konnte unsicherer und ungeschützter sein als das des Sklaven, den man als Besitz wenigstens ein bißchen hegte und pflegte.

Das ist eine der wenigen Male in der aristokratischen Welt Homers, daß wir die Sicht von unten vorgeführt bekommen. Für einen Augenblick war hier Homer empfindlicher in Hinblick auf soziale Gerechtigkeit als der Sokrates Platons. Im *Euthyphron* scheint der freie Lohnarbeiter auf Naxos wenig besser gestellt zu sein als zu Zeiten Homers. Euthyphrons Vater war so aufgebracht über den Verlust seines Sklaven, daß er sich nicht um die Rechte des Tagelöhners kümmerte, den er in eine Grube werfen und sterben ließ. Wohl nach keiner Definition konnte man seine Behandlung des Arbeiters als „fromm" bezeichnen. Doch gerät dieser Aspekt des Falles nie in das Blickfeld des Sokrates. Für Sokrates war der Mann einfach „ein Tagelöhner".

Euthyphron sagt zu Sokrates, der Tod des Tagelöhners habe sich ereignet, als „wir", d. h. er, Euthyphron, und sein Vater, „auf Naxos noch Land bebauten".[18] Was auf Naxos geschah, hätte in Athen nicht geschehen können. Naxos war eine fruchtbare Insel in der Ägäis, die Athen in den Perserkriegen befreit hatte und die Mitglied im Attisch-Delischen Seebund unter der Führung Athens geworden war. Naxos war eines der ersten Mitglieder, das sich gegen das lästige Joch Athens stemmte, und als es daraufhin unterworfen wurde, wurde sein Land an athenische *klerouchoi,* d. h. Siedler, gegeben. Die früheren Besitzer – zumindest die Glücklicheren unter ihnen – wurden Pächter oder Tagelöhner auf dem Land, das ihnen einst gehört hatte. Als Athen den Krieg gegen Sparta verlor, gehörte Naxos zu den Staaten, die von seiner Herrschaft befreit wurden, und die athenischen Siedler mußten fliehen. Das Land wurde an seine früheren Besitzer zurückgegeben. Deswegen spricht Euthyphron in der Vergangenheit von seiner landwirtschaftlichen Tätigkeit dort.

Die *thetes* auf Naxos verfügten in der Zeit der athenischen Vormacht weder über das Bürgerrecht noch über die Rechte, die Arbeitende ohne Landbesitz in Athen hatten. In Attika wäre der Tagelöhner unter der Beschuldigung des Mordes an dem Sklaven vor Gericht gestellt worden. Hätte ein Gutsbesitzer den Arbeiter in eine Grube geworfen und sterben lassen, so hätten Freunde oder Verwandte des Toten ihn wegen Mordes angeklagt. Das ist es, was nun Euthyphron für den unglücklichen und ohne Freunde dastehenden Arbeiter tut.

Im Dialog wird Euthyphron lächerlich gemacht als eine Art abergläubischer Fanatiker, aber seine Haltung ist doch menschlicher und aufgeklärter als die des Sokrates. Ganz am Anfang des Dialogs, bevor er die Umstände dieses ungewöhnlichen Falls erfährt, geht Sokrates davon aus, daß Euthyphron seinen Vater nicht wegen eines Mordes an einem „Fremden" anklagen würde, und er fragt, ob das Opfer ein naher Verwandter gewesen sei. Euthyphron zeigt sich angesichts dieser Einstellung überrascht.

„Es ist zum Lachen, Sokrates", sagt er, „wenn du meinst, es mache einen Unterschied, ob der Getötete ein Fremder oder ein Verwandter ist, und man müsse nicht einzig darauf achten, ob ihn der Täter zu Recht umgebracht hat oder nicht, und man müsse ihn, wenn es zu Recht geschah, laufenlassen, andernfalls aber verfolgen, auch wenn er dein Haus- oder Tischgenosse ist."[19]

Euthyphron empfand das offensichtlich als eine Pflicht, die über die eines Sohnes gegenüber seinem Vater und über Standes- oder Klassenunterschiede hinausreichte. Diesen Aspekt des Falles schiebt Sokrates beiseite. Der Gedanke an Gleichheit vor dem Gesetz, an soziale Gerechtigkeit wird in dem Dialog niemals erörtert. Doch im Jahre 399 v. Chr., als dieses Gespräch mit Euthyphron angeblich stattgefunden hat, unmittelbar vor dem Prozeß des Sokrates, war der athenische *demos* durch die gerade ausgestandenen Kämpfe gegen die oligarchische Unterdrückung von 411 und 404 in Hinblick auf diese Frage besonders empfindlich geworden. Die Klasse der *thetes* hatte am meisten zu leiden gehabt. Sie waren ihres Bürgerrechts beraubt worden, das sie zweihundert Jahre vorher durch die Reformen Solons gewonnen hatten. Ihre Führer waren getötet worden. Die Armen waren aus Athen vertrieben worden. Sie hatten ihre Wohnung und ihre Stadt verloren. Hätte die Beseitigung der Demokratie sich verfestigt, wäre es in Attika für einen Gutsbesitzer ebenso leicht geworden wie in Naxos, das Gesetz in die eigene Hand zu nehmen wie der Vater des Euthyphron. Der Landarbeiter hätte keine Rechte gehabt.

Die Gleichgültigkeit, die Sokrates gegenüber dem Schicksal des Tagelöhners zeigt, würde seinen Zeitgenossen als dieselbe aufgefallen sein, die er 411 und 404 gegenüber dem Schicksal der *thetes* bewiesen hatte. Sie hätten zu dem Schluß kommen können, daß sein Mangel an Mitgefühl seine Verachtung für die Demokratie widerspiegelte. Das würde erklären, warum er die Stadt unter keiner der beiden Gewaltherrschaften verlassen hatte und sich nicht an der Wiedereinführung der Demokratie beteiligt hatte. Er zeigte an den Rechten der Armen und an sozialer Gerechtigkeit kein Interesse. Die Einstellung des Euthyphron war die des Demokraten.

Es wäre ein wirksamer Beitrag zur Verteidigung des Sokrates in seinem Prozeß gewesen, wenn er in der Lage gewesen wäre zu zeigen, daß nicht alle seine Anhänger antidemokratische Aristokraten wie Kritias und Charmides waren, sondern daß es unter ihnen auch Demokraten gab. Es ist bezeichnend, daß er im Prozeß nur einen einzigen nennen konnte.

Platon hat die Bedeutung dieses Umstands erfaßt, denn in der *Apologie* läßt er den Sokrates diesen einen besonders nennen und den guten Ruf dieses Schülers als Demokrat hervorheben. Es handelt sich um einen Mann namens Chairephon. Man konnte ihn nicht als Zeuge in dem Prozeß aufrufen, denn er war schon tot.

„Ihr kanntet ja alle den Chairephon," sagt Sokrates zu seinen Richtern. „Er war mein Freund von Jugend an und auch ein Freund der meisten von euch und eurer Demokratie, ging kürzlich mit in die Verbannung und kehrte mit euch auch wieder zurück."[20]

Man bemerke, daß Sokrates nicht von „unserer" oder „der" Demokratie spricht, sondern von „eurer", so als ob er sich deutlich von der unter seinen Geschworenenrichtern vorherrschenden politischen Ansicht absetzen wolle. Man bemerke des weiteren, was er auch nicht sagt und hätte sagen können, wenn es wahr gewesen wäre, nämlich daß trotz des politischen Vorurteils gegen ihn eine ganze Reihe seiner Anhänger zu den Demokraten gehört hätten. Den Chairephon hätte er dann als einen unter ihnen genannt. Er war aber ganz offensichtlich eine Ausnahme. Chairephon ist der einzige Anhänger der Demokratie unter den Schülern, der je bei Platon oder Xenophon erwähnt wird. Die meisten seiner Anhänger waren, wie sie Sokrates selbst beschreibt, „junge Leute, vor allem Söhne der Reichen, die am besten Zeit . . . haben".[21]

Sokrates schadete seiner eigenen Sache, wenn er sagt, Chairephon „ging kürzlich mit in die Verbannung und kehrte mit euch auch wieder zurück". „Man bemerke", sagt Burnet traurig in seinem Kommentar zur *Apologie*, „daß Sokrates selbst in Athen blieb." Und Burnet fügt hinzu: „Es war sehr viel nachteiliger für ihn, die Richter daran zu erinnern, als es von Vorteil war, die demokratischen Ansichten des Chairephon vor Augen zu führen."[22] Der Hinweis auf Chairephon verdeutlichte nur, wie anders Sokrates und all seine übrigen Schüler waren. Das schloß Platon ein, der in den Tagen der Dreißig ebenfalls in der Stadt geblieben war.

Als die Demokratie wiederhergestellt wurde, wurde es zu einem Zeichen der Schmach, 'in der Stadt geblieben zu sein', wie wir aus vielen Hinweisen bei Lysias und anderen Rednern des 4. Jahrhunderts v. Chr. wissen. Die Amnestie, die dem Sturz der Dreißig folgte, tilgte nicht den Schandfleck, der auf denen lastete, die sich nicht am Widerstand beteiligt hatten. Sobald einmal den Führern der Prozeß gemacht worden war, konnte nach Maßgabe der Amnestie niemand mehr für irgendein Vergehen gegen das Gesetz, das er unter der Gewaltherrschaft oder davor begangen hatte, angeklagt werden. Es wurde reiner Tisch gemacht, um die Versöhnung der Bürger untereinander zu stärken. Es konnte auch niemand auf Rückgabe seines Besitzes klagen, sofern dieser von den Tyrannen eingezogen und verkauft worden war, damit sie ihren Aufwand hatten bestreiten oder sich hatten bereichern können. Viele wohlhabende Angehörige der Mittelschicht und ansässige Fremde hatten solche Enteignungen erlitten. Doch durch die Amnestie verloren sie das Recht, auf Rückgabe zu klagen.

Aber in anderen Arten von Rechtsstreitigkeiten wurde nach der Wiederherstellung des Friedens der Makel, in der Stadt geblieben zu sein, häufig gegen Beklagte oder Kläger eingesetzt, um die Gerichte zu beeinflussen. Das wird aus den Reden des Lysias, eines Freundes des Sokrates, deutlich. Lysias war der berühmteste 'Anwalt' in der Zeit unmittelbar nach der Wiederherstellung der Demokratie. Diese Verteidiger erschienen nicht vor Gericht, sondern bereiteten die Reden für die Parteien der Auseinandersetzung vor. Man nannte sie *logographoi*, d. h. berufsmäßige Autoren von Verteidigungsreden. Lysias stammte aus einer vornehmen und wohlhabenden Familie in Athen ansässiger Fremder. Sein Vater Kephalos leitet als Gastgeber das Gespräch in Platons *Staat*. Die Familie war wie andere reiche ansässige Fremde ein Opfer der raffgierigen Tyrannen geworden. „Zum Teil geschah das wegen ihrer demokratischen Neigungen", sagt das *Oxford Classical Dictionary* über Lysias, „aber in erster Linie ihres Reichtums wegen." Lysias rettete sein Leben durch die Flucht aus Athen, aber sein Bruder Polemarchos, ein Gesprächspartner des Sokrates im *Staat,* wurde hingerichtet. Ihr Besitz wurde beschlagnahmt. Lysias schloß sich den Männern im Exil an, die die Dreißig bald stürzten. Er kehrte als ein Held des Widerstandes nach Athen zurück.

Aus den Reden des Lysias wissen wir, daß Leute vor Gericht oft wegen ihres Verhaltens unter den Dreißig befragt oder angegriffen wurden. In einem Falle drehte ein Beklagter den Spieß um und griff seinen Ankäger mit einer unerwarteten Enthüllung an, die ihm die Sympathie der Richter eingetragen haben muß. Er räumte ein, daß er zwar in der Stadt geblieben sei, aber er offenbarte, daß sein Vater von den Dreißig hingerichtet worden sei und daß er zu jenem Zeitpunkt erst dreizehn Jahre alt gewesen sei. „Da ich dieses Alter hatte", sagte er entrüstet, „wußte ich weder, was eine Oligarchie ist, noch konnte ich ihm . . . helfen."[23] Ein anderer Angeklagter, der offenbar ein Aristokrat war, denn er hatte unter den Rittern Dienst getan, war irrtümlich in die Heeresrolle unter den Dreißig eingetragen; er bewies, daß er während der Gewaltherrschaft außer Landes war.[24]

Man hätte Sokrates in seinem Prozeß fragen können, warum er die Stadt nicht verlassen habe, insbesondere nachdem die Hinrichtung des Leon von Salamis ihm bewiesen hätte, wie ungerecht das Regime war. Reichte das nicht aus, ihm zu zeigen – wie es gemäßigte Oligarchen wie Theramenes demonstriert hatten –, daß die Demokratie zumindest das kleinere Übel war, sicherer und gerechter als eine auf ganz wenige beschränkte Oligarchie?

184

Aber Sokrates war ebenfalls durch die Amnestie geschützt. Er konnte nicht für irgendetwas belangt werden, das er vor der Wiederherstellung der Demokratie gesagt oder getan hatte, und ebensowenig dafür, daß er der Lehrer oder Freund des Kritias und des Charmides gewesen war. Hätte die Anklage diese seine frühere Tätigkeit betroffen, wäre das im Prozeß als eine offenkundige Verletzung der Amnestie angegriffen worden, und wir hätten von Platon und Xenophon darüber gehört.

Die Anklage konnte, um zulässig zu sein, nur die Tätigkeit oder den Unterricht des Sokrates in den vier Jahren zwischen dem Sturz der Dreißig und dem Prozeß betreffen. Sokrates muß dieselben Lehren von neuem verbreitet haben und dieselbe Art von Gefolgschaft angezogen und angeregt haben wie in der Zeit vor den Dreißig. Und seine Ankläger mögen sicher gefürchtet haben, daß diese jungen Leute wieder einen Anschlag unternehmen könnten, um die kürzlich wiederhergestellte Demokratie zu stürzen. Ein solcher Anschlag hatte im Jahre 401 v. Chr. tatsächlich gedroht, nur zwei Jahre nach der Amnestie und zwei Jahre, bevor Sokrates vor Gericht gestellt wurde.

Die Athener hatten im Jahre 403 gedacht, daß ihre Sorgen nun vorbei wären, nachdem die feindlichen Parteien unter ihnen Frieden geschlossen hatten. Aber es gab eine Lücke in der Amnestievereinbarung, und das führte zu neuen Auseinandersetzungen. Einige der Aristokraten, die die Dreißig unterstützt hatten, verweigerten es, sich der Versöhnung anzuschließen. Statt den Bürgerkrieg von neuem zu beginnen und sie mit Gewalt zu zwingen, erklärten sich die Athener lieber bereit, sie in die nahe Stadt Eleusis abziehen zu lassen und einen getrennten, unabhängigen und eigenen Stadtstaat zu gründen.

Die hartnäckigen Oligarchen scheinen sich mit der ihnen eigenen Voraussicht und Grausamkeit auf gerade diese Möglichkeit vorbereitet zu haben. Als der wachsende bewaffnete Widerstand gegen die Dreißig durch die Eroberung einer Bergfestung an der Grenze bei Phyle das erste Mal in Attika Fuß fassen konnte, entschlossen sich Kritias und seine Anhänger, einen Fluchtpunkt vorzubereiten, wo sie bis zum Ende kämpfen konnten, sofern sie aus Athen vertrieben wurden. Ihre Wahl fiel auf Eleusis, aber sie fanden, daß die dortigen Bewohner ihnen feindlich gegenüberstanden. Sie bemächtigten sich der Stadt mit

Gewalt und ließen dreihundert männliche Bewohner hinrichten. Das war vermutlich die gesamte Bürgerschaft des kleinen Eleusis.

Dieses Massaker, das ganz im Stile des Kritias war, wird von zwei zeitgenössischen Quellen überliefert, von denen die eine demokratisch, die andere gegen die Demokratie eingestellt ist. Erstere ist Lysias[25] und die andere Xenophon. Einig sind sie sich über den Beweggrund des Kritias, die Zahl der Getöteten überliefert Xenophon in seiner ausführlicheren Darstellung. Xenophons *Hellenika* beschreiben die Gewandtheit, mit der Kritias der Dreihundert habhaft wird und dann die athenische Volksversammlung einschüchtert, damit sie den Hinrichtungen einen Anschein der Legalität gibt und ein hundertfaches Todesurteil ohne Prozeß beschließt.[26]

Dieser Höhepunkt des Schreckens der niedergehenden Tyrannis ebnete den Weg für die Ereignisse des Jahres 401, die das Klima in Athen durch neue Verdächtigungen vergifteten und, wie ich glaube, am Ende die Anklage gegen Sokrates auslösten.

Nicht lange nach dem Massaker in Eleusis fielen Kritias und Charmides im Kampf mit den immer zahlreicheren Kräften des Widerstands. Die Gewaltherrschaft begann auseinanderzufallen und der Weg zur Versöhnung war frei. Als Frieden geschlossen wurde, zog sich die Minderheit der ganz Hartnäckigen nach Eleusis zurück. Die Athener dachten, ihre Schwierigkeiten seien vorbei. Aber solche Männer geben nicht leicht auf. Die Versöhnung verweigert hatten Leute, die aus den Reihen der wohlhabendsten Athener kamen und über reichliche Mittel verfügten, Söldner anzuwerben. Es waren kaum zwei Jahre vergangen, als die Athener davon erfuhren, daß die Männer in Eleusis einen Angriff auf die Stadt vorbereiteten.

Xenophon berichtet uns, daß die Athener sofort „mit dem gesamten Aufgebot" gegen sie zu Felde zogen, ihre Feldherren töteten, „aber zu den anderen ihre Freunde und Verwandten nach Eleusis hineinsandten, die sie zu einer Versöhnung beredeten". So war der Bürgerkrieg endlich überwunden. „Nachdem sie den Eidschwur geleistet haben: 'Ich schwöre wahrhaftig, kein Unrecht zu vergelten . . .', leben beide Parteien auch jetzt noch unter einer gemeinsamen Verfassung, und das Volk *(demos)* bleibt seinem Eid treu." Es nahm keine Rache.[27]

Das war im Jahre 401 v. Chr., nur zwei Jahre vor dem Prozeß des

Sokrates. Ich glaube, daß es niemals einen Prozeß gegeben hätte, wenn auch er seinerseits Versöhnungsbereitschaft gegenüber der Demokratie gezeigt hätte, wenn er in irgendeiner Form – wie es Xenophon tat – der Großzügigkeit der Mehrheit bei dem Friedensschluß Anerkennung gezeigt hätte.

Hätte ein solcher Wechsel in seiner Einstellung stattgefunden, so hätte er die Befürchtungen zerstreut, daß eine neue Generation „sokratisierter" und entfremdeter junger Männer aus seiner Gefolgschaft hervorgehen würde, die von neuem einen Bürgerkrieg in der Stadt entfesseln könnten.

Aber es gibt weder bei Platon noch bei Xenophon einen Anhaltspunkt für einen solchen Wechsel bei Sokrates nach dem Sturz der Dreißig. Er nahm die Verbreitung seiner gegen Demokratie und Politik gerichteten Lehren von neuem auf. Sein Ton war noch beleidigender gewesen als seine Lehren. An beidem änderte sich nichts. Der Spott war unter der Oberfläche seiner Ironie nach wie vor zu erkennen. Er scheint aus den Ereignissen der Jahre 411, 404 und 401 nichts gelernt zu haben.

Es ist, als ob er weiterhin ein von der Stadt getrenntes Leben lebte, in den Wolken über ihr, und als ob er von dort mit Verachtung auf sie herabsah. Er zeigt in keiner Weise – weder bei Platon noch bei Xenophon –, daß er die berechtigten Sorgen seiner Mitbürger bemerkt.

187

Kapitel 12

Xenophon, Platon und die drei Erdbeben

Xenophon und Platon waren noch keine zwanzig Jahre alt, als im Jahre 411 v. Chr. die Gewaltherrschaft der Vierhundert in Athen an die Macht kam. Sie waren alt genug, der Politik Aufmerksamkeit zu schenken, aber zu jung, um selber an dem Sturz der Demokratie oder ihrer Wiederherstellung beteiligt gewesen zu sein. Als sieben Jahre später die Tyrannis der Dreißig errichtet wurde, waren sie beide in ihren Mittzwanzigern, aber es gibt keinen Beleg für ihre Beteiligung an den Auseinandersetzungen auf einer der beiden Seiten. Soweit wir wissen, haben sie die Stadt nicht mit den Demokraten verlassen – das wäre undenkbar gewesen für junge Männer mit ihrem aristokratischen Hintergrund. Keiner der beiden ist im Zusammenhang mit den Ereignissen des Jahres 401 irgendwo erwähnt. Xenophon hat Athen in ebendiesem Jahr verlassen, um seinen Dienst als Offizier an der Spitze von Söldnern im persischen Heer anzutreten. Er sollte nie mehr nach Athen zurückkehren. „Es geschah vermutlich im Jahre 399 v. Chr., dem Jahr der Hinrichtung des Sokrates, als die Zeiten für dessen Anhänger schwierig waren," schreibt das *Oxford Classical Dictionary,* „daß Xenophon ausdrücklich verbannt wurde." Er verbrachte den Rest seines Lebens in Sparta.

Platon war, anders als Xenophon, beim Prozeß des Sokrates anwesend, wie wir aus der *Apologie* wissen, aber er scheint die Stadt noch vor der Hinrichtung fluchtartig verlassen zu haben. Vielleicht befürchtete er, daß man auch gegen ihn etwas unternehmen würde. Seine Biographie im *OCD* berichtet, er habe „mit anderen Sokratikern" zunächst Zuflucht im nahen Megara gefunden. Er blieb zwölf Jahre außer Landes und reiste bis nach Ägypten.

Xenophons *Hellenika*, die er in seinem spartanischen Exil schrieb, sind als Fortsetzung des Thukydides gedacht, dessen Werk im Jahre 411 v. Chr. abbricht. Xenophon führt die Darstellung bis in das Jahr 400 v. Chr. fort. Unbeschadet seiner politischen Erziehung und seiner politischen Sympathien schreibt er mit bewundernswürdiger Objektivität. Seine Schilderung der Diskussion zwischen Kritias und Theramenes vor des letzteren Hinrichtung ist den großen Debatten bei Thukydides ebenbürtig. Xenophons Behandlung des Kritias ist bemerkenswert unterschiedlich von der Platons. In den platonischen Dialogen ist Kritias eine glanzvolle Persönlichkeit, in den *Hellenika* hingegen ist er ein abstoßender, wenn auch kühl logisch denkender Despot.

Xenophon läßt Sokrates in seinen *Memorabilia* stärker als einen Gegner der Dreißig erscheinen, als er das bei Platon ist. In der *Apologie* wird als sein einziger Akt des Widerstands geschildert, wie er sich weigert, an der Verhaftung des Leon von Salamis teilzunehmen, aber seine Abscheu war nicht groß genug, um ihn in aktive Opposition zu treiben. In Xenophons *Memorabilia* kritisierte Sokrates in einem Fall die Gewaltherrschaft öffentlich. „Als nämlich die Dreißig viele Bürger und nicht die schlechtesten hinrichten ließen und viele auch zum Unrechttun veranlaßten," schreibt Xenophon, da habe Sokrates einen seiner liebsten Vergleiche gegen die Dreißig gewendet. Sokrates sagte, „es erscheine ihm unbegreiflich, daß jemand, der zum Hirten einer Rinderherde bestellt sei und die Rinder vermindere und verschlechtere, nun nicht zugeben wolle, daß er ein schlechter Rinderhirt sei; noch unverständlicher aber sei es, daß jemand, der Leiter des Staates geworden sei und dabei die Bürger vermindere und verschlechtere, sich nicht schäme und nicht einsehen könne, daß er ein schlechter Leiter des Staates sei".[1]

In Anbetracht der Umstände scheint dieses kleine Gleichnis ein recht schwacher Protest. Nach Xenophons *Hellenika* haben Kritias und seine Genossen während ihrer nur acht Monate währenden Herrschaft eintausendfünfhundert Athener umgebracht, „fast mehr" als die Spartaner im letzten Jahrzehnt des Peloponnesischen Kriegs getötet hatten.[2] Dieselbe Zahl nennt Aristoteles in seiner Abhandlung über den *Staat der Athener*. Aristoteles sagt, daß die Dreißig, nachdem sie sich der Demokraten entledigt hätten, sich den 'besseren Leuten' zuwandten und einen Bürger töteten, „wenn er an Vermögen, hoher Herkunft oder Ansehen überragte". So räumten sie jede denkbare Quelle des Widerstands aus dem Weg und konnten das Vermögen dieser Leute plündern.[3]

Xenophon erzählt, daß die Bemerkung des Sokrates den Tyrannen hinterbracht worden sei und das zu einer Gegenüberstellung geführt habe, bei deren Gelegenheit Sokrates die Möglichkeit hatte, sich ausdrücklicher als Kritiker des Regimes zu zeigen. Er wurde vorgeladen, vor Kritias und Charikles zu erscheinen, den beiden Mitgliedern der Dreißig, denen die Aufgabe übertragen war, die Gesetze Athens im Interesse der neuen Herrscher durchzusehen. Sie zeigten ihm den Entwurf eines neuen Gesetzes, das den Unterricht der *techne logon* untersagte, der Kunst des Redens, „und verboten ihm, sich mit den jungen Menschen zu unterreden".

Sie verboten ihm nicht nur das ziellose Gespräch mit jungen Leuten, sondern sagten Sokrates, daß er nicht mehr weiter in jener besonderen Weise philosophische Unterweisung erteilen dürfe, die er erfunden habe. Das war dieselbe Art der Unterweisung, an der mindestens zwei der Dreißig, Kritias und Charmides, einst als seine Schüler ihren Verstand geschärft hatten. Damit war alles bereit für seinen Auftritt als wortreicher Verteidiger seiner Rechte, als Lehrer und Bürger und dafür, daß er ihnen sagte, was er über ihre Gesetzlosigkeit dachte.

Stattdessen fragte Sokrates, „ob es gestattet sei, um Auskunft zu bitten, wenn er etwas in den Anordnungen nicht verstehe".

„Beide bejahten es."

„Gut, sagte er, ich bin bemüht, den Gesetzen zu gehorchen. Damit ich aber nicht irgendwie aus Unkenntnis unabsichtlich gegen das Gesetz verstoße, so möchte ich dies von euch genau wissen, ob ihr die Kunst des Redens *(techne logon)* mit rechten Reden meint oder mit unrechten Reden, die man nach eurem Befehl nicht ausüben soll. Denn wenn ihr die Rede mit rechten Reden meint, so müßte man offenbar das rechte Reden unterlassen; wenn ihr aber die Rede mit unrechten Reden meint, so muß man sich offensichtlich bemühen, in rechter Weise zu reden."

„Weil du, Sokrates, nicht verstehen willst," sagte da Charikles ärgerlich, „so ordnen wir hiermit folgendes an, was dir besser verständlich sein wird, nämlich daß du dich überhaupt nicht mehr mit den jungen Menschen unterhalten *(dialegesthai)* sollst."

Sokrates erwiderte: „Damit es nun nicht etwa zweifelhaft ist, daß ich etwas anderes tue als das Angeordnete, so gebt mir die Grenzen an, bis zu wieviel Jahren man die Menschen als junge Menschen anzusehen hat."

Charikles antwortete: „Solange es ihnen nicht erlaubt ist, im Rat mitzuwirken, da sie doch nicht die nötige Einsicht besitzen, unterrede dich also nicht mit solchen, die jünger sind als dreißig Jahre."

„Darf ich demnach auch nicht, wenn ich etwas kaufen will und wenn der Verkäufer jünger als dreißig Jahre alt ist, ihn fragen, für welchen Preis er verkauft?"

„So etwas wohl." sagte Charikles. „Doch du, Sokrates, bist gewohnt, nach den meisten Dingen zu fragen, obwohl du durchaus weißt, wie es damit steht; danach frage also nicht."

Sokrates will wissen, ob er sich auch seiner Lieblinsthemen zu enthalten habe, „vom Gerechten und Heiligen und anderen solchen Dingen" zu sprechen?

„Ja, beim Zeus," sagte Charikles, „und auch von den Rinderhirten. Andernfalls hüte dich, daß nicht auch du die Rinder verminderst."[4]

Mit dieser verhüllten Drohung endete diese eher weniger heroische Konfrontation.

Wir haben hier einen Prozeß im Kleinen vor den zwei wichtigsten Männern der Dreißig, der Entsprechungen zu dem vier Jahre später stattfindenden Prozeß des Sokrates vor der Demokratie zeigt. Der Unterschied im Benehmen des Sokrates ist auffallend. Es ist da nichts von dem herausfordernden Trotz, den er vor dem Gerichtshof der wiederhergestellten Demokratie zeigt.

Xenophon bemüht sich mit Nachdruck zu zeigen, daß Sokrates kein Anhänger des Kritias und der Dreißig war. Es wäre hilfreich gewesen, wenn man hätte sagen können, daß Sokrates, wenigstens heimlich, fortgefahren sei, die jungen Leute zu unterweisen und trotz der Dreißig seine Mission zu erfüllen.

Es wird uns nicht gesagt, ob diese Konfrontation stattfand, bevor Sokrates sich weigerte, an der Verhaftung des Leon von Salamis teilzunehmen oder danach. Es wird uns nicht gesagt, ob sie vor oder nach der Hinrichtung des gemäßigten Führers Theramenes stattfand.

Doch war die Herrschaft von Anfang an durch Gesetzlosigkeit und durch Lynchjustiz der Massen als Unterdrückungsmittel gekennzeichnet. Wir haben keinen Grund anzunehmen, daß Sokrates die Gesetzwidrigkeiten und Grausamkeiten des Regimes in irgendeiner Weise billigte. Aber es ist enttäuschend, daß er nicht mit der Macht seiner Rede dagegen auftrat oder seinen Einfluß bei seinem alten Freund und Schüler Kritias geltend machte, um ihn auf den Pfad der Tugend zurückzuführen. Wenn Sokrates das getan hätte, wäre er zum Helden des Widerstands geworden, und es hätte nie eine Prozeß gegeben.

Aber alles, was wir in Xenophons apologetischer Darstellung finden, ist die Frage des Sokrates, ob er nun nicht mehr „vom Gerechten und Heiligen und anderen solchen Dingen" sprechen dürfe. Angesichts so vieler Beispiele von Ungerechtigkeit und 'Unfrömmigkeit' bleibt die einzige Sorge des Sokrates seine vertraute Suche nach absoluten Definitionen im Bereich seiner Lieblingsthemen. Er blieb bis zum Ende in der Stadt. Er, der bereit war, in seiner Abneigung gegen die Demokratie zu sterben, war in seinem Widerstand gegen die Dreißig nur lauwarm.

Es bleibt uns indes eine Frage, die Kopfzerbrechen bereitet: Warum läßt Platon in seiner *Apologie* den Sokrates das Gesetz gegen die Unterweisung in der *techne logon* nicht nennen, um zu beweisen, daß auch er ein Opfer der Dreißig war?

Natürlich gibt es keine sichere Antwort auf diese Frage. Aber eine wahrscheinliche Vermutung kann man anstellen. Zunächst einmal klingt die Darstellung des Xenophon, wie es zur Einführung des Gesetzes durch Kritias gekommen sei, wie eine Klatschgeschichte billigster Art. Xenophon sagt, Sokrates habe – in der von der Knabenliebe geprägten Gesellschaft Athens – die Feindschaft des Kritias in den Tagen vor der Tyrannis herausgefordert, als er die Art gerügt habe, in der Kritias dem Jüngling Euthydemos den Hof gemacht habe.

Sokrates sagte, das Benehmen des Kritias sei „für einen guten und trefflichen Mann unziemlich". Als Kritias darauf nicht einging, „soll Sokrates in Gegenwart vieler anderer und auch des Euthydemos gesagt haben, Kritias scheine ihm an etwas zu leiden wie die Schweine, wenn er den Wunsch habe, sich an Euthydemos zu reiben wie die Ferkel an den Steinen". Das war der Klatsch der guten athenischen Gesellschaft.

Nach Xenophon „haßte Kritias den Sokrates seitdem; . . . und so verbot er denn durch Gesetz, die Kunst des Redens *(techne logon)* zu lehren, um ihn zu treffen".[5] Vielleicht war es so.

Aber eine wahrscheinlichere Sicht der Dinge ist, daß die Dreißig alles taten, was sie konnten, um die Bürgerrechte auf so wenige als irgend möglich zu beschränken. Sogar diese geringe Zahl von Stimmberechtigten versuchten sie von jeder wirklichen Macht auszuschließen. Sie müssen – wie ihre spartanischen Beschützer und später die Patrizier im republikanischen Rom – eine Abneigung gegen Lehrer der Rhetorik, der Beweisführung und der Philosophie verspürt haben. Sie wollten nicht, daß die Bürgerschaft Künste lernte, die sie zur Beteiligung an der Regierung befähigen würden. Sie haßten Volksversammlungen und die Kunst der öffentlichen Debatte. Sie müssen die *techne logon* als etwas angesehen haben, das zum Umsturz führen konnte, und deshalb war sie verfemt.

Das hätte dieses gegen Sokrates gerichtete Gesetz um so mehr zu einem wirksamen Argument der Verteidigung in seinem Prozeß gemacht. Es hätte ein Gemeinsamkeitsgefühl zwischen den Anhängern der wiederhergestellten Demokratie und dem eigenbrötlerischen Philosophen als Leidensgenossen unter der Gewaltherrschaft entstehen lassen.

Warum erwähnt Platon das Gesetz nicht? Vielleicht wäre es für Platon unangenehm gewesen, diese Ächtung der *techne logon* hervorzuheben, wo er doch selbst im *Staat* in seinem Entwurf einer idealen Gesellschaft den Unterricht der Dialektik aufs strengste beschränkte. Und das aus ebendemselben Grund: um die Macht uneingeschränkt und in Händen einiger sehr weniger „Philosophenkönige" zu erhalten.

Platon war ungefähr fünfundzwanzig Jahre alt, als die Dreißig die Macht übernahmen. Aber aus ihrer Herrschaft werden in den Dialogen Platons keine Lehren gezogen; sie wird niemals erörtert oder auch nur erwähnt. Vielleicht war es eine zu schmerzliche Erinnerung. Kritias war, wie wir wissen, sein Vetter und Charmides sein Onkel. Im gesamten platonischen Werk gibt es nur einen einzigen kurzen Hinweis auf die Dreißig, und der findet sich im *Siebten Brief,* dem interessantesten der unter Platons Namen überlieferten Briefe und dem, der am häufigsten ihm selbst zugeschrieben wird.

Der Brief ist scheinbar viele Jahre später geschrieben und sagt, daß einige der Dreißig „mit mir verwandt oder wenigstens bekannt" gewesen seien, aber er erwähnt Kritias oder Charmides nicht namentlich. „Darum", heißt es, „forderten sie mich auch gleich zur Mitarbeit auf, als wäre das ganz selbstverständlich für mich." Es wird keine Erklärung gegeben, warum das für Platon „ganz selbstverständlich" gewesen wäre, aber im Brief wird gesagt, daß die Dreißig „mit absoluten Vollmachten" *(autokratores)* herrschten.

„Was ich da für Erfahrungen infolge meiner Jugend machen mußte", erklärt Platon, „ist weiter nicht verwunderlich; ich lebte nämlich im Glauben, sie würden die Stadt wirklich in dem Sinne regieren, daß sie sie aus ungerechter Lebensführung weg zu einer gerechten brächten." Das bedeutet, daß er am Anfang geneigt war, sich ihnen anzuschließen.

Platon sagt, er sei bald in seinen Hoffnungen enttäuscht worden. „Ich mußte nun sehen, daß diese Leute in kürzester Frist die frühere Verfassung als paradiesisch erscheinen ließen."[6] Im Original heißt es, die frühere *politeia*, d. h. der frühere Staat, das frühere politische System sei „golden" gewesen im Vergleich.

Dieser letzte Satz und dieses überraschende Eingeständnis könnten anzeigen, daß der Brief nicht von Platon geschrieben war. Denn es gibt nirgendwo sonst im Werk Platons einen Beleg dafür, daß die schrecklichen Ereignisse unter den Dreißig ihn dazu veranlaßt hätten, freundlicher über die Beschränkungen zu denken, die die Demokratie den Herrschenden auferlegte, oder ihn dazu geführt hätten, die Tugenden einer absoluten Herrschaft in Zweifel zu ziehen.

Mit Sicherheit haben diese Ereignisse keinen Schatten auf die Erinnerung Platons an Kritias und Charmides geworfen. Sie erscheinen in den platonischen Dialogen in einer Art von goldenem Licht. An keiner Stelle werden aus der kurzen Zeit der Macht politische Lehren gezogen. Charmides wird in dem Dialog, der seinen Namen trägt, als ein schöner und begabter junger Mann gezeigt, den ein von ihm bezauberter Sokrates befragt um herauszufinden, ob seine Seele so schön sei wie sein Körper.

Kritias tritt in demselben Dialog als eine angesehene Persönlichkeit auf. Das Ziel des Gesprächs ist eine – wie üblich nicht zustandekommende – vollkommene Definition der *sophrosyne,* der Besonnenheit. Sie ist eine Tugend, in der, wie sich herausstellte, beide Männer Unterweisung nötig hatten. Das mag es sein, was Sokrates in seiner leichten

Art ganz am Ende des Dialogs andeutet, als er den jungen Mann warnt: „Wenn du dir einmal etwas vornimmst und dabei Gewalt anwendest, so ist kein Mensch imstande, dir Widerstand zu leisten."[7] Doch Theramenes, das lebende Beispiel der Besonnenheit in der Schilderung der Jahre 411 und 404 bei Aristoteles und ein Held der Geschichtsschreibung des Xenophon, taucht im Werk Platons niemals auf, so als ob Platon es nicht ertragen könnte, auch nur seinen Namen zu nennen.

Kritias tritt als ehrwürdige Persönlichkeit in drei anderen Dialogen Platons auf – dem *Protagoras,* dem *Timaios* und dem *Kritias* – sowie einem vierten, weniger kunstvollen Dialog, den *Eryxias,* den man heute im allgemeinen für das Werk irgendeines Anhängers des Platon ansieht. Ob er nun echt ist oder nicht, der Dialog zeigt doch, daß Kritias in der Schule Platons weiterhin mit Verehrung betrachtet wurde.[8]

Diese Verehrung für Kritias, die sich so sehr von der allgemeinen Abscheu gegen ihn und die Dreißig im 4. Jahrhundert v. Chr. unterscheidet, muß in der Akademie Platons von zwei der verführerischsten Dialoge aus seinem Alterswerk gefördert worden sein, dem *Timaios* und dem *Kritias.* In diesen utopischen Phantasien wird der Name des Kritias mit altehrwürdiger Verehrung umgeben, als ob sie eine Übung der politischen Rehabilitierung seien.

Im *Timaios* treffen wir das erste Mal auf den Mythos von Atlantis als einem wunderbaren versunkenen Land im Atlantischen Ozean jenseits der Säulen des Herkules. Die Geschichte mag von Platon aus einem früheren Volksmythos weiterentwickelt sein. Die Erzählung von Atlantis ist Platons Version der Schöpfungsgeschichte. Die mystischen Visionen schlugen das mittelalterliche Europa in ihren Bann, als dies das einzige wirklich bekannte Werk Platons war (in einer verkürzten lateinischen Fassung von der Chalkidike), bis Konstantinopel den Türken in die Hände fiel und griechische Gelehrte als Flüchtlinge nach Westeuropa gelangten – und mit ihnen das ganze Werk Platons.*

Aber es geht uns hier nicht um die noch heute fesselnde Theologie des *Timaios,* sondern um die politischen Ziele des Dialogs. So wie Kritias es sich zum Ziel genommen hatte, die Natur der athenischen Gesellschaft zu verändern, so wollte Platon im *Timaios* und *Kritias* die

---

* Eine andere Ausnahme ist möglicherweise der Menon, der im Laufe des 12. Jahrhunderts im Westen bekannt geworden zu sein scheint.

griechische Geschichte und die politische Ideologie Athens umformen. Bei diesem Vorhaben benutzte Platon einen Mann namens Kritias als Sprachrohr. Der Name des Tyrannen wurde mit einem neuen Mythos verbunden, der im ideologischen Bereich das zustandebringen sollte, was Kritias in der Wirklichkeit nicht erreicht hatte. Da war Platon, der philosophische Revolutionär und meisterhafte Verführer, am Werk, um die Geschichte umzuschreiben.

Platon zielte auf zwei Dinge. Die athenische Demokratie gründete ihr Selbstbewußtsein auf zwei legendäre Siege. Der eine war ihr Anteil an der Rettung der griechischen Zivilisation in den Perserkriegen, die bei Herodot und Aischylos als der Sieg des freien Menschen über die despotische Herrschaft dargestellt wird. Das war eine Huldigung an den kräftigenden Einfluß, den die Demokratie auf die Tapferkeit im Kriege ausübte, indem sie den Männern etwas gab, um das es sich zu kämpfen lohnte.

Die andere Legende war die alte athenische Überlieferung, die bei Plutarch in seinem *Leben des Theseus* über den Gründer Athens erzählt wird, daß er bereits in dieser archaischen Zeit ein Demokrat gewesen sei. Nach der Erzählung bei Plutarch gelang es Theseus, die verstreuten unabhängigen Städte Attikas zu dem einen Stadtstaat Athen zusammenzuschließen, indem er sowohl den *demos* wie die Grundbesitzer gegen die sogenannten kleinen 'Könige' aufbrachte, die sie regierten. Den Aristokraten versprach er „einen Staat ohne König" und den einfachen Leuten das Recht, an der Regierung teilzuhaben. „Die schlichten und armen Leute", erzählt Plutarch, „leisteten seinem Aufruf schnell Folge."[9] Theseus schlug vor, daß „er nur der Anführer im Kriege und der Hüter der Gesetze sein, alle anderen gleiches Recht genießen würden".

Das war politische Mythologie. Die Demokratie wurde in jeder realen Hinsicht erst Jahrhunderte später errungen. Die athenischen Demokraten zitierten auch gern den berühmten Schiffskatalog bei Homer, um darauf hinzuweisen, daß in dem Kriegszug gegen Troja die Athener — und sie allein — als *demos* bezeichnet wurden, was die Bedeutung eines sich selbst regierenden Volkes habe.[10]

Im *Timaios* und *Kritias* schuf Platon einen autoritären Ersatz für diese demokratischen Mythen. Der Gewährsmann Platons ist ein Mann mit Namen Kritias. Doch streiten sich die Gelehrten bis heute darüber, ob das derselbe Kritias sei, der Athen unter den Dreißig regiert habe, oder sein Großvater, nach dem er seinen Namen trug. Vielleicht hat Platon als Meister der Feinheiten und Doppelsinnigkeiten die Frage der Identität absichtlich offengelassen. Er schrieb im 4. Jahrhundert v. Chr., als Kritias für ein Ungeheuer angesehen wurde, und die Leser mögen überrascht gewesen sein, ihn als einen älteren Staatsmann vorgestellt zu bekommen. Ein Hauch von Undurchsichtigkeit war politisch.

Als Sokrates den Auftritt des Kritias einleitet, sagt er, es ginge über seine Kräfte zu beschreiben, wie ein solcher idealer Staat ins Leben gerufen werden könnte. Er sagt, dazu brauche es einen Staatsmann, und bittet Kritias, diese Aufgabe zu übernehmen, denn „wir wissen alle hierzulande", daß ihm „nichts fremd ist" aus der Theorie und Praxis der Politik.[11]

Das Gespräch des *Timaios* wird als eine Fortsetzung des *Staats* dargestellt. Der Atlantis-Mythos, wie ihn Kritias erzählt, ist dazu gedacht, jenen Entwurf einer idealen Gesellschaft mit dem Anstrich des Altehrwürdigen zu versehen. Er sollte den *Staat* nicht als einen vollkommenen Bruch mit der athenischen Tradition erscheinen lassen, sondern als die Wiedergeburt eines bisher nicht bekannten goldenen Zeitalters Athens nach neuntausend Jahren – die Zahl als solche hat als die mit tausend malgenommene Potenz der Zahl 3 eine mystische, pythagoreische Bedeutung. Platons politisches Traumgebilde wurde auf diese Weise zum wiedererstandenen wahren Athen.

Der Atlantis-Mythos wird erzählt als eine Geschichte, die in einer vornehmen aristokratischen Familie – der Familie der Mutter des Platon – von einem Großvater namens Kritias weitergegeben worden sei; er wiederum habe sie von *seinem* Großvater Kritias gehört, und dieser von seinem Vater Dropides. Und Dropides habe sie, wie im *Timaios* gesagt wird, von Solon gehört, dem sie von Priestern in Ägypten erzählt worden sei, als er dieses schon alte Land besucht habe.

Diese letzte Feinheit verband Platons Ideal einer autoritären Gesellschaft der Kasten mit dem Namen Solons, den Athen als den Begründer der Demokratie verehrte. Das war ein meisterhafter Streich, um für Platons neue Ordnung zu werben. Kritias sagt, Solon hätte vielleicht versuchen können, in Athen anzuwenden, was er in Ägypten gelernt hatte. Aber er war, so Kritias, „durch Aufstände und anderes

Ungehörige, was er bei seiner Rückkehr hier (d. h. in Athen) vorfand, das liegenzulassen genötigt".¹²

Es sei dieses starre Kastensystem im goldenen Zeitalter Athens gewesen, erklärt Kritias, das Athen ermöglicht habe, die griechische Zivilisation von der Unterjochung durch Atlantis zu retten. Das war der Ersatz Platons für das Epos der Perserkriege, in dem Athen aufgrund seiner Demokratie imstande war, Griechenland vor der persischen Vorherrschaft zu bewahren.

Um uns von diesem politischen Märchen freizumachen, können wir uns wieder den nüchternen Zeilen des Aristoteles in seinem *Staat der Athener* zuwenden. Dort lernen wir den Grund für die „Aufstände", wie Kritias sie vorwurfsvoll kennzeichnet, die Solon bei seiner Rückkehr aus Ägypten nach Athen vorfand. Die Armen Attikas waren durch Schuldknechtschaft buchstäblich zu Sklaven der Reichen geworden. Nach dem geltenden Hypothekarrecht konnten Kreditoren der Person und Familie säumiger Schuldner Knechtschaft auferlegen. Aristoteles berichtet, daß Solon die bestehenden Schulden getilgt habe und die Schuldknechtschaft verboten habe, um die soziale Ordnung wiederherzustellen und ein Mindestmaß an sozialer Gerechtigkeit einzuführen. Hätte Solon unter dem Eindruck dessen gestanden, was er in Ägypten gesehen hatte, so hätte die Schuldknechtschaft ein willkommenes Mittel geboten, eine ähnliche Art der Abhängigkeit in Attika einzuführen. Kritias hat sein Leben verloren, als er sich bemühte, das platonische Ideal in die Praxis umzusetzen.

Das Gegenstück zu der Geschichte von Atlantis ist ein anderer von Platons Mythen, der berühmteste von allen: die 'edle Täuschung' im *Staat*. Auch sie ist antidemokratisch. Ihr Ziel war, den niederen und mittleren Klassen ein Gefühl der unüberwindbaren Minderwertigkeit einzureden und sie, wie wir heute sagen würden, 'vorzuprogrammieren' für die Unterordnung unter den Philosophenkönig. Was Kritias durch Terror zu erreichen versuchte, bemüht sich Platon durch 'Gehirnwäsche' zu erlangen, um einen weiteren modernen Begriff zu gebrauchen.

In der großen Auseinandersetzung über den Gebrauch des Terrors zwischen dem Vertreter der harten Linie Kritias und dem gemäßigten Theramenes in den *Hellenika* des Xenophon verteidigt Kritias den

Terror mit einer mitleidlosen Konsequenz. Als der Rat erste Anzeichen dafür erkennen läßt, daß er durch die Argumente des Theramenes für ein gemäßigtes Vorgehen schwankend wird, wirft Kritias kühl ein: „Wenn einer von euch glaubt, daß derzeit mehr Menschen sterben, als den Umständen angemessen wäre, so soll er bedenken, daß dies überall geschieht, wo Staatsformen geändert werden." Das war das selbstgefällige Alibi aller Diktatoren unserer Zeit von Mussolini bis Mao-Tse-Tung. Doch Kritias führte das Argument mit ungewöhnlicher Klarsichtigkeit und Objektivität einen Schritt weiter. Er sagt, es habe so viele Hinrichtungen unter seiner Herrschaft in Athen gegeben, weil die Gegner der Tyrannis so zahlreich gewesen wären. Nicht allein, sagt er, daß Athen der volkreichste unter den griechischen Stadtstaaten wäre, sondern hier sei auch „das Volk die längste Zeit hindurch in Freiheit aufgewachsen".[13]

Wie sollte man eine athenische Bürgerschaft ihres Bürgerrechts berauben und entwaffnen, die zweihundert Jahre lang an Gleichheit und Redefreiheit gewöhnt war, ohne zahlreiche rücksichtslose Hinrichtungen vorzunehmen? Das war die eiskalte Frage, mit der Kritias nicht allein zu rechtfertigen suchte, was er den Demokraten angetan hatte, sondern jetzt auch noch die Hinrichtung seines gemäßigten Rivalen und Kollegen Theramenes. Das war der Beginn des Totalitarismus.

Platon, der eine ebenso radikale Veränderung anstrebte, suchte in der Ruhe seiner Akademie nach einer gedanklichen Lösung der Frage, wie eine freie Bürgerschaft an eine neue Bindung gewöhnt werden könne. Seine Lösung war ein kompliziertes, von seiten des Staates auferlegtes System ideologischer Indoktrination, durch das die „Menge" von Kindheit an daran gewöhnt wurde, sich für minderwertig zu halten. Es mußte ihnen beigebracht werden, daß sie nicht als Freie und Gleiche geboren waren und daß sie unfrei und ungleich bleiben sollten. Dann würden sie nach der Theorie Platons bereitwillig denen gehorchen, die sich selbst für die Besseren hielten.

Das ist die edle Täuschung, von der Platon den Sokrates im 3. Buch des *Staats* sprechen läßt. Seine Offenheit steht der des Kritias nicht nach. „Was könnte uns nun dazu verhelfen", sagt Sokrates da, „eine edle Täuschung dieser Art vor allem den Regenten selber glaubhaft zu machen, oder wenn nicht ihnen, dann doch dem übrigen Volk?" Platon nimmt an, daß die Herrscher, nachdem sie Philosophen sind, mit ihrer eigenen Propaganda Schwierigkeiten haben könnten, daß indes die Masse des Volkes am Ende dazu gebracht werden könne, sie zu glauben.

Die edle Täuschung besteht in der Behauptung, daß die Menschen als solche und von Anfang an in vier Klassen unterteilt seien: die Wenigen, die als Philosophen Herrscher seien, die Militärkaste, die deren Willen durchsetze, die Mittelschicht von Händlern und Handwerkern und schließlich, auf der untersten Ebene, die gewöhnlichen Arbeiter und die, die das Land bestellten.

Der Sokrates Platons sagt, sie seien zwar eigentlich Brüder, die alle von derselben Mutter Erde geboren seien, doch müsse man ihnen einreden, daß sie sich als aus verschiedenen Metallen geschaffen sähen. „Ihr alle," erklärt Sokrates, „die ihr in der Stadt lebt, seid nun also Brüder – so werden wir als Mythenerzähler zu ihnen sagen: doch als der Gott euch formte, hat er denen, die zum Regieren fähig sind, bei ihrer Erschaffung Gold beigemischt, und das macht sie besonders wertvoll."

Die edle Lüge wird auch sagen, daß die „Wächter", die Angehörigen der Militärkaste, ebenfalls ein kostbares Metall in sich trügen, wenn auch von geringerem Wert: In ihnen steckt Silber. Der Hauptteil der Bürgerschaft indes, die Vielen, sind nach dieser Darstellung aus einfachen Metallen, aus Eisen und Bronze geschaffen.[14]

Dem uneingeweihten Leser wird an dieser Stelle wohl eine wichtige Einzelheit entgehen, besonders wenn er sich an die Loeb-Ausgabe hält. Das ist zwar eine ausgezeichnete und mit reichen Anmerkungen versehene Ausgabe, aber sie ist durch den christlichen Platonismus des Übersetzers und bedeutenden amerikanischen Altertumswissenschaftlers Paul Shorey gefärbt. In dem eben zitierten Abschnitt spricht seine Übersetzung von den Wächtern, d. h. der Militärkaste als von den „Helfern". Das griechische Wort, das Platon verwendete, ist *epikouroi,* was in der Tat „Helfer" meinen kann. Doch in der gewöhnlichen Militärsprache heißen *epikouroi* die Söldnertruppen *im Unterschied zu den Bürgersoldaten.*

Für einen Griechen der Antike wäre es offensichtlich gewesen, was Platon meinte. Die Grundlage der Demokratie innerhalb der *polis* bildete der Bürger als Soldat. Der bewaffnete Bürger verteidigte nicht allein die Freiheit der Stadt, sondern konnte seine Waffen auch dazu einsetzen, seine eigene Freiheit zu verteidigen.*

In den Jahren 411 und 404 v. Chr. entwaffnete die antidemokratische Partei in Athen sowohl die Armen wie die Mittelschicht, um ihre Herrschaft zu festigen. Kritias stützte sich weitgehend auf eine Garnison spartanischer Besatzungstruppen. Das waren seine *epikouroi*. Um diese Truppen bezahlen zu können, zog er das Vermögen reicher fremder Bewohner ein, wie es im Falle des Leon von Salamis geschah. Der Zweck der Militärkaste in Platons *Staat* war, wie im alten Ägypten, das Volk entwaffnet zu halten und ihm so die Möglichkeit zu nehmen, seinen Herren Widerstand entgegenzusetzen.

In einer anderen Passage nennt Sokrates die Militärkaste *phylakes*, d. h. Wächter, und er sagt. sie sollten „wachen über die äußeren Feinde, daß sie keine Macht, und über die Freunde im Inneren, daß sie keine Lust bekommen, Böses zu tun".

Man beachte, daß die „Wächter" sowohl gegen Unzufriedenheit im Inneren wie gegen äußere Feinde vorgehen sollen. Die *phylakes* oder *epikouroi* wären also nicht nur eine Besatzungstruppe, sondern auch intern die Schergen eines Polizeistaats. Das ist die dunkle Seite der platonischen Utopie. An dieser Stelle deckt sich seine Theorie mit der Praxis des Kritias.

Das ist nicht der einzige Punkt, in dem sich die beiden einig sind. Platon beschränkte sich nicht auf vorsätzliche Täuschung oder 'Indoktrinierung'. Er war ganz wie sein Vetter bereit, bei der Schaffung der von ihm erträumten neuen Ordnung und eines neuen Menschen – eines unterwürfigeren Menschen – Gewalt zu gebrauchen.

Wenn in Platons *Staat* und in seinen anderen Utopien sich jemand hartnäckig weigerte, sich überreden zu lassen oder wenigstens Übereinstimmung vorzutäuschen, so wurde er ebenso rücksichtslos aus dem Wege geräumt, wie das mit der Opposition unter Kritias gesche-

---

* Dieser Gedanke lebt im Bill of Rights der Vereinigten Staaten fort, wo das Recht, Waffen zu tragen, garantiert wird. Diese Bestimmung wird heute von den Waffenproduzenten schamlos ausgenutzt, aber sie spiegelt die Erfahrung von Leuten wider, die die Revolution erprobt hatten. Es war der private Besitz von Waffen, der es den amerikanischen Kolonisten erlaubte, sich gegen die britische Krone aufzulehnen.

hen war. Im Werk Platons gibt es drei Beispiele dafür. Das erste stammt aus dem *Staatsmann,* wo die absolute Monarchie als Platons Ideal erscheint. In diesem Dialog aus den späteren Jahren Platons spricht er – wie später in den *Gesetzen* – aus dem Munde eines „Fremden", der offenbar er selbst ist. Der Fremde bringt das sokratische Gleichnis von dem Arzt als „dem Wissenden" vor, der deshalb das Recht habe, in seinem Verhältnis zum Patienten zu befehlen. Er zieht eine gnadenlose Lehre für die Verwaltung des Staates daraus.

Der Fremde sagt, daß der Arzt uns heile, ob „mit oder gegen unseren Willen", ob er „schneide oder brenne", indem er „Anweisungen nach einer bestimmten Kunst" gäbe und „unseren Leib purgiere oder ihn sonstwie schlanker werden lasse". Das Wort „purgieren" – die 'Säuberung' – scheint hier eine ähnlich unheilvolle Nebenbedeutung zu haben wie in unserer eigenen Zeit.

Der Fremde sagt, der Arzt könne Schmerzen bereiten, solange er das nach den Regeln „der Kunst oder Wissenschaft" tue und seinen Patienten „aus einem schlechteren zu einem besseren mache". Der ideale König soll auf dieselbe Weise und nach derselben Maßgabe regieren. Der Fremde nennt das „die einzig richtige Bestimmung der ärztlichen Kunst und auch sonst jeder Beherrschung".[15] Das bedeutet, daß die einzig wahre Herrschaft die absolute Herrschaft ist, die absolute Unterwerfung fordert.

Dieser Abschnitt, in dem „die einzig wahre" Herrschaft definiert wird, scheint die eine Stelle in den platonischen Dialogen zu sein, wo uns gesagt wird, daß wir endlich zu der „einzig richtigen Bestimmung" gelangt sind. Eine solche genaue und absolute Definition ist die einzig wahre Form der *episteme* oder des wahren Wissens. Platon glaubt bewiesen zu haben, daß die absolute Herrschaft die einzig legitime Form der Herrschaft ist. Da sie die wirklich einzige legtime Form ist, hat sie das Recht, die ihr Unterworfenen „zu ihrem Vorteil" zu töten oder zu verbannen.

Natürlich hat diese Beweisführung wie alle Analogieschlüsse ihre Schwächen. Der Arzt ist für den Patienten nicht ein absoluter Herrscher. Wenn der Patient meint, die Behandlung schade ihm, kann er einen anderen Arzt rufen. Wenn er den Eindruck hat, ihm sei Schaden zugefügt worden, kann er Anklage wegen Kurpfuscherei erheben. Der Arzt war damals wie heute nach Maßgabe des Eides des Hippokrates bei unangemessener Berufsausübung der Schande und dem Verlust seiner beruflichen Ehre ausgesetzt. Der Arzt war im Gegensatz zum absoluten Herrscher nicht sein eigener Richter und Geschworener, der bereitwillig urteilte, daß alles, was er tat, als solches wissenschaftlich war.

Was die Gerechtigkeit betraf, wie konnte man da einen Ausgleich herstellen zwischen dem, was für den Staat oder die Gemeinschaft gut war, und dem, was gut war für den Einzelnen? Das Recht hat durch die Jahrhunderte in seinen feinen Abstufungen für beides Sorge gezeigt. Doch für Platon, den allerersten Theoretiker des Totalitarismus, war es der Staat als abstraktes Gebilde, der vorging. Das war es, was die Tötung oder Verbannung Einzelner rechtfertigte, deren alleiniges Verbrechen es war, daß sie nicht in die neue Ordnung paßten.

Das wird besonders deutlich in unserem zweiten Beispiel für die Rücksichtslosigkeit Platons in seinem Streben nach Vollendung: dem Bemühen um rassische Reinheit oder Reinheit der Kasten in den Vorschriften zur Rassenhygiene im *Staat*. Dazu gehören auch die sonderbaren Vorschriften über die gemeinschaftliche Zugehörigkeit von Frauen und Kindern zu den Wächtern.

Platon wollte Menschen züchten, wie man Tiere züchtet. Um die „Herde der Wächter" besser zu machen, wurde ihre Fortpflanzung aufs strengste durch den Staat reguliert und ihre Paarung im vorhinein bestimmt, nach Möglichkeit durch das Los. Doch das Los sollte durch den Philosophenkönig insgeheim und „geschickt" in den Dienst der Rassenhygiene gestellt werden, sodaß „die besten Männer den besten Frauen möglichst oft beiwohnen müssen, dagegen die schlechtesten Männer den schlechtesten Frauen möglichst selten, . . . wenn die Herde auf möglichst hohem Stande bleiben soll".[17]

Wie konnte man das geheimhalten? Wie konnte man das durchsetzen gegen die sexuelle Eifersucht, die daraus erwachsen würde? Was sollte widerstrebende Wächter, die allein über Waffen verfügten, davon abhalten, den Philosophenkönig oder die Philosophenkönige abzusetzen? Keine dieser praktischen Fragen wird gestellt. Utopie wird hier zum Wahnsinn.

Ein weiteres Beispiel ist, soweit das möglich ist, noch verrückter. Es steht am Ende des 7. Buchs des *Staats* und wäre in einer Satire über Platon ein großer Lacher gewesen.

Platons Vetter Kritias hatte bei seinen Bemühungen zur Umgestaltung Athens zuerst die Demokraten und dann die Gemäßigten in die Verbannung geschickt. Platon geht einen Schritt weiter. Er läßt Sokrates den Vorschlag machen, am „schnellsten und am leichtesten" ebne man den Weg zur idealen Stadt, indem man jeden Bürger, der das Alter von zehn Jahren überschritten habe, aus der Stadt fortschicke und die Kinder von den Philosophen erziehen lasse.

Sokrates ist besorgt zu zeigen, daß er mit dem von ihm entworfenen Ideal „nicht nur Wunschgebilde vorgetragen habe, sondern Dinge, die zwar schwer, aber doch irgendwie möglich sind", wenn „wahre Philosophen, mehrere oder einer, in einer Stadt Herrscher werden"; sie werden die Gerechtigkeit „über alles stellen . . . als Notwendigstes" und so „ihre Stadt einrichten".[18] Sein verwirrter Gesprächspartner fragt, wie das geschehen solle.

„Alle Bürger, die das zehnte Altersjahr überschritten haben", antwortet Sokrates, „schicken sie aufs Land hinaus. Ihre Kinder aber übernehmen sie und erziehen sie, fern von den heutigen Anschauungen, die auch ihre Eltern teilen, nach ihren eigenen Gebräuchen und Gesetzen, eben nach jenen, die wir vorhin besprochen haben."

Sokrates nennt das den schnellsten und leichtesten Weg, auf dem man eine solche Stadt einrichten könne und „dem Volk . . . den größten Segen bringen". Sein willfähriger Gesprächspartner stimmt sofort zu, daß dies tatsächlich der „bei weitem" leichteste Weg sei. Keine drängenden Fragen werden gestellt. Es ist erstaunlich, wie wenig Dialektik es an solchen entscheidenden Stellen bei Platon gibt.

Ein leichter Weg? Wie würden sich eine Handvoll von Philosophen als Kinderschwestern einer kleinen Armee von Kindern machen? Nur ein Junggeselle wie Platon, der niemals ein Kind gewickelt hatte, konnte das ernsthaft ins Auge fassen. Wie sollte man besorgte und aufgebrachte Eltern davon abhalten, in der Nacht „vom Lande", wie Platon es so behutsam ausdrückt, zurückzukommen, diese verrückt gewordenen Philosophen zu töten und ihre Kinder und die Stadt zurückzuerobern? Wie konnte der Sokrates Platons in einem Atemzug von Gerechtigkeit als dem Notwendigsten sprechen und gleichzeitig vorschlagen, eine ganze Stadt auf den Kopf zu stellen? Wie konnte er eine ganze Generation, ohne sie zu fragen und gegen ihren Willen, zu solchem Leiden verurteilen?

Gab Platon die wirklichen Ansichten seines Lehrers in grob entstellter Form wieder? Oder gab es eine Verbindung zwischen all dem und der Verachtung des Sokrates für die Demokratie? Glaubte Platon, es sei eine logische Konsequenz der sokratischen Ansicht von der menschlichen Gemeinschaft als einer Herde, daß sie zu ihrer Verbesserung von ihrem weisen Hirten und geborenen König, dem Wissenden, 'ausgedünnt' werden solle?

Die ergebeneren Kommentatoren Platons verschließen ihre Augen vor dieser Passage im *Staat*. Alan Bloom, der zu den wenigen gehört, die sich diesem erhabenen Unsinn stellen, flüchtet sich in die Annahme, daß sich Platon hier in Wahrheit über seinen eigenen Utopismus lustig mache! Das wäre vielleicht eine plausible Erklärung, wenn man nicht im *Staatsmann,* in den *Gesetzen* und im *Timaios* und *Kritias* ähnliche Entwürfe eines idealen Staats finden würde. Platon kann kaum sein Leben damit verbracht haben, sich über sich selbst lustig zu machen.

Der Gipfel des Schreckens in jeder Anthologie platonischer Staatskunst ist das Bild der „gewischten Tafel" im 6. Buch des *Staats*. Platon führt uns darauf zu, indem er Sokrates ein in allen Farben glänzendes Bild der Eigenschaften entwerfen läßt, die den Anspruch des Philosophen auf das absolute Königtum rechtfertigen. Sokrates beschreibt den wahren Philosophen als einen Mann, der „seine Gedanken wirklich auf das Seiende richtet". Er habe „gar keine Zeit, hinabzublicken auf das Treiben der Menschen, . . . sondern er betrachtet Geordnetes, sich immer gleich Bleibendes", das man am Himmel und in der Bewegung der Gestirne erkenne. Auf diese Weise werde der Philosoph „selbst wohlgeordnet und göttlich, soweit das einem Menschen möglich ist".[19] Da er einem Gott gleichkommt, kann der Philosoph, wenn das in seiner Absicht steht, das Werk der Schöpfung wiederaufnehmen und einen neuen Menschen gestalten.

Sokrates kleidet all das in die Form von Fragen an seinen Gesprächspartner. „Wenn er nun in die Notwendigkeit versetzt wird", fragt Sokrates, „sich zu bemühen, um das, was er dort (d. h. am Himmel) sieht, in die Sitten der Menschen im privaten wie im öffentlichen Leben hineinzutragen, statt nur sich selbst zu bilden – wird er dann wohl ein schlechter Bildner zur Besonnenheit und Gerechtigkeit und zu jeder Bürgertüchtigkeit werden?"[20]

Das ist die Art von Frage, die jedes Gericht und auch der verschlafenste Richter als Suggestivfrage aus dem Protokoll streichen lassen würde. Ein respektloser Zuhörer hätte Sokrates an diesem Punkt fragen können, ob ein Mann, der keine Zeit habe, „hinabzublicken auf das Treiben der Menschen", die ideale Wahl wäre, wenn es gelte, dieses Treiben neu zu gestalten und zu entscheiden, wie die neuen Menschen aussehen sollten. Aber natürlich stimmt der Gesprächspartner bei Platon ergeben zu. Was durch die Diskussion in Frage und auf die Probe gestellt werden sollte, wird einfach angenommen.

Sokrates schließt eine weitere Suggestivfrage an, die diesmal auf eine sofortige Bekehrung der Demokraten zu seinen himmlischen Visionen zielt. „Und wenn die Menge spürt", fragt er, „daß wir die Wahrheit über ihn sagen, dann werden sie doch die Philosophen nicht mehr entrüstet ablehnen und nicht mehr ungläubig gegen unsere Behauptung sein, daß eine Stadt anders wohl nie glücklich werden könnte, als wenn sie von Malern entworfen wird, die das Göttliche zum Vorbild nehmen." Sokrates erklärt dann, daß der Philosophenkönig oder die Philosophenkönige „eine Stadt und die Charaktere der Menschen wie eine Tafel zur Hand nehmen . . ., und wischen sie zuerst sauber ab". Er räumt ein, daß das „nicht ganz leicht sein dürfte". „Die Tafel sauber abzuwischen" war in der Tat das, was Kritias in Athen versucht hatte, und die Schwierigkeit dieser Aufgabe war seine Entschuldigung für die Grausamkeiten, die sein revolutionäres Ziel ihn zu begehen zwang.

Sokrates erzählt uns nicht und wird auch nicht danach gefragt, wie die Schwierigkeiten zu bewältigen seien. „Doch wie du ja nun weißt", fügt Sokrates hinzu, „unterscheiden sie (d. h. die Philosophenkönige) sich gleich schon dadurch von den anderen Staatsmännern, daß sie sich weder mit dem Einzelnen noch mit der Stadt befassen . . ., wenn sie sie nicht in reinem Zustand übernommen oder selbst gereinigt haben." Ihre Macht mußte absolut und unbestritten sein.

Platons Sokrates scheint zu meinen, man könne all dies den Athenern schmackhaft machen. „Können wir nun wohl jene Angreifer überzeugen", fragt Sokrates, „die . . . gestreckten Laufs gegen uns anrennen, daß ein solcher Maler von Verfassungen eben jener ist, den wir damals vor ihnen gelobt haben . . .? Werden sie wohl jetzt meinen Vorschlag freundlicher aufnehmen?" Die Antwort? Sie lautet, von neuem ohne weitere Erörterung: „Ganz gewiß."[21]

Es war ein Glück für Sokrates, daß zur Zeit seines Prozesses der *Staat* noch nicht geschrieben war und den Richtern nicht vorgelesen werden konnte. Wenn das wirklich sokratische Lehren waren oder ihre Wirkung auf einen begabten jungen Mann wie Platon, dann wäre es noch schwieriger gewesen, das Gericht davon zu überzeugen, daß Sokrates nicht einige der begabtesten jungen Männer Athens zu gefährlichen Revolutionären gemacht hatte. Die noch frische Erinnerung an die Dreißig hätte die Aufmerksamkeit darauf gelenkt, welche Unmenschlichkeiten sich hinter jenem kühnen Wort von dem „Sauberwischen der Tafel" verbargen.

Kapitel 13

Der Hauptankläger

Unter den drei Anklägern des Sokrates war allein Anytos in Athen eine bekannte Persönlichkeit. Die anderen beiden, Meletos und Lykon, waren unbedeutende Männer, von denen man kaum mehr weiß als das, was Sokrates selbst uns in der *Apologie* erzählt. Sokrates versichert, Lykon habe sich im Namen der Redner an der Anklageerhebung beteiligt, Meletos im Namen der Dichter und Anytos im Namen der Handwerker und der politischen Führer.[1] Das bedeutete, sofern es stimmte, daß alle führenden Bürger der Stadt sich gegen Sokrates zusammengeschlossen hatten. Von den drei Anklägern war Anytos der einzige, der wirklich zählte. Lykon war als Redner nicht bekannt und ebensowenig war das Meletos als Dichter. Aber Anytos war ein wohlhabender Gerber, der bei dem bewaffneten Widerstand und dem darauffolgenden Sturz des Kritias und bei der Wiederherstellung der Demokratie eine führende Rolle gespielt hatte.

Dennoch hören wir in der *Apologie* nur Äußerungen des Meletos. Er erweist sich als ein wenig einfältig und ist ein leichtes Opfer für Sokrates.

Von Anytos hören wir in der *Apologie* kein einziges Wort und Kritias wird nicht einmal erwähnt, aber sie sind dennoch die gegensätzlichen Figuren, die hinter dem Prozeß stehen. Kritias, obwohl tot, war in gewisser Weise der Hauptbelastungszeuge für die Anklage: Er war das hervorragendste Beispiel dafür, wie die Verbindung mit Sokrates dazu beigetragen hatte, die Jeunesse dorée Athens zu „verderben" und sie gegen die Demokratie einzunehmen. Das große Ansehen des Anytos und der schlechte Ruf des Kritias waren die größten Hindernisse für einen Freispruch. Anytos wird manchmal als fanatischer Demokrat dargestellt. Selbst jenes unschätzbare Buch, das *Source Book on Socrates* der British Open University, das sämtliche Quellen zu Sokrates zusammenfaßt, beschreibt Anytos als einen „offensichtlich linksradikalen Politiker".[2] Anytos als einen radikalen Demokraten zu bezeichnen mag vielleicht vertretbar gewesen sein, bevor man im Jahre 1880 den *Staatder Athener* des Aristoteles aus dem heißen, schützenden Sand Ägyptens ausgrub. Dort wird Anytos hingegen keineswegs als einer der Demokraten aufgeführt, sondern als maßgeblicher Helfer des gemäßigten Führers Theramenes, der sowohl 411 wie 404 v. Chr. dafür war, den Armen das Bürgerrecht zu entziehen; er wandte sich indes gegen die oligarchischen Extremisten, als diese nach beiden Umstürzen begannen, auch der Mittelschicht wie dem *demos* ihre Rechte zu nehmen und sie zu entwaffnen. Anytos war einer jener reichen Führer der Mittelschicht, der die uneingeschränkte Demokratie nicht mochte, doch bald fand, daß sie einer strikten aristokratischen Gewaltherrschaft vorzuziehen sei – und sehr viel mehr Sicherheit für Leben und Besitz bot.[3]

Man hätte auch schon vor der Entdeckung der verlorenen Abhandlung des Aristoteles deutlich erkennen können, daß Anytos ein führender Mann der gemäßigten Partei war. Der Umstand wurde bereits in den *Hellenika* des Xenophon deutlich. Dort nennt Theramenes in seiner großen Auseinandersetzung mit Kritias vor seiner Hinrichtung Anytos zweimal als ein Beispiel für die wohlhabenden Gemäßigten, die Kritias in die Opposition treibe.

Anytos erlitt bedeutende Verluste, als sein Vermögen nach seinem Übertritt auf die Seite der Opposition von den Tyrannen beschlagnahmt wurde. Nach der Wiederherstellung der Demokratie gewann er an Ansehen, da er seinen Einfluß nicht dazu benutzte, die Rückgabe dieser verlorenen Güter gerichtlich durchzusetzen. Solche Prozesse waren nach der Amnestie verboten, und Anytos hielt sich in rühmlicher Weise an ihre Bestimmungen. Den Beleg dafür findet man in der Überlieferung über einen Fall, der zwei Jahre vor dem Prozeß des Sokrates liegt. Der Redner Isokrates erklärt da: „Thrasyboulos und Anytos, höchst einflußreiche Männer in der Stadt, die (von den Dreißig) vieler Güter beraubt worden sind und wissen, wer die Listen ihres

Vermögens (für die Tyrannen) angelegt hat, unternehmen es dennoch nicht, gegen diese Leute einen Prozeß anzustrengen oder das erlittene Unrecht hervorzukehren; auch wenn sie . . . mächtiger sind als andere, sich durchzusetzen, wollen sie doch vielmehr in Hinblick auf die Vereinbarungen (d. h. die Amnestie) auf einer Stufe mit den Übrigen stehen."[4]

Anytos war nicht ein einfacher Gerbermeister, der im Widerstand plötzlich zum General wurde. Er war bereits im Peloponnesischen Krieg Stratege gewesen; wir wissen, daß er im Jahre 409 v. Chr. mit dreißig Triremen ausgesandt wurde, um die spartanische Festung Pylos – das heutige Navarino – einzunehmen. Schlechtes Wetter hatte die Unternehmung indes behindert.[5]

Es gibt eine Legende, Anytos habe ein böses Ende gefunden. Das erste Mal taucht sie in den *Leben und Meinungen der berühmten Philosophen* des Diogenes Laertios auf, ungefähr fünfhundert Jahre nach dem Prozeß des Sokrates. Er berichtet, die Athener seien nach dem Tod des Sokrates so sehr „von Reue befallen" worden, daß sie sich gegen seine Ankläger gewendet hätten: Meletos hätten sie hingerichtet, Anytos und Lykon in die Verbannung geschickt und für Sokrates eine „eherne Bildsäule" errichtet.

Diogenes schmückt die Geschichte noch aus. „Dieser Vorgang mit Sokrates und den Athenern", betont er, „steht übrigens nicht vereinzelt in der Geschichte da, es gibt viele ähnliche Fälle." So hätten sie auch gehandelt (sagt Diogenes), als sie Homer „als angeblich nicht recht bei Verstande mit einer Buße von fünfzig Drachmen" belegten![6] Das alleine genügt, um die ganze Geschichte als Erfindung zu kennzeichnen. Wäre das tatsächlich geschehen, hätte der Dichter in der kultiviertesten Stadt Griechenlands tatsächlich eine solche Behandlung erfahren, so hätte dieser Skandal in der Literatur der Antike einen Widerhall gefunden. Und hätte Athen Reue empfunden und dem Sokrates ein Standbild errichtet, so hätten wir sicher durch Platon und Xenophon davon gehört.

In Hinblick auf das weitere Schicksal des Anytos gibt Diogenes zwei unterschiedliche Versionen. Eine steht in seiner Lebensbeschreibung des Sokrates, und eine andere Darstellung, die nicht weniger reizvoll, aber völlig entgegengesetzt ist, findet man in seinem Leben des Antisthenes. Im letzteren Falle berichtet Diogenes, Antisthenes als der älteste Schüler des Sokrates sei es gewesen, der „die Verbannung des Anytos und den Tod des Meletos veranlaßte". Er sagt, Antisthenes sei einige Zeit nach dem Tod des Sokrates „mit einigen Jünglingen aus dem Pontos" zusammengetroffen, „die der Name des Sokrates nach Athen gelockt hatte". Antisthenes „führte sie zu Anytos mit der ironischen Bemerkung, dieser sei weiser als Sokrates". Daraufhin gerieten die jungen Männer „in solchen Unwillen, daß sie die Verbannung des Anytos durchsetzten".[7] Nach der anderen Version wurde Anytos von den Athenern verbannt und später aus Herakleia am Pontos ausgewiesen, als er auf der Suche nach einem Zufluchtsort dorthin gelangte. Dem fügte seinerseits der Redner Themistios aus dem 4. Jahrhundert n. Chr. noch eine weitere pikante Einzelheit hinzu. Er sagt, die Bewohner von Herakleia seien über die Hinrichtung des Sokrates so aufgebracht gewesen, daß sie Anytos bei seiner Ankunft zu Tode gesteinigt hätten.[8]

Diese Legenden zeigen die Aura der Ehrfurcht, mit der das Genie Platons die Erinnerung an seinen Meister zur Zeit der römischen Kaiser umgeben hatte. Dem steht als Tatsache entgegen, wie wir aus einer untadeligen zeitgenössischen Quelle wissen, daß Anytos mehr als zehn Jahre nach dem Tod des Sokrates noch immer eine führende Persönlichkeit im politischen Leben Athens darstellte und in eines der wichtigsten Ämter der Stadt gewählt worden war. Der Beleg dafür findet sich in einer Rede des Lysias, der Rede *Gegen die Getreidehändler*. Lysias war selbst ein Freund des Sokrates.[9]

Die Rede wurde in einem Prozeß vorgetragen, der vermutlich im Jahre 386 v. Chr. stattfand, ungefähr dreizehn Jahre nach dem Prozeß des Sokrates. Die Händler wurden beschuldigt, die Gesetze übertreten zu haben, die die Getreideversorgung und den Getreidepreis vor Manipulationen sichern sollten. Die Einhaltung dieser Gesetze wurde von städtischen Beamten überwacht, den sogenannten *sytophylakes* oder Getreideaufsehern. Die Athener verschlossen ihre Augen nicht vor den Gefahren eines 'freien Marktes'. Die Getreideaufseher gehörten zu den führenden Beamten der Stadt, und als einer von ihnen sagte Anytos als Zeuge der Anklage aus.[10]

Das Theater war das wichtigste Barometer für die Stimmung des Volkes in Athen. Aber man sucht in den zahlreichen Fragmenten der tragischen oder komischen Theaterstücke aus der Zeit nach dem Prozeß vergeblich nach einer Spur des Bedauerns oder der Rechtfertigung. Es gibt ein Fragment eines verlorenen Stücks des Euripides mit dem Titel *Palamedes,* in dem er angeblich – nach Auffassung des Diogenes Laertios – das athenische Volk für das tadelte, was es Sokrates angetan hatte. Es heißt da: „Gemordet habt ihr, gemordet den Künder der Weisheit, der Musen Nachtigall, die keinem ein Weh tat." Aber Sokrates wird nicht namentlich genannt, und was auch immer seine sonstigen Vorzüge waren, er war wohl kaum eine Nachtigall der Musen – das ist die Bezeichnung für einen lyrischen Dichter. Diogenes selbst räumt bedauernd ein, daß Philochoros, der berühmteste der attischen Chronisten des 4. Jahrhunderts v. Chr., „berichtet, Euripides sei vor Sokrates gestorben".[11] Demnach muß sich das von Diogenes zitierte Fragment auf jemand anders bezogen haben.[12]

Ebensowenig gibt es den geringsten Hinweis auf den Prozeß in den Reden des Demosthenes, der in seinem Jahrhundert der bedeutendste Verteidiger dessen war, was wir bürgerliche Freiheiten und Bürgerrechte nennen würden. Die erste und früheste erhaltene Erwähnung des Prozesses findet man in einer berühmten Rede – der Rede *Gegen Timarchos* –, die Aischines, der Rivale des Demosthenes, verfaßt hat. Die Rede wurde in einem Prozeß des Jahres 345 v. Chr. vorgetragen und war Teil des erbitterten Kampfes, den die beiden führenden Redner ihr Leben lang gegeneinander geführt haben. In dieser Rede wird Sokrates kurz und beiläufig erwähnt.

Timarchos, den Aischines vor Gericht anklagte, war ein Schützling des Demosthenes. Aischines zitierte das Urteil gegen Sokrates nicht als ein schreckliches Beispiel für die Verletzung bürgerlicher Freiheit, sondern als ein heilsames Vorbild, dem man im Falle des Timarchos folgen solle. Aischines sagt den Athenern: ". . .ihr habt den Sophisten Sokrates zum Tode verurteilt, weil er offenbar den Kritias unterwiesen hat, einen der Dreißig, die die Demokratie beseitigt haben."[13] Aischines gewann den Prozeß. Seine Rede zeigt, daß ein halbes Jahrhundert nach dem Prozeß des Sokrates die verbreitet anerkannte Ansicht die war, daß der alte „Sophist" bekommen hatte, was er verdiente, weil er der Lehrer des verhaßten Kritias gewesen war. Wenn es nicht so wäre, dann wäre es unklug von Aischines gewesen, das Urteil gegen Sokrates als Präzedenzfall anzuführen.

Noch etwas anderes außer der Politik scheint die Beziehungen zwischen Sokrates und Anytos belastet zu haben, und zwar eine Meinungsverschiedenheit über die Erziehung des Sohnes des Anytos. Wie Xenophon in der *Apologie* behauptet, glaubte Sokrates, Anytos habe die Klage eingereicht, weil „ich ihm sagte, er dürfe seinen Sohn nicht in der Nähe von Fellen aufwachsen lassen" (d. h. in der Gerberei der Familie lernen lassen). Die Gerberei war in den Augen athenischer Aristokraten wie Xenophon und Platon ein minderwertiger Beruf. Doch es war nicht sehr wahrscheinlich, daß ein führender Politiker der Mittelschicht wie Anytos die Erziehung seines Sohnes auf die „Nähe von Fellen" beschränkt hätte, wie Sokrates sich ausdrückte, denn das hätte es dem Sohn unmöglich gemacht, dem Vorbild seines Vaters zu folgen und eine führende Rolle in den Angelegenheiten der Stadt zu übernehmen.

Es hat scheinbar einen Wettstreit um die Verehrung des jungen Mannes zwischen Sokrates und Anytos gegeben. „Für eine kurze Zeit", sagt Sokrates in der *Apologie* Xenophons, „hatte ich Umgang mit dem Sohn des Anytos, und mir schien, es fehle ihm nicht an Beständigkeit und Klugheit."[14] Sokrates berichtet uns nicht, was der kurzzeitigen Verbindung Abbruch getan habe.

Im *Menon* beschreibt Platon einen heftigen Auftritt zwischen Sokrates und Anytos. Sokrates, der sonst mit Hohn auf die Sophisten herabsieht, verteidigt sie diesmal. Anytos sieht Sokrates im *Menon* anscheinend nur für einen weiteren der 'Sophisten' an. Als er auftritt, erörtern Sokrates und Menon gerade die Erziehung der Söhne berühmter Männer zur Tugend. Sokrates fordert Anytos auf, einen berühmten Mann zu nennen, der sich als ein guter Lehrer gezeigt und seine Tugend an seinen Sohn weitergegeben hätte. „Nenne den Namen", sagt Sokrates, „wessen du willst."*

„Was braucht er denn den Namen *eines* Mannes zu hören?", fragt Anytos. „Wem von den guten und tüchtigen Athenern er (d. h. der Sohn) auch begegnen mag: es ist keiner, der ihn nicht besser macht als die Sophisten, wenn er nur auf ihn hören will. . . . oder glaubst du nicht, daß es in dieser Stadt viele gute und tüchtige Männer gegeben

---

* Ist es unfein hinzuzufügen, daß keiner der drei Söhne des Sokrates es zu irgendetwas gebracht hat?

hat?"[15] Am Ende bricht Anytos das Gespräch mit einer Warnung ab. „Sokrates", sagt er, „mich dünkt, du sprichst leichthin schlecht von den Menschen. Wenn du auf mich hören willst, möchte ich dir den Rat geben, dich in acht zu nehmen; vielleicht ist es auch in einer anderen Stadt leichter, den Menschen Böses zu tun als Gutes; hier in Athen ist es in besonderem Maße so."[16] Das klingt wie eine Drohung. In Xenophons *Apologie* macht Sokrates nach dem Ende des Prozesses seinem Herzen mit einer bitteren Prophezeihung Luft. „Daher war ich überzeugt", sagt er da nach dem Bericht Xenophons, „er würde nicht bei dem gemeinen Verkehr bleiben, den ihm sein Vater verschafft hatte." Und des weiteren sagt er voraus, daß der Sohn des Anytos, „weil er keinen ernsthaften Beschützer hat, irgendeiner schimpflichen Begierde verfallen und noch weiter in sittlicher Verworfenheit versinken wird". „Mit diesen Worten", fährt Xenophon fort, „log er nicht, sondern der Jüngling fand Freude am Wein und hörte Tag und Nacht nicht auf zu trinken. Endlich war er weder dem Staat, noch seinen Freunden, noch sich selbst irgendetwas wert. Anytos aber", schließt Xenophon triumphierend, „hatte wegen der schlechten Erziehung seines Sohnes und wegen seines Unverstandes noch nach seinem Tode einen schlechten Ruf."[17]

Das zeigt, daß die *Apologie* des Xenophon nach dem Tode des Anytos geschrieben ist. Wäre Anytos nach dem Prozeß von einer reumütigen Bürgerschaft aus der Stadt getrieben worden und hätte er in der Stadt, in der er Zuflucht suchte, durch eine aufgebrachte Volksmenge den Tod gefunden, dann hätte Xenophon das mit Sicherheit erwähnt.

Man könnte vielleicht noch hinzufügen, daß Anytos nicht unvernünftig handelte, wenn er seinen Sohn der Obhut des Sokrates entzog. Er hatte Grund zu fürchten, daß sein Sohn von Sokrates gegen ihn als Vater eingenommen werden würde, lernen würde, das Handwerk der Familie zu verachten, und schließlich von seinen aristokratischen Freunden zu einem Bewunderer Spartas und einem Anhänger der Dreißig gemacht werden würde.

Kapitel 14

Wie Sokrates sein Bestes tat, um die Geschworenen gegen sich einzunehmen

In einem Strafprozeß in Athen stimmten die Geschworenen zweimal ab. Bei der ersten Abstimmung ging es um Schuldspruch oder Freispruch. Wenn ein Schuldspruch erging, dann stimmten sie ein weiteres Mal über das Strafmaß ab. Die größte Überraschung im Prozeß des Sokrates war, wie knapp die Entscheidung der Geschworenen in der ersten grundsätzlichen Frage ausfiel. Trotz der noch frischen Erinnerung an die Dreißig, trotz des Ansehens des Hauptanklägers und trotz der wachsenden Einsicht in das Ausmaß der antidemokratischen Einstellung in den Lehren des Sokrates scheinen die Geschworenen große Schwierigkeiten gehabt zu haben, sich schlüssig zu werden. Eine Meinungsänderung bei nur sechs Prozent der Geschworenen hätte einen Freispruch des Sokrates bewirkt.

Sokrates selbst erwartete, verurteilt zu werden, wie Platon uns in der *Apologie* berichtet. Das sei ihm an sich, wie Sokrates zu den Geschworenen sagt, „nicht unerwartet gekommen". Was ihn vielmehr überrascht habe, sei, daß so viele für seinen Freispruch gestimmt hätten. Die Zahlen waren nicht die einer erdrutschartigen Abstimmung. Sokrates weist darauf hin, er wäre „offenbar davongekommen, wenn nur dreißig Stimmen anders abgegeben worden wären".[1] Wenn die Änderung des Abstimmungsverhaltens von dreißig Geschworenen einen Freispruch bedeutet hätte, so mußten 280 der insgesamt 500 Geschworenen für eine Verurteilung gestimmt haben und 220 für einen Freispruch. Das bedeutet eine Mehrheit von sechzig Stimmen.

Wenn nun dreißig Geschworene für einen Freispruch statt für einen Schuldspruch gestimmt hätten, dann wäre mit 250 Geschworenen auf jeder Seite Stimmengleichheit innerhalb des Gerichts erzielt worden, und die wurde in Athen zugunsten des Angeklagten ausgelegt. Warum war Sokrates über die knappe Entscheidung für den Schuldspruch so überrascht? In Platons *Apologie* wird auf diese Frage keine Antwort gegeben. Aber wenn wir uns der *Apologie* Xenophons zuwenden, finden wir dort einen Hinweis. Xenophon sagt, Sokrates selbst habe verurteilt werden wollen und habe sein Bestes getan, um die Geschworenen gegen sich einzunehmen. Leider ist das Zeugnis der *Apologie* Xenophons häufig durch die fehlerhafte Übersetzung eines Wortes entstellt. Es handelt sich um das Wort *megalegoria,* das im ersten Absatz der Schrift dreimal vorkommt. Die Verwirrung wird noch dadurch gesteigert, daß die Übersetzer dazu neigen, das Wort aus Gründen stilistischer Variation und des Wohlklangs jedesmal anders zu übersetzen.

Um zu zeigen was gemeint ist, sollen zwei englische Übersetzungen als Beispiel herangezogen werden. Die ältere ist die wunderbare englische Übersetzung aus dem 18. Jahrhundert von Sarah Fielding in ihren *Socratic Discourses.*[2] Die zweite ist die Übersetzung von O. J. Todd in der Loeb Classical Library. Das Wort *megalegoria* ist aus zwei griechischen Wurzeln zusammengesetzt: aus *megal* (wie in unserem Wort *megaloman*), was groß bedeutet, und dem Verbum *agoreuo,* sprechen oder zu einer Versammlung, einer *agora* sprechen. Es gibt zwei Möglichkeiten, das Wort *megalegoria* aufzufassen. Die eine Möglichkeit ist negativ: *megalegoria* als 'Großsprecherei', als Prahlerei und Überheblichkeit. Die andere ist positiv: als ein anderes Wort für Beredsamkeit.

Beide Übersetzer entschieden sich dafür, das Wort in positivem Sinne aufzufassen. Aber das stimmt nicht mit dem überein, was Xenophon zu sagen versucht. Er beginnt seinen Bericht über den Prozeß mit der Feststellung, die Leute seien über die *megalegoria* überrascht gewesen, die Sokrates gezeigt hätte, als er sich an seine Richter wandte. Das Wort kommt, wie bereits gesagt, dreimal in der Einleitung vor. Sarah Fielding übersetzt es mit (1) „wonderful courage and intrepidity" (großartiger Mut und Unerschrockenheit), (2) „the loftiness of his style and the boldness of his speech" (die Erhabenheit seines Stils und Kühnheit seiner Rede) und (3) „the sublimity of his language" (die

Feinheit seiner Sprache). Todd übersetzt in der Loeb-Ausgabe (1) „the loftiness of his words" (die Erhabenheit seiner Worte), (2) „his lofty utterance" (seine erhabene Äußerung) und (3) „the sublimity of his speech" (die Feinheit seiner Rede). Diese schmeichelhaften Übersetzungen können unter zwei Gesichtspunkten angezweifelt werden. Ein Gesichtspunkt ist die Übereinstimmung mit dem Textzusammenhang und der andere der Gebrauch desselben Wortes anderswo bei Xenophon und in der griechischen Literatur überhaupt. Wir wollen mit dem ersten beginnen. Dem umsichtigen Leser, der sich mit diesem Abschnitt in einer dieser beiden Übersetzungen auseinandersetzt, wird der Widerspruch zum Textzusammenhang nicht entgehen. Xenophon berichtet, daß all diejenigen, die über den Prozeß des Sokrates geschrieben hätten, von seiner *megalegoria* gegenüber den Richtern überrascht gewesen seien und gemeint hätten, sie sei *aphronestera*. Das *Greek-English Lexicon* von Liddell-Scott gibt für letzteres als Bedeutungen „senseless, witless, crazed, foolish" (sinnlos, ohne Verstand, verrückt, töricht) an. Auch hier befinden sich unsere beiden Übersetzer in Übereinstimmung miteinander. Fielding gibt das Wort durch die Übersetzung „unbecoming and imprudent" (nachteilig und unklug) wieder; Todd durch „rather ill-considered" (ziemlich unüberlegt).

Aber wie konnte jemand *megalegoria* als *aphronestera* bezeichnen, wenn *megalegoria* Feinheit des Ausdrucks und Erhabenheit der Rede bedeutete? Warum hätte es sinnlos oder „unklug" sein sollen, in erhabenen Worten zu einem athenischen Geschworenengericht zu sprechen, das anerkanntermaßen für rednerisches Geschick besonders empfänglich war? Xenophon kehrt hervor, daß die *megalegoria* des Sokrates nicht im geringsten unüberlegt war, sondern absichtlich und darauf angelegt, sein Ziel zu erreichen. Und dieses Ziel war eher, die Geschworenen zu reizen, als sie zu besänftigen.

Xenophon war zum Zeitpunkt des Prozesses nicht in Athen. Er sagt, sein Bericht stütze sich auf das, was er später von Hermogenes erfahren habe, einem der treuesten Schüler des Sokrates. Dieser habe ihm erzählt, daß er Sokrates angefleht habe, eine wohlformulierte Verteidigungsrede aufzusetzen, da die Geschworenengerichte durch Redekunst so beeinflußbar seien. „Siehst du denn nicht", fragte Hermogenes Sokrates, „daß die athenischen Gerichte schon oft Unschuldige zum Tode verurteilten, weil sie sich nicht richtig verteidigten, oft aber Verbrecher freisprachen, die durch eine geschickte Verteidigung ihr Mitleid erregten oder ihnen nach dem Munde redeten." Sokrates gab zur Antwort, er habe zweimal versucht, eine solche Rede zu schreiben, aber sein *daimonion,* der ihn leitende Geist, sei beide Male dazwischengetreten und habe ihn davon abgehalten. Sokrates sagte zu Hermogenes, seine göttliche innere Stimme habe ihm nahegelegt, es sei besser jetzt zu sterben, bevor die Leiden des Alters ihn befielen. Aus diesem Grunde, sagt Xenophon, sei seine *megalegoria* keineswegs „unüberlegt" gewesen. Sie wäre lediglich dann *aphronestera* gewesen, wenn er einen Freispruch angestrebt hätte!

Im weiteren Text sagt Sokrates dann: „Wenn jetzt aber das Leben weitergeht, dann werden sich, das weiß ich, notwendigerweise die Folgen des Alters einstellen, ich werde schlechter sehen, weniger gut hören, schwerer lernen, und was ich lernte, schneller vergessen."

Das Ziel des Sokrates war eindeutig, nicht nur die erste Abstimmung über Schuld oder Unschuld zu verlieren, sondern auch die zweite über die Strafe. Hätte er die Geschworenen besänftigt, wären sie vielleicht bereit gewesen, ihm trotz des Schuldspruchs die von der Verteidigung vorgeschlagene Geldstrafe aufzuerlegen statt der Todesstrafe, die die Ankläger gefordert hatten. Sokrates wollte sterben. „Wie aber", fragt er, „sollte ich mit Vergnügen leben, wenn ich merke, daß meine Kräfte abnehmen und ich nicht mehr zufrieden mit mir bin?"

Aber wie konnte Sokrates – ein Philosoph – sagen, daß es in den Jahren des Alterns keine Freude mehr gäbe? Daß es besser sei, auf das Geschenk des Lebens zu verzichten, weil das Alter Belastungen mit sich bringe? Sokrates hatte eine Frau, Kinder, Schüler. Warum wollte er sie so bereitwillig verlassen? Im *Kriton* und *Phaidon* stellen seine Schüler mehr oder minder ebendiese Fragen. Die Einstellung des Sokrates erschien ihnen unerklärlich und sogar unwürdig, eine Absage an die moralische Verantwortung. Das Geschenk des Lebens wegzuwerfen erscheint ihnen, sofern es nicht im Kampf mit einer unheilbaren Krankheit geschieht, die äußerste Form der Gottlosigkeit.

Sokrates sagt sogar, daß der Prozeß für ihn die Gelegenheit bietet, auf annehmbare Weise Selbstmord zu begehen, indem er den Schierlingsbecher leert, mit dem in Athen die Todesstrafe vollzogen wird.

Seine Worte, wie sie Xenophon von Hermogenes berichtet wurden, sind folgende: „Wenn ich verurteilt werde, werde ich offenbar ein Ende finden, das von den Sachverständigen für das leichteste gehalten wird und niemandem viel Mühe macht." „Mit Recht", sagt Sokrates abschließend, „hinderten mich daher die Götter an der Vorbereitung der Rede, als wir beschlossen hatten, auf jede Weise Gründe für meine Freisprechung zu suchen."[3] Er hatte den Tod gewählt, und ein Todesurteil konnte er lediglich von aufgebrachten Geschworenen erwarten. Er wollte ihnen nicht gefallen. Den Ton, den er für seine Ansprache an die Geschworenen wählte, war in beleidigender Weise prahlerisch und hochmütig. Genau das meinte *megalegoria*.

Diese Auffassung von *megalegoria* wird gestützt durch den Gebrauch eines verwandten griechischen Worts durch Xenophon gegen Ende seiner *Apologie*. Es handelt sich um das Verbum *megalynein* – groß machen, verstärken –, das an dieser Stelle durch das Reflexivpronomen *heautos* ergänzt ist und dann soviel bedeutet wie 'sich erheben, sich rühmen'. Xenophon sagt: „Sokrates zog sich . . . dadurch, daß er sich vor Gericht rühmte, den Haß der Richter zu, sodaß sie ihn verurteilten."[4] Xenophons *Apologie* endet also mit derselben Wahrnehmung, mit der sie begonnen hatte.

Das *Greek-English Lexicon* von Liddell-Scott, jene letzte Instanz für Entscheidungen dieser Art, gibt als Bedeutung für *megalegoria* in der *Apologie* Xenophons „big talking" (großsprecherisches Auftreten) an und bringt damit einen Vers aus den *Herakliden* des Euripides in Verbindung, in dem es um das Ansuchen der Kinder des Herakles um Asyl in Athen geht. Als ein überheblich auftretender Herold aus Argos ihre Auslieferung fordert, sagt ein Chor von „alten Männern aus Marathon", daß Athen sich vor den *megalegoriaisi* (Dativ Plural) des Herolds nicht fürchten werde. Liddell-Scott gibt als Bedeutung für diese Stelle „haughtiness" (Hochmut), aber es könnte wohl auch „blusterings" (Drohungen) heißen. Diese negative Bedeutung spricht das Lexikon auch anderen Ableitungen derselben Wurzel bei Xenophon und anderen Autoren seiner Zeit zu. Das Verbum *megalegoreuo* übersetzt Liddell-Scott dementsprechend als „to talk big, boast" (großsprecherisch auftreten, prahlen), nennt drei Stellen in anderen Werken des Xenophon und ergänzt sie durch die Angabe einer ähnlichen Verwendung durch Aischylos in seinen *Sieben gegen Theben*. Erst ein halbes Jahrtausend später, bei griechischen Rhetorikern der römischen Kaiserzeit, kommt *megalegoria* in der Bedeutung der erhabenen Rede und der Feinheit der Ausdrucksweise vor.[5]

Es ist in diesem Zusammenhang von Bedeutung, daß es Sokrates an zwei Stellen in der *Apologie* Platons für notwendig befindet, in Abrede zu stellen, daß er prahle. Der griechische Ausdruck, den er benutzt, ist ein Synonym von *megalegoreuein: mega legein*. Das erste Wort bedeutet groß, das zweite sprechen und beides zusammen demnach 'großsprechen' oder prahlen. Daß das Verbum *megalegoreuein* in Xenophons *Apologie* mit dem *mega legein* bei Platon synonym ist, darauf hat man in früheren Schulbuchausgaben der *Apologie* häufig hingewiesen, als Latein und Griechisch hier und in anderen Ländern im Vergleich zur heutigen Zeit noch verbreiteter gelernt wurden.

Eine dieser Schulbuchausgaben, die von W. S. Tyler, stellte einen direkten Zusammenhang der Stelle bei Platon mit Xenophons *Apologie* her und sagte: „*Mega legein* bedeutet Prahlen im wahrsten Sinne des Wortes . . . es war der in seinen (des Sokrates) Aussagen hervortretende Anschein des *Stolzes* und des *Hochmuts* (im Originaltext hervorgehoben), der, wie er fürchtete, Anstoß erregen könnte und in der Tat bei den Richtern Anstoß erregte." Tyler fügte hinzu, daß Xenophon „von der *megalegoria* spricht, die alle *Apologien* dem Sokrates bei seiner Verteidigung zuschreiben." Aus dieser Sicht stützt die Darstellung bei Platon die Xenophons.[6]

Es gibt ein Wort, das bezeichnenderweise in beiden *Apologien* im Zusammenhang mit den jeweiligen Hinweisen auf das großsprecherische Auftreten des Sokrates vorkommt. Gemeint ist das Wort *thorybos*. Es bedeutet den Lärm und insbesondere den Lärm einer Massenversammlung, wobei es sich um ein Murmeln der Zustimmung handeln kann oder das wütende „Geschrei, den Aufruhr, das Murren" des Protestes.[7] Nach Aussage beider *Apologien* verursachte Sokrates zweimal *thorybos* – einmal als er für sich in Anspruch nahm, anders als normale Menschen ein persönliches Orakel oder eine innere Stimme zu besitzen, sein *daimonion,* und ein zweites Mal als er behauptete, das Orakel in Delphi habe verkündet, niemand sei weiser als Sokrates.

Im Bericht Xenophons gibt Sokrates Beweise für die Existenz des ihm eigenen göttlichen Orakels. „Daß ich mich nun nicht mit dem

Glauben an diesen Gott täusche", sagt er, „dafür habe ich folgenden Beweis: ich teilte die Ratschläge dieses Gottes vielen Freunden mit und erschien doch niemals als Lügner."[8] Xenophon sagt, als die Geschworenen das gehört hätten, hätten sie „Geschrei erhoben" *(thorybos)*, und zwar einige, weil sie ihm nicht glauben mochten, und andere „beneideten ihn, weil er von den Göttern Größeres empfange als sie". Sokrates reizte die Geschworenen daraufhin noch mehr, „damit jeder von euch noch deutlicher einsieht, daß die göttlichen Wesen mir wohlwollen". Und er berichtete dann, das Orakel in Delphi habe von ihm gesagt, „kein Mensch sei edler, gerechter und vernünftiger als ich". Der Hinweis auf Delphi war nicht gerade vernünftig. „Als die Richter das hörten", sagt Xenophon, „lärmten sie natürlich noch mehr."[9] Sokrates erweckt eher den Eindruck eines Picador, der einen Bullen reizt, als den eines Verteidigers, der versucht, Geschworene gnädig zu stimmen. Platons Schilderung ist raffinierter und kunstvoller. Aber am Ende ist sie genauso prahlerisch und provokant. Im Bericht Xenophons erklärt Sokrates sich zum weisesten Mann Griechenlands, aber nicht unbedingt zum einzigen Weisen. In Platons revidierter Darstellung wird er indes zum einzigen wirklich weisen Mann. Alle anderen, wie hervorragend sie als politische Führer, als Dichter und selbst als Tragödiendichter auch seien, stellten sich am Ende als Dummköpfe heraus. Das war sicher kein Weg, Stimmen für einen Freispruch zu gewinnen.

Daß Sokrates entschlossen war zu sterben, wird in der zweiten Phase des Prozesses noch deutlicher, als die Geschworenen nach ihrem Schuldspruch über die zu verhängende Strafe abzustimmen hatten. Nach athenischem Recht konnten die Geschworenen nicht von sich aus über das Strafmaß entscheiden. Sie mußten vielmehr zwischen der von der Anklage geforderten und der von der Verteidigung vorgeschlagenen Strafe entscheiden. Sie konnten kein in der Mitte liegendes Strafmaß 'aushandeln'. Die Anklage forderte die Todesstrafe. Man könnte erwartet haben, daß das Sympathie für Sokrates erregt hätte und mehr Stimmen für eine geringere Strafe gebracht hätte. Aber es war von neuem Sokrates selbst, der den Anklägern half, indem er die Geschworenen noch stärker herausforderte. Beide *Apologien* stimmen in diesem Punkt überein. Das zwingende Argumment gegen die Todestrafe bringt Sokrates bei Xenophon erst vor, *nachdem* die Geschworenen dafür gestimmt hatten und es für seinen Appell zu spät war.

„Von den Taten aber", sagt Sokrates, „auf denen die Todesstrafe steht, wie Tempelraub, Einbruch, Diebstahl, Menschenraub, Hochverrat und andere, haben auch die Ankläger nichts gegen mich behaupten können. Daher scheint es mir überhaupt unerklärlich, daß eine meiner Taten des Todes würdig erschien."[10] Das hätte er früher sagen sollen. Die beste Strategie zu seiner Verteidigung war es, in den Mittelpunkt zu stellen, wie übertrieben oder geradezu gegen das Gesetz die Verhängung der Todesstrafe war.

Die Aussichten für eine mildere Strafe hätten nicht besser sein können – im schlimmsten Falle Verbannung aus der Stadt, im günstigsten Falle eine Geldstrafe, die hoch genug war, um zögerliche und besorgte Geschworene zu beruhigen. Besonders günstig wären die Aussichten für einen solchen Gegenvorschlag dann gewesen, wenn er im Zusammenklang mit einem versöhnlicheren Verhalten von seiten des Sokrates vorgetragen worden wäre. Es ging nicht um demütigende Selbsterniedrigung oder ein entwürdigendes Flehen um Mitleid, sondern lediglich um etwas weniger Eigenlob und etwas mehr Charme, den Sokrates doch so gut ausüben konnte.

Athenische Geschworenengerichte waren, wie wir wissen, nur zu empfänglich für schöne Reden und Erheischung von Mitleid. Es gibt eine Stelle im *Staat,* an der Sokrates die Athener verhöhnt: Sie seien so leicht zu beeindrucken, daß bereits verurteilte Männer häufig völlig ungestört in der Stadt herumgehen könnten. Es ist ein ganz außerordentlicher Vorgang, daß Sokrates angesichts solcher Zustände die Geschworenen in der Diskussion um das Strafmaß eher provozierte, wie wir aus der *Apologie* Platons ersehen.

Es scheint, daß der Prozeß tatsächlich mit einer größeren Mehrheit für die Todesstrafe endete, als sie sich vorher bei der Abstimmung über den Schuldspruch ergeben hatte. Diogenes Laertios berichtet in seinem *Leben des Sokrates,* daß achtzig Stimmen mehr für die Todesstrafe abgegeben worden seien als bei der ersten Abstimmung für den Schuldspruch.[11] Wenn Diogenes Laertios recht hat, dann war das Ergebnis der Abstimmung über die Todesstrafe 360 zu 140 Stimmen. „Wir haben keine Möglichkeit, das zu überprüfen", sagt Burnet in seinem Kommentar zu Platons *Apologie,* „aber ein beachtlicher Umschwung bei der Abstimmung wäre angesichts der von Sokrates bei seinem Gegenvorschlag gezeigten Haltung nicht überraschend."[12] Platon und Xenophon gehen in ihrer Darstellung lediglich in Hinblick auf den Gegenvorschlag auseinander, den Sokrates für die Strafe machte. Xenophon sagt ganz einfach, Sokrates habe sich geweigert, einen Gegenvorschlag zu machen: „Als er aufgefordert wurde, einen Gegenantrag zu stellen, tat er es nicht und gab auch seinen Freunden nicht die Erlaubnis dazu." Er habe den Einwand erhoben, eine Strafe vorzuschlagen sei bereits ein Eingeständnis der Schuld.[13] So hat Sokrates nach Xenophon den Geschworenen keine Wahl gelassen, als sich für die Todesstrafe zu entscheiden. Platons Schilderung macht aus der Diskussion um den Gegenvorschlag eine dramatische Episode. Sie ist ein Genuß für den Leser, aber die Geschworenen muß sie in Wut versetzt haben. Sokrates spricht über die Anklagepunkte, über das Gericht und über die Stadt mit verächtlicher Herablassung. Er beginnt mit einer Äußerung, die für die Athener ein Höchstmaß an *hybris* repräsentierte: Er schlägt als Strafe vor, daß er von Staats wegen zum Helden erklärt werden und für den Rest seines Lebens freie Kost im Prytaneion erhalten solle!

Das Prytaneion war ein Ort der Ehre. Es war das Rathaus, der Sitz der Exekutive, der Regierung der Stadt. Für manche von uns beschwört der Begriff Rathaus das Bild eines ziemlich schäbigen Gebäudes herauf, in dem es von Politikern und Spucknäpfen wimmelt, aber für die Griechen war das Prytaneion heilig. So wie jedes Haus um den Herd herumgebaut war, der die Göttin Hestia symbolisierte, hatte jede Stadt ihren Staatsherd im Prytaneion, wo der Hestia ein ewiges Feuer geweiht war. Wenn Kolonisten auszogen, nahmen sie die Flamme vom Herd der Mutterstadt mit sich, um das neue Herdfeuer in der Kolonie zu entzünden.

Die Bezeichnung *prytaneion,* latinisiert Prytaneum, ist von dem Wort *prytanis* abgeleitet, das ursprünglich Fürst, Herrscher oder Herr bedeutete. Im demokratischen Athen war die Exekutive ein Ratsausschuß von fünfzig durch das Los bestimmten Bürgern, und das Jahr war in zehn 'Prytanien' eingeteilt, sodaß fast jeder Bürger in einer normalen Lebensspanne die Aussicht hatte, im Rat zu dienen. Selbst Sokrates, der jede politische Tätigkeit zu vermeiden suchte und niemals ein öffentliches Amt bekleidet hat, wurde durch das Los zum Mitglied des Rats und des Ratsausschusses bestimmt, der – wie man sich erinnern wird – bei dem Prozeß um die Anklage gegen die Strategen der Schlacht bei den Arginusen den Vorsitz führte.

Mitglieder des Ratsausschusses hatten während ihrer Amtszeit tägliche Anwesenheitspflicht im Ratsgebäude. Im Prytaneion gab es eine öffentliche Tafel, an der die Ratsmitglieder ihre Mahlzeiten einnahmen. Abgesandte anderer Staaten und Bürger, die sich besonders ausgezeichnet hatten, wurden durch eine Einladung an diese Tafel geehrt. Zu den Gästen zählten Gewinner bei den Olympischen Spielen und Männer, die bei großen Taten zur Verteidigung der Stadt und ihrer Demokratie beigetragen hatten.

Wenn Platons Sokrates vorschlug, seine Strafe solle eine Einladung zur Speisung im Prytaneion für den Rest seines Lebens sein, so lief er dabei Gefahr, daß sich bei seinen Richtern einige negative Assoziationen einstellten. Die ehrwürdigsten Bürger, die dort speisten, waren die Nachfahren zweier athenischer Helden namens Harmodios und Aristogeiton. Diese hatten im späten 6. Jahrhundert v. Chr. bei einem (am Ende erfolgreichen) Versuch, die Tyrannis der Peisistratiden zu stürzen, ihr Leben gelassen. Ihnen wurden Standbilder errichtet und in Erinnerung an sie wurden jährliche Opfer dargebracht. Ihre Nachkommen genossen Steuerfreiheit und nahmen ihre Mahlzeiten im Prytaneion ein. Harmodios und Aristogeiton hatten ihr Leben für die Wiederherstellung der Demokratie geopfert. Sokrates wurde über Kritias und Charmides mit dem kurz zurückliegenden Sturz der Demokratie in Verbindung gebracht. Ein Anwalt hätte Sokrates davon abgeraten, einen so nachteiligen Vergleich herauszufordern.

Platons Sokrates nahm seinen kleinen Scherz schnell wieder zurück, aber der Schaden war bereits angerichtet. Er schlug dann eine so geringe Geldstrafe vor – eine Mine –, daß sie fast ebenso beleidigend gewesen sein muß. Seine eigenen Anhänger waren erschrocken. Platon berichtete uns, daß seine Schüler, er selbst eingeschlossen, Sokrates angefleht hätten, eine ansehnlichere Summe als Strafe vorzuschlagen. Er änderte daraufhin seinen Gegenvorschlag ab und nannte eine Strafe von dreißig Silberminen. „Platon da", sagt er dem Gericht, „und Kriton und Kritoboulos und Apollodoros reden mir zu, eine Buße von dreißig Minen gegen mich vorzuschlagen. Sie selber wollten Bürgschaft dafür leisten."[14] Der Umstand, daß vier Schüler des Sokrates sich zusammentaten um die Zahlung zu verbürgen, zeigt, daß es sich um eine beträchtliche Summe handelte. Wäre die Strafe von dreißig Minen am Anfang von Sokrates vorgeschlagen worden, hätte das den Geschworenen bei einer ähnlich knappen Mehrheit, wie sie in seinem Fall vorher in bezug auf den Schuldspruch bestanden hatte, als hinreichende Buße erscheinen können. Aber die ersten beiden Gegenvorschläge, die Sokrates für seine Bestrafung gemacht hatte, müssen den Geschworenen das Gefühl gegeben haben, daß er sich über sie lustig mache und den ganzen Prozeß mit der Verachtung abtue, die er tatsächlich empfand. Durch diese Erkenntnis muß es für den letzten, widerstrebend gemachten Vorschlag der dreißig Minen zu spät geworden sein, sodaß er die Geschworenen nicht mehr besänftigen konnte. Natürlich war es das gute Recht des Sokrates, seinen Anklägern und Richtern eine lange Nase zu machen, aber der Preis, den er dafür zahlen mußte, war es, daß er Stimmen für eine Entscheidung gewann, die man sonst für zu streng angesehen hätte. Sokrates scheint sich den Schierlingsbecher ganz allein an die Lippen zu führen.[15]

Denselben Todeswunsch findet man auch im *Kriton* nach dem Prozeß. Er ruft dort bei den Schülern Erbitterung hervor. Der Dialog beginnt in der Dunkelheit noch vor Sonnenaufgang. Der treue, wohlhabende Kriton hat im Gefängnis gewartet, bis Sokrates aufwacht. Er kann es kaum erwarten, seinem verehrten Lehrer eine neue, dramatische Entwicklung mitzuteilen. Man habe Vorbereitungen zu seiner Flucht getroffen.

„Es ist auch gar nicht viel Geld", berichtet Kriton Sokrates, „wofür einige dich retten und von hier fortbringen wollen." Man hat Geld unter den Bewunderern des Sokrates in anderen Städten gesammelt und Vorbereitungen getroffen, ihn dort auf seiner Flucht zu empfangen. „Was aber das betrifft", redet ihm Kriton zu, „was du vor Gericht erwähnt hast, du wüßtest, wenn du aus dem Gefängnis kämest, nicht, wie du dir weiterhelfen sollst, so mach dir auch darüber keine Sorgen. Denn überall, wo du nur hinkommst, wird man dich freundlich aufnehmen."

Aber Sokrates ist entschlossen zu bleiben und zu sterben. Kriton wendet ein, daß der von Sokrates eingeschlagene Weg falsch sei. Er sagt, Sokrates übe Verrat an sich selbst, „während du doch gerettet werden kannst", und er fleht Sokrates an, doch an seine Kinder zu denken, die er als Waisen in Armut zurücklasse. Seine Frau und seine drei Söhne seien bei dem Fluchtplan eingeschlossen, sodaß er sich, wo immer er sich hinwende, um die Erziehung der Söhne kümmern könne. Kriton schilt Sokrates und sagt, die Weigerung, sein Leben zu retten, stehe in negativem Widerspruch zu seinen eigenen Lehren – er behaupte doch, „daß er sich das ganze Leben lang der Tugend befleißige". Als Sokrates sich weiterhin weigert zu fliehen, bricht aus Kriton ein bemerkenswerter Wortschwall hervor, der uns das volle Ausmaß der von den Schülern empfundenen Verzweiflung erkennen läßt. „Ich schäme mich deshalb", ruft Kriton aus, „für dich und für uns, die wir deine Freunde sind."

Er beklagt sich sogar, daß man es überhaupt zugelassen habe, daß der Fall vor Gericht kam, was „doch hätte vermieden werden können".[16] Diese rätselhafte Andeutung bereitet uns noch heute Qualen. Wie hätte man den Prozeß vermeiden können? Kriton erklärt das an keiner Stelle. Vielleicht bleibt die Frage bei Platon ohne Antwort, weil sie sich für Griechen seiner Zeit völlig von selbst verstand. Einen Hinweis könnte das Römische Recht geben. In der Zeit der Republik war es lange Zeit üblich und wurde später in Gesetzesform gekleidet, daß ein Bürger, der eines Kapitalverbrechens angeklagt werden sollte, dem Prozeß oder einer Todesstrafe nach dem Prozeß dadurch entgehen konnte, daß er das *exilium* wählte, sich freiwillig in die Verbannung begab.[17] Diese Möglichkeit stand sowohl dem Schuldigen wie dem Unschuldigen offen. Möglicherweise hat es eine ähnliche gesetzliche Bestimmung in Athen gegeben.[18]

Sokrates hätte vielleicht die Verbannung als Gegenvorschlag für seine Strafe nennen können, um Athen die Gelegenheit zu ruhigerer Überlegung zu geben. Es hätte dann seine Meinung ändern und ihn zurückrufen können. Viele berühmte Athener – darunter Alkibiades – waren verbannt oder ostrakisiert worden und man hatte sie später wieder zurückgerufen, um sie in Ehrenstellungen und zur Führerschaft in der stürmischen Politik der Stadt zu berufen. Sokrates wies auf die Möglichkeit einer solchen Sinnesänderung hin, als er in der *Apologie* sagte, der eine Tag, den man ihm für seinen Prozeß einräume, sei nicht genug. „Wenn ihr ein Gesetz hättet", sagt er zu den Geschworenen, „wie man es andernorts hat, daß man über ein Todesurteil nicht bloß einen Tag zu Gericht sitzen darf, sondern viele, dann wäret ihr wahrscheinlich überzeugt worden. Nun ist es aber recht schwierig, sich in so kurzer Zeit von so schweren Anklagen zu reinigen."[19] Eine Flucht hätte Athen die Möglichkeit bieten können, von neuem zu überlegen und ihn zurückzurufen.

Niemand kann Platons Schilderung der letzten Tage des Sokrates, die so bewegend ist wie die größten griechischen Tragödien, von neuem lesen, ohne den Eindruck zu gewinnen, daß eine solche Lösung seine Schüler mit Freude erfüllt hätte. Verzweifelt versuchten sie, ihren verehrten Meister von seinem eigensinnigen Weg abzubringen. Kriton kritisiert „den Verlauf der Gerichtsverhandlung selbst". Und abschließend meint er, die Leute würden wohl denken, daß „wir aus scheinbarer Feigheit und Unmännlichkeit deine Rettung versäumten und dir nicht dazu verhalfen, obschon sie durchaus möglich und durchführbar gewesen wäre". Kriton nennt die Weigerung zu fliehen sogar ein „Unglück" und eine „Schande".[20] Um dieser wütenden Kritik zu begegnen, nennt Sokrates nun einen neuen Grund für seine Entschlossenheit zu sterben. In einem erfundenen Dialog mit den personifizierten Gesetzen Athens läßt er sich davon überzeugen, daß es seine Pflicht sei, das Urteil des Gerichts anzunehmen und zu sterben. Das ist eine einzigartige Ausnahme bei Sokrates. Nirgendwo sonst findet er sich still mit der Argumentation anderer ab. Das bereitwillige Nachgeben ist bedeutsam. Er lehnte es nicht ab zu fliehen, weil die Gesetze in der Auseinandersetzung den Sieg davongetragen hatten. Er ließ vielmehr die Gesetze die Auseinandersetzung gewinnen, weil er nicht fliehen wollte. Die Gelehrten versuchen bis heute den Widerspruch zu lösen, der zwischen seiner lebenslangen Weigerung besteht, sich anzupassen, und andererseits dieser plötzlichen Bereitschaft, sich einem Urteil zu unterwerfen, das er und wir mit ihm für ungerecht ansehen.

Die Auseinandersetzung zwischen Sokrates und seinen Schülern über seine Bereitschaft zu sterben findet eine Fortsetzung im *Phaidon,* als die Schüler sich von ihm verabschieden. Sie ist in Wahrheit das hauptsächliche Thema dieses schönen mystischen Dialogs. Es wird ihnen da eine neue, komplizierte Erklärung dafür geboten, warum er die

Todestrafe angestrebt habe. Als seine bekümmerten Schüler ihm am letzten Tag seines Lebens entgegenhalten, seine Unterwerfung sei in Wahrheit Selbstmord, und als sie die moralische Zulässigkeit dieses Verhaltens in Frage stellen, erklärt er zur Antwort, daß der Tod für den Philosophen die letzte Erfüllung sei, nach der man sich sehnen solle, weil sie den Zugang zum wahren Wissen eröffne. Die Seele, von den Banden des Körpers erlöst, erlange endlich eine unverhüllte himmlische Sicht.

Wenn jemand so viele verschiedene und sich widersprechende Gründe dafür angibt, warum er es ablehne, sein Leben zu retten, weigert er sich nur verzweifelt, offen zu sprechen. Sokrates wollte einfach sterben.

Aber bevor wir uns den leidenschaftlichen Tiefen des *Phaidon* als dem bewegendsten Dialog Platons zuwenden, müssen wir einhalten und erkennen, daß er durch die kalte und gefühllose Einstellung des Sokrates gegenüber seiner ergebenen Frau Xanthippe beeinträchtigt wird. Darüber sind bewundernde Gelehrte zu lange Zeit schweigend hinweggegangen.

Xanthippe hat ein Leben lang versucht, aus den ärmlichen Verhältnissen das Beste zu machen und die Kinder aufzuziehen, während Sokrates herumging und sich in philosophischer Unterhaltung erging. Wenn er sich ständig rühmte, daß er im Gegensatz zu den Sophisten von seinen Schülern niemals Bezahlung annehme, so war das ein Luxus, für den seine arme Frau die Rechnung beglich. Dennoch ist da keine Spur von Dankbarkeit oder Liebe, als sie für immer auseinandergehen. Platon zeichnet die Szene mit unnachahmlicher Meisterschaft, aber kaltem Herzen.

Zu Beginn des Dialogs ist Sokrates gerade von den Fesseln befreit worden, die ihm offenbar über Nacht angelegt worden waren, um eine Flucht zu verhindern. Phaidon beschreibt die Szene, als die Schüler eingelassen wurden. „Als wir eintraten", erzählt Phaidon, „fanden wir ... neben ihm ... Xanthippe – du kennst sie ja –, die sein Knäblein auf dem Arm hielt."

„Als sie uns sah", berichtet Phaidon weiter, „begann sie zu jammern und sagte allerlei, was Weiber etwa zu sagen pflegen: 'Sokrates, zum letzten Male also werden jetzt deine Freunde mit dir reden und du mit ihnen,'"[21] Phaidons Ton ist unfreundlich und gefühllos. Xanthippe äußerte kein Selbstmitleid, sondern Mitleid für Sokrates und seine alten Freunde. Sie war zu Tränen gerührt, daß dies das letzte der philosophischen Gespräche sein sollte, die sie so sehr liebten. Sie zeigte ein Verständnis, das über ihren eigenen Kummer hinausging.

Sokrates nahm sie nicht in die Arme, um sie zu trösten, oder brachte irgendeine eigene Besorgnis zum Ausdruck oder küßte auch nur den kleinen Sohn auf ihrem Arm. Sein Abschied war kurz und schmerzlos. Die Liebe der Frau und das Verständnis der Gattin brachen aus ihr hervor, aber beides wurde brüsk beiseitegeschoben. Sokrates sah Kriton an: "'Kriton', sagte er, 'es soll sie doch einer nach Hause bringen.' Da führten sie einige von den Leuten des Kriton (d. h. seine Bediensteten) weg, während sie schrie und sich an die Brust schlug."[22] Sie wird in dem ganzen Dialog nicht mehr erwähnt.

Später am Abend, bevor Sokrates den Schierlingsbecher trank, scheint Xanthippe noch einmal eingelassen worden zu sein. Denn gegen Ende des Dialogs wird berichtet, nachdem Sokrates in Erwartung der Hinrichtung gebadet hatte, „brachte man seine Kinder zu ihm – er hatte zwei kleine Knaben und einen größeren –, und auch die Frauen aus seiner Verwandtschaft kamen herein. Und er redete mit ihnen in Kritons Gegenwart und gab ihnen noch einige Aufträge. Dann hieß er die Weiber und Kinder hinweggehen; er selbst kam wieder zu uns (d. h. zu den Schülern)." Xanthippe ist nicht einmal namentlich genannt. Sie zählt lediglich zu den „Frauen aus der Verwandtschaft".

Man vergleiche das mit den empfindsamen Worten, mit denen Phaidon den Kummer der Schüler beschreibt. Während sie warteten, sagt er, kamen sie untereinander „auf das Unglück zu sprechen, das uns betroffen hatte, und es kam uns ganz so vor, wie wenn uns ein Vater entrissen würde und wir unser ferneres Leben als Waisen verbringen müßten".[23]

Ein solches Mitgefühl wird Xanthippe nicht entgegengebracht. Man denke in diesem Zusammenhang an Homer zurück und vergleiche diesen Abschied mit dem Hektors von Andromache in der *Ilias,* der Liebe und Menschlichkeit atmet und noch heute so bewegend ist, als wäre es gestern gewesen; man wird dann erkennen, was bei Sokrates und Platon fehlte. In den Abschiedsgesprächen des *Phaidon* zeigen der Philosoph und seine Schüler sich tiefen Empfindens fähig, aber nur auf sich selbst bezogen. Hier wie sonst in den Dialogen Platons finden wir kein Mitgefühl für gewöhnliche Männer oder Frauen – selbst dann nicht, wenn sie, wie Xanthippe, außerordentliche Treue zeigen.

In philosophischer Hinsicht sind die beiden wichtigsten Gesprächspartner des Sokrates im *Phaidon* die beiden Thebaner Simmias und Kebes, die Geld mitgebracht hatten, um die Flucht zu finanzieren. Die belastende moralische Frage, die ihr ganzes Gespräch mit Sokrates beherrscht, ist seine Rechtfertigung des Selbstmords.

Natürlich sollte der wahre Philosoph dem Tod gelassen ins Auge blicken. In diesem Sinne sollte er „froh sein zu sterben". Aber ist es richtig, den Tod zu suchen, bevor die Zeit gekommen ist – seine Mission aufzugeben, seine Familie und seine Schüler im Stich zu lassen und, um es in Worte zu kleiden, die ein alter Soldat wie Sokrates nur zu gut verstand, von seinem Platz in der Schlacht zu desertieren?

Ziemlich am Anfang des Dialogs sagt Sokrates, „das Philosophieren sei doch die höchste Musenkunst". Im *Phaidon* betreiben Platon und Sokrates in der Tat die „Musenkunst"* – mehr das als Logik, obwohl es ein wenig dauert, bevor man sich von ihrem hypnotischen Zauber befreien kann.

Unmittelbar vorher bereitet uns Platon mit wunderbarer Geschicklichkeit auf diese Bemerkung des Sokrates vor. Er berichtet uns, daß Sokrates, um sich im Gefängnis die Zeit zu vertreiben, gerade die Fabeln des Aesop in lyrische Verse gefaßt hätte.

Sokrates räumt ein, daß Selbstmord für die meisten Menschen moralisch verurteilenswert sei, aber er behauptet, das gelte nicht für Philosophen. Diese eigenartige Ansicht wird ganz behutsam eingebracht. Simmias sagt, ein Freund, Euenos, habe sich nach ihm erkundigt. Sokrates antgegnet: „Ich lasse ihm Lebewohl sagen, und wenn er weise ist, dann soll er mir so bald wie möglich nachfolgen." Bei dieser offenen Aufforderung, Sokrates in den Tod zu folgen, wird Simmias hellhörig. Er sagt, er kenne Euenos gut genug, um sicher zu sein, „daß er dir ganz gewiß nicht freiwillig folgen wird".

---

* Das Wort *Musenkunst* hat hier dieselbe weitgefaßte Bedeutung wie das griechische *mousike* an dieser Stelle. Obwohl letzteres gelegentlich im besonderen Sinne von lyrischer Dichtung verwendet wird – die natürlich zur Lyra gesungen wurde –, umfaßte mousike im allgemeinen alle Arten der Kunstausübung, die von den Musen inspiriert wurde.

"'Wieso, Simmias', fragte Sokrates, 'ist denn Euenos nicht Philosoph?' 'Ich glaube wohl', sagte Simmias." Sokrates sagte draufhin: „Dann wird er mir auch folgen wollen, er und jeder andere, der auf würdige Art an dieser Sache (d. h. an der Philosophie) Anteil hat." Das bedeutet, daß nicht nur wirkliche Philosophen, sondern ein jeder, der ein „würdiges" Interesse an der Philosophie hat, erstreben würde, seinem Leben so bald wie möglich ein Ende zu machen!

Kurz bevor er völlig ans Absurde verfällt, beeilt sich Sokrates hinzuzufügen: „Freilich wird er sich vermutlich nicht selbst Gewalt antun; denn das, sagt man, ist nicht erlaubt." Vor einer ausdrücklichen Empfehlung zum Selbstmord scheut er sich also; im folgenden räumt Sokrates in der Tat ein, daß den „Menschen, für die der Tod besser ist", d. h. den Philosophen, „nicht erlaubt sein soll, sich selbst diese Wohltat zu erweisen", d. h. Selbstmord zu begehen, „sondern sie müssen einen fremden Wohltäter abwarten". An dieser Äußerung gemessen waren die Athener seine Wohltäter!

Kurz danach scheint Sokrates diesen feinen Unterschied mit einer eigenartigen Bemerkung wieder zu verwischen. „Vielleicht", sagt Sokrates, „ist es also doch nicht widersinnig, daß man sich nicht selbst umbringen darf, bevor uns Gott einen schicksalhaften Zwang auferlegt, so wie er jetzt für mich besteht."[24] Er scheint damit sagen zu wollen, daß Selbstmord unter gewissen Umständen gerechtfertigt sein könne und das ihm das Recht gebe, zu sterben und jede Möglichkeit einer Flucht zurückzuweisen.

Sokrates sah sich nicht einem „Zwang" gegenüber, sondern zwei Möglichkeiten der Entscheidung. Er wählte den Tod statt einer neuen Möglichkeit des Lebens. Er traf seine Wahl freiwillig, und sie war daher gleichbedeutend mit Selbstmord. Im *Phaidon* wird klar, daß seine Schüler so denken, obwohl sie zuviel Respekt vor ihm hatten, um es so deutlich auszusprechen. Aber sie übten Druck auf ihn aus. Als sie das tun, gibt Sokrates zu bedenken, daß der Tod für einen Philosophen nicht lediglich ein Unglück sei, dem er mit Gelassenheit ins Auge blicken müsse, sondern das eigentliche Ziel seiner Existenz. „Alle die, welche sich mit der Philosophie richtig befassen", sagt Sokrates seinen Schülern, „beschäftigen sich offenbar, ohne daß die anderen es merken, eigentlich mit nichts anderem als mit dem Sterben und mit dem Totsein."

„Ist das nun so", fährt er fort, ohne sich, wie man bemerken sollte, die geringste Mühe zu geben, diese eigenartige Behauptung zu belegen, „dann wäre es doch widersinnig von ihnen, das ganze Leben hindurch kein anderes Ziel vor Augen zu haben, wenn es dann aber so weit ist, über das unwillig zu sein, was sie solange begehrt und worum sie sich bemüht haben." Das ist zuviel für Simmias, trotz aller Verehrung, die er Sokrates entgegebringt. "'Beim Zeus, Sokrates', sagte da Simmias und lachte, 'obwohl es mir gegenwärtig gar nicht darum ist, hast du mich doch zum Lachen gebracht. Ich glaube nämlich, wenn sie dich hörten, wären die meisten der Meinung, du habest das von den Philosophen sehr treffend gesagt. Bei uns (d. h. in Theben) wären die Leute jedenfalls sehr damit einverstanden, daß die Philosophen wirklich sterben möchten, und sie behaupteten auch, sie wüßten genau, daß sie das verdienten.'"[25]

Sokrates gibt zur Antwort, daß sie wohl die Wahrheit sprechen würden, ohne allerdings zu wissen, was sie wirklich bedeutete. Dann macht er sich daran, eine vertraute platonische Lehre zu entwickeln, die in einem orphischen oder pythagoreischen Wort, einem mystischen Wortspiel, ihren Ursprung hat. Es lautet, der Körper *(soma)* sei das Grab *(sema)* der Seele. Der Tod befreit demnach die Seele aus ihrem Grab. Die Seele, sagt Sokrates, könne daher „am allerbesten . . . dann vernünftig denken, wenn nichts von diesen Dingen sie stört, weder das Gehör noch das Gesicht, weder Schmerz noch Lust, sondern wenn sie möglichst für sich allein bleibt, den Leib beiseite läßt und, soweit dies geht, keine Gemeinschaft mit ihm hat und so, von ihm unberührt, nach dem Seienden trachtet".

„Auch hierin", fragt Sokrates Simmias triumphierend, „schätzt wohl die Seele des Philosophen den Leib ganz gering, flieht vor ihm und sucht ganz für sich allein zu sein?" „Offenbar", antwortet Simmias sarkastisch oder aus Pflichtgefühl.[26] Daraus folgt, daß der Philosoph sich eigentlich nach dem Tod als Befreiung und Erfüllung sehnen und ihn so früh wie möglich suchen muß als den Zugang zur ungetrübten Erkenntnis und, am Ende, zum wahren Wissen.

Das ist die eigentliche Aussage des *Phaidon*. Der Dialog ist ein mystischer Taumel ersten Ranges. Aber wir können das Thema nicht verlassen, ohne noch eine auf der Hand liegende Feststellung zu treffen. Die Preisung des Todes im *Phaidon* mag sokratische Lehre sein oder auch nicht, doch sie ist mit Sicherheit platonisch, wie wir aus Platons anderen Dialogen und insbesondere aus dem *Staat* wissen. Dort wollte er die Unterweisung in Dialektik auf diejenigen beschränken, die Augen und Ohren und die anderen Sinnesorgane vergessen konnten und in den Bereich des *to on,* des reinen Seins, aufsteigen konnten. Nach den genannten *pythagoreischen* Grundsätzen indes ist das nur im Tode ganz und gar möglich. Selbst Platon nahm seinen eigenen Mystizismus nicht ernst. Sonst wäre er dem Rat gefolgt, den er dem Sokrates in den Mund legt, und wäre seinem Meister so bald als möglich in den Tod gefolgt, um gleichfalls dieser glückseligen himmlischen Erkenntnis teilhaftig zu werden. Stattdessen floh Platon aus Athen, wie es jedermann getan hätte, der seine Sinne beisammen hatte, um nicht in eine Verfolgungswelle zu geraten, kehrte zurück, als die Dinge sich beruhigt hatten, gründete seine Akademie und lebte vierzig glückliche Jahre lang in Athen, schrieb seine Dialoge.

Kapitel 15

Wie Sokrates leicht einen Freispruch hätte erwirken können

Wenn Sokrates einen Freispruch gewollt hätte, gab es für ihn, wie ich glaube, einen einfachen Weg, wie er ihn hätte erwirken können. Trotz des hohen Ansehens seines Hauptanklägers und trotz der noch frischen Erinnerung an die Dreißig zögerten die Geschworenen, wie wir gesehen haben, einen Schuldspruch zu fällen. Der Grund dafür war meiner Meinung nach, daß es sich um eine Anklage handelte, die dem Geist athenischer Gesetzgebung und Tradition zuwiderlief. Alles, was wir gegen Sokrates zusammengetragen haben, sind gewiß beeindruckende Belege dafür, wie tief er mit Athen im Gegensatz stand. Aber als Beweise für eine strafrechtliche Verfolgung reichten sie nicht aus.

Als Athen Sokrates vor Gericht stellte, wurde es sich selbst untreu. Der Widersinn und die Schande an dem Prozeß gegen Sokrates ist, daß eine Stadt, die für die Redefreiheit berühmt war, einen Philosophen vor Gericht stellte, der sich keines anderen Vergehens schuldig gemacht hatte, als eben jene Redefreiheit in Anspruch genommen zu haben. Wenn wir uns an unsere eigenen amerikanischen Sündenfälle erinnern wollen, so ist festzustellen, daß Athen keine Gesetze zur Kontrolle der Fremden und gegen Aufruhr (Alien and Sedition Laws) hatte. Athen besaß keinen kleinen Eisernen Vorhang wie das McCarran-Walter-Einreisegesetz, das ausländischen Besuchern mit verdächtigen Ansichten den Zugang versperrte. Nichts hätte Athen ferner gelegen als das, wie wir aus den stolzen Worten in der Gefallenenrede des Perikles ersehen können, die eine weltoffene Stadt und einen offenen Geist rühmte.

Athen hatte niemals einen Untersuchungsausschuß für Unathenische Umtriebe. Als es Sokrates vor Gericht stellte, war Athen unathenisch; es war von den drei politischen Erdbeben in Schrecken versetzt, die die Demokratie im Jahre 411 und 404 v. Chr. gestürzt und dann im Jahre 401 v. Chr. von neuem bedroht hatten. Diese Ereignisse helfen, die Anklage gegen Sokrates zu erklären, aber sie rechtfertigen sie nicht. Der Prozeß des Sokrates war eine Verfolgung von Gedanken. Er war der erste Märtyrer für Rede- und Gedankenfreiheit. Hätte er seine Verteidigung auf die Frage der Redefreiheit aufgebaut und die grundlegenden Traditionen seiner Stadt heraufbeschworen, hätte er, wie ich glaube, die Mehrheit der besorgten Geschworenen leicht auf seine Seite ziehen können. Leider hat er den *Grundsatz* der Redefreiheit nie ins Feld geführt. Ein Grund dafür, daß er sich dieser Art der Verteidigung enthielt, war vielleicht der, daß sein Sieg andernfalls auch ein Sieg für die demokratischen Grundsätze gewesen wäre, die er verachtete. Ein Freispruch wäre eine Rechtfertigung für Athen gewesen.

Wir wollen unsere Erörterung beginnen, indem wir von neuem einen Blick auf die Anklage werfen. Die Anklage ist uns aus drei antiken Quellen bekannt. Eine ist die *Apologie* Platons, wo Sokrates sie mit den folgenden Worten ungefähr wiedergibt: „Sokrates tut Unrecht; denn er verdirbt die Jugend und glaubt nicht an die Götter, welche die Stadt verehrt, sondern an neue, dämonische Wesen."[1] Fast gleichlautende Versionen geben Xenophon in seinen *Memorabilia* und Diogenes Laertios in seinem Leben des Sokrates.[2] Letzterer sagt, der Historiker Favorinus habe das Originaldokument gefunden, das noch in der Regierungszeit des Kaisers Hadrian im 2. Jahrhundert n. Chr. in den Archiven Athens aufbewahrt worden sei.

Die zwei Anklagepunkte sind gleichermaßen vage. Keine konkreten Handlungen gegen die Stadt werden angeführt. Die Beschuldigungen richten sich gegen die *Lehre* und den *Glauben* des Sokrates. Weder in der Anklage – noch im Prozeß – war je die Rede von einem ostentativen Akt des Frevels oder der Mißachtung der Götter der Stadt oder einem offenen Anschlag oder einer Verschwörung gegen ihre demokratischen Einrichtungen. Sokrates wurde angeklagt für das, was er sagte, nicht für das, was er tat.

Die schwächste Seite der Anklage ist, daß Sokrates niemals irgendwo beschuldigt wird, ein spezielles Gesetz, sei es zum Schutz der Religion der Stadt oder ihrer politischen Einrichtungen, verletzt zu haben. Das ist höchst erstaunlich, denn in der reichen Überlieferung attischer Gerichtsreden aus dem 4. Jahrhundert v. Chr. – unseren Quellen über die Verhandlungen, für die Lysias, Demosthenes und andere 'Rechtsanwälte' die Reden für die eine oder die andere Seite schrieben – wird uns in der Regel der Text des Gesetzes gegeben, aufgrunddessen die Anklage erhoben wurde.

Wir wissen aus einer Passage in der zwei Generationen nach dem Prozeß verfaßten *Rhetorik* des Aristoteles, daß ungeschriebene Gesetze oder ein „höheres Recht" oder „Billigkeit" von der Verteidigung ins Feld geführt werden konnten; sie waren die Verkörperung eines „Rechts entgegen dem geschriebenen Gesetz". Aber abgesehen von dem Prozeß des Sokrates habe ich nirgendwo einen Beleg dafür finden können, daß ungeschriebene Gesetze die Grundlage einer Anklage bilden konnten. Es ist indes seltsam, daß weder Sokrates noch seine Verteidiger das je als ein Argument gegen die Anklage vorbringen.

In Hinblick auf die Beschuldigung der Unfrömmigkeit bleibt Sokrates ebenso unklar wie die Klageschrift. Nirgendwo erörtert er die Anklage, daß er die Götter der Stadt nicht achte oder an sie glaube – das griechische Verbum *nomizein* bedeutet beides, achten und glauben. Stattdessen verleitet er den eher törichten Meletos dazu, ihn der Gottlosigkeit zu beschuldigen.[4] Diese Anklage widerlegt er ohne Schwierigkeiten. Aber weder vor noch nach dem Prozeß gab es überhaupt ein Gesetz gegen Gottlosigkeit im alten Athen. Der einzige Ort, wo wir ein solches Gesetz vorgeschlagen finden, sind die *Gesetze* Platons. In dieser Hinsicht bildet Platon eine Ausnahme und steht im Gegensatz zu der Toleranz, die das Heidentum gegenüber den verschiedenen Kulten und philosophischen Spekulationen über die Götter zeigte. Da das Heidentum jede denkbare Art von Göttern überall gegenwärtig sah, war es von Natur aus tolerant und gar nicht in der Lage, eine streng dogmatische Haltung einzunehmen. Ohne Schwierigkeiten nahm es einen breiten Fächer theologischer Anschauungen in sich auf.

Auf der einen Seite des Spektrums stand ein einfacher Anthropomorphismus und schlichter Glaube an die Götter. Das andere Extrem war ihre Umformung in bloße Personifizierungen oder Metaphern der Naturkräfte oder in abstrakte Vorstellungen, wie sie die vorsokratischen Philosophen vornahmen. Die Götter lösten sich in Luft, Feuer, Wasser oder Erde auf. Die klassische Mythologie lud durch die Namen, die sie den ursprünglichen Gottheiten gab, geradezu ein zu dieser metaphysischen Umwandlung – das ursprüngliche Chaos, Kronos (später mit Chronos, der Zeit, gleichgesetzt), Uranos (der Himmel) und die Mutter Erde. Der Übergang von einer Theologie, die sich an der Natur orientierte, zu einer Naturphilosophie war leicht, schwer hingegen, eine Grenzlinie zwischen beidem zu ziehen.

Es war der Monotheismus, der religiöse Intoleranz in die Welt brachte. Als die Juden und die Christen jedem anderen Gott als ihrem eigenen die Göttlichkeit absprachen, wurden sie als *atheos* oder 'gottlos' angegriffen. Das erklärt, wie ein – um die Charakterisierung Spinozas durch Novalis zu benutzen – „Gott-trunkener" Judenchrist wie der Heilige Paulus von gottesfürchtigen und aufgebrachten Heiden ein 'Atheist' genannt werden konnte.

Das Wort *atheos* erweckte in der klassischen Antike andere Vorstellungen als danach im Zeitalter des Christentums. Bei Homer und Hesiod kommt das Wort nicht vor. Es taucht erst im 5. Jahrhundert v. Chr. bei Pindar und in der griechischen Tragödie auf. Dort bedeutet es soviel wie „gottlos" oder „Gott mißachtend" in demselben umgangssprachlichen Sinne, in dem wir noch heute diese Worte zur Bezeichnung eines gesetzlosen und unmoralischen Verhaltens verwenden. Das griechische Wort konnte auch bedeuten, daß man von den Göttern verlassen war oder ihren Zorn herausgefordert hatte.[5]

Wenn Sokrates dessen beschuldigt wurde und dessen angeklagt war, was wir Atheismus nennen, dann hätte man ihn fünfundzwanzig Jahre vorher, im Jahre 423 v. Chr., vor Gericht stellen können. In jenem Jahr wurde er in den *Wolken* des Aristophanes als ein Philosoph geschildert, der dem gewöhnlichen Gauner Strepsiades, als dieser eifrig bemüht war, seine Gläubiger mit Hilfe der neuen Lehre des Sokrates zu betrügen, einredete, es gäbe keinen Zeus und die wahren Götter wären Chaos, Wirbel und Luft.[6] Daher konnte er eidbrüchig werden und sich weigern, seine Schulden zu zahlen, ohne göttliche Vergeltung fürchten zu müssen.

Wenn die Athener in Hinblick auf Schmähungen gegen die Götter empfindlich gewesen wären, hätten sie nicht nur Sokrates, sondern wohl auch Aristophanes ins Gefängnis geworfen. Stattdessen gaben sie letzterem einen Preis und lachten über den Bauerntölpel Strepsiades, der Sokrates mit der Frage herausforderte: „Zeus ... kein Gott? Und wer regnet denn dann?" Als er endlich begriffen hat, gesteht Strepsiades in aller Einfalt ein, daß er gedacht habe, der Regen komme daher, daß Zeus durch ein Sieb auf die Erde pinkele! Die Sprache mag den prüden modernen Leser schockieren, aber das ist die wörtliche Übersetzung der Worte *dia koskinou ourein* in Vers 373. Das letzte Wort ist verwandt mit unserem Fremdwort Urin und *koskinon* ist ein Sieb. Scheinbar benutzte es der hohe Gott irrtümlich als Nachttopf!

Aristophanes erlaubt sich hier ganz offensichtlich einen bombigen Witz, der darauf angelegt ist, daß der Zuschauer in seiner Klugheit sich dem ungebildeten Bauerntölpel Strepsiades überlegen fühlen soll. Das sollte reichen, um zu zeigen, daß Athen sich weder durch Unglauben noch durch mangelnden Respekt vor den Göttern erschrecken ließ. Wenn dem doch so gewesen wäre, hätte nicht nur Aristophanes Schwierigkeiten bekommen, sondern auch der ebenso und ernsthafter 'gottlose' Euripides.

Was Sokrates anbetrifft, so endet die Komödie damit, daß Strepsiades eine Menschenmeute dazu anstiftet, die Denkerei in Brand zu stecken, in der Sokrates gelehrt hatte, daß es keinen Zeus gäbe. Sokrates ist von den Flammen eingeschlossen und bittet um Gnade: „Ich ersticke!" Strepsiades jedoch ruft triumphierend:

Recht so! Wer hieß euch auch der Götter spotten
Und nach Selenes Heimlichkeiten spähn?

Er treibt die Meute noch weiter an, gegen Sokrates und seine Schüler vorzugehen:

Schlag zu und hau und schmettre drein! Du weißt,
Zehnfach verdienen sie's, die Gotteslästerer![7]

Wäre Athen eine Stadt der Bigotterie gewesen, dann wären die Zuschauer aus dem Theater zum Haus des Sokrates gestürzt und hätten es in Brand gesteckt. Stattdessen gingen sie – und Sokrates vermutlich unter ihnen – lachend nach Hause. Niemand erhob Anklage wegen Ketzerei, Gottlosigkeit oder Gotteslästerung.

Indem er Meletos dazu verleitete, ihn einen Atheisten zu nennen, entzog sich Sokrates dem eigentlichen Vorwurf der Anklage. Er war nicht angeklagt, weil er nicht an Zeus und die olympischen Götter oder an die Götter überhaupt glaubte. Die Anklage lautete vielmehr, daß er nicht an „die Götter der Stadt" glaubte.

Das war nach Auffasung der alten Griechen ein *politisches* Vergehen, ein Vergehen gegen die Götter der *polis* Athen. Das ist ein entscheidender Punkt, der zu oft übersehen wird. Was meinte die Anklage mit „die Götter der Stadt"? Einen Hinweis gibt Xenophon in seinen *Memorabilia*. Zweimal erinnert er daran, daß Sokrates auf die Frage, wie man sich fromm gegenüber den Göttern verhalte, mit einem Spruch der Priesterin in Delphi geantwortet habe: „Wer nach dem *nomos* des Staates handele, der handele gottesfürchtig."[8] *Nomos* bedeutet soviel wie Brauch oder Gesetz. Der *nomos* wurde durch die Tradition oder später durch einen gesetzgeberischen Akt festgelegt. Das war die unter den Griechen allgemein verbreitete Ansicht. Die Stadt war der Staat, und der Staat entschied, welche Götter er insbesondere verehrte. Er regelte die Religionsausübung – die Riten, die Tempel, die Opfer und Feste. Religion war eine staatliche Handlung, ein Abbild der lokalen Sitten und Gebräuche der Stadt.

Die Anklage behauptete, daß Sokrates sich nicht an den *nomos* seiner Stadt hielt. Aber es wird nicht im einzelnen ausgeführt, an was Sokrates nicht glaubte. Weder Xenophon noch Platon geben uns in dieser Hinsicht eindeutigen Aufschluß, vielleicht weil die Antwort auf diese Frage der Anklage mehr Gewicht verliehen und ihre Verteidigung des Sokrates geschwächt hätte.

Einen Hinweis zu dem Problem der „Götter der Stadt" gibt das *Oxford Classical Dictionary* in seinem Artikel zu Hephaistos, dem Gott des Feuers und speziell des Feuers in der Schmiede. Er sei daher, sagt das *OCD*, „für die Griechen ein Gott der Handwerker und selbst ein göttlicher Handwerker".

Der vorsokratische Philosoph Xenophanes hatte einst bemerkt, daß die Menschen die Götter nach ihrem eigenen Abbild schufen: Die Äthiopier hätten Götter mit krausem Haar, die Thraker rothaarige. Dieselbe Neigung kann man bei den verschiedenen Handwerkern verfolgen. Der Schmied schuf sich einen Gott zum Beschützer, der wie er selbst aussah. Das Auftreten des Hephaistoskults in den griechischen Stadtstaaten war durch den Fortschritt in der Metallgewinnung und Metallverarbeitung bestimmt. Sein Kult, wird im *OCD* festgestellt, war „praktisch auf die am meisten industrialisierten Regionen beschränkt und war besonders in Athen von Bedeutung".

Als eine Stadt mit einem hohen Anteil von Handwerkern und als Stadt, die in hohem Maße für ihren Unterhalt von den Produkten der Metallverarbeitung und Metallgewinnung abhängig war, würde Athen ganz selbstverständlich Hephaistos zu den „Göttern der Stadt" zählen. Die große Bedeutung des Hephaistos als Gott in Athen zeigt, wie das *OCD* meint, sein verbreitetes Auftreten in der attischen Vasenmalerei „von der ersten Hälfte des 6. Jahrhunderts v. Chr. an". Das war dasselbe Jahrhundert, in dem die Handwerker und Kaufleute die politische Gleichberechtigung zu erringen begannen. Der Kult des Hephaistos wuchs mit dem Fortschreiten der Demokratie. Der einzige vollständig erhaltene Tempel des 5. Jahrhunderts v. Chr., das sogenannte Theseion, war in Wahrheit ein Tempel des Hephaistos. Von einem flachen Hügel aus überblickte er die Agora.[9]

Die Schutzgöttin Athens und wichtigste Gottheit der Stadt war Athena, die Göttin der Weisheit, die aus dem Haupt des Zeus geboren war. Hephaistos erscheint auf attischen Vasen als Helfer – sozusagen als männliche Hebamme – bei dieser Geburt.

Allen Griechen war die Verehrung der Olympischen Götter Homers gemeinsam. Aber selbst die wichtigsten von ihnen wurden in den einzelnen Städten unter verschiedenen Formen und mit verschiedenen Beinamen verehrt. Diese besonderen Beinamen waren ebenso wie die Verehrung von weniger bedeutenden Gottheiten Gegenstand spezieller staatlicher Kulte, die Ausdruck des Charakters einer jeden Stadt waren. In Athen z. B. wurde Pallas Athene nicht allein als Göttin der Weisheit verehrt, sondern in dieser Eigenschaft besonders als Schutzherrin der Künste und des Handwerks. Weisheit – *sophia* – bedeutete nämlich ursprünglich nicht Weisheit in unserem Sinne, sondern bezeichnete jede besondere Fähigkeit oder Kenntnis, sei es die, Metall zu schmieden oder Tuch zu weben oder die Kranken zu heilen.

Aber Sokrates spricht mit Verachtung von den Handwerkern und Kaufleuten, die eine so große Rolle in der Volksversammlung und in den demokratischen Einrichtungen der Stadt zu spielen begonnen hatten. Die Art von Gesellschaft, die er bewunderte, war, wie bereits gezeigt, die Spartas, in der die grundbesitzenden Krieger die Handwerker und Kaufleute vom Bürgerrecht ausschlossen. In den griechischen Stadtstaaten war es, wie später in Rom, ein Zeichen der mangelnden Loyalität gegenüber der Stadt, wenn man ihre Götter nicht anerkannte.

Die *Orestie* des Aischylos gibt einen weiteren und, wie mir scheint, bisher übersehenen Hinweis darauf, was man in Athen mit den „Göttern der Stadt" meinte. Die *Orestie,* das letzte und berühmteste Werk des Aischylos und die einzige erhaltene griechische Trilogie, wurde im Jahre 458 v. Chr. aufgeführt, zwei Jahre bevor der Dichter im Alter von achtzig Jahren starb, und gewann den Ersten Preis. Das war ungefähr ein halbes Jahrhundert vor dem Prozeß des Sokrates. Die Trilogie ist der Höhepunkt der Tragödiendichtung von der Antike bis heute. Selbst die schlechteste Übersetzung kann die Bedeutung des Werks nicht ganz zerstören oder verhindern, daß sich seine Größe mitteilt.* Es verdient einen Exkurs im Interesse der Leser, die noch nicht mit der *Orestie* vertraut sind.

Die Sage, auf der Aischylos seine Tragödie aufbaut, taucht zum ersten Mal als wohlbekannte Erzählung in der *Odyssee* auf. Es gibt keinen besseren Weg, den kulturellen Abstand zu erfassen, der das archaische Zeitalter Homers von der athenischen Zivilisation trennt, als die homerische Version und die des Aischylos nebeneinanderzuhalten. Der moralische und politische Unterschied zwischen ihnen ist unermeßlich.

* Die Trilogie im Original zu lesen lohnt die große Mühe. Ich habe zwölf Wochen dafür gebraucht, fünf bis sechs Stunden am Tag und sieben Tage in der Woche, um die drei Stücke zu lesen. Das erste, den *Agamemnon,* habe ich mit Hilfe von Eduard Fraenkels monumentalen dreibändigen Kommentars bewältigt. Für die Trilogie als Ganzes habe ich mit Vorteil George Thomsons durchgesehene zweibändige Ausgabe (Prag 1966) benutzt, die allein Fraenkel in ihrer Gelehrsamkeit nachsteht.

Die äußeren Ereignisse der Geschichte sind natürlich, daß Agamemnon bei seiner Rückkehr aus dem Krieg gegen Troja nach Mykene von seiner Frau Klytaimnestra und ihrem Liebhaber Aigisthos, die während der langen Abwesenheit des Königs das Regiment geführt hatten, ermordet wird. Orestes, der Sohn des Agamemnon und sein rechtmäßiger Erbe, kehrt zurück, um seinen Vater zu rächen und den Thron zu erobern, und er ermordet seine Mutter und ihren Geliebten. Homer erzählt diese Geschichte ganz sachlich. Das einzige moralische Urteil, das er über Orestes abgibt, ist zustimmend. Im 1. Buch der *Odyssee* wird Orestes sogar von Athena als Beispiel für die Treue eines pflichtbewußten Sohnes gepriesen, weil er seinen Vater gerächt habe. Daß Orestes seine Mutter getötet hatte, um seinen Vater zu rächen, wird bis zum 3. Buch gar nicht und dann nur beiläufig erwähnt. Homer sagt, daß Orestes, nachdem er seine Mutter und den Usurpator Aigisthos getötet hatte, ein Totenmahl für seine Mutter und ihren Liebhaber veranstaltete. Der Mord an der Mutter wird als Faktum hingenommen; sie wird mit einem einzigen Wort als „verhaßt" abgetan. Nachdem er so leicht über den Muttermord hinweggegangen war, beschäftigt Homer sich mehrere Verse lang genüßlich mit den Schiffen voller Geschenke, die der Onkel Menelaos seinem Neffen Orestes zur Totenfeier gebracht hat. Das ist das glückliche Ende der Geschichte bei Homer.

Keine Erinyen kommen und suchen den Sohn für den Mord an der Mutter heim. Für den Sänger und seine Zuhörer handelte es sich einfach um den Kampf einer Dynastie um den Thron, wie er in königlichen Familien nur zu üblich war. Der gesetzmäßige Erbe entledigte sich eines „schwächlichen" Usurpators: Dieses Adjektiv reichte, um ihn zu disqualifizieren. In der Feuerprobe der Schlacht hatte der bessere Krieger gewonnen.

Aber es geht uns hier nicht um Moral oder ästhetische Erwägungen, sondern um Politik.

Es ist der politische Aspekt der *Orestie,* der zu selten Beachtung gefunden hat. Aischylos machte aus einem alten Mythos eine Verherrlichung der athenischen Institutionen. Der eigentliche Held der *Orestie* ist die Attische Demokratie. Der Tag, an dem Aischylos sie bei Marathon gegen die Perser verteidigte, war für ihn, wenn wir den beiden wunderbaren elegischen Distichen Glauben schenken mögen, die er angeblich als seine eigene Grabinschrift verfaßt hat, der stolzeste Tag seines Lebens und die Tat, für die er am meisten erinnert werden wollte.*

Dieselbe Liebe für seine Vaterstadt tritt uns in seinen Stücken entgegen und findet ihren höchsten Ausdruck in der *Orestie*. In einer der archaischen Fassungen der Sage wurde Orestes am Ende vor ein Gericht der Olympischen Götter gestellt. Doch in der Darstellung bei Aischylos findet der quälende Konflikt seine Lösung in einem Prozeß vor einem athenischen *dikasterion*, einem Geschworenengericht, wie im 5. Jahrhundert v. Chr. Ein gerechtes Urteil muß in freier und geordneter Auseinandersetzung gefunden werden, nachdem die widerstreitenden Argumente gehört worden waren. Die Entscheidung war nicht, wie wir sagen wollen, der *vox dei* – der Stimme Gottes – überlassen, sondern der *vox populi,* der Stimme des Volkes. Die Geschworenen waren in zwei gleiche Hälften gespalten, und Athena selbst mußte eingreifen und den Knoten lösen. Sie stimmte für Freispruch und begründete damit die athenische Regel, daß Stimmengleichheit zum Freispruch führte.

Für die Erinyen, die im Prozeß des Orestes die Anklage vertraten, war Mord Mord; Blut mußte durch Blut gesühnt werden. Aber ein athenisches Gericht war gewohnt, mildernde Umstände gelten zu lassen und bei Tötungsdelikten, wie es unser Gesetz tut, zwischen verschiedenen Graden von Schuld und Strafe zu unterscheiden, von der fahrlässigen Tötung bis zum vorsätzlichen Mord. Das war die Gerechtigkeit, die sie kannten und walten ließen. Dem modernen Leser zumindest mag es so erscheinen, daß am Ende eine Entscheidung für die Gnade stand. Orestes, der in einem unauflöslichen Gegensatz der Pflichten gefangen war, hatte genug gelitten.

In der letzten Szene mußten die wütenden Erinyen besänftigt und mit dieser zivilisierten Rechtsprechung versöhnt werden. Es gelingt Athena, sie zu überreden, daß sie die Niederlage akzeptieren. Als Preis bietet sie ihnen einen neuen Tempel am Abhang der Akropolis und einen neuen Namen an. Die Erinyen verwandeln sich in Eumeniden

* Aischylos, des Euphorion Sohn, den Athener, birgt dieses
Grabmal, der in der kornreichen Stadt Gela verstarb.
Kampfmut bezeuget ihm wohl des berühmten Marathon Schlachtfeld,
Tief herab wallenden Haars Perser auch, die ihn erprobt.

– anmutige, lächelnde und freundliche Gottheiten. Das Stück endet mit einer Prozession der Bürger, die sie zu ihrem neuen Heiligtum begleiten. Um es in den Worten der antiken Inhaltsangabe des Stücks zu sagen: Sie schweben „nun nicht mehr als Böse Geister, sondern als Segensreiche" über der Stadt.

Das Stück endet mit einer Verneigung vor zwei besonderen Gottheiten. Das ist die abschließende politische Aussage am Höhepunkt der *Orestie*. Athena, die allen Griechen gemeinsame Olympische Göttin, dankt für ihren Sieg über die Erinyen zwei „Göttern der Stadt", die speziell athenisch sind. Diese Gottheiten sind Peitho, die als Göttin personifizierte Kunst der Überredung, und Zeus Agoraios, d. h. der Zeus der Volksversammlung, der ihre freie Debatte schützte. Diese beiden verkörperten die demokratischen Einrichtungen Athens.

Athena ersucht die Erinyen, „der Peitho Heiligkeit" anzuerkennen. Die stolzen und hochmütigen Erinyen, alte unterirdische Mächte und Unterweltsgötter, die selbst der Autorität der Olympischen Götter trotzten und die Nacht als ihre Mutter ansahen, sollten also nun eine neue Gottheit, die Göttin der Überredung, zum Zeichen ihrer Bekehrung anerkennen und für heilig ansehen. Als sie zustimmen, erklärt Athena, dies sei auch der Sieg des Zeus Agoraios. Das Ganze mag ein neues Licht auf die Bedeutung der „Götter der Stadt" in der Klage gegen Sokrates werfen. Die erste dieser offziellen Gottheiten, Peitho, war Homer unbekannt.[11] Die andere ist Zeus in einer besonderen Gestalt, die Homers aristokratisches Publikum nicht verstanden hätte.

Im Athen des 5. Jahrhunderts v. Chr. war Peitho zu einer offiziellen Göttin der Demokratie geworden, war ein Symbol für den Übergang zu einer Herrschaft, die sich auf die Zustimmung des Volkes und die durch Debatte und Überredung erreichte Übereinstimmung gründete. Ihre politische Bedeutung spiegelte sich im athenischen Theater wider. „Der einzigartige Charakter der attischen Dichtung", schrieb C. M. Bowra, „rührte von der attischen Demokratie her. Tragödien wurden mit religiöser Feierlichkeit . . . vor einem zahlreichen, kritischen und erstaunlich intelligenten Publikum aufgeführt. Solche Aufführungen waren in jeder Hinsicht ein politisches Ereignis."[12]

Indem sie Peitho als offizielle Göttin der Überredung personifizierten, gestalteten die Athener nicht nur ihre Religion neu und paßten sie den Idealen der Demokratie des 5. Jahrhunderts v. Chr. an, sondern ebenso ihre Mythologie und Geschichte. Sie behaupteten sogar, wie jener berühmteste aller Reisenden der Antike, Pausanias, berichtet, daß der Kult der Überredung von Theseus, dem mythischen ersten König Athens, begründet worden sei.[13] Diese ehrwürdige Herkunft war natürlich völlig unhistorisch.

Die vielleicht erstaunlichsten Äußerungen über Peitho im attischen Theater findet man in den *Fröschen* des Aristophanes vom Jahre 405 v. Chr. – sechs Jahre vor dem Prozeß des Sokrates. In dieser Komödie bringt Aristophanes ein Streitgespräch zwischen Aischylos und Euripides im Hades auf die Bühne. Die beiden werfen sich gegenseitig Zitate einzelner Verse über Peitho aus ihren Stücken an den Kopf, von denen einige heute verloren sind. Die Stücke müssen allgemein bekannt gewesen sein, denn sonst hätte das Publikum die jeweiligen Pointen wohl nicht verstanden.

Euripides beginnt mit einem Vers aus einem verlorenen Stück über Antigone, das er geschrieben hatte. In dem Zitat wird die Überredung mit dem *logos* verbunden, der vernunftbestimmten Rede. Euripides sagt, die Überredung benötige keinen anderen Tempel als den *logos,* und er hatte ursprünglich hinzugefügt: „Ihr Altar ist die Natur des Menschen."

Aischylos hält Euripides ein Zitat aus einem seiner heute verlorenen Werke entgegen, der *Niobe.* Er sagt dort, allein der Tod sei gegen die Überredung gefeit. Selbst Aristophanes, der doch über alles Witze reißt und sogar Dionysos in derselben Komödie zur Zielscheibe des gröbsten Spotts nimmt, macht keine Witze über die Göttin der Überredung. Das war wohl die außerordentlichste Verneigung vor Peitho von allen.

Eine Generation später zählen die beiden Meisterredner des 4. Jahrhunderts v. Chr., Demosthenes und Isokrates, Peitho ebenfalls unter die „Götter der Stadt" und erwähnen jährliche Opfer, die ihr zu Ehren dargebracht werden.[14] In der Nähe der Akropolis stand eine Statue der Göttin [15] und eine antike Inschrift [16] überliefert uns, daß ihre Priesterin einen besonderen Ehrenplatz im Tempel des Dionysos hatte. Sie wurde durch Praxiteles und Pheidias als Standbild verewigt.[17] Es dürfte bezeichnend sein, daß Peitho als Gottheit bei Xenophon oder Platon nirgendwo erwähnt wird.[18] Sie werden wohl kaum eine offizielle Gottheit der von ihnen abgelehnten Demokratie verehrt haben. Die Verachtung

Platons für Überredung und Redekunst, wie sie in einem demokratischen Gemeinwesen praktiziert wurden, wird von Phaidros in dem Dialog, der seinen Namen trägt, mit folgenden Worten zusammengefaßt: „Mir ist darüber", sagt er, „folgendes zu Gehör gekommen: Es sei für den, der ein Redner werden will, nicht nötig, das zu lernen, was tatsächlich richtig ist, sondern nur das, was ... so scheint." Und voller Hohn fügte er hinzu: „Denn nur daraus ergebe sich das Überreden, und nicht aus der Wahrheit."[19] Natürlich kann die Rede ebenso in die Irre führen wie die Belehrung. Dasselbe gilt für die Philosophie selbst. Warum würden die Philosophen sonst so häufig und unerbittlich streiten? Aber welchen besseren Weg gibt es, die Wahrheit herauszufinden, als die freie Diskussion?

Wie wirkungsvoll hätte der Kult der Peitho und der des Zeus der Versammlung von Sokrates zu seiner eigenen Verteidigung heraufbeschworen werden können! Einen Philosophen für seine Ansichten zu bestrafen war nicht die richtige Art, die Göttin der Überredung zu ehren oder den Zeus, der die freie Debatte in der Volksversammlung verkörperte und förderte. Diese „Götter der Stadt" hätten auch Sokrates beschützen wollen, wenn er sie angerufen hätte.

Der Zeus Agoraios war der Schutzgott, der auf der agora, dem Versammlungsplatz, stand, wo die grundsätzlichen Entscheidungen der Regierung getroffen wurden. Die politische Bedeutung der Huldigung Athenas an Zeus Agoraios ist in den Übersetzungen häufig verloren gegangen. Sein Name wird gelegentlich als 'Zeus des Marktes' wiedergegeben. Ein Beispiel ist bedauerlicherweise die englische Übersetzung der *Orestie* von Gilbert Murray. Er übersetzt dort im Vers 973 „Zeus, whose Word is in the Mart, prevailed" (Zeus, dessen Wort auf dem Markt gilt, hat gesiegt).[20] Doch der Sieg am Ende der *Orestie* hatte nichts mit dem Markt zu tun. Es ging um die *agora* als den Ort der Versammlung.

Das Lexikon von Liddell-Scott bezeichnet den Zeus Agoraios als den „guardian of the popular assemblies" (Beschützer der Volksversammlungen). Die politische Bedeutung wird auch von Farnell in seinem Werk *The Cults of the Greek States* herausgestellt, wenn er sagt, der Zeus Agoraios sei „der Gott, der in den Versammlungen und den Gerichtsverhandlungen den Vorsitz führt; er war es, der nach der Darstellung des Aischylos Orestes in seinem Prozeß um den Muttermord den Sieg zusprach".[21]

Der früheste Beleg für einen Zeus Agoraios steht bei Herodot, wo ein despotischer Herrscher von seinen aufständischen Untertanen getötet wurde, obwohl er am Altar des Zeus Agoraios Zuflucht suchte. Ohne Frage hatte er geglaubt, daß sie die Heiligkeit eines Gottes nicht mißachten würden, der Freiheiten verkörperte, die er selbst verletzt hatte. *Agora* kann natürlich sowohl die Versammlung wie den Marktplatz meinen. Aber auch bei Homer bedeutet es bereits den Versammlungsplatz oder die Gerichtsverhandlung.[22] Später nahm das Wort die Bedeutung des Marktplatzes an, vermutlich als um den Versammlungsplatz herum ein Markt wuchs. Parallel dazu traten allmählich zwei Arten von Göttern auf, die das Beiwort *agoraios* trugen. Der Gott der Versammlung war dabei eindeutig Zeus, während der Gott des Marktes Hermes war. Dieselbe Trennung nimmt Chantraine in seinem *Dictionnaire étymologique de la langue grecque* vor.[23]

Athen kannte auch einen Zeus Boulaios als den Schutzgott seiner *boule,* des Rats. Nach dem Bericht des Pausanias [24] war dessen Standbild von zwei anderen Statuen flankiert, von denen die eine Apollon und die andere den *Demos,* das Volk, darstellt. Die Statue des *Demos* sollte vielleicht daran erinnern, bei wem die letzte Entscheidung lag. Heute findet man in dem Säulengang des Agora-Museums ein Relief, das zeigt, wie die Demokratie den *Demos* bekränzt – einen älteren Mann mit Bart, der auf einem Thron sitzt. Unter dem Relief steht der Text einer Inschrift aus dem Jahre 336 v. Chr., in dem die Rechte des Volkes gegen die Tyrannis gesichert werden.

Es gibt zwei andere Stellen bei Pausanias, an denen von einem vergöttlichten Demos in Attika die Rede ist. Einmal werden nebeneinanderstehende Statuen „eines Zeus und eines Demos" erwähnt und beschrieben. Die andere Stelle erwähnt auch eine Statue der Demokratie.[25] War die Demokratie auch irgendwann als offizielle Gottheit in Athen personifiziert worden?

Weder Frazers *Goldener Zweig* noch Roschers *Ausführliches Lexikon der griechischen und römischen Mythologie* – und das war gewiß ausführlich – nennen einen solchen Kult. Aber *Der Kleine Pauly* sagt unter dem Stichwort *Demokratia,* daß zumindest in der zweiten Hälfte des 4. Jahrhunderts v. Chr. die Demokratie in Athen als Gottheit verehrt wurde und daß ihr Priester im Theater des Dionysos neben dem Priester des Demos saß.[26]

Kapitel 16

Was Sokrates hätte sagen sollen

Es gibt eine dritte, aber nur wenig bekannte *Apologie,* die uns aus der Antike erhalten ist, in der Sokrates sein Recht als Athener auf die Redefreiheit geltend macht.

Wie wir aus verstreuten Nachrichten wissen, gab es viele antike *Apologien des Sokrates* neben denen des Platon und Xenophon. Sokratische *Apologien* scheinen in der Antike ein literarisches Genos gewesen zu sein. Bis auf eine, die von Libanios im 4. Jahrhundert n. Chr. verfaßte *Apologie,* sind sie alle verloren.

Libanios war ein berühmter Staatsmann und Redner seiner Zeit und war bei einem weltfremden und glücklosen Unternehmen ein enger Vertrauter des römischen Kaisers Julian, der von späteren christlichen Autoren 'Apostata' (der Abtrünnige) genannt wurde. Julian gab als Kaiser den christlichen Glauben auf und versuchte das Heidentum als Religion des römischen Reiches wiederzubeleben.

Libanios hat eine *Apologie* geschrieben, in der Sokrates wie ein moderner Bürgerrechtler spricht.

Vielleicht war der spätantike Redner als gebildeter Nachfolger der alten 'heidnischen' Philosophen gegenüber dieser Frage empfindlich geworden in seinen Auseinandersetzungen mit den Christen, die ihre neugewonnene politische Macht dazu benutzt hatten, die Freiheit des Glaubens und Denkens anzugreifen. Die Verfolgten waren zu Verfolgern geworden.

Libanios läßt Sokrates die Erinnerung an die Dreißig dazu benutzen, den Spieß umzudrehen und seinen Hauptankläger Anytos anzugreifen. „Du", sagt Sokrates zu ihm, „wütest in einer Demokratie schlimmer als ein Tyrann."

In derselben Passage läßt Libanios den Sokrates sagen, daß in Athen Redefreiheit bestünde, „damit wir, von aller Furcht befreit, unseren Geist durch Lernen üben wie unsere Körper durch Leibesübungen" – das war ein Vergleich, der dem echten Sokrates wohl gefallen hätte, der so viel Zeit beim Gespräch in der Palaistra verbrachte, wo die Athleten sich übten.

Die Redefreiheit wird in der *Apologie* des Libanios als die eigentliche Grundlage der Größe der Stadt gepriesen. Das galt sogar noch in den eigenen Tagen des Libanios acht Jahrhunderte später. Lange nachdem die politische und militärische Vorherrschaft Athens schon zu Ende war, blieb es, was wir eine Universitätsstadt nennen würden, das Oxford des Römischen Reiches. Libanios selbst hatte Philosophie in Athen studiert, und seine *Apologie* bezeugt ein tiefes Empfinden für die so anregende Vergangenheit der Stadt.

„Und aus einem Grunde", läßt Libanios den Sokrates sagen, „ist Athen ein schönes und so angenehmes Schauspiel und von überallher kommen Menschen mit Schiffen und zu Lande; manche bleiben, andere gehen mit Bedauern wieder fort. Das ist nicht so, weil wir Sybaris zu Tisch (d. h. in der Qualität des Essens) übertreffen oder weil bei uns das Land viel Weizen trägt: ganz im Gegenteil, ihr Athener, wir ernähren uns von dem, was außerhalb erzeugt wird."

Der hauptsächliche Grund für die Anziehungskraft Athens sei vielmehr, „daß die Stadt eine 'Wortfabrik' *(logon ergasterion)* ist", sagt Sokrates, der doch die meisten Worte von allen fabriziert. „All das", sagt er, „ist der Göttin auf der Akropolis würdig und auch der von den Göttern dazu Erzogenen, ist würdig des Theseus und unserer Verfassung. Das" – und hier berührt Sokrates den Kern des bürgerlichen Stolzes und der Rivalität unter den Griechen – „macht unsere Stadt gefälliger als Sparta. Deshalb sind die, die die Weisheit ehren, ehrwürdiger als die, die in ihren Waffen Schrecken verbreiten. Darin besteht der große Unterschied zwischen uns und den Barbaren. Und er, der jetzt die Redefreiheit in der Diskussion abschaffen will, ist jemand, der die landesüblichen Einrichtungen der Demokratie zerstören will, als ob er aus einem Körper die Augen auskratzte oder die Zunge abschnitte."[1]

Sokrates schließt, indem er Anytos beschuldigt, er wolle ein „Gesetz des Schweigens" erlassen in einer Stadt, in der die Redefreiheit der Atem ihres Lebens war. Auf diese Weise konnte in der Darstellung des Libanios der Angeklagte zum Ankläger werden.

Das Unpassende an der Verteidigungsrede des Libanios ist, daß sie Sokrates eine ihm wenig angemessene Rolle spielen läßt. Sie stempelt ihn zum Bürgerrechtskämpfer. Aber das wäre zu spät gekommen, und man hätte nach seiner lebenslangen gegen Politik und Demokratie gerichteten Lehrtätigkeit von einem athenischen Geschworenengericht kaum erwarten können, daß es eine solches Auftreten ernst genommen hätte.

Das gilt besonders für den Satz, in dem Sokrates nach der Darstellung des Libanios Sparta schlechtmacht und Athen preist. Seine lebenslange Vorliebe für die gegnerische Stadt war zu bekannt. Aber Sokrates stand eine andere, aufrichtigere Verteidigungsstrategie offen. Sie wäre vielleicht auf den ersten Blick widersprüchlich erschienen, aber die Athener fühlten sich durch widersprüchliche Dinge angezogen, wie Kleon bei Thukydides beklagt.

„Männer von Athen, Mitbürger," hätte Sokrates sagen können, „dies ist nicht ein Prozeß gegen Sokrates, sondern ein Prozeß gegen Gedanken und gegen Athen."

"Ihr verfolgt mich nicht um irgendeiner ungesetzlichen oder unfrommen Handlung willen, die sich gegen eure Stadt oder ihre Altäre richtet. Keine Beweise dieser Art sind gegen mich vorgebracht worden."

„Ihr verfolgt mich nicht für irgendetwas, was ich *getan* habe, sondern für das, was ich gesagt und gelehrt habe. Ihr bedroht mich mit dem Tode, weil euch meine Ansichten und meine Lehren nicht gefallen. Das ist eine Verfolgung des Denkens, und das ist neu in der Geschichte unserer Stadt. So gesehen befindet Athen sich auf der Anklagebank und nicht Sokrates. Jeder von euch ist als mein Richter ein Angeklagter."

„Laßt mich offen sprechen. Ich glaube nicht an eure sogenannte Redefreiheit, aber ihr glaubt daran. Ich glaube, daß die Ansichten gewöhnlicher Männer nur *doxa* sind – Meinungen ohne Gehalt, blasse Schatten der Realität, die man nicht ernstnehmen muß und die nur dazu geeignet sind, die Stadt in die Irre zu führen."

„Ich bin der Meinung, es ist absurd, die freie Äußerung unbegründeter oder unvernünftiger Ansichten zu ermutigen oder die Politik des Staates auf eine Auszählung der Stimmen zu gründen, pro Kopf eine Stimme, wie Kohlköpfe. Ich glaube daher nicht an die Demokratie. Aber ihr glaubt daran. Dies ist euere Bewährungsprobe, nicht meine."

„Ich glaube – und ich habe das oft gesagt –, daß der Schuster bei seinem Leisten bleiben sollte. Ich gehe zu einem Schuhmacher, weil ich Schuhe will, nicht Gedanken. Ich glaube, daß der herrschen sollte, der zu herrschen versteht, und die anderen sollten zu ihrem eigenen Besten seinen Rezepten folgen, wie sie denen ihres Arztes Folge leisten."

„Ich nehme nicht für mich in Anspruch zu wissen, aber zumindest weiß ich, wenn ich nichts weiß. Solche Männer wie ich – ihr mögt sie Philosophen nennen oder Sterngucker – sind ein Staatsschatz, keine Bedrohung, sind Führer zu einem besseren Leben."

„Eure Redefreiheit gründet sich auf die Annahme, daß eines jeden Mannes Meinung wertvoll ist und daß die Vielen ein besserer Führer sind als die Wenigen. Aber wie könnt ihr von Redefreiheit sprechen, wenn ihr meine Meinungsäußerung unterdrückt? Wie könnt ihr auf die Ansichten des Schuhmachers oder des Gerbers hören, wenn ihr in der Volksversammlung über Gerechtigkeit diskutiert, aber mich mundtot macht, wenn ich meine Meinung sage, obwohl ich doch mein ganzes Leben der Suche nach der Wahrheit gewidmet habe, während ihr euch um eure eigenen privaten Angelegenheiten gekümmert habt?"

„Ihr seid stolz, daß Athen die Schule von Hellas genannt worden ist. Seine Tore standen Philosophen aus ganz Griechenland und sogar aus der ferneren Welt der Barbaren offen. Wollt ihr jetzt einen der Euren hinrichten, weil ihr es plötzlich nicht mehr ertragen könnt, eine mißliebige Meinung zu hören? Nicht ich bin es, sondern ihr selbst seid es, die durch meine Verurteilung entehrt werden."

„Ihr klagt mich an, ich sei der Lehrer des Kritias und Charmides gewesen, die Führer der extremen Oligarchen unter der Herrschaft der Dreißig waren. Aber jetzt handelt ihr genauso wie einst sie. Sie ließen mich kommen, wie ihr wißt, und verboten mir, junge Männer unter dreißig Jahren weiter in der *techne logon* zu unterrichten – der Kunst der durchdachten Rede und der logischen Analyse. Ihr tut dasselbe.

Ihr schickt euch an, mich dafür zu verurteilen, daß ich mein Leben lang den jungen Männern Athens diese *techne* beigebracht habe."

„Ihr sagt, meine Gedanken haben die Jugend Athens verdorben und sie dazu gebracht, die Demokratie in Frage zu stellen. Kritias fürchtete, ich könnte sie dazu bringen, die Tyrannis in Frage zu stellen. Wie unterscheidet ihr euch denn von dem Tyrannen, den ihr vor erst so kurzer Zeit gestürzt habt? Ihr sagt, ich sei der Lehrer des Kritias gewesen. Ihr handelt so, als wäret ihr seine Schüler geworden. Sie haben meine Gedanken gefürchtet. Und ihr fürchtet sie auch. Aber wenigstens haben sie nicht für sich in Anspruch genommen, die Redefreiheit zu lieben."

„Die Dreißig waren willkürlich und handelten nach eigenem Gutdünken. Ihr behauptet Männer zu sein, die nach dem Gesetz leben. Handelt ihr aber nicht ganz genauso? Sagt mir hier und jetzt, nach welchem Gesetz Athens ihr den philosophischen Unterricht beschränken wollt? Wo kann ich es zwischen den Satzungen der Stadt finden? Wann wurde es diskutiert und verabschiedet? Wer beantragte eine solche Ungeheuerlichkeit? So hättet ihr ein solches Gesetz in ruhigeren Tagen und bei klarem Verstand selber genannt!"

„Die Probe der wirklichen Redefreiheit ist nicht festzustellen, ob das Gesagte oder Gelehrte mit einer beliebigen Herrschaft, sei sie die Vieler oder Weniger, oder einem beliebigen Herrscher im Einklang steht. Selbst unter dem schlimmsten Tyrannen ist es nicht verboten, mit ihm einer Meinung zu sein. Es ist die Freiheit, anderer Meinung zu sein, die die Redefreiheit ausmacht. Das war in Athen bis jetzt üblich, war der Stolz unserer Stadt, das Rühmliche, auf dem eure Redner aufbauten. Wollt ihr euch jetzt davon abkehren?"

„Ihr sagt, ich hätte mangelnden Respekt für die Götter der Stadt gezeigt. Seht euch vor, daß ihr euch nicht selbst ebendieses Vergehens schuldig macht, wenn ihr mich verurteilt. Wie könnt ihr Peitho verehren, wenn die Überredungskunst behindert wird und unangepaßte Ansichten verurteilt werden? Verstoßt ihr nicht gegen das Gebot des Zeus Agoraios, den Gott der Debatte, wenn ihr der Debatte durch meine Verurteilung eine Beschränkung auferlegt?"

„Gedanken sind nicht so zerbrechlich wie Menschen. Man kann sie nicht zwingen, den Schierlingsbecher zu trinken. Meine Gedanken – und mein Vorbild – werden mich überleben. Aber der gute Name

Athens wird für immer befleckt sein, wenn ihr seine Traditionen durchbrecht, indem ihr mich verurteilt. Die Schande wird eure Schande sein, nicht meine."

Hätte Sokrates die Redefreiheit als ein Grundrecht aller Athener beschworen und nicht lediglich das Vorrecht einiger weniger Selbsterwählter seiner eigenen Art betont, hätte er einen wichtigen, empfindlichen Nerv getroffen. Er hätte damit eine gewiße Achtung vor Athen gezeigt statt der belustigten Herablassung, die in der *Apologie* Platons nur allzu leicht erkennbar ist. Die Herausforderung wäre auch eine Anerkennung gewesen.

Kapitel 17

Die vier Worte

Hätte eine Berufung auf die Redefreiheit Erfolg haben können? Offensichtlich erfreuten sich die Athener der Redefreiheit. Aber hielten sie sie auch für ein grundlegendes Prinzip der Herrschaft, wie wir das tun?

Die Menschen müssen die Möglichkeit, frei und offen zu sprechen, schon lange gekannt haben, bevor sie die Vorstellung der Redefreiheit formulierten. Vielleicht wurde diese Vorstellung als Reaktion auf Versuche entwickelt, ihnen diese Möglichkeit zu nehmen – oder im Rahmen eines Kampfes zu ihrer Wiedereroberung.

Ein Weg, die Antwort auf diese Frage zu finden und sich in das Denken einer untergegangenen Zivilisation hineinzuversetzen, ist es, die Worte zu untersuchen, die sie verwendete. Ein Gedanke oder eine Vorstellung, die klar gefaßt sind, finden in einem Wort Ausdruck, das sie verkörpert. Wenn man etwas nicht ausdrücken konnte, war es nicht in Gedanken da. Um sich in Gedanken einer Gesellschaft hineinzuversetzen, muß man ihr Vokabular betrachten.

Bei meiner Beschäftigung mit dem Prozeß des Sokrates machte ich mich an diesem Punkt der Untersuchung daran herauszufinden, ob die Athener und die alten Griechen überhaupt ein Wort für Redefreiheit hatten. Was ich fand, waren nicht weniger als vier Worte dafür – mehr, scheint mir, als in jeder anderen antiken oder modernen Sprache. Dann folgte ich der Spur dieser Worte und ihrem Gebrauch in der erhaltenen Literatur. Durch das, was ich fand, bin ich zu der Überzeugung gekommen, daß kein anderes Volk in der Geschichte die Redefreiheit mehr schätzte als die Griechen. Das galt ganz besonders für die Athener.

Abgesehen von Sparta und Kreta, die beide von einer Schicht grundbesitzender Krieger inmitten eingeschüchterter Leibeigener beherrscht wurden, neigten die griechischen Polisstaaten zur Demokratie; Athen war ihre Hochburg. Die Griechen prägten auch das Wort für diese Regierungsform, das jedermann noch heute überall benutzt: *demokratia,* die Herrschaft des *demos,* d. h. des ganzen Volkes. Die politische Gleichberechtigung beruhte auf dem gleichen Recht, frei und offen zu sprechen. Wortschatz und Politik gehen in der Entwicklung der griechischen Sprache Hand in Hand. Mit dem Kampf zur Durchsetzung der Demokratie wurde die Sprache um mehr als zweihundert abgeleitete Worte erweitert, deren einer Bestandteil die Wurzel *isos* für 'gleich' war.[1] Als zwei der wichtigsten sind *isotes* für 'Gleichheit' zu nennen und *isonomia* für 'Gleichheit vor dem Gesetz'. Zwei andere, ebenfalls wichtige Beispiele sind Worte für das Recht auf Redefreiheit: *isegoria und isologia.*

Das frühere Wort *isegoria* erscheint das erste Mal bei Herodot. Sein Synonym *isologia* kommt erst im 3. Jahrhundert v. Chr. bei Polybios vor, dem Geschichtsschreiber der letzten Epoche der griechischen Freiheit im Achäischen Bund. Dieser Bund war der erste erfolgreiche Versuch eines repräsentativen bundesstaatlichen Systems. Polybios schreibt das ein Jahrhundert während Überleben des Bundes im Schatten Roms dem Umstand zu, daß er Redefreiheit – *isologia* – in seiner Bundesversammlung erlaubte. Sie war Symbol und Garantie dessen, daß die ihm zugehörigen Stadtstaaten (anders als in früheren, von Athen oder Sparta eingerichteten Bünden) völlige politische Gleichberechtigung besaßen. Die Autoren der Verfassung der Vereinigten Staaten von Amerika blickten auf den Achäischen Bund als ein Vorbild für ihren eigenen Bundesstaat zurück.

Isegoria kommt bei Herodot vor, als er die heroische Rolle erklären will, die die Athener in den Perserkriegen gespielt hatten, und er ihre Stärke auf die Errungenschaft eben der *isegorie* (er verwendet die ionische Form) zurückführt, auf das gleiche Recht aller, in der Volksversammlung zu sprechen. Herodot sagt, daß der Wert der *isegorie* durch viele Beispiele der Tapferkeit im Kriege unter Beweis gestellt wurde, „denn als die Athener von Tyrannen beherrscht wurden, waren sie keinem einzigen ihrer Nachbarn im Kriege überlegen; jetzt aber, wo sie frei von Tyrannen waren, standen sie weitaus an der Spitze." Als sie unterdrückt wurden, waren die Athener „feige und träge" wie Sklaven, die „sich für ihren Gebieter mühten", „während jetzt nach ihrer Befreiung ein jeder eifrig für sich selbst schaffte."[2] Das ist natürlich nicht die ganze vielschichtige Wahrheit darüber, wie es den Griechen gelingen konnte, über die Perser zu siegen. Die Spartaner waren ebenso tapfer, obwohl sie unter einem anderen politischen System lebten. Als herrschende Minderheit oder Herrenrasse konnten sie ihre Leibeigenen nur dadurch in Abhängigkeit halten und ihre Nachbarn abschrecken, daß sie sich der unbarmherzigen Härte und strengen Disziplin eines militärischen Kasernenlebens unterwarfen. Aber von Innen her gesehen bot die spartanische Gesellschaft auch eine rauhe und kameradschaftliche Gleichheit und einige Züge innerer Demokratie wie die jährliche Wahl der Ephoren als Oberbeamten und 'Aufseher', wenn auch nicht die Möglichkeit der freien Meinungsäußerung. Die Spartaner *fühlten* sich indes als Freie und waren das im Vergleich mit den Persern auch. Sie kämpften ebenso vortrefflich für Griechenland wie die Athener.

Um zu verstehen, wie *isegoria* zu einem Synonym für politische Gleichberechtigung wurde, müssen wir uns nur kurz an die Geschichte erinnern, die wir über Thersites aus dem 2. Buch der *Ilias* gehört haben, als jener einfache Soldat es wagte, in der Heeresversammlung ein offenes Wort zu sprechen, und von Odysseus für seine Anmaßung Schläge einsteckte. Für die Athener bedeutete das Recht, in der Volksversammlung zu sprechen, die politische Gleichberechtigung.

Wir können das klar erkennen, wenn wir das Verfahren in der athenischen Volksversammlung mit dem in der Spartas vergleichen. Dort, wie später in der Römischen Republik, wird die harte Realität der Herrschaft einer Oligarchie von dieser geschickt unter dem Mantel einer fiktiven Volkssouveränität versteckt. Weder in Sparta noch in Rom gab es *isegoria*. Man hatte das Stimmrecht, aber nicht das Recht, frei und offen zu sprechen. In Sparta wurde die *apella,* die Versammlung der Spartiaten, monatlich einberufen. Aber nur die beiden sogenannten Könige, die Mitglieder des Rates oder Senats und die Ephoren als gewählte Oberbeamte hatten das Recht, vor der Versammlung zu sprechen. Die Versammlung konnte lediglich über Vorschläge abstimmen, die diese Beamten eingebracht hatten. Es gab keine Debatte. Die Versammlung gab ihrer Meinung durch *thorybos* Ausdruck, ein Raunen der Zustimmung oder Ablehnung wie bei Homer, und durch *boa*, Zuruf. Tatsächlich abgestimmt wurde nur in den seltensten Fällen, und das galt selbst für Kriegserklärungen, die eigentlich durch die Bürger in einer Versammlung beschlossen werden mußten.[3] In Rom waren die Volksversammlungen ähnlich machtlos. „Der gewöhnliche Wähler in Rom", schreibt J. A. O.Larsen dazu, „errang zu keiner Zeit ein weitgehenderes Recht, Vorschläge zu machen oder vor der Versammlung zu sprechen, als der einfache Mann zur Zeit Homers. . . . er besaß weder das Recht, sich an das Volk zu wenden, noch das, Anträge einzubringen."[4] Darüber hinaus war das Abstimmungsverfahren in den römischen Versammlungen darauf angelegt, den reichsten Bürgern – den senatorischen Patriziern und den wohlhabenden Geschäftsleuten – eine von vórnherein feststehende Mehrheit zu geben.[5]

Ch. Wirzubski von der Hebräischen Universität in Jerusalem schreibt dazu in seinem Buch *Libertas as a Political Idea in Rome* folgendes: „Redefreiheit im Sinne dessen, daß ein jeder Bürger das Recht hatte zu sprechen, gab es in den römischen Versammlungen nicht."[6] Das Lateinische hat kein Wort für *isegoria*. Das Römische Recht hatte dafür keinen Bedarf.

Diejenigen, die all das als 'Alte Geschichte' abtun, sollten sich daran erinnern, daß es im ersten Kampf um Redefreiheit der anglo-amerikanischen Verfassungsgeschichte in der Hauptsache um das Recht ging, im Parlament und später im Kongreß frei und offen zu sprechen. Ursprünglich war das ein Kampf gegen die Gewalt der Krone, die die freie Meinungsäußerung im Unterhaus zu einem Wagnis werden ließ. Im Jahre 1576, nur zwei Jahrhunderte vor der Amerikanischen Unabhängigkeitserklärung, wurde ein tapferer junger Puritaner, Peter Wentworth, ins Gefängnis geworfen, nur weil er gewagt hatte, im Unterhaus ein offenes Wort zu sprechen. Es dauerte ein weiteres Jahrhundert, bis das Recht auf freie Rede mit dem englischen Bill of Rights aus dem Jahre 1689 endgültig gefestigt und die Angst vor königlichem Mißfallen gebannt war.

Das war der Vorläufer der ältesten Festlegung der Redefreiheit in unserer eigenen amerikanischen Verfassung. Nur wenige Amerikaner machen sich klar, daß die früheste Garantie der freien Meinungsäußerung in ihrer Verfassung nicht das First Amendment ist, sondern die Bestimmung über Freiheit in Rede und Debatte in Paragraph 6, Artikel 2 der ursprünglichen Verfassung. Dort wird erklärt, daß kein Mitglied des Kongresses vor irgendeinem Gericht angeklagt oder verfolgt werden kann für etwas, was er „in jeder beliebigen Rede oder Debatte vor einem der beiden Häuser gesagt hat". Gäbe es diese Bestimmung nicht, könnten die Mitglieder des Kongresses durch mächtige Gruppen oder andere Sonderinteressen – die 'Könige' unserer Zeit – eingeschüchtert werden und die Freiheit der Debatte durch kostspielige und langwierige Verleumdungsklagen oder andere rechtliche Maßnahmen gefährdet werden. Die Debatten des Kongresses zu Fragen wie der Umweltverschmutzung durch die Industrie oder unlauterem Wettbewerb in der Rüstungsindustrie würden bald unter der Drohung solcher Anklagen leiden. In diesem Sinne ist *isegoria* in unserer eigenen amerikanischen Verfassung verankert.

In der athenischen Volksversammlung war es nicht nur jedem Bürger erlaubt, sondern er wurde dazu aufgefordert zu sprechen. Wir wissen das aus drei Quellen. Die eine ist Sokrates selbst mit seinen hochmütigen Betrachtungen über die athenische Volksversammlung, von der er sagt, dort könne jeder frei sprechen, ob „ein Schmied oder ein Schuster, ein Kaufmann oder ein Reeder, reich oder arm, vornehm oder gering".[7] Aus zwei anderen Quellen wissen wir, daß die Volksversammlung in Athen durch einen Herold eröffnet wurde, der fragte: „Wer wünscht zu sprechen?"[8] Die Tribüne stand jedem zu uneingeschränkter Meinungsäußerung offen. Jemand, der etwas zu sagen hatte, mußte nicht von einem Vorsitzenden autorisiert werden; das war *isegoria*. Sokrates hätte kein geschätzteres athenisches Prinzip ins Feld führen können.

Es ist keine Übertreibung zu sagen, daß das Theater sich zu keiner Zeit in der Geschichte größerer Meinungsfreiheit erfreute als im 5. Jahrhundert v. Chr. Es ist daher nicht überraschend, daß es die freie Meinungsäußerung als einen fundamentalen Grundsatz feierte. Die zwei weiteren Worte für Redefreiheit im Altgriechischen findet man zuerst bei den Tragödiendichtern – das eine bei Aischylos, das andere bei Euripides. Das frühere Wort findet sich in den *Schutzflehenden,* die vermutlich 463 v. Chr. aufgeführt wurden, als Sokrates sechs Jahre alt war. Diese Tragödie macht uns mit einem Ausdruck für Redefreiheit bekannt, der aus zwei Wurzeln zusammengesetzt ist: *eleutheros* (frei) und *stomos* (Mund).[9] Das Stück, das in uralten Zeiten spielt, wird zu einer Lektion in Demokratie – vielleicht ist es das früheste Werk, das uns mit dem Gedanken bekanntmacht, daß die legitime Herrschaft sich auf das Einverständnis der Beherrschten gründet. Die schutzflehenden Mädchen sind die fünfzig (!) Töchter des Danaos, die ihren drängenden, auf die Mitgift erpichten Freiern zu entrinnen suchen. Sie sind mit ihrem Vater aus Ägypten geflohen und bitten in Griechenland um Asyl.

In den *Schutzflehenden* besteht, wie so oft in der griechischen Tragödie, ein Konflikt zwischen dem Gesetz und der moralischen Verpflichtung. Ein anmaßender Herold wird aus Ägypten geschickt und fordert die Auslieferung der Flüchtigen. Der griechische König erkennt an, daß die Freier nach dem Gesetz des Landes, aus dem die Mädchen geflohen sind, als nächste Verwandte das Recht hatten, sie zu heiraten und das Vermögen so innerhalb der Familie zu erhalten. Das Prinzip des 'ursprünglichen Gerichtsstands' war offenbar ein Grundsatz des Völkerrechts wie heute. Die Regel besagt, daß das Gesetz des Landes, in dem der Fall seinen Ursprung hatte, auch vor einem fremden Gericht bindend ist.

Die *Schutzflehenden* berufen sich auf ein 'höheres Recht' – ihr Recht auf Asyl als Opfer einer Verfolgung. Das ist ein beliebtes Thema bei den Tragödienschriftstellern: Die Athener waren stolz auf den Ruf ihrer Stadt als Zufluchtsstätte der Unterdrückten. Aber in diesem Falle Asyl zu gewähren konnte Feindseligkeiten mit Ägypten heraufbeschwören. Der König selbst ist dafür, Asyl zu gewähren, aber wie ein Führer im Athen des 5. Jahrhunderts es getan hätte, sagt er, er könne diesen Schritt nicht wagen, ohne daß er sein Volk befrage. Er beruft eine Volksversammlung ein und indem er sich anschickt, zu ihr zu sprechen, spricht der König ein Gebet, daß Peitho (die Überredung) ihm bei seinen Bemühungen helfen möge.[10] Der König schlägt vor, daß man dem Ansuchen stattgeben solle, und das Volk folgt den „klugen Windungen" seiner Rede wie sonst die athenischen Liebhaber der öffentlichen Redekunst. Der „tausendfache Arm" des Volkes, der emporschnellt, zeigt die Zustimmung an, und der König verkündet dem Herold die Entscheidung als das Ergebnis der *eleutherostomou glosses*, „freimütiger Sprache", d. h. als Triumph der freimütigen Debatte.

Bei Sophokles findet sich kein eigenes Wort für Redefreiheit, aber ihre Bedeutung wird in der *Antigone* zum Gegenstand des Dramas. Das Stück wird im allgemeinen als eine Tragödie verstanden, in der es um den Konflikt geht, der zwischen dem Gesetz des Staates und dem höherstehenden Gesetz einer moralischen Verpflichtung – der Pflicht einer Schwester – entsteht. Man kann die *Antigone* aber auch als das tragische Ergebnis der Mißachtung auffassen, die ein eigensinniger Monarch für die menschlicheren Regungen seines Volkes an den Tag legt. In dessen Augen wie in den Augen des athenischen Publikums fehlte dem Handeln des Königs die moralische Rechtfertigung.

Das tritt besonders in der Auseinandersetzung hervor, die sich zwischen Kreon, dem König von Theben, und seinem Sohn Haimon, dem Verlobten der Antigone, entwickelt. Haimon ist der Meinung, sein Vater habe falsch gehandelt, als er anordnete, daß der Leichnam des Bruders der Antigone unbestattet und entehrt vor den Mauern der Stadt liegen solle, weil er ein Rebell gewesen sei. Kreon besteht darauf, daß seinem Willen als König in allen Dingen, den großen wie den kleinen und ob richtig oder falsch, gehorcht werden müsse. Er versichert, es gäbe nichts verderblicheres als den Ungehorsam, und er beharrt auf seinem Recht, Antigone dafür zu bestrafen. Der Wortwechsel, der daraufhin zwischen Vater und Sohn entsteht, ist ein Zusammenprall zwischen den Vorstellungen der Monarchie und der Demokratie:

Kreon: Ist sie von dieser Krankheit (die Ordnung zu brechen) nicht befallen?
Haimon: Das ganze Volk von Theben leugnet das.
Kreon: Hat mir das Volk zu sagen, wie ich herrschen muß?
Haimon: Sieh da! Wie gar zu jugendlich du dieses sagst! (Einige Zeilen vorher hatte Kreon gefragt, ob er jetzt von seinem Sohn Unterricht in Weisheit bekommen solle.)
Kreon: Für wen sonst als für mich soll ich dies Land regieren?

Haimon: Das ist kein Staat *(polis),* der Einem nur gehört.
Kreon: Gilt nicht der Staat als dessen Staat, der in ihm herrscht?
Haimon: Schön herrschtest du für dich allein im leeren Land![11]

Die Demokratie hatte das letzte Wort, und der Wille des Volkes ist es, den das Stück feiert. Dieser politischen Lektion der *Antigone* ist zu wenig Aufmerksamkeit geschenkt worden. Kreon selbst lernt sie zu spät, als daß er seinen Sohn und seine königliche Gemahlin noch vor dem gemeinsamen Tod mit der Herausforderin Antigone hätte retten können. Das Stück ist die Tragödie der blinden und verstockten Tyrannis. Die Moral ist, daß das Volk nicht nur ein Recht hat zu sprechen, sondern auch ein Recht darauf, daß man auf das hört, was es sagt: Ein Herrscher bringt sich und seiner Stadt Verderben, wenn er die Meinung des Volkes mißachtet.

Sophokles war ein Freund des Perikles und ein treuer Sohn des demokratischen Athen. Zweimal wurde er zum Strategen gewählt, einem der höchsten Beamten und Militärführer der Stadt. Er diente als Schatzmeister des Seebundes und unmittelbar nach der Sizilischen Katastrophe war er einer der zehn *probouloi,* der ausgewählten Ratsherren, die zur Untersuchung dieser Niederlage eingesetzt wurden. Anders als Sokrates im 5. und Platon im 4. Jahrhundert v. Chr. nahm Sophokles während seines langen Lebens – er starb im Alter von neunzig Jahren – sehr aktiv an den Angelegenheiten der Stadt teil, war ein vorbildlicher Bürger.

Unter den drei großen Tragödiendichtern war es der jüngste, Euripides, der am meisten über die Redefreiheit zu sagen hatte. Ein viertes griechisches Wort für Redefreiheit – *parrhesia* – ist eines seiner Lieblingsthemen.

Aischylos und Sophokles nahmen sich die Könige und Götter des archaischen Mythos zum Thema. Bei Euripides feiern die gewöhnlichen Männer – und mehr noch die Frauen, die gewöhnlichen und außerordentlichen – ihr stolzes Debut. Die Emanzipation der Frau beginnt bei Euripides.

Es wird oft gesagt, in seinen Stücken sprächen die Götter und Göttinnen wie gewöhnliche Sterbliche, seine Männer und Frauen indes so erhaben wie Götter und in der Sprache der Philosophie.

261

Bei Euripides findet die auf Gleichheit bedachte Demokratie ihren vollendetsten Ausdruck. Vielleicht zum ersten Mal und ein Jahrhundert vor den Stoikern werden dort Sklave und Herr ebenso für gleich erklärt wie der Bastard und der legitim Geborene. Edle Geburt wird gering angesehen gegenüber angeborenen Charaktereigenschaften. In der *Elektra* des Euripides ist es der einfache Bauer, der die verfolgte Prinzessin schützt und sich als der wirklich edle Mann erweist – nicht dem Stammbaum nach, sondern in seiner Gesinnung. Euripides war der Walt Whitman Athens. In diesem tragischen Dichter fand die Demokratie ihren Sänger. In den *Fröschen* des Aristophanes streiten Aischylos und Euripides im Hades miteinander. An einer Stelle rühmt sich Euripides, er habe die einfachen Leute sprechen gelehrt.

Das vierte Wort für Redefreiheit im Griechischen, *parrhesia,* kommt zum ersten Mal bei Euripides vor. Ein maßgebliches deutsches Speziallexikon stellt fest, daß es ein Wort athenischer Prägung war und im Mittelpunkt athenischen Stolzes stand.[12] Es besaß zwei miteinander zusammenhängende Grundbedeutungen. Die eine bezog sich auf Personen: Freimütigkeit oder Offenheit. Die andere Bedeutung gehörte in den politischen Bereich: Redefreiheit, freie Meinungsäußerung. Das Wort bringt die Idealvorstellung zum Ausdruck, die sich der Athener von sich selbst machte: ein freier Mann zu sein, der es gewohnt war, seine Meinung zu sagen.

So hofft Ion, ein Findelkind auf der Suche nach dem Geheimnis seiner Geburt, in dem Stück, das seinen Namen trägt, daß seine Mutter eine Athenerin sei, sodaß *parrhesia* ihm von Geburt her zustehe: „sodaß mir von der Mutter her *parrhesia* zuwachse".[13] In den *Phoinikerinnen* fragt die Königin ihren geflohenen aufrührerischen Sohn Polyneikes, was das schlimmste für den in der Fremde Lebenden sei. Das schlimmste sei, antwortet er, „vor allem eins: Er hat keine *parrhesia.*" Die Königin sagt dazu nur voller Trauer: „Du nennst das Sklavenlos – nicht reden, was man denkt."[14]

Dieselbe Auffassung kommt im *Hyppolytos* zum Ausdruck. Phaidra, die Gemahlin des Gründers von Athen und alternden Königs Theseus, ist krank vor schuldbeladener Leidenschaft für ihren keuschen und zurückhaltenden Stiefsohn Hyppolytos. Dem Chor ihrer Dienerinnen sagt sie, sie wolle sich lieber das Leben nehmen, als ihren Begierden nachzugeben und Schande über ihre Kinder zu bringen. „Ungebunden und voller Freimut *(parrhesia)* sollen sie das herrliche Athen bewohnen."[15] Dasselbe Problem der Redefreiheit wird in den *Bakchen* von einer anderen Seite her beleuchtet.[16] Dort, in einer undemokratischen Gesellschaft, scheut sich der Hirte, zum König Pentheus offen zu sprechen, sofern ihm nicht *parrhesia* gewährt wird: Er fürchtet den Zorn des Königs. Der König erlaubt ihm zu sprechen und sagt: „Sprich, denn ungestraft soll alles von mir sein." Wer seine Meinung sagt, trägt zum Wohlergehen des Königreichs bei.

Bei Euripides war das Recht der freien Rede wie in Athen mit der Pflicht verbunden zuzuhören. In den *Kindern des Herakles* suchen die verfolgten Kinder des toten Helden in Athen um Asyl nach. Ein Herold, der von ihrem Verfolger, dem König von Argos, geschickt ist, droht mit Krieg, wenn ihnen Asyl gewährt werden sollte. Ein Chor alter Bürger von Marathon singt: „Wer fällt ein Urteil oder kennt den Tatbestand, bevor er beide Seiten ganz genau vernommen?"[17] (Die Schlacht bei Marathon wurde natürlich Jahrhunderte später ausgetragen, aber das athenische Publikum kümmerten solche patriotischen Anachronismen nicht.)

Beide Seiten zu hören, bevor man ein Urteil fällte, war eine Lehre, die die Athener aus ihrer Erfahrung in den Geschworenengerichten zogen. Sie wurde im Theater häufig betont. So sagt Orestes in der *Andromache* des Euripides: „Klug hat der Mann gehandelt, der die Menschen lehrte, den Worten auch der anderen Gehör zu schenken."[18] Als Orestes im Stück des Euripides, das seinen Namen trägt, selbst vor Gericht steht, gehen seine Äußerungen in dieselbe Richtung. „Laß eins gegen das andere stehen"[19], sagt er, sodaß die Geschworenen gerecht entscheiden können. Das war der Maßstab einer freien und gerechten Gesellschaft, wie die Athener sie sich vorstellten.

Euripides formulierte seinen Haß gegen die, die die Demokratie zerstören wollten. In einem verlorenen Stück, der *Auge,* von der nur wenige Zeilen erhalten sind, läßt Euripides eine seiner Personen ausrufen: „Ein schlimmes Ende sollen alle nehmen, die die Tyrannis Weniger oder die Herrschaft eines Einzelnen in der Stadt begrüßen! Der Name eines Freien ist mehr wert als alles, und auch wenn jemand wenig hat, hat er damit doch viel."[20]

Dieser demokratische Standpunkt findet auch in den *Phoinikerinnen*

Ausdruck. Eteokles, der mit seinem Bruder um den Thron von Theben kämpft, ruft leidenschaftlich aus: „Zum Aufgang hin der Sterne zöge ich am Himmel und in die Unterwelt, wär ich dazu befähigt, die größte Gottheit zu erhalten mir, die Macht *(tyrannida)*.“[21] Doch seine Mutter Iokaste tadelt ihren machthungrigen Sohn. Sie warnt ihn, daß Ehrgeiz die schlimmste aller Gottheiten sei und die Göttin des Unrechts. Sie preist *isotes* – die Gleichheit – als ein besseres Ideal. „Die beste Göttin ehre, mein Kind", sagt sie, „die Gleichheit, die da Freund an Freund und Stadt an Stadt und Kampfgenoß an Kampfgenossen bindet. Denn nur das Gleiche wurde dauerhaft den Menschen.“[22] Das war die Stimme des Athen des 5. Jahrhunderts v. Chr. in reinster Form. Aber Euripides muß sich darüber im klaren gewesen sein, daß die Stadt sich in ihrem Umgang mit ihren Verbündeten und den von ihr abhängigen Städten oft nicht an ihre eigenen Grundsätze gehalten hatte. Man würde gern glauben, daß Euripides diese Zeilen als Tadel gemeint hat und daß das Publikum sie so verstand.

Bevor wir uns wieder von Euripides abwenden, muß ich mich noch mit einem unlauteren Angriff auseinandersetzen, der von Platon im 3. Buch des *Staats* gegen den Dichter unternommen wird.[23] Platon nennt Euripides den „weisesten" aller Tragödiendichter, aber er tut das mit offensichtlichem Sarkasmus, denn er fährt fort, indem er Euripides beschuldigt, die Tyrannis zu rühmen.

Paul Shorey sagt in seiner Ausgabe des *Staats* in einer Fußnote zu dieser eigenartigen Bemerkung Platons: „Dies ist eindeutig ironisch gemeint und kann von Bewunderern des Euripides nicht ins Feld geführt werden.“[24] In ähnlicher Weise bezeichnet James Adam in seinem monumentalen Kommentar zum *Staat* die Worte Platons als „einen höchst ironischen und sarkastischen Satz".[25]

Euripides habe die Tyrannis „etwas Göttergleiches" genannt, behauptet Platon und sagt, er und die anderen Tragödiendichter hätten sie auch sonst in mancher Weise gepriesen. Am Schluß läßt Platon Sokrates sagen, ihre Stücke sollten daher aus der idealen Stadt ausdrücklich verbannt werden. Platon hätte in Hinblick auf den Gesamttenor der athenischen Tragödie kaum ein ungerechteres Urteil finden können.

Platon nennt das Stück nicht, in dem Euripides die Tyrannis als „etwas Göttliches" bezeichnete, aber es gibt zwei denkbare Passagen. Die eine steht in den *Troerinnen,* als Hekabe, die Königin des besiegten Troja, den Mord der triumphierenden Griechen an ihrem Enkel beweint, dem Kind des gefallenen Helden Hektor. In der Tat ist da von dem „göttlichen Tyrannen" *(isotheou tyrannoou)* die Rede.[26] Aber das griechische Wort *tyrannos* wurde in zwei Bedeutungen verwendet: bisweilen als Synonym für einen gesetzmäßig herrschenden König und bisweilen zur Bezeichnung eines Mannes, der gegen das Gesetz die Macht an sich gerissen hatte. Was Hekabe beklagt ist, daß ihr Enkelkind niedergemetzelt wurde, ohne je die Freuden der Jugend oder der Ehe gekannt zu haben oder sich der Macht des „göttlichen Herrschers" erfreut zu haben, die ihm als Erben der trojanischen Königsherrschaft eines Tages zugefallen wäre. Aber da handelte es sich um eine legitime Monarchie; weder Euripides noch Hekabe wollten die Tyrannis verteidigen.

Die zweite Passage ist die gerade vorher zitierte aus den *Phoinikerinnen,* in der der machthungrige Eteokles die Tyrannis tatsächlich zur „größten Gottheit" erklärt. Aber wie wir bereits gesehen haben, wies ihn seine Mutter Iokaste zurecht und hielt ihm *isotes,* die Gleichheit, als das edlere Ideal entgegen. Platon gab die wirkliche Aussage des Euripides entstellt wieder.

Als Milton seine *Areopagitica* schrieb, die vortrefflichste Verteidigung der freien Meinungsäußerung in englischer Sprache, wählte er zwei Zeilen aus den *Schutzflehenden* des Euripides als Motto, das er seinem an das Parlament gerichteten Appell gegen die Zensur voranstellte: „Das ist wahre Freiheit, wenn freigeborene Männer / Das Volk beratend frei sprechen dürfen."[27]

Das Theater hätte ohne Zweifel eine bürgerrechtliche Verteidigung des Sokrates zugelassen, die durch ihren reichen Schatz an kostbaren Gefühlen seine Richter hätte bewegen und beschämen können.[28]

265

Kapitel 18

Die Frage am Ende

An einer Stelle im *Kriton* wird eine Verteidigung mit Argumenten des Bürgerrechts nahegelegt. In dem Streitgespräch zwischen Sokrates und den Gesetzen erklären letztere da, er habe die Pflicht, „im Kriege wie vor Gericht und überall entweder das zu tun, was der Staat und das Vaterland befehlen, oder es zu dem zu überreden, was eigentlich recht sei".[1] Sokrates hätte fragen sollen, wie er die Gesetze zu dem überreden konnte, „was eigentlich recht sei", wenn die freie Meinungsäußerung unterbunden war?

Die unausgesprochene Grundlage dieses Streitgesprächs ist die Überzeugung, daß zwischen Staat und Bürger ein Vertrag bestehe. Die Gesetze vertreten die Meinung, wenn der Bürger die Bedingungen des Vertrages zum für ihn günstigen Zeitpunkt akzeptiere, müsse er auch die Pflichten des Vertrages erfüllen, wenn sie sich gegen ihn richteten. Das war es natürlich, womit Sokrates seine Weigerung zu fliehen begründete.

Aber der Vertrag zwischen Stadt und Bürger in einer freien Gesellschaft ist sowohl für den Staat wie für den Bürger bindend. Zu Beginn des Gesprächs wird von Platon eine ganz andere, ungleiche Partnerschaft vorausgesetzt. Die Gesetze fragen Sokrates da: „Kannst du . . . leugnen, daß du unser Sprößling, ja unser Diener bist?"[2] Das Bild führt in die Irre: Das Verhältnis von Staat und Bürger ist nicht das eines autoritären Vaters zu seinem Kind oder das eines Herren zu seinem Sklaven. Nur sehr wenige Athener des 5. Jahrhunderts v. Chr. hätten sich selbst als Sklaven des Staates bezeichnet. Eine grundsätzliche Regel der attischen Demokratie war, wie wir gesehen haben. daß der Bürger abwechselnd regierte und regiert wurde. Ein Sklave tauscht niemals den Platz mit seinem Herren.

Grundlegend für eine freie Stadt war das Recht, gegen den Staat sprechen zu dürfen, sein Vorgehen in der Volksversammlung, vor Gericht, im Theater oder in einer Unterhaltung kritisieren zu können. Wenn der Staat dieses Recht plötzlich beeinträchtigte, so brach er damit seinerseits den Vertrag. Er wurde zur Gewaltherrschaft.

Sokrates hätte sagen können – und die meisten seiner Richter hätten dem, wie ich glaube, zugestimmt –, daß die Gesetze, sofern sie durch die Behinderung der Redefreiheit den Vertrag brachen, den Bürger aus der Verpflichtung entließen, ihnen zu gehorchen. Wenn er das Recht zur Überredung verlor, gewann er das Recht auf Widerstand.

Auf ebendieser Grundlage, hätte Sokrates sagen können, hatten nur vier Jahre zuvor der *demos* und viele Gemäßigte, und unter ihnen sein angesehenster Ankläger Anytos, die Waffen gegen die Dreißig ergriffen und sie gestürzt.

Sokrates hätte sagen sollen, daß die Gesetze, indem sie ihm die Freiheit der Rede verweigerten, aus einem Bürger einen Sklaven machten. So hätte die Auseinandersetzung im *Kriton* und auch im Prozeß selbst geführt werden sollen.

Um zu verstehen, warum das Streitgespräch nicht diesen Weg nahm und warum Sokrates die besten Argumente nicht zu seiner Verteidigung einsetzte, muß man nochmals einen Blick auf die Einstellung der griechischen Philosophen zur Redefreiheit werfen.

Man kann drei Epochen unterscheiden. In der ersten, der Epoche der Vorsokratiker, sahen die Philosophen ihre außerordentliche Freiheit für so selbstverständlich an, daß sie nicht daran dachten, sie zu analysieren, geschweige denn sie zu verteidigen.

Das ist deswegen bemerkenswert, weil diese frühen Philosophen die ersten Freidenker waren. Sie erschütterten die Religion – die heutige wie die der Antike – in ihren Grundfesten, und ihre kühnen Erkenntnisse bildeten die Grundlage der Philosophie für die künftigen fünfundzwanzig Jahrhunderte. Dennoch wurde ihre Gedankenfreiheit von niemandem eingeschränkt.

In der zweiten Epoche, die wir die sokratische und platonische nennen können, erfreuten die Philosophen selbst sich zwar der Redefreiheit, würden sie aber anderen verweigert haben. Insbesondere Sokrates scheint seine Freiheit der Rede für selbstverständlich genommen zu haben – sie stand ihm aufgrund einer Überlegenheit zu, die er, durch 'Ironie' kaum verhüllt, für sich in Anspruch nahm.

In der dritten Epoche, mit dem Erlöschen der politischen Freiheit unter makedonischer und später römischer Herrschaft, neigten die antiken Philosophen dazu, sich in ihre private Welt zurückzuziehen. Sie blieben politischen Ereignissen gegenüber gleichgültig wie die zurückgezogenen und daher ewig glückseligen Götter des Epikur und Lucretius.

Nur mit Mühe gelingt es, die vier Worte für die Freiheit der Rede bei Sokrates und seinen Gefolgsleuten auch nur ein einziges Mal zu finden. Es ist, als ob sie die Worte, die freie Rede bedeuteten, schon als solche abstoßend fanden. Von den vieren kommt in den Dialogen Platons lediglich eines vor, *parrhesia,* und bei Xenophon nur ein anderes, *isegoria.*

Die einzige Erörterung zur Freiheit der Rede bei Xenophon findet sich in der *Kyropaedie,* als der ziemlich selbstgefällige junge Kyros seinem Großvater, dem König Astyages, der gerne trank, Unterricht im Maßhalten erteilt. Kyros fühlt sich abgestoßen, weil sein Großvater bei einem Trinkgelage mit seinen Saufkumpanen zu familiären Umgang gepflegt hat. „Ihr hattet gänzlich vergessen", sagt Kyros, „du, daß du König, die anderen, daß du ihr Gebieter seiest."[3]

Kyros sah das für eine heilsame Lektion dessen an, was Redefreiheit wirklich meinte. „Da bekam ich", erzählt er seinem Großvater, „an dem, was ihr damals tatet, den ersten Begriff von Redefreiheit *(isegoria)."* In seinen sokratischen Schriften erwähnt Xenophon die Redefreiheit überhaupt nicht; keines der vier Worte kommt in den *Memorabilia* oder in seiner *Apologie* vor.

Freiheit der Rede gibt es in keinem der utopischen Staaten Platons, und im platonischen Werk findet sie nur spärliche und spöttische Aufmerksamkeit. Unter dem Stichwort Redefreiheit sind in dem gewaltigen analytischen Register der 1.600seitigen einbändigen Platon-Ausgabe bei Bollingen, die Edith Hamilton und Huntington Cairns herauegegeben haben, lediglich vier Stellen angegeben.

Die einzige wirklich einschlägige Stelle ist die in den *Gesetzen,* als Persien unter Kyros als das Beispiel eines idealen Königtums hingestellt wird. Da es die einzige Stelle bei Platon ist, an der er ein gutes Wort über die Redefreiheit verliert, will ich sie ganz zitieren.

„Die Perser nämlich", sagt der Athener, der in den *Gesetzen* das Sprachrohr Platons ist, „als sie unter Kyros mehr die Mitte zwischen Sklaverei und Freiheit *(eleutheria)* hielten, wurden zuerst selbst frei und dann auch Herren vieler anderer Völker. Denn indem die Herrscher die Beherrschten an der Freiheit teilnehmen ließen und sie der Gleichheit entgegenführten, waren die Krieger ihren Feldherren befreundeter und zeigten bei Bestehen von Gefahren größere Bereitwilligkeit."[4]

Dann geht Platon vom militärischen zum zivilen Bereich über.

„Und wenn es ferner unter ihnen einen Verständigen, Rat zu erteilen Fähigen gab", fährt er fort, „so machte der König, der nicht mißgünstig war, sondern Freimut der Rede *(parrhesia)* gestattete und diejenigen auszeichnete, die über etwas Rat zu erteilen wußten, dessen Fähigkeit des Denkens zu einer für alle gemeinsamen. Und so", schließt Platon, „gedieh bei ihnen alles durch Freiheit, wechselseitige Liebe und Gemeinsamkeit der Überlegung."

Es ist schade, daß in den *Gesetzen* selbst von dieser „Gemeinsamkeit der Überlegung" so wenig zu spüren ist. Kein Befürworter der Demokratie findet unter den Teilnehmern des Dialogs Platz. Die Gesprächspartner des Atheners sind lediglich ein Spartaner und ein Kreter, die beide Vertreter einer geschlossenen Gesellschaft sind.

Aber auch wenn Platon der freien Rede endlich ein Verdienst zusprach, als er in seinem Alter die *Gesetze* schrieb, war er nicht gewillt, diesen beiläufigen Hinweis weiterzuentwickeln und ihm eine institutionalisierte Form zu verleihen. Das in den *Gesetzen* entworfene Ideal ist eine unnachgiebige Politik strenger Gedankenkontrolle, die von einem inquisitorischen Nächtlichen Rat durchgeführt wurde. Der Nächtliche Rat hatte die Vollmacht, Leute, die sich nicht anpaßten, zur ideologischen 'Umerziehung' zu schicken und über die Widerspenstigen unter ihnen die Todesstrafe zu verhängen.

Alle anderen Anspielungen auf die Redefreiheit im Werk Platons sind satirisch und verächtlich. Sie finden sich im *Protagoras,* im *Staat* und im *Gorgias.*

Im ersten dieser drei Fälle ist es, wie wir gesehen haben, Protagoras vergönnt, die Griechische Mythologie zum Klang einer neuen demo-

kratischen Musik einzurichten. Der von Protagoras vorgebrachte Mythos verleiht dem Recht des einfachen Mannes zu sprechen göttliche
Weihe, aber Sokrates geht niemals auf die Frage ein. Alles, was der
Mythos aus ihm hervorlocken kann, ist, wie wir ebenfalls bereits gesehen haben, eine hochmütige Schimpftirade gegen die ordinären
Handwerker und Kaufleute, denen erlaubt wird, in der athenischen
Volksversammlung zu sprechen.[5] Als das beliebteste Wort für Redefreiheit in Athen, *parrhesia,* im *Staat* wirklich einmal vorkommt, über-
zieht es der Sokrates Platons mit demselben Hohn und Spott. Indem
er die Demokratie in Athen beschreibt, fragt Sokrates sarkastisch: „Das
erste ist doch wohl, daß sie selbst (die Bürger) frei sind, daß die Stadt
voll Freiheit *(eleutherias)* und Redefreiheit *(parrhesias)* ist, und daß jeder
in ihr tun darf, was er will?"[6]

An einer anderen Stelle macht Sokrates die Demokratie lächerlich,
weil die politischen Führer auf die Meinungen „der bunt zusammen-
gesetzten Menge" Rücksicht nehmen müßten, „sei es in der Malerei
oder in der Musik oder in der Politik".[7]

Einmal scheint Sokrates im Begriff zu sein, der Demokratie seine
Reverenz zu erweisen. Er gesteht zu, daß die Demokratie „wahr-
scheinlch die schönste aller Verfassungen" sei. Aber dann vergleicht er
sie „mit einem bunten Kleid, geziert mit allen Farben". Sie sei „in der
Buntheit aller ihrer Sitten" anziehend „für die meisten, . . . wie die
Kinder und Weiber, wenn sie etwas Buntes sehen".[8] Was wie ein
Kompliment aussah, erweist sich als höhnischer Spott. Sokrates vergleicht die Demokratie mit einem „Trödlerladen" und beschreibt sie
als einen großen Spaß, aber nicht eine Regierungsform, die ein Philosoph ernst nehmen könne. „Ihren Gipfel" erreiche „die Fülle der Freiheit . . ., wenn sogar die gekauften Sklaven und Sklavinnen so frei
sind wie ihre Käufer."

„Wie viel freier hier das Leben sogar der Haustiere ist, das würde
niemand glauben", sagt Sokrates. Die Hunde seien wie ihre Herrin-
nen, „und die Pferde und Esel sind gewohnt, völlig frei und stolz ein-
herzuschreiten und jeden, dem sie auf der Straße begegnen, anzuren-
nen, wenn er ihnen nicht aus dem Weg geht. Und so", schließt Sokrates, „ist auch alles andere voll Freiheit."[9] Das vorgefaßte Urteil ist vernichtend.

Im *Gorgias* gerät Sokrates mit dem Rhetoriklehrer Polos in Konflikt, dem 'Sophisten', den er befragt. Polos will sich nicht darauf beschränken, die Suggestivfragen zu beantworten, die Sokrates stellt. Er will seine Ansichten auf seine eigene Art formulieren. Er spürt, daß die berühmte sokratische Methode eine Falle sein kann, und er wehrt sich dagegen. „Wie?", fragt er Sokrates: „Es soll mir nicht erlaubt sein zu reden, soviel ich will?"

Sokrates antwortet mit einem kleinen Scherz, der das weitgehendste Kompliment ist, das er seiner Vaterstadt für ihre Redefreiheit je machte. Er sagt: „Da ginge es dir allerdings schlecht, mein Bester: wenn du nach Athen kommst, wo die größte Redefreiheit von ganz Griechenland herrscht, und diese dann hier als einziger nicht solltest genießen dürfen." Sokrates vermeidet allerdings an dieser Stelle, einen der vier schmeichelhaften Ausdrücke für die Redefreiheit zu benutzen, und verwendet die Formulierung *exousia tou legein*. Das Lexikon von Liddell-Scott gibt als Übersetzung für *exousia* an dieser Stelle „license", der Ausdruck entspricht also dem englischen „license in speaking". Dem griechischen *exousia* entspricht, daß „license" im Englischen auch abwertende Bedeutung haben kann („Freiheit zu sprechen", aber auch „zügellose Freiheit zu sprechen"). So kann dieses Kompliment an Athen auch eher ironisch als ernstgemeint sein.[10]

Ein unmißverständliches Kompliment könnte die Geschworenen milde gestimmt haben. Eine Verteidigung, die sich auf die Freiheit der Rede berief, hätte sehr wohl einen Freispruch herbeiführen können. Aber der historische Sokrates hat es vielleicht für unter seiner Würde erachtet, sich auf einen Grundsatz zu berufen, über den er sich so oft verächtlich geäußert hatte. Wie dem auch sei, wenn wir der *Apologie* des Xenophon Glauben schenken sollen, wollte Sokrates sterben. Diesen Verdacht hegen auch seine Schüler im *Kriton* und im *Phaidon*.

Indes bleibt als eigenartige Tatsache doch weiterhin bestehen, daß Platon in den vielen Dialogen, die den Prozeß des Sokrates berühren, keine seiner Personen die naheliegende Bemerkung machen läßt, daß Athen mit der Verurteilung des Sokrates seinen eigenen Grundsätzen untreu wurde. Vielleicht verachtete Platon die Demokratie so sehr, daß er sich nicht dazu erniedrigen wollte, ihre Grundsätze ernsthaft in Betracht zu ziehen.

Wenn wir Platon für einen Moment als Dramatiker sehen, dessen tragischer Held Sokrates ist, so können wir erkennen, das eine Szene, in der Sokrates die Redefreiheit beschwor und Athen sich an seine Traditionen hielt, indem es Sokrates freiließ, nicht in das Charakterbild gepaßt hätte. Platons Held lebte und starb nach den ihm eigenen Grundsätzen. Der historische wie der platonische Sokrates hätten es abstoßend gefunden, sich auf einen Grundsatz zu berufen, an den er nicht glaubte; die Freiheit der Rede war für ihn das Privileg der wenigen Erleuchteten und nicht der umnachteten Vielen. Er hätte nicht gewollt, daß die Demokratie, die er doch ablehnte, einen moralischen Sieg davontrug, indem sie ihn freiließ.

Sein Märtyrertum und das Genie Platons haben aus ihm einen säkularisierten Heiligen gemacht, den überlegenen Mann, der der unwissenden Masse mit Gelassenheit und Humor entgegentritt. Das war der Triumph des Sokrates und das Meisterstück Platons. Sokrates brauchte den Schierlingsbecher wie Jesus die Kreuzigung, um eine Mission zu erfüllen. Seine Mission hinterließ auf ewig einen Makel auf der Demokratie. Das bleibt Athens tragisches Verbrechen.

Epilog

Gab es eine Hexenjagd im alten Athen?

War die Verurteilung des Sokrates ein Einzelfall? Oder war er nur das berühmteste Opfer einer Verfolgungswelle, die sich gegen ungläubige Philosophen richtete?

Zwei hervorragende und zu recht anerkannte Forscher haben in den letzten Jahren die Auffassung vertreten, daß Athen im 5. Jahrhundert v. Chr., welches so häufig ein Zeitalter der Aufklärung genannt wird, auch und zumindest in dessen zweiter Hälfte Schauplatz einer allgemeinen Hexenjagd gegen Freidenker war.

Wie E. R. Dodds in seinem berühmten Buch *Die Griechen und das Irrationale* meint, begann diese Hexenjagd mit der Verabschiedung einer Reihe von Gesetzen in Athen, die so abschreckend waren, daß man sich fragt, warum so viele Philosophen es wagten, sich dort zusammenzufinden, und welches Wunder es Sokrates ermöglicht hatte, nach dieser Gesetzgebung für dreißig Jahre seiner Verhaftung zu entgehen.

Dodds schreibt: „Um 432 v. Chr. bzw. ein oder zwei Jahre später wurden mangelnder Glaube an das Übernatürliche und das Lehren der Astronomie zu Kriminalverbrechen erklärt. Während der nächsten rund dreißig Jahre erlebte man eine Serie von Ketzerprozessen . . . Unter den Opfern befanden sich die meisten Wortführer des fortschrittlichen Denkens in Athen, Anaxagoras, Diagoras, Sokrates, mit großer Sicherheit auch Protagoras und wahrscheinlich Euripides."

Doddds stellt fest, es habe fast überhaupt keine Freisprüche gegeben. „In all diesen Fällen", behauptete er, „– mit Ausnahme des letzten – war die Strafverfolgung erfolgreich: Anaxagoras ist vermutlich mit einer Geldstrafe belegt und verbannt worden; Diagoras entkam durch Flucht, wahrscheinlich auch Protagoras; Sokrates, der das gleiche hätte tun können oder um Verbannung hätte bitten können, zog es vor, zu bleiben und den Schierling zu trinken." Die Belege, schließt Dodds, reichen „längst aus, um zu beweisen, daß die große Zeit der griechischen Aufklärung" gleichzeitig auch gekennzeichnet war von „der Vertreibung von Wissenschaftlern, der Unterdrückung des freien Denkens und (wenn wir der Überlieferung über Protagoras Glauben schenken können) sogar der Bücherverbrennung".

Ein ähnliches Bild hat vor kürzerer Zeit Arnaldo Momigliano in zwei Aufsätzen entworfen, die er zu dem faszinierenden und zu wenig bekannten *Lexikon der Ideengeschichte* beigetragen hat und von denen sich der eine mit der *Redefreiheit in der Antike* und der andere mit *Gottlosigkeit in der Klassischen Welt* beschäftigt.[2] Jede Untersuchung zum Prozeß des Sokrates wäre unvollständig, wollte sie sich nicht mit diesen dunklen Ansichten aus so berufenem Munde auseinandersetzen.

Ich bin der Meinung, daß die Quellen für diese Auffassung spät und zweifelhaft sind; daß das Märchen von der Hexenjagd wie manches andere bekannte historische Fehlurteil seinen Ursprung in der attischen Komödie findet, und zwar in irgendeinem verlorenen Stück, dessen Fragmente eines Tages unter neuen Papyrusfunden auftauchen mögen. Diese Funde haben ja im vergangenen Jahrhundert so vieles zu unserer Kenntnis der klassischen Antike beigetragen.

Keiner der „Belege" für eine Hexenjagd taucht früher auf als bei Schriftstellern der römischen Zeit. In der Hauptsache findet man sie bei Plutarch, der ungefähr fünf Jahrhunderte nach Sokrates schrieb. Der zeitliche Abstand Plutarchs von Sokrates war so groß wie der unsere von Kolumbus, und auch der Graben, der die politischen Auffassungen voneinander trennt, ist vergleichbar tief. Die häufigen Vertreibungen von Philosophen und griechischen Lehrern anderer Disziplinen aus Rom sind ausführlich belegt, und es war nur natürlich für Schriftsteller jener Zeit anzunehmen, daß die Athener ebenso mißtrauisch und intolerant gewesen waren. Das paßte auch in ihr Bild von der Demokratie, die sie verachteten. Je weiter man zurückgeht und die Autoren aus der Lebenszeit des Sokrates und der folgenden zwei Generationen betrachtet, desto schwieriger wird es, Belege für solche vorangehenden Verfolgungen aufzuspüren. Das stärkste Gegenargument aber findet man dagegen bei Platon, obwohl – und gerade weil – der wie jeder normale römische Aristokrat bereit war, von der Masse des Pöbels das Schlimmste anzunehmen.

Wir wollen mit jenem Gesetz gegen „mangelnden Glauben an das Übernatürliche und das Lehren der Astronomie" beginnen, das Dodds als die Grundlage für die Verfolgungswelle nennt – ein Gesetz, das von einem Manne namens Diopeithes eingebracht wurde. Eine so dramatische Abweichung von athenischer Gesetzgebung und Tradition hätte eine ausführliche und bittere Kontroverse auslösen müssen. Doch die einzige Erwähnung, die ein Gesetz auf Antrag des Diopeithes findet, ist allein die bei Plutarch in der Biographie des Perikles.

Alles was wir aus früherer Zeit über Diopeithes wissen, stammt aus der Alten Komödie: Er war eine beliebte Zielscheibe für deren Dichter und sie stellten ihn als einen religiösen Fanatiker und verrückten Orakelhändler dar. Diopeithes – aber nicht sein Gesetz – kommt in drei Stücken des Aristophanes vor.[3] Der Artikel in Pauly-Wissowas Realencyclopädie nennt auch noch Erwähnungen seiner Person in vier Fragmenten anderer Komödienschriftsteller. Aber man begegnet ihm nirgendwo in der ernsten Literatur, wie man es erwarten würde, wenn er einflußreich genug gewesen wäre, ein so unerhörtes Gesetz in der athenischen Volksversammlung durchzubringen.

Tatsächlich legt der Zusammenhang im *Leben des Perikles* den Verdacht nahe, daß Plutarch durch das Zeugnis einer anderen, heute verlorenen Komödie in die Irre geleitet wurde, die sich sowohl über Diopeithes wie über Perikles lustig machte. Die Schilderung bei Plutarch ist Teil eines außerordentlichen Durcheinanders, das Generationen von Forschern ohne Erfolg zu entwirren versucht haben.

Plutarch bringt eine Untersuchung gegen Perikles selbst mit den Anklagen wegen Gottlosigkeit gegen dessen strahlende Geliebte Aspasia und dessen philosophischen Mentor Anaxagoras in Verbindung. Dazu macht er die reizvolle Andeutung, daß Aspasia in ihrem Hause für Perikles ein „privates Bordell" geführt habe, und stellt am Ende die Behauptung auf, Perikles habe den Peloponnesischen Krieg begonnen, um die öffentliche Aufmerksamkeit abzulenken und seine Macht wiederherzustellen; doch selbst Plutarch räumt unwillig ein, daß „die Wahrheit im dunkeln" bleibe.[4]

Nur eine Einzelheit aus dem Bericht des Plutarch ist auch bei Thukydides überliefert. Wir wissen, daß Perikles zu einem Zeitpunkt, zu dem man mit seiner Politik äußerst unzufrieden war, einmal zu einer Geldstrafe verurteilt und von den Athenern aus seinem Amt entfernt wurde. Aber das geschah nicht vor, sondern nach dem Ausbruch des Peloponnesischen Kriegs, als eine zweite spartanische Invasion des Landes um Athen und die Not innerhalb der belagerten Stadt den Wunsch nach Frieden wachsen ließen. Perikles zahlte die Strafe, doch bald fand er von neuem Unterstützung und wurde wieder in seine Führungsposition gewählt.[5]

Das waren also Fakten. Plutarchs Erzählung von den Anklagen wegen Gottlosigkeit ist hingegen höchst unwahrscheinlich. „Um diese Zeit", schrieb Plutarch, „wurde auch Aspasia in einen Prozeß wegen Gottlosigkeit verwickelt. Der Komödiendichter Hermippos reichte die Klage ein und beschuldigte sie überdies, sie nehme freigeborene Frauen, welche mit Perikles verbotenen Umgang hätten, bei sich auf. Des weiteren brachte Diopeithes den Antrag vor das Volk, es sei unter Anklage zu stellen, wer nicht an die Götter glaube und sich in wissenschaftlichen Vorträgen mit den Dingen über die Erde befasse. Seine Absicht war, auf dem Umweg über Anaxagoras den Argwohn auf Perikles selber zu lenken."

Plutarch sagt, das Volk habe sich „diesen Verleumdungen zugänglich" gezeigt; Perikles habe Aspasia gerettet, indem er „reichliche Tränen für sie vergoß", "Anaxagoras hingegen bewog er, die Stadt zu verlassen, da er sich allzusehr um ihn ängstigte" und er habe den Krieg mit Sparta „zu heller Flamme angeblasen", um die Aufmerksamkeit von all den Vorwürfen gegen ihn selbst und gegen seine Freunde abzulenken.[6] Eine solche Geschichte, zugleich philosophisch und verlottert, war recht nach dem Geschmack der Komödiendichter.

Das verräterische Element in der Erzählung des Plutarch ist seine Behauptung, der Ankläger sei „der Komödiendichter Hermippos" gewesen. Natürlich konnte ein Komödiendichter wie jeder andere Bürger nach dem athenischen Gesetz Anklage erheben. Aber wir kennen keinen anderen Fall, in dem ein Kömodiendichter sich je selbst der Ernsthaftigkeit überführt hätte, indem er seine Scherze und Schmähungen vor Gericht brachte. In dem Artikel über Hermippos in Pauly-Wissowas Realencyclopädie wird der Bericht des Plutarch für bare Münze genommen und es wird festgestellt, Hermippos sei der einzige Komödiendichter gewesen, der „seine Angriffe auf Perikles nicht auf die Bühne beschränkte".

Ich glaube, Hermippos hätte sich in Athen zum Gespött der Leute gemacht, wenn er sich seiner Rolle als Komödiendichter entledigt hätte und versucht hätte, seine Späße in eine Anklage vor Gericht umzusetzen. Im übrigen ist nicht klar, wie er dazu die Zeit hätte finden sollen, selbst wenn er gewollt hätte. Hermippos war ein fleißiger Autor. ihm werden vierzig Komödien zugeschrieben; von zehn kennen wir den Titel und wir besitzen einhundert Fragmente seiner Stücke. Als Verfolger von Gottlosigkeit hätte er eine eigenartige Figur gemacht, wo doch eine seiner eigenen verlorenen Stücke sich in „gottloser" Weise über die Geburt der Athena lustig machte und, wie in der Realancyclopädie bemerkt wird, war es „das älteste Beispiel von komischer Behandlung einer Göttergeburt, ein später beliebtes Thema".

Perikles war ein bevorzugtes Opfer des Hermippos. Eines seiner Stücke – vielleicht das unter dem Titel „Der König der Satyrn" bekannte –, warf dem Perikles „erotische Unersättlichkeit" vor. Möglicherweise erklärt das seinen Scherz einer Anklage gegen Aspasia, die ein privates Bordell für ihren unermüdlichen Liebhaber geführt habe! Die Beschreibung bei Plutarch, wie Perikles seine Geliebte vor der Verurteilung bewahrt habe, ist ein hinreichendes Zeugnis dafür, daß diese Geschichte aus der Komödie stammt und nicht aus der Geschichtsschreibung. Das unwahrscheinliche Schauspiel des aristokratisch und bekanntermaßen distanziert auftretenden Perikles, der einen Strom von Tränen vergießt, um seine Geliebte zu retten, dürfte ein athenisches Publikum entzückt haben.

Was Plutarchs Andeutung angeht, daß all dies der Grund sein könnte, warum Perikles den Peloponnesischen Krieg begonnen habe, so steht sie auf einer Stufe mit dem Spaß, den sich Aristophanes in den *Acharnern* macht. Dort wird erzählt, es habe alles mit dem Streit zweier konkurrierender Bordellwirte begonnen. Einige junge Athener aus guter Familie, betrunkener als üblich, hatten das Mädchen Simaitha aus einem Haus in Megara – einer mit Sparta verbündeten

Stadt – gestohlen, und die Megarer ihrerseits „entführten drauf zwei Huren Aspasiens".[7] Solche Scherze scheinen zu den üblichen Unflätigkeiten in athenischen Stücken gegen den Krieg gehört zu haben.

Der Vorschlag, daß die Darstellung bei Plutarch auf ein verlorenes Stück des Hermippos zurückgeht, ist vor mindestens so langer Zeit wie 1927 mit dem Erscheinen der *Cambridge Ancient History* gemacht worden, aber in so nebensächlicher Weise, daß er kaum Aufmerksamkeit gefunden hat. Im 5. Band, der Athen in seiner Blütezeit zum Thema hat, hat dort der große Althistoriker J. B.Bury ein Kapitel mit dem Titel *Das Zeitalter der Aufklärung* beigetragen, das auch einen Abschnitt über die *Prozesse wegen Gotteslästerung* in Athen enthält. Auch Bury nahm in jenem Abschnitt – mit Ausnahme einer korrigierenden Anmerkung über Protagoras, auf die wir noch zurückkommen werden – all die Geschichten über Prozesse wegen Gottlosigkeit für bare Münze.

Aber am Ende des Bandes der *CAH* steht ein Appendix mit *Anmerkungen zu einigen Punkten und besonders zur Chronologie*. Eine dieser Anmerkungen, überschrieben mit *Die Angriffe gegen die Freunde des Perikles,* sagt folgendes: „Es ist durchaus möglich, daß Aspasia wegen Gottlosigkeit angeklagt wurde (wie es Bury auf S. 383 des Bandes der *CAH* darstellt), aber die Feststellung, daß der Komödiendichter Hermippos ihr Ankläger gewesen sei und darüber hinaus noch die Beschuldigung vorgebracht habe, sie sei die Kupplerin des Perikles, legt den Verdacht nahe, daß wir es hier mit nichts anderem zu tun haben als mit dem Zusammentreffen der Überzeugung vom Freidenkertum der Aspasia mit dem Spott der Komödie. Die Beschuldigung der Kuppelei taucht auch bei Aristophanes in der *Acharnern* auf."[8] Der Verfasser dieser Anmerkung war F. E. Adcock, der mit Bury und S. A. Cook einer der drei Herausgeber der *Cambridge Ancient History* war.

Adcock bemerkt weiterhin, daß die Beschuldigung des Plutarch, Perikles habe den Krieg begonnen, um von seinen Schwierigkeiten abzulenken, „zuerst von Aristophanes im *Frieden* zehn Jahre nach Ausbruch des Krieges vorgebracht wurde" und „eindeutig die Erfindung eines Komödiendichters war, der sich der Freude an seinem neuen Einfall hingibt". Adcock meint, dieses sei später „aus seinem Zusammenhang gerissen und ernstgenommen worden von Leuten, die den Charakter des Perikles negativ darstellen wollten".

Ist es nicht auch möglich, daß das Gesetz auf Antrag des Diopeithes ebenso aus dem Zusammenhang einer verlorenen Komödie des Hermippos gerissen und ernstgenommen wurde, um den Ruf des demokratischen Athen zu diskreditieren? Die Frage harrt noch einer Antwort. Adcock kam zu dem Schluß, daß „das Dekret des Diopeithes zweifelsohne ein historisches Faktum" sei. Warum daran kein Zweifel herrschen könne, hat Adcock nirgendwo erklärt. Ein beachtenswertes neueres Buch über *Das Leben der griechischen Komödiendichter* von Mary F. Lefkowitz kommt zu einem anderen Ergebnis. Die Autorin schreibt: „Die Erzählung, daß Hermippos die Aspasia wegen Gottlosigkeit anklagte, scheint lediglich die Handlung einer sie betreffenden Komödie wiederzugeben." Das Dekret des Diopeithes ordnet sie ebenso ein und weist darauf hin, daß „die Tatsache von Prozessen wegen Gottlosigkeit" für spätere Autoren „besonders gut ins Bild paßten", „weil sie Präzedenzfälle für die Verurteilung des Sokrates boten".[9]

In seinem *Leben des Nikias* gibt Plutarch eine ganz andere Darstellung von der Hexenjagd. Nikias war der abergläubische Stratege, der den athenischen Flottenzug gegen Syrakus gegen Ende des Peloponnesischen Krieges befehligte.

Ein nächtlicher Überraschungsangriff auf die Stadt war geplant, „aber als schon alles bereit war und noch keiner von den Feinden ein Auge darauf hatte", erzählt Plutarch, „trat eine Mondfinsternis ein". Das war „ein großes Schrecknis für Nikias und alle anderen, die aus Unwissenheit oder Dämonenangst sich durch solche Erscheinungen erschüttern lassen". Er verzichtete auf den Angriff zu einem Zeitpunkt, zu dem er hätte Erfolg haben können, und der Flottenzug endete schließlich in der größten Katastrophe des Krieges für Athen.

Plutarch führte diese Niederlage auf eines seiner Lieblingsmotive zurück, nämlich den Aberglauben des athenischen *demos* und seine Feindseligkeit gegenüber philosophischen und astronomischen Betrachtungen. Wären die Athener der Wissenschaft mehr zugeneigt gewesen, so hätte sie eine Mondfinsternis nicht abgeschreckt.

Anaxagoras, sagt Plutarch, war „der erste, der die . . . Erklärung der Belichtungen und der Beschattung des Mondes in einer Schrift niedergelegt hat". Doch war seine Lehre nicht „bekannt und berühmt" und zirkulierte nur insgeheim „unter wenigen". Diskretion war notwendig, denn man war „unduldsam gegen die Naturphilosophen und die Schwätzer von höheren Dingen", . . ., weil sie angeblich das Göttliche in unvernünftige Ursachen, nicht vorsehungsmäßige Kräfte und zwangsläufiges Geschehen auflösten". Infolge dieser verbreiteten Vorurteile, sagt Plutarch, „wurde Protagoras verbannt, Anaxagoras ins Gefängnis geworfen, aus dem ihn Perikles nur mit Mühe befreite, und Sokrates, obwohl er mit solchen Dingen gar nichts zu tun hatte, kam wegen Philosophie zu Tode."[10]

Plutarch macht keine näheren Angaben, warum Protagoras in die Verbannung getrieben wurde. Aber ein Jahrhundert nach Plutarch hatte diese Geschichte bei Diogenes Laertios melodramatische Züge angenommen. Nach dieser Version trug das Buch, aus dem Protagoras in Athen öffentlich vorzulesen wagte, den Titel „Über die Götter". Im Vorwort sagt Protagoras: „Über die Götter allerdings habe ich keine Möglichkeit zu wissen, weder daß sie sind, noch daß sie nicht sind, noch wie sie etwa an Gestalt sind; denn vieles gibt es, was das Wissen hindert: die Nichtwahrnehmbarkeit und daß das Leben des Menschen kurz ist."

Nach Diogenes Laertios versetzte diese Lehre Athen in größte Aufregung. „Wegen dieser Anfangsworte seiner Schrift", berichtet er, „ward er aus Athen verbannt". Darüberhinaus „wurden seine Bücher auf dem Markte verbrannt, nachdem man sie durch öffentlichen Heroldsausruf allen Besitzern abgefordert und eingezogen hatte."[11]

Eine verräterische Unstimmigkeit hätte dieser Erzählung schon vor langer Zeit den Garaus machen sollen. Diogenes Laertios sagt, Protagoras hätte diese Lesung im Hause des Euripides abgehalten. In dessen Stücken waren die Athener nicht etwa gewohnt, einen milden Skeptizismus im Stile des Protagoras zu hören, sondern Schmähungen der Götter, die geradezu beleidigend waren. Ich denke zum Beispiel an die verächtlichen Bemerkungen Ions über die verbrecherischen Gelüste der Olympier,[12] oder eindeutig Atheistisches, wie das Gebet der Hekube, die sich fragt, ob Zeus nicht lediglich „Geist des Menschen, ob Naturnotwendigkeit" sei.[13]

Eine schlüssige Antwort auf diese Märchen aus römischer Zeit liefert Platon, auch wenn das scheinbar übersehen worden ist, bis der große schottische Gelehrte John Burnet im Jahre 1914 in seinem Buch über die *Griechische Philosophie: Von Thales bis Plato* darauf aufmerksam gemacht hat. All der Unsinn über Protagoras bei Cicero, Plutarch und Diogenes Laertios hätte schon vor Jahrhunderten durch einen Abschnitt in Platons *Menon* beiseitegeräumt werden sollen. Sokrates spricht zu seinem späteren Ankläger Anytos, der Sophisten – und damit auch Sokrates – beschuldigt, die Jugend zu verderben.

Sokrates antwortet, daß einer dieser Lehrer, nämlich Protagoras, „mit dieser Weisheit mehr Geld erworben hat als Pheidias, der doch so ausgezeichnet schöne Werke verfertigte, und noch zehn andere Bildhauer dazu. Und wunderbar wäre doch", fügt Sokrates hinzu, „was du sagst, wenn von Schuhflickern und denen, die Kleider ausbessern, nicht einen Monat lang verborgen bleiben könnte, wenn sie Schuhe und Kleider schlechter zurückgäben, als sie sie empfangen haben", und sie würden bald des Hungers sterben; mehr als vierzig Jahre lang indes habe ganz Griechenland nicht gemerkt, daß Protagoras seine Schüler verderbe und sie „schlechter wegschickte, als er sie empfangen hatte"! Sokrates endigt mit der Feststellung, daß Protagoras im Alter von siebzig Jahren gestorben sei, und er habe „nicht aufgehört, gepriesen zu werden".[14]

Burnet wendet ein, daß diese Darstellung im *Menon* „ziemlich unvereinbar" ist mit der Feststellung bei Diogenes Laertios, daß Protagoras im Jahre 411 v. Chr., nur zwölf Jahre vor dem Prozeß des Sokrates, wegen Gottlosigkeit angeklagt und verurteilt worden war. „Platon läßt Sokrates Dinge sagen," schreibt Burnet, „die es unmöglich machen zu glauben, daß Protagoras je wegen Gottlosigkeit angeklagt worden ist." Denn Sokrates stellt im *Menon* als „besondere Einzelheit" heraus, daß „der gute Name des Protagoras bis zum angenommenen Zeitpunkt des Dialogs einige Jahre nach seinem Tod ohne Tadel geblieben war."[16]

Burnet weist die Erzählung des Diogenes Laertios, die athenischen Behörden hätten alle Exemplare des Buches, in dem Protagoras ziemlich skeptische Äußerungen über die Götter gemacht hatte, einsammeln und verbrennen lassen, als „absurd" zurück. Er nennt Passagen im *Theaitetos* des Platon und in der *Helena* des Redners Isokrates aus dem 4. Jahrhundert v. Chr., die belegen, „daß das Buch noch lange nach dem Tod des Protagoras weiterhin viel gelesen wurde".[16]

Aber man wundert sich, warum Burnet nicht gesehen hat, daß die Rede, die Platon dem Sokrates in den Mund legt, nicht allein die

Märchen bei Diogenes Laertios widerlegt, sondern auch die bei Plutarch. Denn wenn wir uns diese Passage im *Menon* noch einmal genau ansehen, entdecken wir, daß Sokrates seine Verteidigung nicht auf Protagoras beschränkt, sondern sie auf alle die Lehrer ausdehnt, die Anytos als Sophisten brandmarkt. Sokrates endet seine Rede mit der Feststellung, daß es nicht nur Protagoras gewesen sei, den man nicht aufgehört habe zu preisen, „sondern noch gar viele andere, teils ältere, teils noch jetzt lebende". Das ist mit der Vorstellung von einer Hexenjagd gegen Freidenker ganz und gar unvereinbar.

Sokrates fragt Anytos triumphierend: „Sollen wir nun sagen nach deiner Meinung, daß diese wissentlich die Jünglinge hintergehen und verstümmeln, oder auch ohne es selbst zu wissen? Und so töricht sollen wir glauben, daß diejenigen sind, welche von einigen für die weisesten unter den Menschen *(sophistoi)* angesehen werden?"

Die Antwort, die Anytos auf diese neuerlichen Fragen gibt, ist ebenso bezeichnend: „Weit gefehlt", sagt Anytos, „daß diese töricht wären, Sokrates; sondern nur die Jünglinge, welche ihnen Geld geben, und noch mehr als diese ihre Angehörigen, die es ihnen gestatten. Am meisten aber unter allen die Städte, welche sie hereinkommen lassen und nicht vielmehr jeden austreiben, welcher dergleichen zu tun unternimmt, mag es ein Fremder sein oder ein Bürger."[17] Da wird also Klage geführt, daß Athen – wie andere griechische Städte – Sophisten gegenüber zu tolerant gewesen sei. Was für eine eigenartige Entgegnung ist das, wenn Athen in Wahrheit nur wenige Jahre zuvor den Protagoras aus der Stadt getrieben und alle Exemplare seines Buchs auf dem Marktplatz verbrannt hätte; wenn zuvor ein 'Dekret des Diopeithes' verabschiedet worden wäre, das einen Generalangriff auf die Philosophen eingeleitet hätte.

Aber die treffenden Schlüsse, die Burnet aus dem Text des *Menon* zog, fanden in der altertumswissenschaftlichen Forschung zu wenig Beachtung. Dreizehn Jahre später erzählte Bury in der *Cambridge Ancient History* all die alten Märchen über Protagoras von neuem, obwohl er in einer Anmerkung hinzufügte: „Siehe Burnets *Griechische Philosophie* Bd 1, 111ff. für Gründe, die gegen die Version der Geschichte sprechen, wie sie der Autor dieser Zeilen für richtig halten will."

Wenn man hingegen Burnets Beobachtungen anerkannt hätte und daraus die logische Konsequenz gezogen hätte, dann wäre das „Zeitalter der Aufklärung" nicht, wie Bury es wollte, auch zugleich ein Zeitalter der Hexenjagd und der „Prozesse wegen Gotteslästerung" gewesen. Selbst heute, wo die Ansichten Burnets in Hinblick auf den Fall des Protagoras allgemeine Anerkennung gefunden haben, wird ein Rest der Geschichte von der Hexenjagd von vielen Forschern noch weiter als ein historisches Faktum behandelt. Historiker sind wie Journalisten: sie geben eine gute Geschichte nur sehr ungern preis, solange sie sich noch auf irgendeine auch noch so schwache Quelle stützen können.

Wir wollen uns nun dem anderen berühmten Philosophen zuwenden, der angeblich einer athenischen Hexenjagd zum Opfer gefallen ist. Über Anaxagoras haben spätere Jahrhunderte viele verschiedene Geschichten berichtet.

Unsere früheste erhaltene Quelle über einen Prozeß des Anaxagoras ist der Geschichtsschreiber Diodor, der in den Tagen des Julius Caesar und des Kaisers Augustus schrieb. Er erzählt dieselbe Geschichte wie Plutarch: Perikles habe den Peloponnesischen Krieg begonnen, um die Aufmerksamkeit von den skandalösen Anklagen abzulenken, die gegen einige seiner Freunde vorgebracht worden seien. Diodor fügt hinzu, daß „der Sophist Anaxagoras, der der Lehrer des Perikles war", im Zusammenhang mit dieser Affäre wegen Gottlosigkeit „fälschlich angeklagt" worden sei.[18] Diodor geht davon aus, daß man Komödien wie Geschichtsschreibung lesen kann, denn er gibt als Beleg in aller Naivität den Umstand, daß das „sogar von Aristophanes" erwähnt werde und zitiert die Verse 603-06 aus dessen Antikriegsstück *Der Frieden*. In Wahrheit ist indes Anaxagoras weder in diesem noch in den entsprechenden Passagen des anderen Stücks über den Ursprung des Peloponnesischen Kriegs, den *Acharnern,* je erwähnt. Der Hinweis des Diodor auf Anaxagoras geht möglicherweise auf eben jene verlorengegangene Komödie des Hermippos zurück, die offenbar auch Plutarch als Quelle diente.

Wenn es eine Anklage wegen Gottlosigkeit gegen Anaxagoras gegeben haben sollte, so würde man erwarten, das bei Cicero erwähnt zu finden, der ein wenig früher als Diodor schrieb. Anaxagoras ist in den philosophischen Schriften des Cicero häufig erwähnt, und in zwei seiner Werke über die Beredsamkeit führt Cicero die Redekunst des Perikles auf die Unterweisung durch Anaxagoras zurück.[19] Aber an keiner Stelle sagt Cicero, daß diese Lehren einen der beiden in irgendwelche Schwierigkeiten gebracht hätten.

Eine reiche Ernte an Legenden über Anaxagoras bringt Diogenes Laertios im 3. Jahrhundert n. Chr. ein. Sie bieten eine Durcheinander von chronologischen und anderen Unstimmigkeiten, das die Gelehrten bis heute zu entwirren versuchen.

„Über seinen Prozeß", schreibt er, "lauten die Berichte verschieden." Er bietet vier Versionen. Nach der einen wurde Anaxagoras wegen Gottlosigkeit verurteilt, aber er fügt hinzu, daß Perikles ihn gegen eine Strafe und einen Verbannungsbeschluß freibekam. Eine zweite Version behauptete, daß er wegen hochverräterischer Verbindungen mit Persien verurteilt wurde und der Todesstrafe durch Flucht entrann. Die dritte Erzählung besagt, daß er im Gefängnis seine Hinrichtung erwartete, während Perikles sich in einer leidenschaftlichen Rede als Schüler des Anaxagoras erklärte und das Volk inständig bat, seinen Lehrer in Freiheit zu setzen, was jenes gewährte; Anaxagoras indes „konnte sich über die ihm zugefügte Unbill nicht hinwegsetzen und starb durch eigene Hand". Eine vierte Version berichtet, Anaxagoras sei, von Perikles geführt, so „körperlich verfallen und abgemagert" vor Gericht erschienen, daß er seinen Freispruch nicht „einem unbeeinflußten Richterspruch" zu verdanken habe, sondern eher dem Umstand, daß die Richter Mitleid mit ihm gehabt hätten![20] Bis auf einen sind alle Autoren, die Diogenes zitiert, Alexandriner des 3. Jahrhunderts v. Chr. Einer von diesen, Satyros, ist bekannt dafür, daß er nicht allein die attische Komödie, sondern auch die griechische Tragödie als Quelle für historische Fakten benutzte, wie er es in seinem *Leben des Euripides* tat.

Die gründlichste Untersuchung dieser und anderer antiker Quellen zum Thema einschließlich der Einzelheiten, die die Kirchenväter in ihrem Bemühen um den Nachweis der Intoleranz der Heiden beigetragen haben, findet man in einem ungewöhnlichen und wenig beachteten Buch. Das Werk über *Anaxagoras und die Geburt der Physik* von Daniel E. Gershenson und Daniel A. Greenberg entstand, als der verstorbene Ernest Nagel, Professor an der Columbia Universität, einen Physiker und einen Altertumswissenschaftler damit betraute, den ersten Band einer Geschichte der Physik zu schreiben. Alle antiken Quellen über Leben und Werk des Anaxagoras bis hin zu dem Aristoteles-Kommentar des Simplikios aus dem 7. Jahrhundert n. Chr. sind dort übersetzt und untersucht. Die Verfasser kommen zu dem Schluß, daß „der Prozeß ... ein sich beharrlich haltender historischer Mythos ist, gegründet auf einer Rekonstruktion, die deshalb den Anschein der Plausibilität erweckt ..., weil er (Anaxagoras) als der früheste Märtyrer der Wissenschaft und als Vorläufer des Sokrates hingestellt wird".[21]

Wenn die Geschichte mehr als ein späterer Mythos wäre, wäre doch dieser Aspekt des Prozesses als ein früheres Beispiel für die Anklage gegen Sokrates sicher von denjenigen herausgestellt worden, die den Prozeß des Sokrates selbst erlebt hatten oder in den Jahren nach seinem Tode darüber schrieben. Aber es gibt keinen Hinweis auf einen Prozeß gegen Anaxagoras bei Thukydides, Xenophon oder Platon.

Für das Schweigen eines einzelnen Autors mag es eine ganze Reihe möglicher Erklärungen geben, doch das Schweigen aller 'zeitgenössischen' Autoren kann nicht so ohne weiteres beiseite geschoben werden. Am auffälligsten ist das Schweigen des Thukydides. Perikles ist der Held seiner Geschichte, und dennoch erwähnt er mit keinem Wort irgendwelche Intrigen, die durch Freunde wie Aspasia oder Anaxagoras den Perikles zu treffen suchen. Und ebensowenig räumt er, der erste 'wissenschaftliche' Historiker, den skandal- und sexträchtigen Erklärungen für den Ausbruch des Peloponnesischen Kriegs den geringsten Raum ein.[22]

Wie der auf der Seite des Perikles stehende Thukydides schweigen auch die gegen Perikles eingestellten Autoren Xenophon und Platon. Xenophon schreibt dem Sokrates dieselben reaktionären Ansichten über Astronomie zu wie dem Diopeithes. Er zitiert sogar Sokrates, der gesagt habe, wer über die „Vorgänge am Himmel ... nachgrüble, laufe Gefahr, auch Unsinn zu reden, und zwar nicht weniger Unsinn als Anaxagoras, der sich auch besonders viel darauf zugute getan habe, daß er das göttliche Wirken erklären könne."[23] Aber Xenophon erwähnt nirgendwo eine Anklage gegen Anaxagoras oder irgendein Dekret, das solche Spekulation außerhalb der Gesetze gestellt hätte.

Bei Platon ist Anaxagoras öfter Gegenstand der Erörterung als jeder andere Philosoph, und es gibt viele Stellen, wo man einen Hinweis auf seine Verfolgung erwarten könnte, wenn sie je stattgefunden hätte. Im *Phaidros* führt Platon die „hohen Kenntnisse"[24] des Perikles und seine Redegewandtheit auf den Einfluß des Anaxagoras zurück, aber er sagt nicht dazu, daß diese Verbindung Perikles später politische Schwierigkeiten bereitet habe. Im *Gorgias* läßt Platon den Sokrates die Meinung vertreten, Perikles sei als Staatsmann ein schlechter „Hirte", weil er seine „Herde" wilder gemacht habe, als er sie vorgefunden habe.[25] Sokrates behauptet, die Athener hätten Perikles in seinen späteren Jahren wegen Unterschlagung „beinahe am Leben gestraft"! Plutarchs Geschichte von den Angriffen gegen Aspasia und Anaxagoras – wenn sie wahr wäre – hätte an dieser Stelle einen weiteren, dramatischen Beleg dafür geliefert, wie launisch und unreif der athenische *demos* sein konnte.

Im *Phaidon* erzählt Sokrates seinen Schülern, wie ergriffen er als junger Mann gewesen sei, als er zum ersten Male bei Anaxagoras der Lehre begegnet sei, daß der Geist und nicht blinde materielle Kräfte das Universum in Bewegung gesetzt habe; er fügt nicht etwa hinzu, daß Anaxagoras so wie er selbst ein Opfer der athenischen Feindseligkeit gegenüber philosophischer Spekulation geworden sei.

Im *Kriton* hätten die Schüler darauf dringen können, daß Sokrates dem Beispiel des Anaxagoras folgen solle, Athen zu verlassen und an einem anderen Ort eine neue Schule zu gründen, wie es Anaxagoras in Lampsakos getan habe.

Die *Apologie* ist der Dialog, in dem man am ehesten eine Erwähnung der Verfolgung des Anaxagoras erwarten würde. Burnet, um die Argumente für seinen Zweifel an der Geschichte von der Verfolgung des Protagoras zu stärken, sagt: „Im übrigen wird in der *Apologie* auf eine Anklage gegen Protagoras nirgendwo Bezug genommen, obwohl doch eine solche Bezugnahme fast unvermeidlich gewesen wäre, wenn es eine solche Anklage je gegeben hätte. Sokrates muß bis auf den Prozeß gegen Anaxagoras zurückgehen, um einen Parallelfall zu seinem eigenen zu finden. Es ist daher besser, die ganze Geschichte für unsicher zu halten."[26]

Aber dieselbe Folgerung aus dem Schweigen des Sokrates gilt in gleichem Maße für Anaxagoras. An keiner Stelle spricht Sokrates von einem Prozeß des Anaxagoras als „Parallelfall zu seinem eigenen". Anaxagoras wird zwar erwähnt, aber in einem ganz anderen Zusammenhang und in ganz anderer Absicht. Sein Name taucht in dem Dialog zwischen Sokrates und seinem Ankläger Meletos auf. Sokrates

lenkt die Aufmerksamkeit von dem eigentlichen Wortlaut der Anklage ab, indem er den einfältigen Meletos dazu bringt, ihn der Gottlosigkeit zu zeihen. „Meinst du", fragt Sokrates den Meletos, „ich
lehre, die Götter nicht zu glauben, welche der Staat glaubt" – so lautete die dem Gericht vorliegende Anklage –, „oder meinst du, ich
selbst glaube überhaupt keine Götter und lehre dies auch andere?'
Unbedacht antwortet Meletos: „Dieses meine ich, daß du überhaup
keine Götter glaubst." Sokrates entgegnet ihm darauf: „O wunderli-
cher Meletos! . . . Halte ich also auch weder Sonne noch Mond fü
Götter, wie die übrigen Menschen?" Meletos antwortet: „Nein, beim
Zeus, ihr Richter! Denn die Sonne, behauptet er, sei ein Stein, und
der Mond sei Erde."

Mit dieser Antwort ist Sokrates höchst zufrieden. Er sieht eine
Möglichkeit, Meletos dem Gericht als einen ungebildeten Ignoranter
vorzuführen. „Du glaubst wohl den Anaxagoras anzuklagen, liebe
Meletos", fragt ihn Sokrates, „und du denkst so gering von dieser
(d. h. den Geschworenenrichtern) und hältst sie für so unerfahren ir
Schriften *(apeirous grammaton),* daß sie nicht wüßten, wie des Klazome-
niers Anaxagoras Schriften voll sind von dergleichen Sätzen?"

Und indem er fortfährt, sagt Sokrates, daß die Jugend, die er durch
solche gottlosen Gedanken über Sonne und Mond zu verderben angeklagt ist, das Buch des Anaxagoras „für höchstens eine Drachme in de
Orchestra kaufen und dann den Sokrates auslachen können, wenn e
für sein ausgibt, was überdies noch so sehr ungereimt ist".[27] Das Wor
orchestra diente nicht nur zur Bezeichnung des Halbrunds vor de
Bühne des Theaters, wo der Chor tanzte, sondern konnte auch einer
freien Platz in der Nähe der *agora* meinen, wo Bücher und andere Wa
ren verkauft wurden.

Dieser Hinweis des Sokrates zeichnet ein ganz anderes Bild vor
Athen als das bei Plutarch: nicht das Bild einer blindgläubigen Stadt
in der die Werke eines rational denkenden Philosophen auf den
Scheiterhaufen verbrannt wurden, sondern das einer Stadt, in der sol
che Bücher frei zum Verkauf standen und vielerseits gelesen wurder
Sokrates spricht mit dieser Äußerung gleichzeitig auch seinen Richter
eine Anerkennung für ihre Bildung und ihre Aufgeschlossenheit au

Wenn hingegen Anaxagoras und Protagoras und andere Freidenke
tatsächlich ihrer Ansichten wegen Verfolgungen erlitten hätten, wär

eine solche Anerkennung ganz undenkbar gewesen. Sokrates hätte die Athener vielmehr ihrer Intoleranz wegen angegriffen. Er hätte nicht in so leichtem Ton sprechen können, wenn auch Anaxagoras ein tragisches Schicksal erlitten hätte.

Die einzige glaubhafte Parallele zu dem Fall des Sokrates ist der des Aristoteles. Als Alexander im Jahre 323 v. Chr. starb, erhob sich Athen in freudigem Widerstand gegen die verhaßten makedonischen Besatzer und stellte die Demokratie wieder her. Aristoteles, der sein Leben lang ein Schützling des makedonischen Hofes gewesen war, floh aus der Stadt, da er um sein Leben fürchtete. Ein antiker Bericht erzählt, Aristoteles habe gesagt, er sei geflohen, weil er nicht wolle, daß sich Athen ein zweites Mal gegen die Philosophie versündige.[28] Der Vergleich zu dem Fall des Sokrates wird von Diogenes Laertios gezogen. Er behauptet, Aristoteles sei lieber geflohen als sich einer Anklage wegen Gottlosigkeit auszusetzen. Die Anklage habe sich auf ein Gedicht gegründet, das Aristoteles angeblich geschrieben und das im Gedenken an einen unbedeutenderen Tyrannen und früheren Gönner des Aristoteles diesem göttliche Ehren erwiesen habe. Das Gedicht kann die Anklage kaum rechtfertigen. Anton-Hermann Chroust, der die Flucht des Aristoteles unter Einschluß der arabischen Quellen am sorgfältigsten untersucht hat, kommt zu dem Schluß, daß der glaubhafteste Grund für die Flucht aus Athen die engen Bindungen des Philosophen an die Makedonier gewesen seien.[29] Nach der Darstellung bei Chroust war keine förmliche Anklage erhoben worden, und Aristoteles verließ die Stadt aus freiem Entschluß und unter Mitnahme seines persönlichen Besitzes und seiner Dienerschaft. Er ging in das nahegelegene Chalkis, vermutlich in der Hoffnung, zurückkehren zu können, sobald die makedonische Herrschaft wiederhergestellt sei. Doch er starb dort ein Jahr später. Seine Schule im Lykeion wurde nicht geschlossen, sondern blieb unter Theophrast als dem von Aristoteles bestimmten Nachfolger weiterhin tätig.

Athen fiel bald von neuem unter makedonische Herrschaft. Doch sechzehn Jahre später gab es einen zweiten Aufstand, und damals, zum ersten Mal in der athenischen Geschichte, verabschiedete die Volksversammlung ein Gesetz, das die Freiheit der Philosophenschulen in der Stadt einschränkte.

Der Aufstand hatte die Herrschaft eines Philosophen, des Demetrios von Phaleron, nach zehn Jahren beendet. Er war von dem makedonischen General Kassander als Diktator eingesetzt worden. Im Jahre 307 v. Chr. verbündeten sich aufständische Elemente mit einem Rivalen des Kassander, um diesen zu stürzen und die Demokratie in Athen wiederherzustellen. Demetrios floh und mit ihm eine Anzahl von Philosophen, die zu seinen Gefolgsleuten gehörten. Einer von ihnen war Theophrast, der Nachfolger des Aristoteles.

Eines der ersten Gesetze der wiederhergestellten Demokratie verbot jedwedem Philosophen, in Athen eine Philosophenschule einzurichten, es sei denn mit ausdrücklicher Genehmigung der Volksversammlung. Sowohl die Platonische wie die Aristotelische Schule waren verdächtig aufgrund der besonderen Privilegien, die sie unter Demetrios von Phaleron genossen hatten, und man betrachtete sie als Quelle antidemokratischer Lehren und makedonischer Einflußnahme. Diese wenig bekannte Geschichte kann man in W. S. Fergusons Buch über *Das hellenistische Athen* nachlesen. „Die Philosophie", schreibt Ferguson, „war in der Tat von Anfang an eine aristokratische Bewegung gewesen. Seit der Zeit des Alkibiades und des Kritias hatte man sie als eine Gefahr für die demokratischen Grundsätze erkannt, und 'das größte Verbrechen der athenischen Geschichte' war begangen worden, als man die Demokratie gegen die . . . Lehren des Sokrates verteidigen wollte."[30]

Das neue Gesetz hätte der Freiheit der Lehre in Athen ein Ende bereitet und den philosophischen Unterricht einer politischen Kontrolle unterworfen. Doch das Gesetz, obgleich es schnell verabschiedet war, wurde bald in der Volksversammlung angegriffen. Das demokratische Athen hatte niemals eine geschriebene Verfassung, aber es gab eine besondere Art von Antrag, den man *graphe paranomon* nannte und der ungefähr einer Verfassungsbeschwerde entsprach. Jedes von der Volksversammlung verabschiedete Gesetz konnte innerhalb eines Jahres nach seiner Verabschiedung zu erneuter Beratung und überprüfender Abstimmung aufgerufen werden, sofern es als *paranomon* oder als im Gegensatz zu grundlegenden Rechtsvorschriften stehend angegriffen wurde. Wenn die Volksversammlung für den Antrag stimmte, wurde das Gesetz für ungültig erklärt und sein Antragsteller erhielt eine Geldstrafe.

Das Gesetz stand in offensichtlichem Widerstreit mit der Tradition der Redefreiheit im demokratischen Athen. In der Debatte sprach ein angesehener Demokrat und Neffe des Demosthenes mit Namen Demochares, der den Aufstand gegen Demetrios von Phaleron angeführt hatte, für das Gesetz. Die Volksversammlung beschloß nichtsdestoweniger, das Gesetz zu widerrufen und seinen Antragsteller mit einer Strafe zu belegen. Man erhob die Forderung nach Freiheit der Lehre, und dieser Umstand war der Grundstein für das Überleben Athens als hochangesehene Universitätsstadt, in die Studenten wie z. B. Cicero aus allen Teilen des Römischen Reichs kamen.

Drei Jahrhunderte später bekommen wir aus einer unerwarteten Quelle, nämlich dem Neuen Testament in den Reise- und Missionsberichten des Apostels Paulus, einen Eindruck von der intellektuellen Atmosphäre in Athen. Andernorts war Paulus Verfolgungen ausgesetzt, doch als er in Athen predigte, fand er eine aufgeschlossene Stadt, die nach wie vor für neue Ideen zu begeistern war. Auch wenn die Stadt „voll von Götzenbildern" war und er so kühn war, auf der *agora* zu „denen, die er gerade antraf", gegen das Heidentum zu sprechen, begegnete er doch intellektueller Neugier und nicht Anklagen wegen Gottlosigkeit. Einige der „epikureischen und stoischen Philosophen", die mit ihm zusammentrafen, nahmen ihn mit auf den Areopag, den Sitz des altehrwürdigen aristokratischen Gerichtshofes der Stadt, aber nicht um ihm den Prozeß zu machen, sondern um philosophische Diskussionen mit ihm zu führen.

„Du bringst uns recht befremdliche Dinge zu Gehör", sagten sie. „Wir wüßten gern, worum es sich handelt." Mit offensichtlichem Befremden erklärt der Verfasser der *Apostelgeschichte* dazu: „Alle Athener und die Fremden dort taten nichts lieber, als die letzten Neuigkeiten zu erzählen oder zu hören."

Paulus predigte also auf dem Areopag, und seine Worte fanden eine zwar unterschiedliche, aber keine feindselige Aufnahme. „Als sie von der Auferstehung der Toten hörten", dem außerordentlichsten Teil seiner Lehre, „spotteten die einen, andere aber sagten: Darüber wollen wir dich ein andermal hören." Sie waren bereit, ihr Urteil zurückzustellen und sich Zeit zur Überlegung zu nehmen. Einige bekehrte Paulus, und unter diesen befand sich auch ein Mitglied des Gerichtshofs, der als Dionysios der Areopagit bezeichnet wird. Die einfachen Christen waren stolz darauf, einen so aristokratischen Anhänger bekehrt zu haben. Paulus verließ Athen, ohne belästigt zu werden.[31]

Das ist der Blick, den uns die spärliche historische Überlieferung auf die Freiheit der Philosophie in Athen vor dem Jahre 529 n. Chr. erlaubt. In jenem Jahr ließ der Kaiser Justinian die Platonische Akademie und die anderen Philosophenschulen in Athen unter dem Druck christlicher Intoleranz und der Reichsinteressen für immer schließen. Ihr reicher Besitz lockte. Vom 6. Jahrhundert v. Chr. bis zum 6. Jahrhundert n. Chr. erfreute sich also die Philosophie in Athen der Freiheit. Das waren ganze zwölfhundert Jahre oder ungefähr zweimal soviel, wie die Gedankenfreiheit von der Renaissance bis auf unsere Tage gedauert hat.

Die traurige Geschichte, wie die Schulen am Ende geschlossen wurden, wird von Gibbon im 40. Kapitel seines *Niedergangs und Falls des Römischen Reichs* erzählt. Er tut das natürlich in dem ihm eigenen, unnachahmlichen Stil, aber zollt dabei auch der Demokratie einen Tribut, wie man ihn bei einem Autor des 18. Jahrhunderts kaum erwartet. „Das Studium der Philosophie und der Beredsamkeit geht Hand in Hand", schreibt Gibbon, „mit einem demokratischen Staat, der die Freiheit des Forschens ermutigt und sich nur der Gewalt der Überredung unterwirft."[32] Perikles hätte sich keinen schöneren Nachruf auf seine Stadt wünschen können und auf die Tradition der Freiheit, die sie bis an die Schwelle der Dunklen Jahrhunderte bewahrte.

Anmerkungen

Vorspiel

[1] Der Text jetzt am besten bei L. G. Westerink, Olympiodoros' Commentary on the First Alcibiades of Plato, Amsterdam 1956.

[2] In dem Meer der Sokrates-Literatur geht man schnell unter. Eine Vorstellung von ihrer Menge kann man aus einer zweibändigen Dissertation an der Sorbonne aus dem Jahre 1952 gewinnen, die die bis zu jenem Zeitpunkt vollständigste bibliographische Übersicht bietet: V. de Megalhaes-Vilhena, *Le problème de Socrate* und ders., Socrate et la légende platonicienne, Paris (Presses Universitaires de France) 1952. Das sind mehr als 800 Seiten, und vieles davon sind kleingedruckte Anmerkungen. Ein weiterer Band wäre vonnöten, um die seitdem erschienene Sokrates-Literatur zu erfassen. (Es liegt inzwischen eine Spezialbibliographie vor, die 2.300 Einträge umfaßt: A. Patzer, Bibliographia Socratica, Freiburg (Alber) 1985 – Anm. d. Übers.)

[3] All diese Quellen findet man in englischer Übersetzung gesammelt bei J. Ferguson, Socrates. A Source Book, London (Macmillan) 1979 (der Autor lehrt an der Britain's Open University). Ich bin vor vielen Jahren auf dieses Buch gestoßen, als ich bei der Buchhandlung Foyle's in London in den Regalen stöberte. Selbst die ganz kurzen Textausschnitte füllen 355 Seiten in zwei Kolumnen. Die Sammlung Fergusons macht auch eine nur wenig bekannte dritte erhaltene *Apologie des Sokrates* des griechischen Redners Libanios aus dem 4. Jahrhundert n. Chr. zum ersten Mal in englische Übersetzung zugänglich.

Kapitel 1. Grundsätzliche Meinungsunterschiede

[1] Aristot. pol. 1253a9.

[2] Aristot. pol. 1253a8; 15ff.

[3] Aristot. pol. 1261b4.

[4] Xen. mem. 3,9,10-11.

[5] a. O.

[6] Plat. rep. 7,537D7ff.

[7] Aristot. pol. 1252a8.

[8] Aristot. pol. 1279a8.

[9] K. v. Fritz, *Oxford Classical Dictionnary* (ed. H. G. L. Hammond–H. H. Scullard), 2. Aufl., Oxford (Clarendon Press) 1970, s. v. Antisthenes.

[10] Athen. 5,221d.

[11] Diog. Laert. 6,8.

[12] Plat. Phaidr. 260C.

[13] Aristot. pol. 1284a15.

[14] Plat. Gorg. 516C; 517A.

[15] Plat. Gorg. 521D.

[16] Xen. mem. 4,6,12.

[17] Xen. mem. 3,9,11-13.

[18] Xen. mem. 3,2,1.

[19] Aristot. pol. 1313a2.

Kapitel 2. Sokrates und Homer

[1] Hom. Il. 15,558; 22,429.

[2] Hom. Il. 1,263. R. J. Cunliffe, *Lexicon of the Homeric Dialect,* London (Blackie & Sons) 1924.

[3] Hom. Od. 9,317.

[4] Hom. Od. 9,40ff.

[5] Hom. Od. 9,176.

[6] Hom. Od. 9,252ff.

[7] Aristot. pol. 1253a5ff.

[8] Hom. Od. 3,71-74.

[9] W. B. Stanford, *Homer, Odyssey,* 2 Bde, 2. Aufl., London (Macmillan) 1959.

Kapitel 3. Die Geschichte mit Thersites

[1] Plat. polit. 229B.

[2] Xen. mem. 1,2,9-12.

[3] Xen. mem. 1,2,56.

[4] Theogn. 847-850.

[5] Hes. erg. 309.

[6] Hes. erg. 248-64.

[7] Xen. mem. 1,2,58.

[8] Hom. Il. 2,203-06.

[9] Xen. mem. 1,2,59.

[10] Hom. Il. 2,216-19.

[11] Vgl. zu seiner Person den Artikel unter dem Stichwort Thersites in *Der Kleine Pauly* Bd 5 (München 1975). Das ist die fünfbändige Kurzausgabe der gewaltigen, 90bändigen *Realencyclopädie der Classischen Altertumswissenschaft,* die im allgemeinen unter dem Kürzel RE oder dem Namen der Herausgeber Pauly-Wissowa bekannt ist.

[12] Lukian. 2.

[13] Es ist erstaunlich, wie das von Homer aufgebrachte Vorurteil gegen Thersites in der Klassischen Altertumswissenschaft bis heute fortlebt. Kennzeichnend dafür ist die herablassende Behandlung, die er im *Oxford Classical Dictionary* erfährt. Er wird dort beschrieben als „ein häßlicher, gehässiger

Kerl, der über Agamemnon herzieht, bis er von Odysseus durch Schläge zum Schweigen gebracht wird." Das *OCD* fügt hinzu: „Nach der Beschreibung ist er offensichtlich von niedriger Geburt." Das deutsche Gegenstück zum *OCD* ist noch drastischer. *Der Kleine Pauly* beschreibt Thersites als „Meuterer, Lästerer und Prahlhans". Sein Angriff gegen Agamemnon wird als „Hetzrede" bezeichnet – die aufrührerische Rede eines skrupellosen Agitators. Keines der beiden Lexika erwähnt in den einschlägigen Artikeln, daß es sich um das erste Beispiel dafür handelt, daß ein einfacher Mann in den Versammlungen bei Homer das Recht auf freie Rede in Anspruch zu nehmen trachtet. Aber in dem Artikel des *OCD* zum Stichwort „Democracy" verfolgt der große Victor Ehrenberg „den Keim der Demokratie" bis zum 2. Buch der *Ilias* zurück. „Beginnend mit Thersites", schrieb Ehrenberg da, „gab es stets Aufbegehren gegen die Herrschaft des Adels und der Reichen, indem die niederen Ränge der Freien das volle Bürgerrecht zu erlangen suchten."

14 Hom. Il. 1,224-27.
15 Hom. Il. 1,165-68.
16 Hom. Il. 14,80ff.
17 Plat. Gorg. 525E.
18 Plat. rep. 10,620C.
19 Plat. apol. 41B.
20 Plat. symp. 174C.
21 Plat. Krat. 395A.
22 Plat. rep. 3,389Cff.
23 Plat. rep. 3,390A (zitiert Hom. Il. 1,225).
24 Plat. rep. 2,383A.
25 Plat. rep. 7,522D.
26 Aischyl. Ag. 1438-43.

Kapitel 4. Tugend und Wissen

1 Aristot. pol. 1253a1ff.
2 Hom. Il. 9,440ff.
3 Xen. mem. 1,6,1-15.
4 Antiphon, Diels Vorsokr Nr. 87, Frg. 44 B 1-2.
5 a. O.
6 Kathleen Freeman, *The Pre-Socratic Philosophers. A Companion to Diels' Fragmente* der Vorsokratiker, 2. Aufl., Oxford (Clarendon Press) 1966, 401.
7 Aristot. rhet. 1373b18.
8 Plat. Prot. 319B-C.
9 Plat. Prot. 319D.
10 Plat. Prot. 322B-C.
11 Plat. Prot. 329B.
12 Plat. Prot. 361C.
13 Plat. Prot. 329A.
14 Hdt. 5,78.
15 Aischylos, *Plays* (Loeb Classical Library), Bd 1, 109.
16 Aischyl. Pers. 241ff.

Kapitel 5. Tapferkeit als Tugend

[1] Aristot. eth. Nic. 1116b6-20.

[2] a. O.

[3] Xen. mem. 4,4,6.

[4] Wer einen Führer durch die verwickelte Diskussion im *Hippias Maior* haben möchte, dem können wir einen kurzen Kommentar und eine ausgezeichnete neue englische Übersetzung eines Experten von der University of Texas empfehlen: P. Woodruff, *Hippias Maior*, Indianapolis-Cambridge (Hackett Publishing Co.) 1982.

[5] Plato Bd 6 (Loeb Classical Library),334.

[6] a. O. 426.

[7] Plat. Hipp. min. 376C.

[8] Plat. Men. 99Eff.

[9] Plat. Men. 80A-B.

[10] Plato Bd 4 (Loeb Classical Library),263.

[11] Plat. Men. 80B.

[12] Cic. ac. 1,4,16.

[13] Cic. nat. 1,5,11. Es ist eigenartig, daß dieses Zitat in der sonst so beeindruckend umfassenden Quellensammlung bei J. Ferguson, *Socrates. A Source Book*, London (Macmillan) 1970 nicht vorkommt.

[14] Aug. conf. 7,20.

[15] Aug. contra Academicos 2,6,14 (Ferguson, *Source Book* 312).

[16] Aug. civ. 8,2.

[17] a. O.

[18] Xen. mem. 1,2,12.

[19] Xen. mem. 1,2,13-14.

[20] Xen. mem. 1,2,15-16.

[21] Xen. mem. 1,2,9.

Kapitel 6. Die Jagd nach dem Phantom

[1] Aristot. metaph. 987b1-3.

[2] a. O.

[3] Plat. Tht. 147B.

[4] Plat. Phaidr. 260B.

[5] Diog. Laert. 6,18.

[6] Plat. Phaidr. 260B-D.

[7] Thomas Hobbes, *Leviathan*, Stuttgart (Reclam) 1970, 42.

[8] Aristot. metaph. 1078b23.

[9] Plat. polit. 294A-C.

[10] Xen. apol. 14-16.

[11] Plat. apol. 21A.

[12] Xen. apol. 16-17.

[13] Plat. apol. 21B.

[14] Wenn das als ein zu hartes Urteil erscheint, will ich Liddell-Scott-Jones, *A Greek-English Lexicon*, 2. Aufl., Oxford (Clarendon Press) 1968 zum Zeugen anrufen. Dort wird *eironeia* definiert als „absichtlich vorgetäuschte Unwissenheit, der die Absicht zugrundeliegt, einen Gegner zu provozieren

oder zu verwirren; Methode der Auseinandersetzung, derer sich Sokrates gegen die Sophisten bedient; . . . ganz allgemein falsche Bescheidenheit". Ein anderer berufener Zeuge ist der Römer Quintilian, der angesehenste Autor der Antike zur Rhetorik. Er schrieb, man habe Sokrates „ironisch" genannt, weil er „den Unerfahrenen spielte und den Bewunderer der anderen, als ob sie weise Männer seien"; auf diese Weise ließ er sie um so dümmer erscheinen (Quint. inst. 9,2,46).

15 Plat. apol. 20C.
16 Plat. apol. 23C.
17 Plat. Gorg. 515E.
18 Plat. Men. 94E.

Kapitel 7. Sokrates und Rhetorik

1 Cic. Brut. 12,46.
2 Plato Bd 1 (Loeb Classical Library), 408.
3 Plat. Gorg. 463A-B.
4 Plat. Gorg. 502D-E.
5 Aristot. rhet. 1354a1ff.
6 Aristot. rhet. 1355a.
7 Als Stellen werden angegeben Aristot. an. pr. 70a10 und Aristot. rhet. 1355a6.
8 Aristot. rhet. 1355a.
9 Aristot. rhet. 1374a.
10 Liddell-Scott-Jones, A Greek-English Lexicon, 2. Aufl., Oxford (Clarendon Press) 1968 (künftig zitiert als LSJ).
11 Aristot. eth. Nic. 1137a27-28.
12 Zitiert aufgrund des Kommentars und nach der Übersetzung von E. Barker, The Politics of Aristotle, Oxford (Clarendon Press) 1946, 146, Anm. 4. Der griechische Originaltext des Eides steht bei Pollux in dem enzyklopädischen rhetorischen Werk dieses griechischen Sonderlings aus der römischen Kaiserzeit (Poll. 8,122). Man findet ihn auch zitiert in dem unentbehrlichen vierbändigen Kommentar von W. L. Newman, The Politics of Aristotle, Oxford (Clarendon Press) 1887, Bd 1, 237, Anm. 1.
13 Plat. polit. 294Aff.

Kapitel 8. Das gute Leben

1 Aristot. pol. 1253a6. Das griechische Wort, das Sokrates verwendet, ist azyx, und es wird an dieser Stelle meist mit 'isoliert' übersetzt. Das ist auch die Bedeutung, die LSJ angibt und die die englische Übersetzung in der Loeb Classical Library übernimmt. Aber ich wage zu behaupten, daß das eine zu enge Auslegung des Bildes ist. Eine auf dem Schachbrett isoliert dastehende Figur ist zwar tatsächlich wehrlos, wie ein Mann ohne Stadt, aber sie kann 'gerettet' werden und in eine geschützte Stellung zurückgebracht werden. Die isolierte Figur nimmt noch immer am Spiel teil. Eine vereinzelte, einzige Schachfigur indes nimmt nicht mehr an einem Spiel

teil. Das ist es, was Aristoteles mit einem „stadtlosen" Mann *(apolis)* meint, denn er definiert ihn als jemanden, der „von Natur aus und nicht durch *tyche"* ohne Stadt, ohne Heimat ist. Das Wort *azyx,* das Aristoteles dann benutzt, um ihn zu beschreiben, bedeutet wörtlich „nicht im Gespann" und wird auf Pferde und Ochsen angewendet. Es bekam dann auch die Bedeutung von ungepaart, unverheiratet, isoliert oder einzeln und wird daher in diesem Zusammenhang am besten durch 'einsam' wiedergegeben.

2 Plat. apol. 29E.
3 Aristot. pol. 1253a31-37.
4 Aristot. Ath. pol. 8,5.
5 Plut. Sol. 20,1.
6 Thuk. 2,40,2.
7 Plat. apol. 30E.
8 Plat. apol. 32A.
9 Plat. apol. 31C-D.
10 Plut. Alkib. 17,4-5; And. 2,22.
11 Thuk. 3,37.
12 Thuk. 3,33,5ff.
13 Thuk. 3,48.
14 Thuk. 3,49.
15 Plat. apol. 32E.
16 Plut. Nik. 13.
17 Plutarch, *Nicias and Alcibiades,* übers. v. B. Perrin, New York 1912, 221.
18 Diod. 14,5.
19 Aristoph. Av. 1282.
20 Vgl. D. M. MacDowells, *The Law in Classical Athens,* London (Thames and Hudson) 1978, 180f.; 188f. Die vollständigste und ausgewogenste Darstellung dieser schmerzlichen Angelegenheit bleibt nach wie vor die bei George Grote, *A History of Greece,* London (Murray) 1888, Bd 6, 392ff.
21 Plat. apol. 12B. Die im wesentlichen gleiche Darstellung wird auch in Xen. hell. 1,7,1-35 und bei Aristot. Ath. pol. 34 gegeben, aber dort wird Sokrates sonderbarerweise nicht erwähnt.
22 Plat. apol. 32C-D.
23 Iuv. 10,356.
24 Plat. apol. 30B. Die englische Loeb-Übersetzung übersetzt diese Passage mit „the perfection of your persons", aber „persons" bringt den Gegensatz mit „souls" nicht heraus. Das griechische Wort, daß mit „persons" übersetzt wird, ist *somaton,* der Genetiv Plural des Wortes *soma* = Körper. Für die alten Griechen betraf Vollkommenheit der Person im allgemeinen sowohl Körper wie Seele.
25 J. Burnet, *Euthyphro, Apology of Socrates and Crito,* Oxford (Clarendon Press) 1924, 123.
26 Aristot. an. 413a3.

Kapitel 9. Die Vorurteile des Sokrates

1 Xen. mem. 3,7,2-7.
2 Das schlimmste Beispiel der Überheblichkeit im Werk Platons ist natürlich seine verächtliche Beschreibung rivalisierender emporgekommener Philo-

sophen im *Staat:* „Nach diesem (dem Ansehen des Philosophen) tragen denn auch viele Leute Verlangen, die von Natur aus schon unvollkommen begabt sind und überdies durch ihr Fach und ihre Arbeit am Körper gleichsam geschädigt. . . . Sehen sie denn nicht ganz so aus . . . wie ein kahlköpfiger kleiner Schmied, der ein wenig zu Geld gekommen ist und der erst kürzlich aus dem Gefängnis entlassen wurde? Jetzt hat er ein Bad genommen, ein neues Kleid angezogen und sich wie ein Bräutigam ausgestattet und schickt sich nun an, die Tochter seines Meisters um ihrer Armut und Verlassenheit willen zu heiraten." (Plat. rep. 6,495E) Aber das legt Platon Sokrates viele Jahre nach dessen Tod in den Mund. Es gibt keinen wirklichen Beleg dafür, daß der historische Sokrates jemals so gehäßig und anmaßend gesprochen hat. Sonst hätte er sich wohl kaum die lebenslange Verehrung seines ältesten Schülers Antisthenes erhalten, der 'von niedriger Geburt' war: Dessen Mutter war eine Thrakerin gewesen, und er wurde daher als von nicht rein attischer Abstammung verhöhnt (Diog. Laert. 6,1). Manche Gelehrte glauben, daß die Passage eine Schmähung Platons ist, die sich gegen seinen Rivalen des 4. Jahrhunderts – und alten Freund des Sokrates –, gegen Isokrates richtet. Vgl. den Kommentar in der von D. A. Rees durchgesehenen Auflage der Ausgabe von Platons *Staat* von Adam (Cambridge (Cambridge University Press) 1963, Bd 2,29). Die Geschichte mit dem „kleinen Schmied" war eine merkwürdige Art für Platon, seine eigene Überlegenheit als Philosoph und Mann aus gutem Hause zur Schau zu stellen.

Es ist leicht einzusehen, warum Antisthenes Platon haßte und – nach Aussage des Diogenes Laertios (Diog. Laert. 3,35) – einen Dialog geschrieben hat, in dem er ihn unter dem Namen Sathon angriff. Es handelt sich um ein obszönes Wortspiel mit dem Namen Platon.

Das *Greek-English Lexicon* von Liddell-Scott nimmt errötend zum Lateinischen Zuflucht, um uns das Wortspiel zu erklären. Die Schmähschrift des Antisthenes gegen Platon wird dort nicht erwähnt, aber es wird angegeben, daß *sathe* (von dem Sathon wohl abgeleitet ist) das griechische Wort für *membrum virile* sei. Das war die weniger himmelwärts gerichtete Seite antiker philosophischer Auseinandersetzung.

³ Xen. oik. 2,3.
⁴ Plut. Aristeid,1,9.
⁵ Lib. apol., zitiert in einer Anmerkung bei Ed. Zeller, *Socrates and the Socratic Schools,* 1885 (NDr New York (Russell & Russell) 1962), Bd 3,7, Anm. 56.
⁶ Demosth. 57,1,30 (Gegen Euboulides).
⁷ Xen. apol. 29.
⁸ Plat. Men. 95A.
⁹ Plat. Tht. 173C-E.
¹⁰ Die ausführlichste Studie zu dieser Ansicht einer Minderheit in Athen ist F. Ollier, *Le Mirage Spartiate,* Paris 1933 (NDr New York (Arno Press) 1973).
¹¹ Aristoph. Av. 1281f.
¹² Plut. Alkib. 23,3ff.
¹³ Plat. Gorg. 515E.
¹⁴ Plato, *Gorgias* übers. v. E. Dodds, Oxford (Clarendon Press) 1959, 357.
¹⁵ Plat. Krit. 45A.

[16] Vgl. z. B. den glänzenden Versuch, die Widersprüche aufzulösen, den ein großer amerikanischer Altertumswissenschaftler unternommen hat: G. Vlastos, *Sokrates on Political Obedience and Disobedience,* Yale Review 63, 1974, 517–534.

[17] Plat. Krit. 52E.

[18] Burnet, *Euthyphro* 207.

[19] Xen. mem. 3,5,13–15; 4,4,15.

[20] Plat. rep. 8,544C.

[21] Plat. Krit. 45Bff.

[22] *Oxford Classical Dictionary* s. v. Tyrtaeus.

[23] Plat. Prot. 342Aff.

[24] a. O.

[25] A. E. Taylor, *Plato. The Man and His Work,* New York (Dial Press) 1936, 255.

[26] Aristoph. Av. 1013.

[27] Thuk. 2,39.

[28] Xen. Lak. pol. 14,4.

[29] Vgl. C. D. Hamilton, *Sparta's Bitter Victories,* Ithaca (Cornell University Press) 1979.

[30] Plat. Prot. 342D.

[31] Plat. leg. 950.

[32] Die beste Erörterung dazu findet man noch immer in dem monumentalen Werk von George Grote, *Plato and the Other Companions of Socrates,* 3 Bde, 2. Aufl., London (J. Murray) 1867, Bd 3, 578ff. In dem unerläßlichen zweibändigen Kommentar zum *Staat* von James Adam gibt das Register unter dem Stichwort „Spartan features of Plato's city" (Spartanische Züge an dem Idealstaat Platons) nicht weniger als vierzehn verschiedene Stellen an. Platon hatte einige Vorbehalte gegen Sparta und Kreta, vor allem dagegen, daß ihr Erziehungssystem sich allein auf die kriegerischen Tugenden konzentrierte. Aber im großen und ganzen bewunderte er diese Staaten, vor allem weil sie geschlossene Gesellschaften waren.

Kapitel 10. Warum haben sie gewartet, bis er siebzig war?

[1] Zur Spionage in Sparta s. Thuk. 4,80; Xen. Lak. pol. 4,4; Plut. Lyk. 28.

[2] Aristot. pol. 1313b13–17.

[3] Diese Fragmente sind in Fergusons *Source Book* 172f. bequem zusammengestellt.

[4] Plut. de liberis educandis 10C (Bd 1, 49 der Loeb-Ausgabe der Moralia).

[5] Plat. apol. 18B-D.

[6] Eupolis, Comicorum Atticorum Fragmenta ed. Th. Kock, Frg. 352 (Übersetzung aus Aristophanes, *Sämtliche Komödien,* übertragen v. L. Seeger, Zürich-Stuttgart (Artemis) 1968, 741).

[7] Plat. apol. 18B-19C.

[8] Plat. rep. 2,379A.

[9] Xenophanes, DielsVorsokr Nr. 21, Frg. 16,17 und 12.

Kapitel 11. Die drei Erdbeben

[1] Aristoph. Nub. 1397–1400.

2 Das einzige von ihm überlieferte Wort der Mißbilligung ist ein kurzer und beiläufiger Hinweis auf die Dreißig in seinem *Siebten Brief* 324D. Dort schreibt Platon, „daß diese Leute in kürzester Frist die frühere Verfassung" – er meint die Demokratie – „als paradiesisch erscheinen ließen". Aber die Gelehrten sind sich nach wie vor nicht über die Echtheit des *Siebten Briefs* einig.

3 Plat. apol. 36B.; B. Jowett, *The Dialogues of Plato,* 5 Bde, Oxford (Clarendon Press) 1892.

4 Burnet a. O. 153.

5 Aristoph. Equ. 479f.

6 Plat. rep. 2,365D. Gegen das Argument, man könne die Götter „weder hintergehen noch ihnen Gewalt antun", um ihrer Strafe für Täuschung zu entgehen, hat Adeimantos eine zynische Antwort. „Doch", sagt er, „wenn es sie überhaupt nicht gibt oder wenn sie sich nicht um die menschlichen Anliegen kümmern, was brauchen wir uns da zu bemühen, von ihnen nicht entdeckt zu werden?" Aber was geschieht, wenn es sie doch gibt? Adeimantos sagt, die Dichter, die die Quelle des Wissens über die Götter seien, behaupteten, ihre Vergebung könne durch „Opfer und schmeichlerische Bitten" erlangt werden. So, schließt er, „muß man Unrecht tun und dann vom Ertrag der Ungerechtigkeiten Opfer bringen". Sokrates weist diese Ansicht zurück. Seine Auffassung ist, „daß die Gerechtigkeit besser sei als die Ungerechtigkeit" (369B).

7 Plat. leg. 856B.

8 A. W. Gomme-A. Andrewes-K. L. Dover, *A Historical Commentary on Thucydides* Bd 5, Oxford (Clarendon Press) 1981, 129.

9 Thuk. 6,60.

10 Thuk. 8,65-66.

11 Aristot. Ath. pol. 34,3.

12 Aristot. Ath. pol. 35,1.

13 Plat. apol. 39D.

14 Aristot. Ath. pol. 40,2-3.

15 Plat. Euthyphr. 15D.

16 Das *Greek-English Lexicon* von Liddell-Scott gibt als homerische Bedeutung des Wortes *thes* „serf, bondsman" (Leibeigener, Abhängiger) an. Aber sowohl das Homer-Lexikon von Cunliffe wie das ältere deutsche Homer-Lexikon von Gerhard Autenrieth sind übereinstimmend der Ansicht, daß das Wort den Lohnarbeiter meint im Gegensatz – fügt Autenrieth hinzu – zu *demos* im Sinne besiegter Leibeigener oder Sklaven. Das entsprechende Verbum *theteuo* bedeutete soviel wie 'für einen festgesetzten Lohn arbeiten'. Stanford stimmt in seinem Kommentar zur *Odyssee,* wo die Worte auch vorkommen (18,3; 12), mit der Ansicht von Cunliffe und Autenrieth überein.

17 Hom. Il. 1,444f.

18 Plat. Euthyphr. 4C.

19 Plat. Euthyphr. 4B.

20 Plat. apol. 21Aff.

21 Plat. apol. 23C. Es ist angebracht, sich den griechischen Text genauer anzusehen, der hier mit „der meisten von euch und der Demokratie" übersetzt

ist. Im Griechischen steht da „*hymon to plethei*", was wörtlich übersetzt heißt „der Menge (oder der gewöhnlichen Leute) von euch". Für *plethos* gibt das *Greek-English Lexicon* von Lidell-Scott an: „a great number, mass, crowd, . . . hence the people, the commons, . . . also the goverment of the people, democeacy" (eine große Zahl von Leuten, die Masse, die Menge, daher das Volk, die gewöhnlichen Leute, auch die Herrschaft des Volkes, die Demokratie). In dem Wort als solchem ist ein abwertendes Element enthalten. Der Sokrates Platons benutzt nicht das Wort *demokratia*, das für athenische Ohren denselben positiven Klang hatte wie für unsere.

22 Burnet a. O. 90.
23 Lys. 10,4.
24 Lys. 16,4.
25 Lys. 12,52.
26 Xen. hell. 2,4,8.
27 Xen. hell. 2,4,43.

Kapitel 12. Xenophon, Platon und die drei Erdbeben

1 Xen. mem. 1,2,32.
2 Xen. hell. 2,4,21.
3 Aristot. Ath. pol. 35,4.
4 Xen. mem. 1,2,33-38.
5 Xen. mem. 1,2,29-31.
6 Plat. epist. 7,324C.
7 Plat. Charm. 176D.
8 Den *Eryxias* findet man in dem von Jowett herausgegeben *Plato*, Bd 5, 559ff. oder in der Ausgabe von Bohn, Bd 4, 59ff.
9 Plut. Thes. 24,2.
10 Hom. Il. 2,547. Doch wird *demos* an dieser Stelle häufig als 'Land' übersetzt, und das findet Unterstützung in dem Homer-Lexikon von Cunliffe. Dennoch übersetzt neben anderen auch Cunliffe in Vers 198 desselben Buchs der *Ilias* die Worte *demou andra* mit „Mann aus dem (gewöhnlichen) Volke". Antike Gegner Athens behaupteten, daß dieser Hinweis bei Homer eine spätere Interpolation Athens war. Die bis heute ungelöste Streitfrage ist gut zusammengefaßt bei A. J. Wace-F. H. Stubbings, *A Companion to Homer*, London (Macmillan) 1962, 239.
11 Plat. Tim. 19E-20B.
12 Plat. Tim. 21C.
13 Xen. hell. 2,3,25.
14 Plat. rep. 3,414C-415A.
15 Plat. polit. 293A-C.
16 Plat. rep. 4,424A; 5,449C; 5,457Cff.
17 Plat. rep. 5,459C-E.
18 Plat. rep. 7,540Dff.
19 Plat. rep. 6,500C.
20 Plat. rep. 6,500D. Das griechische Wort im Text ist *sophrosyne*, das im allgemeinen mit „Besonnenheit" übersetzt wird. Es mit „sobriety" (Nüch-

ternheit) zu übersetzen, wie es Shorey in der Loeb-Ausgabe tut, klingt in diesem Zusammenhang ironisch – der Gedanke ist kaum nüchtern.

21 Plat. rep. 6,501A-C.

Kapitel 13. Der Hauptankläger

1 Plat. apol. 23E.

2 Ferguson, *Source Book* 177.

3 Aristot. Ath. pol. 34,3. Aristoteles erklärt, als Athen den langen Krieg mit Sparta am Ende verloren hatte, hätten zwei voneinander unabhängige Elemente versucht, die Demokratie abzuschaffen. Eine Gruppe setzte sich aus Aristokraten zusammen, die unter der Herrschaft der Demokratie verbannt und von den Spartanern wieder zurückgeführt woren waren, oder Leuten, die Mitglieder der *hetaireiai,* der antidemokratischen 'Klubs' gewesen waren. Die andere Gruppe waren die, „die keinem politischen Klub angehörten, sonst jedoch offensichtlich in nichts den Bürgern nachstanden". Letztere „bemühten sich um die altüberkommene Verfassung". Das war ein Euphemismus für eine eingeschränkte Demokratie. „Zu ihnen gehörten Archinos, Anytos, Kleitophon, Phormisios und viele andere. Ihr Hauptanführer war Theramenes." Auf diesem Wege wurde Athen die Herrschaft der Dreißig auferlegt.

4 Isokr. 18,23-24 (Gegen Kallimachos). Thrasyboulos war ein athenischer Staatsmann, Militär und Aristokrat, der sowohl 411 wie 404 v. Chr. der Demokratie zuneigte und der militärische Führer der Opposition wurde, die die Dreißig stürzte. Sein Leben wird von dem römischen Schriftsteller Cornelius Nepos in den *Feldherrnbiographien* beredt geschildert.

5 Aristot. Ath. pol. 27,3.

6 Diog. Laert. 2,43.

7 Diog. Laert. 6,10.

8 Themistios 20,239C.

9 Diese Freundschaft scheint hinter einer anderen reizvollen, aber erfundenen Anekdote über Sokrates zu stehen, die Diogenes Laertios überliefert. Er berichtet, daß Lysias, der berühmteste Redenschreiber seiner Zeit, eine Verteidigungsrede für Sokrates geschrieben habe, die er im Prozeß vortragen sollte, aber Sokrates habe das abgelehnt. Sokrates habe gesagt: „Eine schöne Rede, mein Lysias, aber nicht passend für mich." Wie Diogenes Laertios erklärt, „war sie auch mehr im Stil der Gerichtsrede gehalten als im Geiste der Philosophie". Lysias wandte ein: „Wie kommt es, daß die Rede, wenn sie doch schön ist, dir nicht paßt?" Sokrates antwortete: „Würden nicht auch schöne Kleider und Schuhe für mich unpassend sein?" (Diog. Laert. 2,41) Diese hübsche Anekdote könnte sich zwar so ereignet haben, aber sie hat sich nicht ereignet, denn sonst hätten wir noch anderswo darüber gehört. Der Text einer von Lysias verfaßten und nicht gehaltenen Verteidigungsrede des Sokrates wäre eine erstrangige Ergänzung der Reden des Lysias gewesen, von denen so viele als Vorbilder attischen Stils erhalten sind. Wie dem auch sei, selbst Lysias hätte wohl kaum ein feineres Netz der Verteidigung für Sokrates weben können, als die *Apologie* Platons es war.

10 Lys. 22,8ff. Aber eine gewinnende Geschichte geht nicht unter. Die altehrwürdige *Realencyclopädie der Classischen Altertumswissenschaft* von Pauly-Wissowa erwähnt zwar die Rede gegen die Kornhändler des Lysias, akzeptiert

aber doch die ganze Geschichte über die Verbannung des Anytos aus Athen und seinen „angeblichen" Tod durch Steinigung in Herakleia. Das *Oxford Classical Dictionary* kommt zu dem vorsichtigen Schluß, daß „Berichte von seiner (des Anytos) Verbannung und Tötung vielleicht spätere Erfindungen sind". *Der Kleine Pauly* (Bd 1, Sp. 417) indes, der jüngeren Datums ist, stellt endlich fest, Anytos spätere Position als *archon* „widerlegt Legenden" über sein tragisches Ende.

[11] Diog. Laert. 2,44.

[12] Lysias und Isokrates, die Redner des 4. Jahrhunderts v. Chr., waren beide jüngere Freunde des Sokrates. Lysias, der unter den Dreißig so vieles erlitten hatte, verteidigt Sokrates an keiner Stelle. Isokrates, der achtundneunzig Jahre alt wurde und erst einundsechzig Jahre nach dem Prozeß starb, macht in seinen unfangreichen erhaltenen Werken, die in der Loeb Classical Library drei Bände füllen, nur eine einzige kurze defensive Bemerkung über Sokrates. In seinem *Busiris*, neun Jahre nach dem Prozeß, gab er eine Antwort auf die verlorene Flugschrift des Polykrates gegen Sokrates und sagte: „Als du darangingst, Sokrates anzugreifen, schien es, als wolltest du eine Lobrede auf ihn halten, und du machtest Alkibiades zu seinem Schüler. Daß er von ihm erzogen worden ist, weiß man, aber alle sind sich über seine (des Alkibiades) überragenden Qualitäten einig." Isokrates vermeidet taktvoll jede Erwähnung des Kritias, den Polykrates zusammen mit Alkibiades als die zwei schlimmsten Beispiele unter den Schülern des Sokrates genannt hatte.

[13] Aischin. 1,173.

[14] Xen. apol. 29.

[15] Plat. Men. 92E-93A.

[16] Plat. Men. 94E.

[17] Xen. apol. 30-31.

Kapitel 14. Wie Sokrates sein Bestes tat, um die Geschworenen gegen sich einzunehmen

[1] Plat. apol. 36A.

[2] Xenophon, *Apology*, übers. v. Sarah Fielding 1762, London (Everyman) 1910.

[3] Xen. apol. 4-8.

[4] Xen. apol. 32.

[5] Die wichtigsten Belegstellen für diese spätere Bedeutung von *megalegoria* sind drei antike Abhandlungen über griechischen literarischen Stil: Longinus, Über das Erhabene (Longin. Rh. 8,4), eine kritische Abhandlung des Historikers Dionysios von Halikarnaß über Thukydides (Dion. Hal. Thuk. 29) und Demetrios (Demetr. 29). Von Longinus nimmt man im allgemeinen an, er habe im 1. Jahrhundert n. Chr. geschrieben; Dionysios von Halikarnaß begann in der Zeit um 30 v. Chr. in Rom Rhetorik zu unterrichten; das Werk *Über den Stil* von Demetrios wird gewöhnlich nicht in frühere Zeit als das 1. Jahrhundert v. Chr. datiert, obwohl *LSJ* es seltsamerweise dem Demetrios von Phaleron zuschreibt, der am Ende des 4. Jahrhunderts v. Chr. lebte.

[6] Eine dieser Schulbuchausgaben, W. S. Tyler, *Apology and Crito,* New York-

London (Appleton) 1871, stellt in einer Anmerkung einen direkten Zusammenhang zwischen diesem Abschnitt und der *Apologie* Xenophons her
und sagt: „*Mega legein* heißt wörtlich prahlen . . . es geht um den offen-
sichtlichen *Stolz* und die *Überheblichkeit* dessen, was er (Sokrates) sagt und
von dem er fürchtet, daß es bei den Richtern, wie es dann auch tatsächlich
geschah, Ärger auslösen konnte." Im weiteren fügte Tyler hinzu, Xenophon spräche „von der *megalegoria*, die alle *Apologien* dem Sokrates bei seiner Verteidigungsrede zuschreiben". Auf diese Weise stützt die Schilderung Platons die Darstellung bei Xenophon. Eine der besten Ausgaben von
Platons *Apology and Crito*, die von Thomas Day Seymour durchgesehene
Ausgabe von John Dyer (Boston (Ginn and Co.) 1908; 1. Aufl. 1885) erklärt, *megalegein* sei „im Sinne von *megalegorein*" zu verstehen (Anmerkung
zu apol. 20E). Der Verfasser des bedeutendsten Kommentars zur *Apologie*
des Platon in unserem Jahrhundert, John Burnet, schreibt in seinem
Euthyphro, Apology and Crito, Oxford (Oxford Universuty Press) 1924, 65:
„Niemand, der die 'Platonische Apologie' des Sokrates gelesen hat, wird
sich je wünschen, daß er irgendeine andere Verteidigung vorgebracht
hätte." Er spricht sich gegen die Auffassung Xenophons aus, daß Sokrates
seine Richter absichtlich gereizt hätte, aber er räumt ein, es sei „die Rede
eines Mannes, der den unmittelbaren Zweck einer Verteidigung, seine
Richter zu überzeugen, bereitwillig preisgibt". Im weiteren stimmt Burnet
der Auffassung zu, „daß *megalegoria* im allgemeinen im negativen Sinne
verwendet wird, und daß der Sokrates des Hermogenes und Xenophon
wirklich unerträglich überheblich ist". Aber ist das der Sokrates Platons tatsächlich so viel weniger?

7 LSJ s. v.
8 Xen. apol. 13.
9 Xen. apol. 13-15.
10 Xen. apol. 25.
11 Diog. Laert. 2,42.
12 Burnet a. O. 161.
13 Xen. apol. 23.
14 Plat. apol. 38Bff.
15 Selbst ein so sehr in seiner Verehrung befangener Gelehrter wie Burnet
war entsetzt über die Art, mit der Sokrates die Frage des Gegenvorschlags
für eine Strafe behandelte. Er bemerkte dazu, daß Sokrates, als er den Vorschlag mit dem Prytaneion machte, „das vorbringt, was das Gericht als
einen ungeheuerlichen Anspruch ansehen mußte", und er fügt kleinlaut
hinzu: „Das ist die *megalegoria*, die Xenophon so erstaunlich fand." Burnet
a. O. 156.
16 Plat. Krit. 45A-E.
17 OCD.
18 Die Dyer-Seymour-Ausgabe von *Apology and Crito* (Boston 1908, 122) sagt
z. B. dazu: „Wie in Rom erlaubte das Gesetz in Athen einem Mann, sich
freiwillig in die Verbannung zu begeben." Burnet a. O. 186 sagt in seinem
Kommentar zu derselben Passage des *Kriton* (45E4): „Ohne Frage wäre Anytos hinreichend zufriedengestellt worden, wenn Sokrates Athen verlassen
hätte."

19 Plat. apol. 37Aff.
20 Plat. Krit. 46A.
21 Plat. Phaid. 59Eff.
22 Plat. Phaid. 60A.
23 Plat. Phaid. 116Aff.
24 Plat. Phaid. 61A-62C.
25 Plat. Phaid. 64A-B.
26 Plat. Phaid. 65C-D.

Kapitel 15. Wie Sokrates leicht einen Freispruch hätte erwirken können

1 Plat. apol. 24B.
2 Xen. mem. 1,1,1 und Diog. Laert. 2,40.
3 Aristot. rhet. 1374a.
4 Plat. apol. 26Cff.
5 Als frühesten Beleg für das Wort *atheos* gibt das *Greek-English Lexicon* von Liddell-Scott-Jones den Vers 162 der Vierten Pythischen Ode des Pindar an, die zu Ehren eines Olympischen Sieges im Jahre 462 v. Chr. verfaßt wurde. Es ist da die Rede von einem Helden, der sich rettet vor Waffen, die *atheon* sind. Das *o* der Transskription ist ein *omega*, nicht ein *omikron*: es handelt sich um den Genetiv Plural des Adjektivs *atheos*. Man kann das auch mit 'gottlose Waffen' übersetzen, so wie man umgangssprachlich von der Wasserstoffbombe sagen kann, sie sei eine 'gottlose' oder 'teuflische' Waffe.
6 Aristoph. Nub. 367.
7 Aristoph. Nub.
8 Xen. mem. 1,3,1 und 4,3,16.
9 Theseus, der sagenhafte Gründer Athens, galt als der Gesetzgeber, der den Armen die politische Gleichberechtigung gebracht hatte. Ein englisches Lexikon zur Antike aus dem 19. Jahrhundert berichtet in bewegender Weise, daß bei Gelegenheit des jährlichen Festes zu seinen Ehren, den Theseia, „aufgrund dieses Glaubens den Armen anläßlich der Theseia Brot und Fleisch als wohltätige Gaben geschenkt wurden; dadurch wurden die Theseia für sie zu einem Fest, an dem sie keine Not litten und sich auf der gleichen Stufe mit den reichsten Bürgern fühlen konnten." (*Smith's Dictionary of Greek and Roman Antiquities*, London 1878, s. v. Theseia).
10 An vier Stellen in der Erzählung über die Fahrten des Odysseus wird darauf angespielt: Hom. Od. 1,298-300; 3,304-12; 4,456-57 und 9,458ff.
11 Bei Hesiod (Hes. erg. 73) kommt Peitho zwar vor, aber sie ist dort eine Tochter des Okeanos, eine Meeresgöttin, die mit den Chariten und der Aphrodite zusammenwirkte. Auch Sappho nannte sie die Tochter der Aphrodite (vgl. die noch heute praktischste und schöne Ausgabe von H. T. Wharton, *Sappho*, London (J. Lane) 1908, 160, Frg. 135; die neuere Ausgabe ist die Loeb-Ausgabe von D. A. Campbell, *Greek Lyric. Sappho and Alcaios*, Cambridge (Harvard University Press) 1982). In einem anderen Fragment nennt Sappho Peitho „goldglänzende Dienerin Aphrodites" (Frg. 145 D.; Wharton p. 107). In diesen frühen Belegen scheint Peitho eher die Versuchung oder Verführung als die Überredung zu sein. Das ist auch der

Fall, als Peitho das erste Mal in der *Orestie* vorkommt, im Vers 385 des ersten Stücks, des *Agamemnon*. Der Herausgeber der Loeb-Ausgabe, W. H. Smyth von Harvard, und der der Oxforder Ausgabe der Clarendon Press 1898, A. Sidgwick, haben Peitho an dieser Stelle als „Temptation" (Versuchung) übersetzt. Der Chor spricht in dieser Passage von dem Verderben, das die Leidenschaft des Paris für Helena mit sich bringt, und Peitho ist nicht die Tochter Aphrodites, sondern der Ate, der blinden und zerstörerischen Schicksalsgöttin. In dem Wandel, den die Bedeutung des Wortes und des Mythos erfahren, spiegelt sich die politische Veränderung wider. Peitho erhielt mit dem Aufstieg der griechischen Demokratie eine neue Bedeutung und Stellung. Die neueste Untersuchung zu Peitho ist K. G. A. Buxton, *Persuasion in Greek Tragedy. A Study of Peitho,* Cambridge (Cambridge Univertsity Press) 1982, auf die ich erst nach Fertigstellung dieses Buches gestoßen bin.

12 *Oxford Book of Greek Verse,* Oxford (Clarendon Press) 1930, XXIV.

13 Paus. 1,22,3.

14 Demosth. Prooem. 54. Isokr. 5,249A.

15 Vgl. den Kommentar zu Vers 970 der *Eumeniden* in der Ausgabe von G. Thomson, *Oresteia,* 2 Bde, 2. Aufl. Prag 1966, Bd 2, 229.

16 CIA III 351.

17 Standbild des Praxiteles: Paus. 1,43,5. Standbild des Pheidias: Paus. 5,11,8.

18 Bei dieser Feststellung stütze ich mich auf die hervorragenden Register in der einbändigen Gesamtausgabe der Werke Platons, die Edith Hamilton und Huntington Cairns herausgegeben haben (Princeton (Princeton University Press) 1971), und in der 3. Auflage der Ausgabe von Jowett, Bd 5. Ich habe auch das *Lexique* in der Budé-Ausgabe von des Places (Paris 1970) konsultiert sowie L. Brandwood, *Word Index to Plato,* Leeds 1976.

19 Plat. Phaidr. 260A.

20 *The Complete Plays of Aeschylus,* übers. v. G. Murray, London (G. Allen and Unwin Ltd.) 1928.

21 L. R. Farnell, *The Cults of the Greek States,* 5 Bde, Oxford (Clarendon Press) 1896-1909, Bd 1, 58f.

22 Vgl. das *Lexicon* von Cunliffe.

23 G. Chantraine, *Dictionnaire étymologique de la langue grecque,* Paris 1984.

24 Paus. 1,3,5.

25 Paus. 1,1,3; 1,3,3.

26 J. G. Frazer, *The Golden Bough,* 9 Bde, London 1915 (NDr London (St. Martin Press) 1966). W. H. Roescher, *Ausführliches Lexikon der griechischen und römischen Mythologie,* NDr Hildesheim (Olms) 1965. Ich kann der Versuchung nicht widerstehen, noch eine andere pikante Einzelheit aus dem Artikel in *Der Kleine Pauly* zu zitieren. „Auf dem Grabmal des Kritias", wird da berichtet, „zündete die Oligarchia mit der Fackel die Demokratia an."

Kapitel 16. Was Sokrates hätte sagen sollen

1 Libanios, Declamatio 1,74-76 (Apologia Socratis).

Kapitel 17. Die vier Worte

1 Vgl. Chantraine, *Dictionnaire* s. v. *isos.* Man vergleiche das mit dem Homer-Lexikon von Cunliffe, das nur fünf mit der Wurzel *isos* gebildete Komposita verzeichnet, von denen keines eine politische Bedeutung hat.

2 Hdt. 5,78.

3 Eine Ausnahme bildete, wie wir aus Thukydides wissen, die höchst ungewöhnliche Abstimmung über die Kriegserklärung im Peloponnesischen Krieg.

4 J. A. O. Larsen, *The Origin and Significance of the Counting of Votes,* Classical Philology 44, 1949, 178.

5 In der wichtigsten römischen Versammlung, den *comitia centuriata,* hatte jede Zenturie eine feststehende Zahl von Stimmen, und die Mehrheit innerhalb jeder Zenturie entschied über diese feststehende Stimmenzahl. Die Zenturie des Proletariats oder der Nichtbesitzenden, die die überwältigende Mehrheit der Bevölkerung bildeten, verfügte nur über eine Stimme von 193. Die Klassen der Wohlhabendsten hatte 80 Stimmen und die der Nächstreichen 20; sie verfügten daher über die Mehrheit. Wenn sie sich einig waren, was gewöhnlich der Fall war, wurde die Entscheidung bekanntgegeben, und der Beamte, der den Vorsitz führte, machte sich nicht einmal mehr die Mühe, eine Stimmabgabe der anderen in Betracht zu ziehen.

6 Ch. Wiszubiski, *Libertas as a Political Idea in Rome,* Cambridge (Cambridge University Press) 1950, 18.

7 Plat. Prot. 319D.

8 Eurip. Or. 885 und Demosth. 18,170 (Über den Kranz).

9 Das zusammengesetzte Wort kommt in drei Formen vor: das Substantiv *eleutherostomia,* das Redefreiheit bedeutet; das Verbum *eleutherostomein* (freimütig sprechen); und das Adjektiv *eleutherostomos,* freimütig sprechend. Letzteres findet sich in den *Schutzflehenden*[948]. Das Verbum verwendet Aischylos im *Gefesselten Prometheus*[182], als ein verängstigter Chor der Okeaniden den gefesselten, aber noch trotzbietenden Gott anfleht, nicht so kühn gegen Zeus zu sprechen. Das Substantiv *eleutherostomia* kommt erst sehr viel später bei dem Geschichtsschreiber Dionysios von Halikarnaß vor.

10 Aischyl. Hik. 523.

11 Soph. Ant. 732. 39.

12 Das *Theologische Wörterbuch zum Neuen Testament* (Stuttgart 1933) ist eine reiche Quelle des Wissens für das Griechische sowohl der Klassischen Zeit wie des Neuen Testaments sowie für die hebräischen und aramäischen Entsprechungen griechischer Grundbegriffe in den Evangelien. *Parrhesia* wird in diesem Lexikon als ein Begriff „athenischer Prägung" bezeichnet und das Wort, so wird gesagt, komme erstmals in der zweiten Hälfte des 5. Jahrhunderts v. Chr. als „wesentliches Merkmal der griechischen Demokratie" vor. Es setzt sich aus den zwei Wurzeln *pas* (alle) und *rhesis* (Rede, das Sprechen) zusammen.

13 Eur. Ion 672. Ion ist, wie sich herausstellt, das Kind einer athenischen Königin und Apollons. Sein Recht auf freie Meinungsäußerung nimmt er in dem bitteren Angriff des illegitimen Sohnes auf seinen göttlichen Vater

wahr. Er spricht verächtlich über die lüsternen Gewohnheiten der Olympischen Götter, die so oft auf die Erde herabstiegen, um sterblichen Frauen beizuwohnen wie Apollon seiner Mutter. Voller Hohn äußert Ion die Vermutung, daß die Schätze sämtlicher Tempel in Griechenland erschöpft wären, wenn die drei Götter Zeus, Poseidon und Apollon die in Athen übliche Strafe für die Entjungferung eines Mädchens zahlen müßten!

14 Eur. Phoen. 391.
15 Eur. Hipp. 422.
16 Eur. Bacch. 668ff.
17 Eur. Heraclid. 178ff.
18 Eur. Andr. 957f.
19 Eur. Or. 551.
20 Eur. Frg. 277.
21 Eur. Phoen. 504-06.
22 Eur. Phoen. 535ff.
23 Plat. rep. 3,568A.
24 Plat. rep. 3,568A.
25 Adam Bd 2, 260.
26 Eur. Tro. 1169.
27 Eur. Suppl.
28 Ein solcher Appell wäre auch deshalb um so wirksamer gewesen, weil das Theater in Athen ebenso eine Angelegenheit der Gesamtheit war wie die Demokratie. Die Athener waren alles andere als eine stumme Zuhörerschaft. Eine beachtliche Zahl von Bürgern nahm selbst an der Vorbereitung und Einstudierung der Vorstellungen teil, so wie sie an der Volksversammlung und an den Sitzungen der Gerichtshöfe teilnahmen. Das Theater war angesehener Bestandteil der jährlichen religiösen Festlichkeiten. Das hohe Maß öffentlicher Anteilnahme von seiten des Volkes hat William Scott Ferguson beschrieben; in seinem Buch *Greek Imperialism*, Boston (Houghton Mifflin) 1913, 59f. schätzt er, daß jeweils „bis zu 2. 000 Athener den Text auswendig kennen mußten und die Musik und die Tanzbewegungen eines lyrischen oder dramatischen Chores einübten." Das übliche athenische Publikum, schloß er, „muß weitgehend aus ehemaligen Darstellern bestanden haben". Um das in seiner vollen Bedeutung zu ermessen, muß man die Rolle des Theaters in Athen mit der vergleichen, die es in Rom spielte, dem Ort einer verwandten Zivilisation, die indes eine andere soziale und politische Struktur aufwies. In Athen nahm das Theater einen Ehrenplatz ein; in Rom sah man es mit Argwohn an. Das griechische Theater wuchs aus dem volkstümlichen demokratischen Kult des Dionysos hervor, dem Kult eines Gottes der Armen. Wenn die Tragödiendichter Demokratie und freie Meinungsäußerung predigten, spiegelte sich darin die Auffassung ihres Publikums, des Volkes, wider. Die Komödie war in Athen das, was heute ein Skandalblatt ist. Es gab weder ein Gesetz gegen Verleumdung noch, wie in Rom, einen Zensor. um dem Schandmaul der Komödiendichter Einhalt zu gebieten. Ihre Kunst stand in der Zeit der Demokratie in Blüte und ging mit ihr unter. In Rom fürchteten die Oligarchen das Theater seiner demokratischen Sprengkraft halber, und weil es die Würde der Senatoren bedrohte. Rom hat eine soziale und politische Satire

im Stile des Aristophanes niemals erlaubt. Ein römischer Komödienschriftsteller hätte niemals gewagt, wie es Aristophanes während des Peloponnesischen Kriegs getan hatte, eines der stärksten Antikriegsstücke aller Zeiten
zu schreiben. Die Einstellung der römischen Führungsschicht gegenüber
dem Theater kommt in Ciceros Abhandlung über die Römische Republik
zum Ausdruck, die er in den letzten Unglückstagen dieses Staates verfaßt
hat. Seiner Erörterung des Theaters geht ein Ausbruch gegen die Demokratie selbst voran. „Wenn Geschrei und Beifall des Volkes gleichwie eines
großen und weisen Meisters hinzukommen", schrieb Cicero, „was verbreiten sie dann für Dunkel!" (Cic. rep. 4,9). Er sagt, daß die römischen Nobi-
les „die Schauspielkunst . . . zu den schimpflichen Dingen zählten, und sie
wollten, daß diese Art Menschen" – Bühnenschriftsteller, Schauspieler und
Theaterleute – „nicht nur nicht die Ehre der übrigen Bürger hätten, sondern sie wollten sie auch durch zensorische Rüge aus der Tribus stoßen". In
Athen hingegen, bemerkt Cicero mißbilligend, erfreuten sich Schauspieler
nicht allein des Bürgerrechts, sondern bekleideten auch hohe politische
Ämter. Als er dazu kam, die Attische Komödie zu erörtern, wurde Cicero
giftig. Die politische Komödie war in Rom schon früh durch ein strenges
Gesetz gegen Verleumdung erstickt worden, das ursprünglich dazu bestimmt war, die aristokratische Führungsschicht vor dem ordinären Spott
der unteren Klassen in den groben Schmähschriften zu schützen, aus denen
die Römische Komödie hervorgegangen ist. Cicero erinnert voller Genugtuung daran, daß die ersten Gesetzgeber Roms nur „auf sehr wenige Dinge
die Todesstrafe gesetzt hatten", man sie aber auch dann geglaubt hatte, verhängen zu müssen, „wenn einer ein Spottlied gesungen oder ein Gedicht
gemacht hätte, das einem anderen Schande und Schmach brächte". Es gab
einen anderen, weniger bekannten Grund für die feindliche Einstellung
Roms gegenüber dem Theater. Fast bis in die letzten Tage der Republik
verhinderte die aristokratische Führungsschicht, daß ein festes Theaterge-
bäude errichtet wurde, denn es hätte für Volksversammlungen mißbraucht
werden können. Vgl. dazu die fruchtbare Untersuchung von Lily Ross
Taylor, *Roman Voting Assemblies,* Ann Arbor (University of Michigan Press)
1966, 107f.

Kapitel 18. Die Frage am Ende

1 Plat. Krit. 51C.
2 Plat. Krit. 50E.
3 Xen. Kyr. 1,3,10–11.
4 Plat. leg. 694A-B.
5 Plat. Prot. 319D.
6 Plat. rep. 8,557B.
7 Plat. rep. 6,493D.
8 Plat. rep. 8,557C-D.
9 Plat. rep. 8,563Bff.
10 Plat. Gorg. 461D. *LSJ* nennt auch Stellen, an denen *exousia* soviel bedeutet
wie „abuse of authority, license, arrogance" (Mißbrauch der Amtsgewalt,
Zügellosigkeit, Anmaßung). Dr. Bernard Knox ist anderer Auffassung als
ich und meint, daß die Wahl des Wortes *exousia* hier lediglich an den ver-

wandten unpersönlichen verbalen Ausdruck *exesti* anknüpft, den Polos zuvor verwandte, als er fragte, ob es ihm nicht erlaubt sein solle, zu reden (*exesti moi legein*), wie er wolle.

Epilog. Gab es eine Hexenjagd im alten Athen?

[1] E. R. Dodds, *Die Griechen und das Irrationale*, Darmstadt 1970, 101.

[2] P. Weiner (Hrsg.), *Dictionary of the History of Ideas*, 6 Bde, New York (Charles Scribner's Sons) 1973; hier Bd 2, 252-262 und Bd 2, 565f.

[3] Aristoph. Equ. 1085; Vesp. 380; Av. 988.

[4] Plut. Per. 32.

[5] Thuk. 2,59-65.

[6] Plut. Per. 33.

[7] Aristoph. Ach. 527.

[8] *CAH* Bd 5, 478.

[9] Mary F. Lefkowitz, *The Lives of the Greek Poets*, Baltimore (Johns Hopkins University Press) 1981, 110.

[10] Plut. Nik. 23. Auch Plutarch selbst war nicht frei von Aberglauben. Als Priester in Delphi und Platoniker war ihm ebenso unwohl bei den rationalen Theorien über die Bewegungen der Himmelskörper. Das deutet sein abschließender Kommentar an: „Erst spät geschah es, daß der Ruhm Platons, der dank seiner Lebensführung, und weil er die physikalischen Gesetze den göttlichen höheren Prinzipien unterordnete, so glänzend geworden war, diese Lehren von der Verfemung befreite, unter denen sie standen, und der Mathematik den Weg in die Allgemeinheit eröffnete." In der Tat sah Platon die Himmelskörper für Götter an. Sie als materielle Objekte zu behandeln wurde in seinen *Gesetzen* als Gottlosigkeit bestraft.

[11] Eine weniger ausführliche Version derselben Geschichte findet sich davor in Ciceros Abhandlung über die Götter *De natura deorum* 1,23,6.

[12] Eur. Ion 445. 47.

[13] Eur. Tro. 886.

[14] Plat. Men. 91E-92B.

[15] J. Burnet, Greek Philosophy. *Thales to Plato*, London (Macmillan) 1928, 111f.

[16] Burnet a. O.; Plat. Tht. 152A; Isokr. Helena 10,2.

[17] Plat. Men. 91E-92B.

[18] Diod. 12,39,2ff.

[19] Erwähnt ist Anaxagoras bei Cicero in den Philosophischen Schriften in den *Academica*, den *Tusculanae disputationes* und in *De natura deorum;* in den übrigen Schriften in *De oratore* (Cic. de or. 3,138) und im *Brutus* (Cic. Brut. 44).

[20] Diog. Laert. 2,13-14.

[21] D. E. Gershenson-D. A. Greenberg, *Anaxagoras and the Birth of Physics*, New York (Blaisdell) 1962, 348.

[22] A. W. Gomme sieht in seinem Artikel über Perikles im *Oxford Classical Dictionary* die Geschichten von dem Angriff auf den Staatsmann über seine Freunde Aspasia, Anaxagoras und Pheidias – und das Dekret des Diopeithes – für historische Fakten an. Man würde gerade von Gomme eine Erklärung erwarten, warum Thukydides diese Angriffe auf sie nicht erwähnt. In sei-

nem großen historischen Kommentar zu Thukydides findet man ein sechs Seiten langes Kapitel über die Anklagen gegen Perikles und seine Freunde (*The Prosecution of Pericles and His Friends,* in A. W. Gomme, *A Historical Commentary on Thucydides* Bd 2, Oxford (Clarendon Press) 1956, 184-89). Aber leider bietet er als Erklärung nur einen einzigen, allgemein gehaltenen Satz: „Über all diese Dinge bewahrt Thukydides *absichtlich* Stillschweigen" (a. O. 184; meine Kursive). Als er die Erzählung bei Plutarch erörtert, nach der es der Komödiendichter Hermippos gewesen sei, der Aspasia angeklagt habe, erkennt Gomme an, daß zwar ein Komödiendichter „durch nichts gehindert" sei, Aspasia anzuklagen, daß aber „der Verdacht naheliegt, daß es sich dabei um ein Mißverständnis der Aussage handelt, Hermippos habe sie in einer Komödie angegriffen" (a. O. 187).

23 Xen. mem. 4,7,6.
24 Plat. Phaidr. 270A.
25 Plat. Gorg. 516A.
26 Burnet a. O. 112.
27 Plat. apol. 26D-C.
28 W. D. Ross, *Aristotle,* London 1923, 7 verfolgt diese Erzählung zurück zum *Leben des Aristoteles* des Pseudo-Ammonios. Das Buch von Ross bleibt bis heute unersetzlich.
29 A.-H. Chroust, *Aristotle,* 2 Bde, Notre Dame/Indiana (University of Notre Dame Press) 1973, Bd 1, 153.
30 W. S. Ferguson, *Hellenistic Athens,* London (Macmillan) 1911, 104-05. Ferguson war vor dem 1. Weltkrieg Professor für Geschichte in Harvard.
31 *Apostelgeschichte* 17,16-32. Einige Jahrhunderte später fand der Aufenthalt des Paulus eine bemerkenswerte Folge. Ein sonst nicht näher bekannter christlicher Mystiker benutzte den Namen Dionysios der Areopagit als Pseudonym, als er die erste Synthese von christlicher Theologie und neuplatonischer Philosophie verfaßte. Im mittelalterlichen Europa wurde er mit dem von Paulus Bekehrten gleichgesetzt und seine Abhandlungen wurden fast für kanonisch angesehen; Thomas von Aquin zählt zu denen, die einen Kommentar zu diesen Schriften verfaßten.
32 Edward Gibbon, *Decline and Fall of the Roman Empire,* 6 Bde, London (J. Murray) 1938-39, Bd 2, 522.

Nachwort

Dieses Buch wäre vielleicht nie wirklich geschrieben worden, wenn nicht Roger Donald von Little, Brown ein geriatrisches Wagnis eingegangen wäre und mir ein Verlagsangebot gemacht hätte, als ich gerade 77 Jahre alt geworden war. Bis dahin hatte ich mich damit begnügt, meine Thesen in einer Reihe von improvisierten Vorlesungen darzulegen: beim Y. M. C. A. in der 92sten Straße in New York; an der Georgetown University in Washington auf Einladung des Institute for Policy Studies; an der University of California in Berkeley; in Harvard; und an der McGill University in Montreal, wo meine Vorlesungen mit dem jährlich vergebenen Beatty Award ausgezeichnet wurden. Meine Überlegungen zu den vier Worten für Redefreiheit in Athen habe ich in den jährlich abgehaltenen William Kelly Prentice-Vorlesungen zur Altertumswissenschaft des Jahres 1979-80 in Princeton vorgetragen.

Zu Beginn meiner Klassischen Studien fand ich als Gaststudent an der American University in Washington Arbeitsmöglichkeiten und freundschaftliche Hilfe, und darüber hinaus konnte ich die Fernleihe in Anspruch nehmen, um mir viele vergriffene Literatur zur Altertumswissenschaft zu besorgen.

Dankbar erinnere ich mich an die ermutigenden Worte, die Gregory Vlastos, Professor emeritus der Universität Princeton, und der verstorbene Huntington Cairns, der seine Freude an den Klassischen Studien nie verloren hat, zu Anfang meiner autodidaktischen Bemühungen für mich hatten.

Eine große Hilfe war mir bei meinen Studien der Zugang zur Bibliothek des Center for Hellenic Studies in Washington, den mir sein Direktor Dr. Bernard Knox und dann sein Nachfolger Dr. Zeph Stewart sowie die Bibliothekarin, Mrs. Inge Hynes, gewährten. Geholfen hat mir auch der Zugang zur Library of Congress und zu den reichen Beständen an der Georgetown und der Catholic University.

Zu großem Dank verpflichtet bin ich auch meinem Freunde Bernard Knox für seine Bereitschaft, mein Manuskript auf Bitten von Little, Brown als Fachmann und Berater zu lesen. In der Zeit davor habe ich ihm für manche Hilfestellung bei meinem verzweifelten Kampf mit jenem siebenköpfigen Ungeheuer, dem altgriechischen Verbum, zu danken.

Ich möchte auch meinen Dank an Michael Mattil von Little, Brown für seinen Einsatz als Lektor zum Ausdruck bringen; meinen Dank an meinen Freund und Agenten Andrew Wiley, der die Idee dieses Buches an Little, Brown verkauft hat; den Dank an meinen Freund und filmischen Biographen Jerry Bruck Jr., der den Film über *I. F. Stone's Weekly* gedreht hat und die Vorlesungen in Harvard und dann an der McGill University organisiert hat. Schließlich bringe ich meinem MacIntosh Computer ein Trankopfer dar. Seine große, fette 24-Punkt Chicago Bold Type hat es mir ermöglicht, die Folgen des Grauen Star zu überwinden und dieses Buch zu schreiben.

I. F. Stone

Verzeichnis der verwendeten Übersetzungen

Aischylos, *Sämtliche Tragödien*, München (dtv) 1977.

Aischylos, *Tragödien und Fragmente*, übers. v. O. Werner, München (Heimeran) 1959.

Aristophanes, *Sämtliche Komödien*, übers. v. L. Seeger, Zürich-Stuttgart (Artemis) 1968.

Aristoteles, *Metaphysik*, übers. v. F. Bassenge, Berlin (Aufbau-Verlag) 1960.

Aristoteles, *Rhetorik*, übertr. v. P. Gohlke, Paderborn (Ferdinand Schöningh) 1959.

Aristoteles, *Der Staat der Athener*, übers. v. P. Dams, Stuttgart (Reclam) 1970.

Aristoteles, *Politik*, übers. v. O. Gigon, Zürich (Artemis) 1971 (NDr München (dtv) 1973).

Aurelius Augustinus, *Der Gottesstaat*, 2 Bde, übers. v. C. J. Perl, Paderborn (Ferdinand Schöningh) 1979.

Die Bibel. Einheitsübersetzung.

Cicero Werke Bd 10, *Akademische Untersuchungen*, übers. v. W. Binder, Berlin (Langenscheidt) o. J.

Marcus Tullius Cicero, *Vom Gemeinwesen*, übertr. v. K. Büchner, Zürich (Artemis) 1960.

Marcus Tullius Cicero, *Vom Wesen der Götter*, übers. v. W. Gerlach-K. Bayer, Darmstadt (WBG) 1987.

H. Diels-W. Kranz, *Die Fragmente der Vorsokratiker* Bd 2, 6. Aufl., Berlin 1951.

Diodors von Sizilien *Historische Bibliothek,* übers. v. J. F. Wurm, Stuttgart (Metzler) 1832.

Diogenes Laertius, *Leben und Meinungen berühmter Philosophen,* übers. v. O. Apelt, 2. Aufl. , Hamburg 1967.

Euripides, *Tragödien* Bd 2-5, übers. v. D. Ebner, Berlin (Akademie-Verlag) 1975-79.

Euripides, *Sämtliche Tragödien,* nach der Übers. v. J. J. Donner bearb. v. R. Kannicht, 2 Bde, Stuttgart (Kröner) 1958.

Griechische Lyriker, übertr. v. H. Rüdiger, 2. Aufl. , Zürich (Artemis) 1968.

Herodot, *Historien,* übers. v. J. Feix, 2 Bde, München (Heimeran) 1963.

Hesiod, *Sämtliche Gedichte,* übers. v. W. Marg, Zürich-Stuttgart (Artemis) 1970.

Homer, *Ilias,* übertr. v. W. Schadewaldt, Frankfurt (Insel) 1975.

Homer, *Die Odyssee,* Dtsch. v. W. Schadewaldt, Hamburg (Rowohlt) 1958.

Platon, *Sämtliche Werke,* in der Übers. v. F. Schleiermacher hrsg. v. W. F. Otto – E. Grassi – G. Plamböck, 6 Bde, Hamburg (Rowohlt-rde) 1957-59 (Ndr 1986-88).

Platon, *Der Staat,* Übertr. v. R. Rufener, Zürich-München (Artemis) 1973.

Platon, *Frühdialoge,* übertr. v. R. Rufener, Zürich-Stuttgart (Artemis) 1960.

Platon, *Die Werke des Aufstiegs.* übertr. v. R. Rufener, Zürich (Artemis) 1948.

Platon, *Meisterdialoge,* übertr. v. R. Rufener, Zürich-Stuttgart (Artemis) 1958.

Platon, *Spätdialoge,* übertr. v. R. Rufener, Zürich-Stuttgart (Artemis) 1965.

Die echten Briefe Platons, übertr. v. E. Howald, Zürich (Artemis) 1951.

Plutarch, *Große Griechen und Römer,* übers. v. K. Ziegler, Zürich-München (Artemis) 1954-65 (NDr München (dtv) 1980).

Sophokles, *Tragödien,* übers. v. W. Schadewaldt, Zürich (Artemis) 1968.

Thukydides, *Der Peloponnesische Krieg,* übertr. v. A. Horneffer, durchges. v. G. Strasburger, Bremen (Schünemann) 1957.

Thukydides, *Geschichte des Peloponnesischen Krieges,* Zürich (Artemis) 1960 (NDr München (dtv) 1973).

Xenophon, *Erinnerungen an Sokrates,* übers. v. P. Jaerisch, München (Heimeran) 1962.

Xenophon, *Hellenika,* übers. v. G. Strasburger, München (Heimeran) 1970.

Xenophons Werke Bd 4, *Ökonomikus oder über die Haushaltungskunst,* übers. v. A. Zeising, Berlin (Langenscheidt) o. J.

Xenophon, *Die sokratischen Schriften,* übertr. v. E. Bux, Stuttgart (Kröner) 1956.

Register